Die rechtlichen Anforderungen der EG-Richtlinie zur strategischen Umweltprüfung

Europäische Hochschulschriften
Publications Universitaires Européennes
European University Studies

Reihe II
Rechtswissenschaft

Série II Series II
Droit
Law

Bd./Vol. 4081

PETER LANG
Frankfurt am Main · Berlin · Bern · Bruxelles · New York · Oxford · Wien

Christian Evers

Die rechtlichen Anforderungen der EG-Richtlinie zur strategischen Umweltprüfung

PETER LANG
Europäischer Verlag der Wissenschaften

Bibliografische Information Der Deutschen Bibliothek
Die Deutsche Bibliothek verzeichnet diese Publikation in der Deutschen Nationalbibliografie; detaillierte bibliografische Daten sind im Internet über <http://dnb.ddb.de> abrufbar.

Zugl.: Trier, Univ., Diss., 2004

D 385
ISSN 0531-7312
ISBN 3-631-53024-2

www.peterlang.de

Meinen Eltern

und

meinem Großvater

Vorwort

Die vorliegende Arbeit wurde im Wintersemester 2003/2004 vom Fachbereich Rechtswissenschaft der Universität Trier als Dissertation angenommen. Gesetzgebung, Rechtsprechung und Literatur konnten bis Juni 2004 berücksichtigt werden.

Mein besonderer Dank gilt zunächst Herrn Prof. Dr. Reinhard Hendler für wertvolle Anregungen und seine vielfältige Unterstützung. Herrn Prof. Dr. Michael Reinhardt darf ich für die zügige Erstellung des Zweitgutachtens danken. Zusätzlicher Dank gilt Herrn Prof. Dr. Franz Dorn und Herrn Prof. Dr. Volker Krey für ihre Bereitschaft, sich als Prüfer im Rahmen des Rigorosums zur Verfügung zu stellen.

Für mannigfaltige Hilfe möchte ich mich bei allen Mitarbeitern, Angestellten und Hilfskräften des Instituts für Umwelt- und Technikrecht der Universität Trier bedanken, die mir während meiner Zeit als Mitarbeiter stets kompetent und aufmunternd zur Seite standen.

Mein Dank gilt darüber hinaus Frau Daniela Biehl für die mühevolle und gründliche Durchsicht der Manuskriptfassung.

Schließlich danke ich von Herzen meiner Familie, die mich in jeglicher Hinsicht unterstützt und diese Arbeit erst ermöglicht hat.

Koblenz, Juni 2004 Christian Evers

Inhaltsverzeichnis

Abkürzungsverzeichnis

ABl.EG	Amtsblatt der Europäischen Union
BauGB	Baugesetzbuch
BauNVO	Baunutzungsverordnung
BaWüLAbfG	Gesetz über die Vermeidung und Entsorgung von Abfällen und die Behandlung von Altlasten in Baden-Württemberg
BaWüLPlG	Landesplanungsgesetz Baden-Württemberg
BayLPlG	Bayerisches Landesplanungsgesetz
BGBl.	Bundesgesetzblatt
BImSchG	Bundes-Immissionsschutzgesetz
BNatSchG	Bundesnaturschutzgesetz
BNatSchGNeuregG	Gesetzes zur Neuregelung des Rechts des Naturschutzes und der Landschaftspflege und zur Anpassung anderer Rechtsvorschriften
BR-Drs.	Bundesratsdrucksache
BT-Drs.	Bundestagsdrucksache
BVerfGE	Entscheidungen des Bundesverfassungsgerichts (amtliche Sammlung)
BVerwG	Bundesverwaltungsgericht
BVerwGE	Entscheidungen des Bundesverwaltungsgerichts (amtliche Sammlung)
C.F.R.	Code of Federal Regulations
DÖV	Die öffentliche Verwaltung
DVBl.	Deutsches Verwaltungsblatt
EAG Bau	Gesetz zur Anpassung des Baugesetzbuchs an EU-Richtlinien (Europarechtsanpassungsgesetz Bau)
EAGFL	Europäischer Ausrichtungs- und Garantiefonds für die Landwirtschaft
EELR	European Environmental Law Review
EG	Europäische Gemeinschaft
EGV	Vertrag zur Gründung der Europäischen Gemeinschaft in der Fassung des Vertrags von Nizza, Inkrafttreten: 1. Februar 2003

EGV (Amsterdam)	Vertrag zur Gründung der Europäischen Gemeinschaft in der Fassung des Vertrags von Amsterdam, Inkrafttreten: 1. Mai 1999
EGV (Maastricht)	Vertrag zur Gründung der Europäischen Gemeinschaft in der Fassung des Vertrags von Maastricht, Inkrafttreten: 1. November 1993
EIA	Environmental Impact Assessment
EIS	Environmental Impact Statement
engl.	Englische Fassung
EPD	Einheitliches Programmplanungsdokument
EU	Europäische Union
EuGH	Europäischer Gerichtshof
EUZBLG	Gesetz über die Zusammenarbeit zwischen Bund und Ländern in Angelegenheiten der Europäischen Union
EuZW	Europäische Zeitschrift für Wirtschaftsrecht
EWG	Europäische Wirtschaftsgemeinschaft
FFH-RL	Richtlinie 92/43/EWG zur Erhaltung der natürlichen Lebensräume sowie der wildlebenden Tiere und Pflanzen
FStrAbG	Fernstraßenausbaugesetz
GewArch	Gewerbearchiv
GFK	Gemeinschaftliches Förderkonzept
GG	Grundgesetz
GGO II	Gemeinsame Geschäftsordnung der Bundesministerien, Besonderer Teil
GMBl.	Gemeinsames Ministerialblatt
GO BR	Geschäftsordnung des Bundesrates
Halbs.	Halbsatz
IMPEL	European Union Network for the Implementation and Enforcement of Environmental Law
IVU-RL	Richtlinie 96/61/EG über die integrierte Vermeidung und Verminderung der Umweltverschmutzung
KrW-/AbfG	Gesetz zur Förderung der Kreislaufwirtschaft und Sicherung der umweltverträglichen Beseitigung von Abfällen
MeVoLPlG	Gesetz über die Raumordnung und Landesplanung des Landes Mecklenburg-Vorpommern - Landesplanungsgesetz

NdsOVG	Niedersächsisches Oberverwaltungsgericht
NEPA	National Environmental Policy Act of 1969
NGO	Nichtregierungsorganisation
NuL	Natur und Landschaft
NuR	Natur und Recht
NVwZ	Neue Zeitschrift für Verwaltungsrecht
OVG	Oberverwaltungsgericht
RL	Richtlinie
ROG	Raumordnungsgesetz
Rs.	Rechtssache
RuR	Raumforschung und Raumordnung
SEA	Strategic Environmental Assessment
StrBauFinG	Straßenbaufinanzierungsgesetz
SUP	Strategische Umweltprüfung
SUP-RL	Richtlinie 2001/42/EG über die Prüfung der Umweltauswirkungen bestimmter Pläne und Programme
Thür AbfWAG	Thüringer Gesetz über die Vermeidung, Verminderung, Verwertung und Beseitigung von Abfällen und die Sanierung von Altlasten
TierKBG	Tierkörperbeseitigungsgesetz
U.S.C.	United States Code
UAbs.	Unterabsatz
UGB	Umweltgesetzbuch
UI-RL	Umweltinformationsrichtlinie
UNECE bzw. UN/ECE	United Nations Economic Commission for Europe / UN-Wirtschaftskommission für Europa
UPR	Umwelt- und Planungsrecht
UVP	Umweltverträglichkeitsprüfung
UVPG	Gesetz über die Umweltverträglichkeitsprüfung
UVP-RL	Richtlinie 85/337/EWG über die Umweltverträglichkeitsprüfung bei bestimmten öffentlichen und privaten Projekten in ihrer jeweils geltenden Fassung nach Änderung durch die Richtlinien 97/11/EG und 2003/35/EG
VGH	Verwaltungsgerichtshof
VWGO	Verwaltungsgerichtsordnung

VwVfG	Verwaltungsverfahrensgesetz
WHG	Gesetz zur Ordnung des Wasserhaushalts - Wasserhaushaltsgesetz
WiVerw	Wirtschaft und Verwaltung
WRRL	Richtlinie 2000/60/EG zur Schaffung eines Ordnungsrahmens für Maßnahmen der Gemeinschaft im Bereich der Wasserpolitik
ZAU	Zeitschrift für angewandte Umweltforschung
ZfBR	Zeitschrift für deutsches und internationales Bau- u. Vergaberecht
ZUR	Zeitschrift für Umweltrecht

Nicht genannte juristische Abkürzungen richten sich nach *Hildebert Kirchner (Begr.) / Cornelie Butz*, Abkürzungsverzeichnis der Rechtssprache, 5. Auflage, Berlin 2003.

A. Einleitung

Mit der Veröffentlichung der Richtlinie 2001/42/EG des Europäischen Parlaments und des Rates über die Prüfung der Umweltauswirkungen bestimmter Pläne und Programme im Amtsblatt der Europäischen Gemeinschaften[1] fand eine bereits Jahrzehnte andauernde Diskussion über die Einführung eines allgemeinen Instruments der Umweltfolgenabschätzung auf Planungsebene ihr vorläufiges Ende. Nach intensiven Verhandlungen hatten sich Rat und Europäisches Parlament erst unter Bemühung des Vermittlungsausschusses auf eine von beiden Seiten zu akzeptierende Richtlinienfassung geeinigt.

Die vielerorts vorzufindende Skepsis gegenüber einer Umweltprüfung von Plänen und Programmen vermochte diese Verständigung auf Gemeinschaftsebene indes nicht zu beseitigen. So bestehen die Mehrzahl der Bundesländer, nachdem sie eine Verabschiedung der Richtlinie im Rechtsetzungsverfahren der Gemeinschaft nicht verhindern konnten, bei der Umsetzung der Richtlinienvorgaben in nationales Recht weiterhin vehement auf eine „Minimalumsetzung", während auf Bundesebene eine gemeinschaftsrechtsfreundliche großzügige Umsetzung der Richtlinienvorgaben favorisiert wird[2]. Konflikte im Gesetzgebungsverfahren des Bundes sind aufgrund des Widerstandes der Länder im Bundesrat vorprogrammiert. Es scheint sich zu bestätigen, was *Henneke* schon kurz vor Verabschiedung der Richtlinie attestierte: „Ein ungeliebtes Kind bleibt die Plan-UVP allemal"[3].

Ein Anliegen dieser Arbeit ist es, die im Zusammenhang mit der Richtlinie entstandenen „Missverständnisse und Befürchtungen"[4] aufzugreifen und durch eine Erläuterung der Richtlinienvorgaben die Akzeptanz der Richtlinie und ihrer Konsequenzen zu fördern.

---

[1] Richtlinie 2001/42/EG des Europäischen Parlaments und des Rates vom 27. Juni 2001 über die Prüfung der Umweltauswirkungen bestimmter Pläne und Programme, ABl.EG Nr. L 197 vom 21. Juli 2001, S.30 ff.

[2] Vgl. *Lindemann*, Die Richtlinie zur strategischen Umweltprüfung aus gliedstaatlicher Sicht, in: *Hendler / Marburger / Reinhardt / Schröder* (Hrsg.), Die strategische Umweltprüfung (UTR 76), S.61, 63, einerseits und *Sangenstedt*, Zum Stand der bundsrechtlichen Umsetzung der Richtlinie zur strategischen Umweltprüfung, in: *Hendler / Marburger / Reinhardt / Schröder* (Hrsg.), Die strategische Umweltprüfung (UTR 76), S.37, 44 f., sowie *Krautzberger / Schliepkorte*, UPR 2003, S.92, 93, andererseits.

[3] *Hennecke*, Zur Umsetzung von EG-Richtlinien zum Umweltrecht in der politischen Praxis, in: *Hendler / Marburger / Reinhardt / Schröder* (Hrsg.), Jahrbuch des Umwelt- und Technikrechts 2001 (UTR 58), S.193, 212.

[4] So Bundesumweltminister *Trittin* in einer Rede vom 1. Februar 1999 vor dem Umweltausschuss des Europäischen Parlaments in Brüssel anlässlich der deutschen EU-Ratspräsidentschaft, einsehbar auf der Homepage des Bundesumweltministeriums unter www.bmu.de.

Die heutige Form der Richtlinie stellt zudem, wie so oft im Gemeinschaftsrecht, einen Kompromiss der widerstreitenden Interessen dar. So sind viele Formulierungen nach Abschluss des Rechtsetzungsverfahrens weniger auf rechtliche oder methodische Erkenntnisse als auf politisch motivierte Zugeständnisse zurückzuführen. Augenscheinlich wird dies bei der Bestimmung des sachlichen Anwendungsbereichs der Richtlinie, innerhalb dessen sich die Geister insbesondere an der Konkretisierung des Begriffs „Pläne und Programme“ schieden, was eine Verabschiedung der Richtlinie lange Zeit verhindert hatte. Andere politisch motivierte Zugeständnisse finden sich jedoch ebenso innerhalb des Umweltprüfungsverfahrens wie in den Vorschriften der Nachkontrolle sowie des zeitlichen Anwendungsbereichs.

Ein weiteres Anliegen dieser Arbeit ist daher, die eingegangenen Kompromisse einer rechtlichen Prüfung zu unterziehen und sie in die Systematik der Richtlinie einzuordnen.

In einem ersten Abschnitt soll die Entstehung der Richtlinie und ihre wesentlichen Entwicklungsschritte im Laufe des gemeinschaftsrechtlichen Rechtsetzungsverfahrens aufgezeigt werden. Ausgangspunkte für ein umfassendes Verständnis der Richtlinie bilden dabei eine Klärung der Begrifflichkeit der „Strategischen Umweltprüfung“ sowie neben der Rechtsgrundlage der Richtlinie insbesondere ihre Einordnung in völker- und gemeinschaftsrechtliche Entwicklungstendenzen.

Im folgenden Abschnitt beginnt mit der Darstellung des Anwendungsbereichs die inhaltliche Auseinandersetzung mit den konkreten Richtlinienvorgaben. Aufgezeigt werden die kombinierten Anwendungsvoraussetzungen, bestehend aus der Begriffsbestimmung der „Pläne und Programme“ einerseits sowie dem eingeschränkten sachlichen Geltungsbereich andererseits, ergänzt um die Erläuterung des zeitlichen Geltungsbereichs der Richtlinie.

Anschließend gibt die Arbeit einen Einblick in das Verfahren der Umweltprüfung und setzt sich mit den allgemeinen und besonderen Verfahrensschritten der Prüfung auseinander. Im Mittelpunkt stehen die Ausarbeitung des Umweltberichts, die Durchführung nationaler bzw. grenzüberschreitender Konsultationen, die Entscheidungsfindung sowie die nachfolgende Unterrichtung der Öffentlichkeit und der Beteiligten.

Danach wendet sich die Arbeit dem in der Richtlinie vorgesehenen System einer Nachkontrolle, der weiteren Begeleitung der Richtlinie sowie ihrem Verhältnis zu anderen gemeinschaftsrechtlichen Regelungen zu, bevor Folgeprobleme der Richtlinie, insbesondere aus den Blickwinkeln des Rechtsschutzes, der unmittelbaren Anwendbarkeit der Richtlinie und der Kostentragungsproblematik, angesprochen werden. Schließlich soll die Arbeit einen ersten Eindruck über die Konzeption der anvisierten bundesrechtlichen Umsetzung der Richtlinie vermitteln bevor sie mit einer Zusammenfassung ihrer wichtigsten Erkenntnisse endet.

B. Die Entstehung der Richtlinie

I. Der Begriff der Strategischen Umweltprüfung (SUP)

Im Zusammenhang mit der Richtlinie 2001/42/EG über die Prüfung der Umweltauswirkungen bestimmter Pläne und Programme wird in der deutschen Fachliteratur oftmals der Begriff der „Plan-UVP" verwendet[5]. Damit wird auf die ergänzende Funktion der neuen Richtlinie zur bereits umgesetzten Projekt-UVP-Richtlinie angespielt und zugleich eine Abgrenzung der jeweiligen Anwendungsbereiche voneinander angedeutet. Der Begriff der „Plan-UVP" weist indes einige sprachliche Ungenauigkeiten auf.

Obwohl sich im Zusammenhang mit der Richtlinie 85/337/EWG des Rates über die Umweltverträglichkeitsprüfung bei bestimmten öffentlichen und privaten Projekten (UVP-RL)[6] im deutschen Sprachgebrauch der Begriff der Umweltverträglichkeitsprüfung (UVP) durchgesetzt hat, bedauern Kritiker seit jeher die sprachliche Unkorrektheit der gefundenen Formulierung[7]. Während die aus dem US-amerikanischen stammenden Mutterbegriffe „Environmental Impact Statement (EIS)" und „Environmental Impact Assessment (EIA)" den Prüfungscharakter des Verfahrens betonen, deutet die missverständliche deutsche Formulierung der „Umwelt*verträglichkeit*" auf eine materielle Beeinflussung der Projektzulassung nach Durchführung des Verfahrens hin. Tatsächlich werden die Ergebnisse der Umweltverträglichkeitsprüfung bei der Entscheidung über die Projektzulassung nach Art. 8 UVP-RL jedoch lediglich berücksichtigt, so dass sich die zuständige Behörde über die gefundenen Umweltgesichtspunkte mit entsprechender Begründung hinwegsetzen darf. Selbst bei substantieller Einbeziehung der ökologischen Gesichtspunkte im Rahmen der Projektgenehmigung wird die Projektrealisierung in der Regel eine Beeinträchtigung der Umwelt darstellen. Eine Verträglichkeit im Sinne einer Harmonie zwischen Projekt und Umwelt wird dagegen selten eintreten[8]. Die Verwendung des Begriffs Umwelt-

---

[5] Vgl. u.a. *Rühl*, UPR 2002, S.129, 132 f.; *Lell / Sangenstedt*, uvp-report 2001, S.123 ff.; *Spannowsky*, UPR 2000, S.201 ff.; *Schmidt-Eichstaedt*, UPR 2000, S.401, 403.

[6] Richtlinie 85/337/EWG des Rates vom 27. Juni 1985 über die Umweltverträglichkeitsprüfung bei bestimmten öffentlichen und privaten Projekten, (UVP-RL), ABl.EG Nr. L 175 vom 5. Juli 1985, S.40 ff.; zuletzt geändert durch Richtlinie 2003/35/EG (Öffentlichkeitsbeteiligungs-RL, Fn. 95).

[7] *Rat von Sachverständigen für Umweltfragen*, DVBl. 1988, S.21, 22; *Cupei*, Umweltverträglichkeitsprüfung, S.3 ff.; *Erbguth / Schink*, UVPG, Einl. Rn. 24 m.w.N.

[8] *Bunge* stellt diesbezüglich zutreffen fest: „Praktisch jede Maßnahme, für die sich eine genaue Prognose und Bewertung der Umweltfolgen überhaupt empfiehlt, hat selbst in ihrer ökologisch günstigsten Variante erhebliche negative Konsequenzen, verschlechtert mithin, wenn sie verwirklicht wird, den Zustand der Umwelt", Zweck, Inhalt und Verfahren von

verträglichkeitsprüfung begegnet damit bereits auf Projektebene Bedenken und sollte nicht unbedacht auf weitere Prüfungsebenen übertragen werden.

Die Bezeichnung der Richtlinie 2001/42/EG als „Plan-UVP"-Richtlinie erscheint zudem anhand des in der Richtlinie selbst verwendeten Wortlauts unglücklich gewählt. Zum einen bezieht die Richtlinie neben „Plänen" durchweg auch „Programme" mit in den Anwendungsbereich ein. Zum anderen bezeichnet die Richtlinie das in ihr angeordnete Verfahren in Art. 2 lit. b selbst als „Umweltprüfung"[9]. Daneben enthält die amtliche Überschrift der deutschen Richtlinienfassung, anders als noch bei der UVP-RL, nicht den Ausdruck „Umweltverträglichkeitsprüfung", sondern lediglich den Begriff der „Prüfung". Es bietet sich daher an, den in der internationalen Diskussion verwendeten Begriff des „Strategic Environmental Assessment (SEA)"[10] zu übersetzen und von einer „Strategischen Umweltprüfung (SUP)" zu sprechen.

Wenn diesbezüglich angemerkt wird, ein solcher Begriff grenze sich nicht hinreichend von der Prüfung politischer Planungen ab[11], so sei darauf hingewiesen, dass die Richtlinie 2001/42/EG sich zwar in ihrem Anwendungsbereich zunächst auf Pläne und Programme beschränkt, dies jedoch im Laufe der Entstehungsgeschichte der Richtlinie höchst umstritten war. Die Beschränkung spiegelt weniger eine von vornherein getroffene Grundsatzentscheidung als einen kleinsten gemeinsamen Nenner nach Jahren politischer Auseinandersetzungen wieder. Nicht zuletzt deshalb behält sich die Richtlinie ausdrücklich vor, ihren Geltungsbereich zu einem späteren Zeitpunkt auch auf andere Bereiche auszuweiten[12]. Vor dem Hintergrund der internationalen Diskussionen kommt hierbei insbesondere eine Ergänzung der strategischen Umweltprüfung um den Bereich der Politiken in Betracht[13]. Angesichts dieses insoweit vorläufigen Charakters

---

Umweltverträglichkeitsprüfungen, in: *Storm / Bunge* (Hrsg.), HdUVP, Band 1, Kennzahl 0100, S.4. Stand: April 2003.

[9] *Pietzcker / Fiedler*, DVBl. 2002, S.929 ff., tragen dem Rechnung und sprechen von einer „Plan-UP", ohne jedoch konsequenterweise von einer „Plan- und Programm-UP" auszugehen; uneinheitlich *Stüer*, NVwZ 2002, S.1164 ff., der im gleichen Zusammenhang sowohl von „Plan-UP-Richtlinie" als auch von „Plan-UVP-RL" spricht; *Gatawis*, Grundfragen, S.183, Fn. 259, verwendet den Begriff „PlUP-Richtlinie", spricht jedoch neuerdings in DÖV 2002, S.858 ff. auch von der „Plan-UVP-Richtlinie".

[10] Vgl. beispielsweise *Glasson / Therivel / Chadwick*, Introduction to EIA, S.401 f.; *De Mulder*, elni review 2001, S.14; *Marsden*, elni review 2002, S.1; sowie insbesondere die Verwendung des Begriffs „Strategic Environmental Assessment" auf EU-Ebene und im Rahmen völkerrechtlicher Vereinbarungen.

[11] *Näckel*, Umweltprüfung, S.37 f.; *Porger*, Aktuelle Entwicklungen im Bereich der Plan-UVP, in: *Spannowsky / Mitschang* (Hrsg.), UVP in der Bauleitplanung, S.177, 181 f.

[12] Erwägungsgrund 20, Art. 12 Abs. 3 Satz 3 SUP-RL, vgl. Gliederungspunkt E.III.3.c).

[13] Vgl. beispielsweise Art. 13 des SUP-Protokolls, Gliederungspunkt B.IV.5.c).

der Richtlinie erscheint es sinnvoll, die nötige Flexibilität zu wahren und eine zumindest in Aussicht stehende Erweiterung des Anwendungsbereichs bereits in der anzuwendenden Fachterminologie zu berücksichtigen.

Der Begriff der Strategischen Umweltprüfung sieht sich insoweit den geringsten sprachlichen Bedenken gegenüber und scheint sich nunmehr auch in der nationalen Diskussion um die Richtlinie 2001/42/EG zunehmend durchzusetzen[14]

Die vorliegende Arbeit wird aus diesen Gründen die Begriffe „Strategische Umweltprüfung (SUP)", „Umweltprüfung" sowie „SUP-RL" verwenden, freilich ohne aus der verwendeten Formulierung eine inhaltliche Differenzierung zum Begriff der „Plan-UVP" herzustellen.

II. Geschichte der Richtlinie

Die Idee einer Umweltverträglichkeitsprüfung im Allgemeinen und einer Prüfung von Plänen und Programmen im Besonderen entstand bereits in den Sechziger Jahren des vergangenen Jahrhunderts[15].

1. Ursprung der SUP

Als weltweit erste Kodifikation einer Umweltverträglichkeitsprüfung gilt der am 1. Januar 1970 in Kraft getretene § 102 des nordamerikanischen National Environmental Policy Act (NEPA) von 1969[16], der ein „Environmental Impact Statement (EIS)" einführte, in dem die zuständige Behörde Informationen über Umwelteinwirkungen, alternative Vorhaben und Aspekte der Nachhaltigkeit sammeln sollte. Der Anwendungsbereich dieser Norm umfasste „every recommendation or report on proposals for legislation and other major Federal actions significantly affecting the quality of the human environment", d.h. jeden Vorschlag oder Bericht im Rahmen der Erstellung eines Gesetzgebungsentwurfs und andere wichtige Vorhaben des Bundes, die erhebliche Umwelteinwirkungen aufwiesen. Zu den „anderen wichtigen Vorhaben", den „major actions", zählen nach den Ausführungsbestimmungen zum NEPA Projekte und Programme, die ganz oder teilweise von Bundesbehörden finanziert, begleitet, durchgeführt, beaufsichtigt oder angenommen wurden, sowie Pläne, Politiken und Verfahren

---

[14] Vgl. etwa *Hendler*, DVBl. 2003, S.227 ff.; *ders.*, NuR 2003, S.2 ff.; *Sangenstedt*, Vorstellung und Bewertung der Richtlinie der EG zur Strategischen Umweltprüfung, in: *Reiter* (Hrsg.), Neue Wege in der UVP; S.235 ff.; *Schmidt / Rütz / Bier*, DVBl. 2002, S.357 ff.; *Jakoby*, SUP in der Raumplanung; *Kläne*, SUP in der Bauleitplanung; *Feldmann*, Die strategische Umweltprüfung - SUP-RL, in: *Hartje / Klaphake* (Hrsg.), Umweltplanung, S.103 ff.; *Wagner*, uvp-report 2001, S.118; grundlegend *Fischer*, uvp-report 1998, S.69.

[15] Ein kurzer Überblick über die Entwicklung der SUP findet sich ebenfalls bei *Kläne*, SUP in der Bauleitplanung, S.130 ff.

[16] National Environmental Policy Act of 1969 (NEPA), 42 U.S.C. secs. 4321-4347.

der Behörden[17]. Dabei wurden die Vorhaben des Bundes in vier Fallgruppen eingeteilt: Die Annahme einer offiziellen Politik, die Annahme eines formellen Plans, die Annahme eines Programms oder die Annahme eines spezifischen Projektes[18]. Schon damals war also die Idee einer Umweltverträglichkeitsprüfung nicht auf die Ermittlung der Umweltauswirkungen eines Einzelprojektes beschränkt, sondern hatte im Gegenteil einen überaus weiten Anwendungsbereich, der sowohl Pläne und Programme als auch den Bereich der Politiken mit einschloss.

In Deutschland finden sich erste Ansätze einer Umweltverträglichkeitsprüfung in den „Grundsätzen für die Prüfung der Umweltverträglichkeit öffentlicher Maßnahmen des Bundes" aus dem Jahre 1975[19]. Nach diesen Grundsätzen waren öffentliche Maßnahmen, zu denen ausdrücklich auch Pläne und Programme für öffentliche Aufgaben gezählt wurden (Artikel 1 Abs. 2 Nr. 3) auf schädliche Umwelteinwirkungen zu überprüfen. Zwar fanden die Grundsätze nur bedingt Berücksichtigung, doch zeigen auch sie die ursprünglich über die Projektebene hinausgehende Ausrichtung der Umweltverträglichkeitsprüfung.

Auf europäischer Ebene wurde in den Achtziger Jahren im Rahmen der Diskussion um die Einführung der UVP-RL bereits erwogen, zugleich eine Umweltverträglichkeitsprüfung für Pläne, Programme und Politiken einzuführen[20]. Die Kommission konnte sich mit ihren dahingehenden Vorschlägen jedoch nicht durchsetzen. Zwar war bereits klar, dass die Grundsätze der Umweltverträglichkeitsprüfung auf allen Ebenen der Verwaltung Geltung erlangen sollten, d.h. z.B. auch bei der Aufstellung von Raumordnungsplänen, regionalen Programmen und Wirtschaftsprogrammen[21], jedoch fürchtete man eine Überbelastung

---

[17] 40 C.F.R. (Code of Federal Regulations) Sec.1508.18, (a): "Actions include new and continuing activities, including projects and programs entirely or partly financed, assisted, conducted, regulated, or approved by federal agencies; new or revised agency rules, regulations, plans, policies, or procedures".

[18] 40 C.F.R. Sec.1508.18, (b): "Federal actions tend to fall within one of the following categories: (1) Adoption of official policy, ... (2) Adoption of formal plans, ... (3) Adoption of programs, ... (4) Adoption of specific projects, ...".

[19] Beschluss der Bundesregierung vom 27.1.1975, GMBl. 1975, S.717 ff.; ebenfalls abgedruckt in NuR, 1979, 23 f.; siehe zur Entwicklung auch *Steinberg*, Umweltverträglichkeitsprüfung von Programmen und Plänen, in: *Erbguth / Oebbecke / Rengeling / Schulte* (Hrsg.), Planung, S.493, 496 ff.

[20] *Lustig*, Die Novellierung der UVP-Richtlinie und die Entwicklung der Richtlinie über die strategische UVP – eine Akteursanalyse, in: *Hartje / Klaphake* (Hrsg.), Umweltplanung, S.57, 60.

[21] Erwägungsgrund 4 des Vorschlags einer Richtlinie des Rates über die Umweltverträglichkeitsprüfung bei bestimmten öffentlichen und privaten Vorhaben, "EG-Dok. 7972/90", abgedruckt in der Unterrichtung des Bundestags durch die Bundesregierung, BT-Drs. 9/166, S.1.

der Behörden und entschloss sich für eine schrittweise Einführung, bei der die technischen und administrativen Maßnahmen rechtzeitig angepasst werden konnten[22]. Die UVP-RL beschränkte sich daher auf "bestimmte öffentliche und private *Projekte*". Die Einführung einer Umweltverträglichkeitsprüfung für Politiken, Pläne und Programme wurde auf einen späteren Zeitpunkt verschoben[23].

Zwischen 1990 und 1995 legte die Kommission einige interne Vorschläge für eine Richtlinie über die Umweltverträglichkeitsprüfung bei Politiken, Plänen und Programmen vor[24], jedoch wurden diese aufgrund des Widerstandes zahlreicher Mitgliedstaaten jeweils nicht weiterverfolgt[25]. Das Europäische Parlament versuchte seinerseits im Rahmen des Gesetzgebungsverfahrens zur UVP-Änderungsrichtlinie[26] mehrmals, den Geltungsbereich der Umweltverträglichkeitsprüfung auf Programme der Gemeinschaft oder einzelner Staaten mit möglicherweise erheblichen Auswirkungen auf die Umwelt zu erweitern[27]. Diese Änderungen in Richtung einer strategischen Umweltprüfung wurden indes von der Kommission nicht in die UVP-Änderungsrichtlinie aufgenommen, um das ohnehin schwierige Verfahren nicht mit einer zusätzlichen strittigen Materie zu belasten.

---

[22] BT-Drs. 9/166, S.11.

[23] *Lell / Sangenstedt*, uvp-report 2001, S.123; *Jacoby*, SUP in der Raumplanung, S.124 ff. m.w.N.

[24] Vergleiche die Nachweise bei *Näckel*, Umweltprüfung, S.203 ff.; *Jacoby*, SUP in der Raumplanung, S.130 ff., sowie *Lustig*, Die Novellierung der UVP-Richtlinie und die Entwicklung der Richtlinie über die strategische UVP – eine Akteursanalyse, in: *Hartje / Klaphake* (Hrsg.), Umweltplanung, S.57, 73 f.

[25] *Sangenstedt*, Die Bedeutung einer europäischen Richtlinie über die Prüfung der Umweltauswirkungen von Plänen und Programmen für das Fachplanungsrecht, in: *Ziekow* (Hrsg.), Planung 2000, S.27, 28.

[26] Richtlinie 97/11/EG des Rates vom 3. März 1997 zur Änderung der Richtlinie 85/337/EWG über die Umweltverträglichkeitsprüfung bei bestimmten öffentlichen und privaten Projekten, ABl.EG Nr. L 073 vom 14. März 1997, S.5 ff.

[27] Änderung (19) des Parlaments zum Vorschlag für einer Richtlinie des Rates zur Änderung der Richtlinie 85/337/EWG über die Umweltverträglichkeitsprüfung bei bestimmten öffentlichen und privaten Projekten, ABl.EG Nr. C 287 vom 30. Oktober 1995, S.83, 87 und Änderung (6) des Parlaments zum Beschluß betreffend den Gemeinsamen Standpunkt des Rates im Hinblick auf den Erlaß der Richtlinie des Rates zur Änderung der Richtlinie 85/337/EWG über die Umweltverträglichkeitsprüfung bei bestimmten öffentlichen und privaten Projekten, ABl.EG Nr. C 362 vom 1. Dezember 1996, S.103, 104.

2. Richtlinienvorschlag von 1997

Schließlich stellte die Kommission 1997 ihren ersten offiziellen Vorschlag hinsichtlich der Einführung einer SUP-RL vor. Der Richtlinienvorschlag über eine Prüfung der Umweltauswirkungen bestimmter Pläne und Programme[28] sparte den Bereich der Politiken erstmals aus und beschränkte sich auf die Ergänzung der vorhandenen Projekt-UVP um die Plan- und Programmebene.

Erfasst wurden Pläne und Programme im Bereich Raumordnung,

- die von einer zuständigen Behörde ausgearbeitet und angenommen werden oder die von einer zuständigen Behörde für die Annahme durch einen Gesetzgebungsakt ausgearbeitet werden,

- die als Teil des Entscheidungsprozesses im Bereich Raumordnung den Rahmen für nachfolgende Genehmigungen vorgeben und

- die Bestimmungen über Art, Größe, Standort oder Betriebsbedingungen von Projekten enthalten (Artikel 2 lit. a i) Richtlinienvorschlag 1997).

Neben Änderungen der genannten Pläne umfasste der Anwendungsbereich ausdrücklich Pläne und Programme in Bereichen wie Verkehr (einschließlich Verkehrskorridore, Hafenanlagen und Flughäfen), Energie, Abfallbewirtschaftung, Bewirtschaftung von Wasserressourcen, Industrie (einschließlich Gewinnung mineralischer Rohstoffe), Telekommunikation und Tourismus (Artikel 2 lit. a a.E. Richtlinienvorschlag 1997).

Wurde eine Umweltprüfungspflicht bejaht, so war eine Umwelterklärung aufzustellen, welche die notwendigen Informationen zur Bewertung der möglichen erheblichen Umweltauswirkungen der Pläne und Programme enthalten sollte. Betroffene Behörden und die Öffentlichkeit konnten danach zum Entwurf des Plans oder Programms sowie zur begleitenden Umwelterklärung Stellung nehmen, wobei bereits etwaige grenzüberschreitende Konsultationen vorgesehen waren. Die zuständige Behörde hatte die Umwelterklärung, die erfolgten Stellungnahmen und etwaige Konsultationsergebnisse bei der Annahme des Plans oder Programms zu berücksichtigen und die Beteiligten über das Ergebnis zu informieren. Damit war bereits die Grundstruktur der jetzigen Umweltprüfung mit ihren Elementen der Ausarbeitung des Umweltberichts, der Behörden- und Öffentlichkeitsbeteiligung, der Berücksichtigung bei der Entscheidungsfindung und der Bekanntgabe der Entscheidung gewonnen.

---

[28] Vorschlag für eine Richtlinie des Rates über die Prüfung der Umweltauswirkungen bestimmter Pläne und Programme, KOM(96) 511 endg., ABl.EG Nr. C 129 vom 25. April 1997, S.14 ff.

3. Stellungnahmen Wirtschafts- u. Sozialausschuss / A. d. Regionen

Dem Richtlinienvorschlag folgten Stellungnahmen des Wirtschafts- und Sozialausschusses[29] und des Ausschusses der Regionen[30]. Sie kritisierten die Aussparung von Plänen, die der Kommission gemäß den Strukturfondsverordnungen vorzulegen waren, und forderten die frühzeitige Bestimmung von Überwachungsinstrumenten und -methoden, um die Wirksamkeit der Maßnahmen zur Minderung der Umwelteinwirkungen zu prüfen[31]. Zudem bestanden Zweifel an der Richtigkeit der mit Artikel 130 s Absatz 1 EGV (Maastricht) gewählten Rechtsgrundlage. Kritik wurde zudem an der vagen Definition der Begriffe „Pläne" und „Programme" geübt[32].

4. 1. Lesung des Europäischen Parlaments

Das Europäische Parlament billigte den Richtlinienvorschlag in 1. Lesung unter dem Vorbehalt einiger Änderungen[33], insbesondere einer Erweiterung des Anwendungsbereichs der Richtlinie. Erfasst werden sollten Pläne und Programme, die unter anderem „*einen allgemeinen oder sektoralen* Rahmen für nachfolgende Genehmigungen im Bereich *Bodennutzung, Ressourcennutzung oder* Raumordnung vorgeben, *die direkt oder indirekt die künftige Durchführung von Projekten im Sinne der Richtlinie 85/337/EWG betreffen*"[34]. Damit wurde dem Richtlinientext erstmals eine direkte Verbindung zur UVP-RL hinzugefügt, wenngleich eine Umweltverträglichkeitsprüfung für Pläne und Programme ohne Bezug zu uvp-pflichtigen Projekten ebenfalls vorgesehen war[35]. In den Anwendungsbe-

---

[29] Stellungnahme des Wirtschafts- und Sozialausschusses zu dem "Vorschlag für eine Richtlinie des Rates über die Prüfung der Umweltauswirkungen bestimmter Pläne und Programme", ABl.EG Nr. C 287 vom 22. September 1997, S.101 ff.

[30] Stellungnahme des Ausschusses der Regionen zu dem "Vorschlag für eine Richtlinie des Rates über die Prüfung der Umweltauswirkungen bestimmter Pläne und Programme", ABl.EG Nr. C 64 vom 27. Februar 1998, S.63 ff.

[31] Stellungnahme des Wirtschafts- und Sozialausschusses (Fn. 29), S.103; vgl. auch *Feldmann*, uvp-report 1998, S.63.

[32] ABl.EG Nr. C 64 vom 27. Februar 1998, S.64 f.

[33] Legislative Entschließung mit der Stellungnahme des Europäischen Parlaments zu dem "Vorschlag für eine Richtlinie des Rates über die Prüfung der Umweltauswirkungen bestimmter Pläne und Programme" (KOM(96) 511 - C4-0191/97 - 96/0304(SYN)), ABl.EG Nr. C 341 vom 9. November 1998, S.18 ff.

[34] Legislative Entschließung mit der Stellungnahme des Europäischen Parlaments zu dem "Vorschlag für eine Richtlinie des Rates über die Prüfung der Umweltauswirkungen bestimmter Pläne und Programme" (Fn. 33), S.22; Hervorhebungen im Original.

[35] Der Änderungsvorschlag des Parlaments fügte Artikel 2 lit. A i) 2. Querstrich am Ende ein "oder" hinzu, so dass die Voraussetzungen des 3. Querstrichs, d.h. das Enthalten von Bestimmungen über Art, Größe, Standort oder Betriebsbedingungen von Projekten (unabhängig von ihrer UVP-Pflichtigkeit), den Bezug zu einem uvp-pflichtigen Projekt ersetzen konnten.

reich wurden zudem Pläne und Programme aus den Bereichen Landwirtschaft, Forstwirtschaft und Fischerei aufgenommen.

Ein neuer Artikel 10 a sollte den Mitgliedstaaten auferlegen, geeignete Kontrollverfahren festzulegen, um die Wirksamkeit der Maßnahmen, mit denen die Umweltauswirkungen ausgeglichen werden sollen, zu überprüfen. Nach der Anregung durch den Wirtschafts- und Sozialausschuss forderte also auch das Europäische Parlament eine Nachkontrolle (Monitoring) zur Sicherung der anvisierten Richtlinienziele.

5. Geänderter Richtlinienvorschlag von 1999

Daraufhin legte die Kommission einen geänderten Richtlinienvorschlag vor, in dem einige der Änderungswünsche des Parlaments berücksichtigt wurden[36]. Zu den aufgenommenen Änderungen zählten jedoch weder eine Bestimmung zum Monitoring, noch wurde der Anwendungsbereich in Bezug zur UVP-RL gesetzt. Stattdessen wurde der Begriff der Raumordnung aus der allgemeinen Definition der Pläne und Programme herausgenommen und zusammen mit dem Bereich der Bodennutzung in die Liste der ausdrücklich als inbegriffen aufgezählten Einzelsektoren aufgenommen.

Pläne und Programme waren danach solche,

- die von einer zuständigen Behörde ausgearbeitet und angenommen werden oder die von einer zuständigen Behörde für die Annahme durch einen Gesetzgebungsakt ausgearbeitet werden und

- die einen Rahmen für künftige Genehmigungen von Projekten vorgeben, indem sie auf Standort und unter anderem Art, Größe oder Betriebsbedingungen dieser Projekte Bezug nehmen.

Neben Änderungen solcher Planungen umfasste die Definition ausdrücklich Pläne und Programme in Bereichen wie Verkehr (einschließlich Verkehrskorridore, Hafenanlagen und Flughäfen), Energie, Abfallbewirtschaftung, Bewirtschaftung von Wasserressourcen, Industrie (einschließlich Gewinnung mineralischer Rohstoffe), Telekommunikation, Tourismus, Raumordnung oder Bodennutzung.

Schließlich wurde im Rahmen der Umweltprüfung für den Inhalt einer Umwelterklärung erstmals die Beschreibung der "Null-Variante", d.h. die Entwicklung bei Nichtdurchführung des Plans oder Programms, vorgeschrieben (Anhang, b) Geänderter Richtlinienvorschlag 1999).

Insoweit sprach der 1. Erwägungsgrund des Richtlinientextes nach wie vor nur von Planungsverfahren "insbesondere im Geltungsbereich der Richtlinie 85/337/EWG".

[36] Geänderter Vorschlag für eine Richtlinie des Rates über die Prüfung der Umweltauswirkungen bestimmter Pläne und Programme, KOM(99) 73 endg., ABl.EG Nr. C 83 vom 25. März 1999, S.13 ff.

6. Gemeinsamer Standpunkt des Rates

Nach einer Stellungnahme des Ausschusses der Regionen[37] zum geänderten Richtlinienvorschlag, in der wiederum die Ausklammerung von Plänen und Programmen der EU im Rahmen der Strukturfonds kritisiert wurde, legte der Rat am 30. März 2000 einen Gemeinsamen Standpunkt im Hinblick auf den Erlass einer Richtlinie über die Umweltverträglichkeitsprüfung bei bestimmten Plänen und Programmen vor[38].

Vorangegangen waren in der ersten Hälfte des Jahres 1999 erste Verhandlungen auf Ratsebene. Unter deutscher Ratspräsidentschaft konnte im Rahmen dieser Sondierungen zum ersten Mal eine grundsätzliche Bereitschaft der Mitgliedstaaten zur Schaffung einer Umweltverträglichkeitsprüfung für Pläne und Programme festgestellt werden. Darauf aufbauend gelang es der nachfolgenden finnischen Ratspräsidentschaft, die Umweltminister auf einen Gemeinsamen Standpunkt festzulegen, der schließlich im März 2000 formell verabschiedet wurde[39].

Auf nationaler Ebene hatte sich zuvor seitens des Bundesrates erbitterter Widerstand gegen eine Zustimmung Deutschlands zum Erlass einer SUP-RL gebildet. Die aufgrund besonderer Eilbedürftigkeit einberufene Europakammer des Bundesrates gemäß Art. 52 Abs. 3 a GG bekräftigte die ablehnende Haltung der Ländervertreter, konnte diesen Beschluss jedoch nur mit einfacher Mehrheit fassen. Mangels der für einen sog. „Beharrungsbeschluss" i.S.d. § 5 Abs. 2 Satz 5 EUZBLG erforderlichen Zweidrittelmehrheit war die Bundesregierung somit nicht an das Votum der Europakammer gebunden. Auf Gemeinschaftsebene stimmte Deutschland daraufhin aus politischen Erwägungen dem Gemeinsamen Standpunkt zu, der infolgedessen einstimmig erging[40].

Inhaltlich stellte der Gemeinsame Standpunkt erstmals ein der heutigen Richtlinie entsprechendes Konzept des Anwendungsbereichs vor. Dieser bestimmte sich aus einer Zusammenschau der Begriffsbestimmung von Plänen und Programmen in Artikel 2 lit. a des Gemeinsamen Standpunkts sowie des Geltungs-

---

[37] Stellungnahme des Ausschusses der Regionen zu dem "Geänderten Vorschlag für eine Richtlinie des Rates über die Prüfung der Umweltauswirkungen bestimmter Pläne und Programme", ABl.EG Nr. C 374 vom 23. Dezember 1999, S.9.

[38] Gemeinsamer Standpunkt (EG) Nr. 25/2000 vom Rat festgelegt am 30. März 2000 im Hinblick auf den Erlaß der Richtlinie 2000/.../EG des Europäischen Parlaments und des Rates vom ... über die Prüfung der Umweltauswirkungen bestimmter Pläne und Programme, ABl.EG Nr. C 137 vom 16. Mai 2000, S.11 ff.

[39] *Wagner*, uvp-report 2001, S.118.

[40] Vgl. zur Beratung der SUP-RL im Bundesrat und in der Europakammer des Bundesrates *Fischer / Koggel*, DVBl. 2000, S.1742 ff. sowie die Pressemitteilung Nr. 163/1999 des Bundesrates vom 9. Dezember 1999, abgedruckt in NVwZ 2000, S.537. Der Bundesrat stimmte anlässlich der SUP-RL erstmals in seiner Geschichte über einen Beharrungsbeschluss i.S.d. § 5 Abs. 2 Satz 5 EUZBLG ab.

bereichs, wie er in Artikel 3 Abs. 1 bis 8 des Gemeinsamen Standpunkts ausgeführt wurde[41]. Artikel 2 lit. a 2. Querstrich sah eine neue Voraussetzung vor, nach der die Pläne und Programme aufgrund von Rechts- oder Verwaltungsvorschriften erstellt worden sein mussten.

In Artikel 3 Abs. 2 lit. a des Gemeinsamen Standpunkts fand sich neben der Aufzählung der betroffenen Sektoren ein Bezug zur UVP-RL, indem eine rahmensetzende Wirkung für die künftige Genehmigung eines upv-pflichtigen Projektes gefordert wurde.

Als völlig neuen Aspekt brachte Artikel 3 Abs. 2 lit. b des Gemeinsamen Standpunkts eine alternative Umweltprüfungspflicht für solche Pläne und Programme ein, bei denen angesichts voraussichtlicher Auswirkungen auf Gebiete eine Verträglichkeitsprüfung nach Artikel 6 oder 7 der FFH-RL für erforderlich erachtet wurde. Damit wurde die thematisch mit einer Umweltprüfung für Pläne und Programme verwandte Verträglichkeitsprüfung für Pläne nach der FFH-RL in das System der Umweltprüfung integriert.

Dem Problem der Pläne und Programme im Rahmen der Strukturfonds der EU wurde durch Artikel 3 Abs. 8 3. Querstrich des Gemeinsamen Standpunkts Rechnung getragen, wonach diese Pläne und Programme im Programmplanungszeitraum 2000-2006 zwar vorläufig aber ausdrücklich aus dem Anwendungsbereich der Richtlinie ausgeschlossen wurden.

Im Rahmen des Umweltprüfungsverfahrens wurde der Begriff der Umwelterklärung durch den des Umweltberichts ersetzt, was jedoch keine inhaltlichen Folgen nach sich zog. Eine Überwachung der Durchführung von Plänen und Programmen fehlte im Gemeinsamen Standpunkt, während Anhang I, der die geforderten Informationen innerhalb eines Umweltberichts konkretisierte, in seinem Unterpunkt i) immerhin eine Beschreibung der geplanten Maßnahmen zur Überwachung der Durchführung des Plans oder Programms vorsah[42].

7. 2. Lesung des Europäischen Parlaments

Das Europäische Parlament änderte den Gemeinsamen Standpunkt in seiner 2. Lesung in einigen Punkten ab[43]. Neben der Aufrechterhaltung der Forderung nach einer Überwachungsvorschrift schlug das Europäische Parlament die Aufnahme der von der Europäischen Union finanzierten Pläne und Programme vor.

---

41 Gemeinsamer Standpunkt (Fn. 38), S.13.

42 Gemeinsamer Standpunkt (Fn. 38), S.17.

43 Legislative Entscheidung des Europäischen Parlaments zu dem Gemeinsamen Standpunkt des Rates im Hinblick auf den Erlass der Richtlinie des Europäischen Parlaments und des Rates über die Prüfung der Umweltauswirkungen bestimmter Pläne und Programme, ABl.EG Nr. C 135 vom 7. Mai 2001, S.155 ff.; vgl. auch die diesbezügliche Stellungnahme der Kommission vom 16. Oktober 2000, KOM (2000) 636 endg.

Dem Drängen der Berichterstatterin auf eine Wiedereinbeziehung von Politiken in den Anwendungsbereich der Richtlinie wurde hingegen ausdrücklich nicht gefolgt[44]. Daneben sollten Finanzpläne, die vom Anwendungsbereich des Gemeinsamen Standpunkts ausdrücklich ausgenommen waren, umfasst werden.

8. Einigung im Vermittlungsausschuss

Eine Einigung über die endgültige Fassung der Richtlinie wurde am 16. März 2001 im Rahmen der Verhandlungen des Vermittlungsausschusses gem. Art. 251 Abs. 3, 4 EGV erzielt[45] und passierte die 3. Lesung des Parlaments am 21. Mai 2001[46]. Der Kompromiss sieht in Artikel 10 eine Überwachungsvorschrift vor, die den Mitgliedstaaten erstmals verpflichtend auferlegt, die Auswirkungen der Pläne und Programme auf die Umwelt zu überwachen, um etwaige negative Auswirkungen zu ermitteln. Zudem wurde festgelegt, dass die Ausnahme der Verordnungen über die Strukturfonds aus dem Geltungsbereich der Richtlinie (Art. 3 Abs. 9 SUP-RL) tatsächlich nur bis zum Ende des laufenden Programmplanungszeitraums (2000-2006/2007) gelten soll, während auf Anregung des Europäischen Parlaments die von der Europäischen Gemeinschaft mitfinanzierten Pläne und Programme klarstellend in die Definition der Pläne und Programme nach Art. 2 lit. a SUP-RL aufgenommen wurden.

Schließlich trat die Richtlinie 2001/42/EG des Europäischen Parlaments und des Rates über die Prüfung der Umweltauswirkungen bestimmter Pläne und Programme am 21. Juli 2001 mit ihrer Veröffentlichung im Amtsblatt der Europäischen Gemeinschaften in Kraft[47].

9. Rolle des Europäischen Parlaments im Gesetzgebungsverfahren

Eine gesonderte Betrachtung innerhalb der Entstehungsgeschichte der SUP-RL verdient die Rolle des Europäischen Parlaments und sein Beitrag zur Entstehung des Richtlinientextes in seiner letztlich verabschiedeten Form.

Wie bereits erwähnt trat das Parlament bereits bei den Beratungen zur UVP-Änderungsrichtlinie für eine auf Programme der Mitgliedstaaten und der Gemeinschaft erweiterte Prüfung von Umweltauswirkungen ein. Diese Linie ver-

---

[44] Siehe dazu die Ausführungen zu den von der Europäischen Gemeinschaft mitfinanzierten Plänen und Programmen nach Art. 2 lit. a SUP-RL, Gliederungspunkt C.I.3.

[45] Vergleiche den Gemeinsamen Entwurf von Europäischem Parlament und Rat nach Billigung durch den Vermittlungsausschuss des Artikels 251 Absatz 4 EG-Vertrag vom 23. April 2001, PE-Cons 3619/01.

[46] Bericht über den vom Vermittlungsausschuss gebilligten gemeinsamen Entwurf einer Richtlinie des Europäischen Parlaments und des Rates über die Prüfung der Umweltauswirkungen bestimmter Pläne und Programme vom 21. Mai 2001, PE 287.587, A5-0177/2001.

[47] Richtlinie 2001/42/EG (SUP-RL, Fn. 1).

folgte das Europäische Parlament auch im Rahmen des Rechtsetzungsverfahrens zur SUP-RL, indem es in 1. Lesung den Anwendungsbereich der Richtlinie erweitern und einen Bezug zur UVP-RL herstellen wollte. Daneben sollte nach Ansicht des Parlaments ein Monitoring zur Sicherung des Richtlinienvollzugs und der umweltgerechten Ausgestaltung der Pläne und Programme eingeführt werden.

Die Bemühungen des Parlaments fanden zunächst nur wenig Niederschlag in den Arbeitsfassungen des Richtlinientextes. So wurden die entscheidenden Änderungswünsche der 1. Lesung des Parlaments weder im geänderten Richtlinienvorschlag von 1999 noch im Gemeinsamen Standpunkt des Rates berücksichtigt. Hauptgrund hierfür dürfte das bis zu diesem Zeitpunkt für die SUP-RL geltende Rechtsetzungsverfahren sein. Die auf Art. 130 s Abs. 1 EGV (Maastricht) gestützte Richtlinie durchlief zunächst das Verfahren der Zusammenarbeit nach Art. 189 c EGV (Maastricht). Danach hätte der Rat auch nach einer Ablehnung eines von ihm vorgelegten Gemeinsamen Standpunktes durch das Europäische Parlament die Richtlinie letztlich mit einer einstimmigen Entscheidung annehmen können.

Zwar war bereits durch den Maastrichter Vertrag im Vergleich zur Fassung des EGV nach Inkrafttreten der Einheitlichen Europäischen Akte (EEA) eine stärkere Beteiligung des Europäischen Parlaments eingeführt worden, doch es sollten die Änderungen des EGV durch den Vertrag von Amsterdam sein, die sich als entscheidend für den endgültigen Wortlaut der Richtlinie erwiesen. Maßgeblich war, dass der am 2. Oktober 1997 unterzeichnete und am 1. Mai 1999 in Kraft getretene Amsterdamer Vertrag das Mitentscheidungsverfahren nach Art. 251 EGV auch in Art. 175 Abs. 1 EGV einführte, so dass ab diesem Zeitpunkt die SUP-RL nach dem Verfahren der Mitentscheidung nur dann zustande kommen konnte, wenn sich Rat und Parlament auf einen gemeinsamen Text einigten. Praktisch wurde dadurch das Letztentscheidungsrecht des Rates durch ein parlamentarisches Vetorecht ersetzt[48].

Zu diesem Zeitpunkt hatte das Rechtsetzungsverfahren der SUP-RL die 1. Lesung des Europäischen Parlaments bereits durchlaufen und ein geänderter Richtlinienvorschlag der Kommission wurde erwartet. Durch die Anwendbarkeit des Verfahrens der Mitentscheidung nach Art. 251 EGV hatte das Europäische Parlament nun ein wirksames Druckmittel zur Durchsetzung seiner Interessen. Es hielt in 2. Lesung seine Forderung nach einem Monitoring aufrecht und forderte die Aufnahme der durch die Europäische Union finanzierten Pläne und Programme in den Anwendungsbereich der SUP-RL. Zudem sollten auch Finanzpläne einer SUP zugänglich sein.

Da der Rat sich diesen weitgehenden Änderungen nicht anschließen wollte, blieb nur die Einleitung eines Vermittlungsverfahrens. So fanden zwischen

---

[48] *Streinz*, Europarecht, Rn. 451.; *Oppermann*, Europarecht, Rn. 269.

September 2000 und März 2001 etwa 30 offizielle und informelle Treffen zwischen Rat, Europäischem Parlament und der Kommission statt[49]. Dort weigerte sich der Rat zunächst, über die im Gemeinsamen Standpunkt erzielten Ergebnisse hinauszugehen, doch der durch das Mitentscheidungsverfahren gewonnene Einfluss des Europäischen Parlaments zeigte in den Verhandlungen des Vermittlungsausschusses seine Wirkung. So war es am Ende nur diesem Machtzuwachs zu verdanken, dass einige Vorschläge des Parlaments letztlich doch Eingang in den Richtlinientext fanden[50] und die Delegation des Europäischen Parlaments nach Beendigung des Vermittlungsverfahrens freimütig erklärte, dass die erzielte Einigung "weit über das hinausgeht, was vor der zweiten Lesung möglich war"[51].

Wichtigste Konsequenz ist sicherlich die Einführung einer Nachkontrolle (Monitoring) gemäß Art. 10 SUP-RL, da eine Überwachungsvorschrift seit Beginn des Rechtsetzungsprozesses ein Anliegen des Parlaments gewesen war, welches sich jedoch im Rahmen des ursprünglichen Verfahrens der Zusammenarbeit nach Art. 189 c EGV (Maastricht) nicht hatte durchsetzen können. Zwar blieben Finanzpläne nach Art. 3 Abs. 8 2. Spiegelstrich SUP-RL ausdrücklich vom Anwendungsbereich der SUP-RL ausgeschlossen, doch konnte das Europäische Parlament mit der Aufnahme der durch die Europäische Gemeinschaft mitfinanzierten Pläne und Programme in Art. 2 lit. a SUP-RL ein weiteres Zugeständnis für sich verbuchen[52].

Der heutige Wortlaut der SUP-RL ist daher in wesentlichen Passagen allein der gestiegenen Bedeutung des Europäischen Parlaments durch den Wechsel des Rechtsetzungsverfahrens infolge des Inkrafttretens des Amsterdamer Vertrages zu verdanken.

---

[49] Zur veränderten Rolle der Kommission im Verfahren der Mitentscheidung siehe *Feldmann / Vanderhaegen*, uvp-report 2001, S.119, 120.

[50] Ebenso *Feldmann / Vanderhaegen*, uvp-report 2001, S.119, 120.

[51] Bericht über den vom Vermittlungsausschuss gebilligten gemeinsamen Entwurf einer Richtlinie des Europäischen Parlaments und des Rates über die Prüfung der Umweltauswirkungen bestimmter Pläne und Programme, 3. Lesung des Europäischen Parlaments , (Fn. 46), S.9.

[52] Zu weiteren Einflüssen des Europäischen Parlaments auf die SUP-RL siehe auch die Anmerkungen von *De Mulder*, elni review 2001, S.14 ff.

III. Rechtsgrundlage der SUP-Richtlinie

Im Laufe des Gesetzgebungsverfahrens wurde das Problem der korrekten Rechtsgrundlage einer SUP-RL kontrovers diskutiert[53].

1. Der Streit um die Rechtsgrundlage

Bereits in seinem Beschluss zum Richtlinienvorschlag aus dem Jahre 1997 wendete der deutsche Bundesrat ein, der Vorschlag stütze sich mit Art. 130 s Abs. 1 EGV (Maastricht; Art. 175 Abs. 1 EGV) auf eine falsche Kompetenznorm[54]. Nach Auffassung des Bundesrates wäre eine SUP-RL auf Artikel 130 s Abs. 2 EGV (Maastricht; Art. 175 Abs. 2 lit. b EGV (Amsterdam)) zu stützen gewesen, da es sich um Regelungen im Bereich Raumordnung handele. Zudem bestünde nach Art. 3 und 3 a EGV (Maastricht) keine Rechtsetzungskompetenz der Gemeinschaft für städtebauliche Satzungen, Flächennutzungspläne und städtebauliche Rahmenpläne[55].

Der Richtliniengesetzgeber berief sich indes auf die Verwirklichung des in Artikel 130 r Absatz 1 EGV (Maastricht; Art. 174 Abs. 2 Satz 2 EGV) verankerten Vorsorgeprinzips[56]. Die Umweltprüfung von Plänen und Programmen fördere die dort genannten Ziele, d.h. die Erhaltung und den Schutz der Umwelt sowie die Verbesserung ihrer Qualität, den Schutz der menschlichen Gesundheit und eine umsichtige und rationelle Verwendung der natürlichen Ressourcen. Hauptziel des Richtlinienvorschlages sei es, zu gewährleisten, dass die zuständige Verwaltungsbehörde bereits vor einer endgültigen Entscheidung den möglichen Umweltauswirkungen ihrer Entscheidung Rechnung trage. Das Wecken des Umweltbewusstseins der beschlussfassenden Behörde solle letztlich dem Schutz der Umweltinteressen dienen. Zudem habe die Richtlinie lediglich Verfahrenscharakter, d.h. keine verpflichtenden Auswirkungen auf die Beschlussfassung. Mögliche Auswirkungen der in der Richtlinie vorgesehenen Maßnahmen auf die Planung im Bereich der Raumordnung seien daher nur als indirekt zu betrachten. Rechtsgrundlage für die Richtlinie sei „eindeutig" Artikel 130 s Abs. 1 EGV (Maastricht).

---

[53] Siehe zur Problematik der Rechtsgrundlage auch *Spannowsky*, UPR 2000, S.201 ff.

[54] BR-Drs. 277/97 (Beschluß) vom 6. Juni 1997, S.3.; auch Spanien regte für den Richtlinienvorschlag von 1997 und den geänderten Richtlinienvorschlag von 1999 Art. 175 Abs. 2 EGV (Amsterdam) als Rechtsgrundlage an, so *Jans*, European Environmental Law, S.47, Fn. 180.

[55] Siehe zur Kritik des Bundesrats auch *Ziekow*, UPR 1999, S.287, 292 f.

[56] So die Begründung des Richtlinienvorschlags, wie sie dem Bundesrat zugeleitet wurde, BR-Drs. 277/97, S.10.

2. Konsequenzen für das Rechtsetzungsverfahren

Brisanz erhielt diese Kontroverse durch die unterschiedlichen Verfahrensvoraussetzungen, die sich aus den jeweiligen Rechtsgrundlagen ergaben. Während eine Richtlinie bei Anwendung des Art. 175 Abs. 1 EGV das Kodezisionsverfahren nach Art. 251 EGV zu durchlaufen hat und eine qualifizierte Mehrheit im Rat ausreicht, verlangt Art. 175 Abs. 2 EGV eine einstimmige Entscheidung. Faktisch wäre damit jedem Mitgliedstaat ein Vetorecht gegen die Einführung der SUP-RL zugekommen, während eine qualifizierte Mehrheit den Widerstand einzelner Mitgliedstaaten hätte überwinden können.

3. Bewertung

Festzuhalten ist zunächst, dass die Europäische Gemeinschaft nach Art. 5 Abs. 1 EGV dem Prinzip der begrenzten Einzelermächtigung unterliegt, d.h. nur innerhalb der ihr durch den EG-Vertrag zugewiesenen Kompetenzen tätig werden darf. Nach ständiger Rechtsprechung des Europäischen Gerichtshofs (EuGH) richtet sich die Wahl der richtigen Rechtsgrundlage dabei nach objektiven Gesichtspunkten, wobei dem Ziel und dem Inhalt des Rechtsaktes großes Gewicht zukommt[57]. Ob neben dem Hauptzweck des Rechtsaktes auch andere Bereiche berührt werden ist unbeachtlich[58].

Hauptzweck der SUP-RL war, zur Sicherstellung eines hohen Umweltschutzniveaus die Einbeziehung von Umwelterwägungen bei der Ausarbeitung und Annahme von Plänen und Programmen mit voraussichtlich erheblichen Umweltauswirkungen zu gewährleisten. Es handelte sich somit um eine umweltpolitische Regelung, die hauptsächlich auf eine intensivere Berücksichtigung von Umweltgesichtspunkten im vorgelagerten Planungsstadium abzielte. Die Tatsache, dass von ihrem Anwendungsbereich auch Pläne und Programme auf dem Gebiet der Raumordnung umfasst wurden, vermochte dieses Hauptanliegen nicht zu ändern. Lag nun der Schwerpunkt des Rechtsaktes im umweltpolitischen Bereich, so hatte der Gemeinschaftsgesetzgeber Art. 175 Abs. 1 EGV (Amsterdam) als Rechtsgrundlage heranzuziehen. Dies entsprach im übrigen der Gesetzgebungspraxis der Europäischen Gemeinschaft, die nicht nur im Fall der SUP-RL auf diese Kompetenznorm zurückgriff, sondern bereits bei Erlass der ebenfalls mit raumbedeutsamen Auswirkungen aufwartenden FFH-RL die Vorgängernorm des Art. 130 s Abs. 1 EGV (Maastricht) angewendet hatte[59].

---

[57] EuGH vom 11. Juni 1991, Rs. C-300/89 (Titandioxid), Rn. 10; EuGH vom 7. Juli 1992, Rs. C-295/90 (Parlament / Rat), Rn. 13; EuGH vom 17. März 1993, Rs. C-155/91 (Kommission / Rat), Rn. 7; EuGH vom 28. Juni 1994, Rs. C-187/93 (Abfallverbringung), Rn. 17.

[58] EuGH vom 11. Juni 1991, Rs. C-300/89 (Titandioxid), Rn. 22 f.; EuGH vom 26. März 1996, Rs. C-271/94 (Edicom), Rn. 32.; *Breier*, in: *Lenz* (Hrsg.), EG-Vertrag, Art. 175, Rn. 5.

[59] Wenngleich nach st. Rspr. des EuGH die bloße Praxis eines Gemeinschaftsorgans keinerlei bindende Präzedenzwirkung zur Bestimmung der korrekten Rechtsgrundlage i.S.d. Primär-

Was Art. 175 Abs. 2 lit. b EGV (Amsterdam) anging, so war umstritten, ob es sich überhaupt um eine Norm mit Kompetenzcharakter handelte. Nicht wenige Stimmen in der Literatur sahen in Art. 175 Abs. 2 lit. b EGV (Amsterdam) lediglich eine Verfahrensregelung, die bei Legislativakten der Gemeinschaft auf dem Gebiet des Umweltrechts das Verfahren der Einstimmigkeit vorschreibe, soweit das Gebiet der Raumordnung ebenfalls berührt werde[60]. Doch selbst wenn man von Art. 175 Abs. 2 lit. b EGV (Amsterdam) als spezieller Raumordnungskompetenznorm ausging, so erstreckte sich ihr Anwendungsbereich lediglich auf solche Rechtsakte, die Schwerpunktmäßig dem Bereich der Raumordnung zugehörig waren[61]. Wäre jede noch so geringe Auswirkung auf die Raumordnung dem Einstimmigkeitserfordernis des Art. 175 Abs. 2 lit. b EGV (Amsterdam) unterworfen worden, so wäre die Handlungsfähigkeit der Gemeinschaft speziell im Umweltbereich wesentlich gehemmt worden. Der durch den Vertrag von Amsterdam in den EG-Vertrag aufgenommene Art. 175 Abs. 2 lit. b EGV (Amsterdam) hätte damit die zuvor im Maastrichter Vertrag bewusst vorgenommene Entscheidung für das Mehrheitsprinzip beim Erlass von Rechtsakten im Bereich der Umweltpolitik unterlaufen[62]. Eine solche Abkehr vom Mehrheitsprinzip hätte indes einer ausdrücklichen Willenbekundung der Vertragsparteien bedurft. Da es an einer solchen fehlte, war Art. 175 Abs. 2 lit. b EGV (Amsterdam) eng auszulegen[63] und als Kompetenznorm - wenn überhaupt - nur in solchen Fällen anwendbar, in denen Inhalt und Zweck des Rechtsaktes schwerpunktmäßig dem Bereich der Raumordnung zuzuordnen waren.

Für die SUP-RL bedeutete dies, dass als Rechtsgrundlage Art. 130 s Abs. 2 EGV (Maastricht) bzw. Art. 175 Abs. 2 lit. b EGV (Amsterdam) hätte herangezogen werden müssen, falls die Richtlinie schwerpunktmäßig den Bereich der Raumordnung regelte. Die SUP-RL war indes als Komplementärvorschrift zur UVP-RL von vornherein als Querschnittsregelung konzipiert worden, die nicht einem einzelnen Sektor allein zuzuordnen war. Dies mochte auf den ersten Blick für den Richtlinienentwurf von 1997 noch angezweifelt werden, orientierte sich sein Anwendungsbereich doch nach Art. 2 lit. a i) Richtlinienvorschlag 1997

---

rechts entfalten kann, vgl. EuGH vom 23. Februar 1988, Rs. C-68/86 (Vereinigtes Königreich und Nordirland / Rat), Rn. 24; EuGH vom 26. März 1996, Rs. C-271/94 (Europäisches Parlament / Rat), Rn. 24; EuGH vom 12. November 1996, Rs. C-84/94 (Vereinigtes Königreich / Rat), Rn. 19.

[60] So z.B. *Jahns-Böhm*, in: *Schwarze* (Hrsg.), EU-Kommentar, Art. 175 EGV, Rn. 11; *Epiney*, Umweltrecht in der EU, S.56 f.; *Frenz*, Europäisches Umweltrecht, Rn. 71; *Matuschak*, DVBl. 1995, S.81, 87 f.; m.w.N. *Gatawis*, DÖV 2002, S.858, 860, Fn. 20.

[61] *Deketelaere*, European Environmental Law Review (EELR) 1997, S.307, 311.

[62] *Gatawis*, DÖV 2002, S.858, 861.

[63] Ebenso *Calliess* in: *Calliess / Ruffert*, EUV / EGV, Art. 175, Rn. 18, der unter Bezugnahme auf den „effet utile" ebenfalls von einer im Zweifel engen Auslegung des Art. 175 Abs. 2 EGV (Amsterdam) ausgeht.

zunächst an "Plänen und Programmen im Bereich Raumordnung"[64]. Bereiche außerhalb der Raumordnung waren jedoch keineswegs ausgeschlossen, sondern wurden im Gegenteil in Art. 2 lit. a Richtlinienvorschlag 1997 explizit dem Anwendungsbereich zugerechnet[65]. Ab dem geänderten Richtlinienvorschlag von 1999 wurde der Bereich Raumordnung schließlich aus der allgemeinen Definition der Pläne und Programme entfernt und reihte sich zusammen mit der Bodennutzung in die Liste der ausdrücklich genannten Sektoren des Art. 2 lit. a Richtlinienvorschlag 1999 ein. Der Bereich Raumordnung wurde damit zu einem von zwölf untereinander gleichwertigen Sektoren, so dass spätestens ab diesem Zeitpunkt nicht mehr von einer schwerpunktmäßigen Regelung des Bereichs Raumordnung durch die SUP-RL ausgegangen werden konnte[66]. Rechtsgrundlage der Richtlinie war daher korrekterweise Art. 175 Abs. 1 EGV (Amsterdam) und nicht Art. 175 Abs. 2 lit. b EGV (Amsterdam)[67].

4. Rechtslage nach Inkrafttreten des Vertrags von Nizza

Diese Rechtslage änderte sich erst nach Erlass der SUP-RL durch die Modifizierungen des Primärrechts im Zuge des Vertrags von Nizza. Seit dem 1. Februar 2003 sieht Art. 175 Abs. 2 lit. b EGV bereits für „Maßnahmen, die

- die Raumordnung berühren" und

- „die Bodennutzung mit Ausnahme der Abfallbewirtschaftung berühren"

das Erfordernis einer einstimmigen Beschlussfassung im Rat vor[68]. Die vom Mehrheitserfordernis ausgenommen Bereiche der Raumordnung und Bodennutzung müssen nunmehr also lediglich berührt werden. Eine schwerpunktmäßige Betroffenheit ist nicht mehr erforderlich. Nach Inkrafttreten des Vertrages von Nizza hätte die SUP-RL daher, da ihre Regelungen Aspekte der Raumordnung und der Bodennutzung zumindest tangieren, nicht auf Art. 175 Abs. 1 EGV, sondern auf Art. 175 Abs. 2 lit. b EGV gestützt werden müssen[69]. Im Umkehr-

---

[64] Vgl. die Nachweise bei *Jacoby*, SUP in der Raumplanung, S.144.

[65] Eingeschlossen waren die Bereiche Verkehr (einschließlich Verkehrskorridore, Hafenanlagen und Flughäfen), Energie, Abfallbewirtschaftung, Bewirtschaftung von Wasserressourcen, Industrie (einschließlich Gewinnung mineralischer Rohstoffe), Telekommunikation und Tourismus.

[66] Siehe hierzu auch *Jacoby*, uvp-report 2000, S.37, 38.

[67] A. A. *Deketelaere*, European Environmental Law Review (EELR) 1997, S.307, 312, der die Raumordnung ohne weitere Begründung mehr als indirekt betroffen sieht, sowie *Näckel*, Umweltprüfung, S.100 ff.; i.E. wie hier *Kläne*, SUP in der Bauleitplanung, S.142 ff.

[68] Vgl. die konsolidierte Fassung des Vertrags über die Europäische Union und des Vertrags zur Gründung der Europäischen Gemeinschaft (2002), ABl.EG Nr. C 325 vom 24. Dezember 2002, S.1, 109.

[69] Ebenso *Calliess*, ZUR Sonderheft 2003, S.129, 131.

schluss bestätigt hingegen die hierfür eigens erforderliche Änderung des Primärrechts die enge Auslegung des Art. 175 Abs. 2 EGV (Amsterdam) und Art. 175 Abs. 1 EGV (Amsterdam) als die zu ihrer Zeit korrekte Rechtsgrundlage der SUP-RL.

5. Politische Lösung der Problematik

Die Problematik der richtigen Rechtsgrundlage hatte sich indes im Rahmen des Rechtsetzungsverfahrens auf politischer Ebene gelöst. Während Anfang der 90er Jahre die Mitgliedstaaten der Einführung einer Umweltprüfung für Pläne und Programme noch skeptisch gegenüber standen, hatte sich der politische Wille gegen Ende des Jahrzehnts soweit gewandelt, dass mit dem Gemeinsamen Standpunkt vom 30. März 2000 eine einstimmige Entscheidung zugunsten einer SUP-RL fiel. Ohne Gegenstimmen verlor die Problematik eines möglichen Vetorechts jedoch an Relevanz, so dass letztlich ohne weiteres auf Art. 175 Abs. 1 EGV (Amsterdam) als Rechtsgrundlage zurückgegriffen wurde.

IV. Völker- und gemeinschaftsrechtlicher Kontext der Richtlinie

Der Erlass einer SUP-RL durch die Europäische Gemeinschaft steht im Kontext internationaler und europäischer Entwicklungstendenzen, die bereits vor Bekanntgabe der SUP-RL in völker- und gemeinschaftsrechtlichen Vereinbarungen ihren Niederschlag fanden[70]. Die SUP-RL beruft sich selbst in ihren Erwägungsgründen auf einige dieser Übereinkommen.

1. Umweltaktionsprogramme der Europäischen Gemeinschaft

Die SUP-RL erwähnt in ihrem 2. Erwägungsgrund zunächst das „Fünfte umweltpolitische Aktionsprogramm" der Europäischen Gemeinschaft[71]. Die Umweltaktionsprogramme bilden, nunmehr gestützt auf Art. 175 Abs. 3 EGV, die Grundlage der gemeinschaftsrechtlichen Umweltpolitik und legen abstrakt die umweltpolitischen Zielsetzungen der Gemeinschaft dar.

Das 5. Umweltaktionsprogramm der EU nahm sich der Thematik in Art. 3 Nr. 2 lit. a an und zählte die Überprüfung umweltrelevanter Pläne und Programme zu den vorrangigen Zielen der Gemeinschaft im Rahmen einer nachhaltigen Entwicklung. Es sei zu prüfen, wie die Umweltfolgen im Bereich von Maßnahmen, Plänen und Programmen in der Gemeinschaft sowie gegebenenfalls von Vorschlägen der Kommission für Programme und gemeinschaftliche Rechtsvor-

---

[70] Einen Überblick bis zum Jahre 1990 gibt *Bunge*, ZAU 1990, S.356 ff.

[71] 5. Umweltaktionsprogramm der EU, „Programm der Europäischen Gemeinschaft für Umweltpolitik und Maßnahmen im Hinblick auf eine dauerhafte und umweltgerechte Entwicklung", ABl.EG Nr. C 138 vom 17. Mai 1993, S.5 ff., ergänzt durch den Beschluss Nr. 2179/98/EG des Rates, ABl.EG Nr. L 275 vom 10. Oktober 1998, S.1 ff.

schriften bewertet werden können, unter anderem vor dem Hintergrund des Vorschlags der Kommission vom 25. März 1997 über die Prüfung der Umweltauswirkungen bestimmter Pläne und Programme. Art. 3 Nr. 2 lit. b stellte die Ausarbeitung von Konzepten für die Umweltverträglichkeitsprüfung (UVP) bei Plänen und Programmen sowie die Förderung der Entwicklung von Methoden und von Ausbildungs- und Anleitungsmaterial für die UVP sowohl von Projekten als auch von Plänen und Programmen in Aussicht.

Nach Inkrafttreten der SUP-RL am 21. Juli 2001 sieht das aktuelle sechste Umweltaktionsprogramm der EU „Umwelt 2010: Unsere Zukunft liegt in unserer Hand"[72] nunmehr die volle und wirksame Nutzung und Umsetzung der Umweltverträglichkeitsprüfung und der strategischen Umweltprüfung als eine Maßnahme zur Erreichung der gemeinschaftlichen Umweltziele in Art. 3 Nr. 3 6. Spiegelstrich vor. Die SUP ordnet sich damit als weiteres Instrument zur Verwirklichung des Vorsorgeprinzips in die Umweltpolitik der Gemeinschaft ein. Ihre Bedeutung wird zudem unterstrichen durch eine Einschätzung des Umweltministerrats, der die SUP-RL auch als wichtiges Instrument zur Einbeziehung von Umweltbelangen in die anderen Politiken der Gemeinschaft ansieht[73].

2. Übereinkommen über die biologische Vielfalt

Im 3. Erwägungsgrund der SUP-RL verweist der Richtliniengeber auf das Übereinkommen über die biologische Vielfalt[74]. Dieses Übereinkommen wurde 1992 auf der Konferenz der Vereinten Nationen über Umwelt und Entwicklung in Rio angenommen und bezweckt den Schutz der Biodiversität in den Bereichen Artenvielfalt, genetische Vielfalt und Vielfalt der Ökosysteme[75]. Neben der Bewahrung und Konservierung der biologischen Vielfalt widmete sich das Übereinkommen erstmals auch dem Gedanken eines Schutzes durch nachhaltige Entwicklung der entsprechenden Ressourcen. Infolgedessen sieht der Vertrags-

---

[72] 6. Umweltaktionsprogramm der EU, „Umwelt 2010: Unsere Zukunft liegt in unserer Hand", ABl.EG Nr. L 242 vom 10. September 2002, S.1 ff.

[73] Erklärung des Umwelt-Rats vom 4. März 2002 zur „Strategie für eine nachhaltige Entwicklung", Pressemitteilung 6592/02 zur 2413. Tagung des Rates – Umwelt, S.9; einsehbar auf der Homepage des Rates: http://ue.eu.int/Newsroom.

[74] Convention on Biological Diversity vom 5. Juni 1992, ins nationale Recht transformiert durch das Gesetz zu dem Übereinkommen vom 5. Juni 1992 über die biologische Vielfalt vom 30. August 1993, BGBl. II, S.1741 ff.; in Kraft getreten für die Bundesrepublik Deutschland am 21. März 1994; auf Gemeinschaftsebene angenommen durch den Beschluss des Rates 93/626/EWG vom 25. Oktober 1993 über den Abschluss des Übereinkommens über die biologische Vielfalt, ABl.EG Nr. L 309 vom 13. Dezember 1993, S.1 ff.

[75] Vgl. dazu *Wolfrum*, Biodiversität - juristische, insbesondere völkerrechtliche Aspekte ihres Schutzes, in: *Janich / Gutmann / Prieß* (Hrsg.), Biodiversität, S.417 ff.

text die Umweltverträglichkeitsprüfung als ein mögliches Instrument zum Schutze der Biodiversität an.

Nach Art. 14 Abs. 1 lit. b des Übereinkommens[76] verpflichtet sich jede Vertragspartei, soweit möglich und sofern angebracht, geeignete Regelungen einzuführen, um sicherzustellen, dass die Umweltfolgen ihrer Programme und Politiken, die wahrscheinlich erhebliche nachteilige Auswirkungen auf die biologische Vielfalt haben, gebührend berücksichtigt werden[77].

Das Kriterium der „erheblichen nachteiligen Auswirkung auf die biologische Vielfalt" ist indes als spezielle Ausprägung einer „erheblichen Umweltauswirkung" Gegenstand jeder Umweltverträglichkeits- oder Umweltprüfung[78], so dass die Einführung einer entsprechenden Prüfung für Programme und Politiken insoweit einer Umsetzung des Art. 14 Abs. 1 lit. b der Konvention entspräche. Die ausdrückliche Einbeziehung der Umweltfolgen von Politiken durch das Übereinkommen über die biologische Vielfalt wird im Rahmen der SUP-RL jedoch noch nicht in Angriff genommen.

3. Espoo-Konvention

Der 7. Erwägungsgrund der SUP-RL setzt die Richtlinie in Bezug zum Übereinkommen der UN-Wirtschaftskommission für Europa über die Umweltverträglichkeitsprüfung im grenzüberschreitenden Rahmen vom 25. Februar 1991[79]. Die sog. „Espoo-Konvention" konkretisierte als erster völkerrechtlicher Vertrag die Verfahrensrechte und -pflichten von Vertragsparteien bei grenzüberschreitenden Auswirkungen beabsichtigter Aktivitäten und legte entsprechende grenzüberschreitende Verfahren zur Berücksichtigung von Umweltfolgen während des

---

[76] Article 14. Impact Assessment and Minimizing Adverse Impacts: "1. Each Contracting Party, as far as possible and appropriate, shall: ... (b) Introduce appropriate arrangements to ensure that the environmental consequences of its programmes and policies that are likely to have significant adverse impacts on biological diversity are duly taken into account".

[77] Vgl. auch die vorläufigen Leitlinien für die Einbeziehung von Biodiversitätsaspekten in die Gesetzgebung und / oder das Verfahren von Umweltverträglichkeitsprüfung und Strategischer Umweltprüfung vom April 2002, einsehbar auf der Homepage des Sekretariats der Biodiversitätskonvention unter www.biodiv.org; dazu *Georgi*, uvp-report 2002, S.99.

[78] Im Gegensatz zur UVP-RL erwähnt die SUP-RL in Anhang I lit. f der SUP-RL ausdrücklich den Aspekt der biologischen Vielfalt als Teil der möglichen voraussichtlich erheblichen Umwelteinwirkungen.

[79] Abgedruckt in deutscher Sprache bei *Storm / Bunge* (Hrsg.), HdUVP, Band 4, Kennzahl 9450; Stand: April 2003. Nach Art. 20 des Übereinkommens ist allerdings lediglich der englische, der russische und französische Wortlaut des Übereinkommens verbindlich, weshalb sich diese Arbeit an der englischen Textfassung orientiert.

Entscheidungsprozesses fest[80]. Zu den Vertragsparteien der am 10. September 1997 in Kraft getretenen Konvention gehören unter anderem die USA, Kanada, die Europäische Gemeinschaft sowie deren Mitgliedstaaten. Das deutsche Espoo-Vertragsgesetz wurde am 7. Juni 2002 verabschiedet und trat am 18. Juni 2002 in Kraft[81].

Art. 2 Abs. 7 der Espoo-Konvention sieht als Mindestforderung eine nach den Vorgaben des Übereinkommens durchgeführte Umweltverträglichkeitsprüfung auf Projektebene vor[82]. Darüber hinaus kodifiziert die Konvention das Bestreben der Vertragsparteien, für die Ebenen der Politiken, Pläne und Programme ebenfalls die Grundsätze der Umweltverträglichkeitsprüfung anzuwenden[83]. Eine rechtliche Pflicht wird nicht statuiert[84]. Obwohl der Anwendungsbereich der Espoo-Konvention damit ausdrücklich auf die Umweltverträglichkeitsprüfung bei Projekten beschränkt wurde, trat zugleich der grundsätzliche Wille zum Einsatz der Verfahren auf den vorgelagerten Ebenen der Politiken, Pläne und Programme deutlich in Erscheinung[85].

4. Aarhus-Konvention

Am 25. Juni 1998 wurde im dänischen Aarhus[86] das „Übereinkommen über den Zugang zu Informationen, die Öffentlichkeitsbeteiligung an Entscheidungsverfahren und den Zugang zu Gerichten in Umweltangelegenheiten" (Aarhus-Konvention) unterzeichnet[87]. Zu den Vertragsparteien gehört neben der Europäi-

---

[80] *Schrage*, Die ECE-Konvention über die Umweltverträglichkeitsprüfung im grenzüberschreitenden Zusammenhang, in: *Storm / Bunge* (Hrsg.), HdUVP, Band 1, Kennzahl 1905, S.2; Stand: April 2003.

[81] Gesetz zu dem Übereinkommen vom 25. Februar 1991 über die Umweltverträglichkeitsprüfung im grenzüberschreitenden Rahmen sowie der auf der zweiten Konferenz der Parteien in Sofia am 27. Februar 2001 beschlossenen Änderung des Übereinkommens (Espoo-Vertragsgesetz) vom 7. Juni 2002, BGBl. II, Nr. 22 vom 17. Juni 2002, S.1406 ff.; auf Gemeinschaftsebene war das Übereinkommen vom Rat am 15. Oktober 1996 förmlich angenommen worden.

[82] Art. 2 Abs. 7 Satz 1: "Environmental impact assessments as required by this Convention shall, as a minimum requirement, be undertaken at the project level of the proposed activity."

[83] Art. 2 Abs. 7 Satz 2: "To the extent appropriate, the Parties shall endeavour to apply the principles of environmental impact assessment to policies, plans and programms."

[84] Vgl. „Guidance on the practical application of the Espoo Convention", S.17, einsehbar auf der Homepage der UNECE unter: www.unece.org/env/eia/guidance/espoo.pdf.

[85] Siehe zur Espoo-Konvention im Verhältnis zur SUP auch *Näckel*, Umweltprüfung, S.133 ff.

[86] Dän.: Århus.

[87] Der Text der Konvention ist einsehbar auf der Homepage der UNECE unter: www.unece.org/env/pp/.

schen Union nach anfänglichem Zögern auch die Bundesrepublik Deutschland. Die Aarhus-Konvention enthält Mindeststandards für den Zugang zu Umweltinformationen, für Öffentlichkeitsbeteiligungen und den Zugang zu Gerichtsverfahren und ist damit der erste völkerrechtliche Vertrag, der die Wahrnehmung von Rechten durch Dritte, also vom Staat unabhängiger Gruppen, Initiativen und Organisationen, zu Zwecken des Umwelt- und Naturschutzes anerkennt[88]. Nachdem 16 Vertragsparteien die Konvention ratifiziert hatten, trat sie am 30. Oktober 2001 in Kraft.

a) Einflüsse auf die SUP-RL

Die Aarhus-Konvention wird in den Erwägungsgründen der SUP-RL nicht eigens erwähnt, stellt jedoch eine wichtige Grundlage für die Vorschriften der Öffentlichkeitsbeteiligung im Rahmen der Richtlinie dar. So übernimmt insbesondere die Begriffsbestimmung der „Öffentlichkeit" in Art. 2 lit. d SUP-RL wörtlich die Definition des Art. 2 Abs. 4 der Aarhus-Konvention[89].

Darüber hinaus verpflichtet Art. 7 Satz 1 der Konvention die Vertragsparteien, angemessene Regelungen für eine in einem fairen und transparenten Rahmen ablaufende Öffentlichkeitsbeteiligung während der Ausarbeitung umweltbezogener Pläne und Programme zu treffen[90]. Zur Ausgestaltung dieses Rahmens verweist Art. 7 Satz 2 auf die Verfahrensvorschriften des Art. 6 Abs. 3, 4 und 8 der Konvention. Dort werden die Vertragsparteien verpflichtet, das Beteiligungsverfahren mit ausreichenden Fristen zu versehen, um die Öffentlichkeit zu informieren und ihr Gelegenheit zu geben, sich angemessen am Entscheidungsprozess zu beteiligen. Ferner sollen die Vertragsparteien für eine frühzeitige Öffentlichkeitsbeteiligung sorgen, in der noch alle Optionen offen stehen und eine effektive Beteiligung stattfinden kann, wobei nach Art. 7 Satz 3 die am Entscheidungsprozess teilhabende Öffentlichkeit von der zuständigen Behörde

---

[88] *Zschiesche*, ZUR 2001, S.177; vgl. allgemein auch *Jeder*, Neue Entwicklungen im Umweltrecht vor dem Hintergrund der Aarhus-Konvention, in: *Hendler / Marburger / Reinhard / Schröder* (Hrsg.), Jahrbuch des Umwelt- und Technikrechts 2002 (UTR 62), S.145 ff.; detailliert zuletzt *v.Danwitz*, NVwZ 2004, S.272.

[89] Art. 2 Abs. 4: ""The public" means one or more natural or legal persons, and, in accordance with national legislation or practice, their associations, organizations or groups". Infolge der Richtlinien 2003/4/EG (Umweltinformations-RL, Fn. 93) und 2003/35/EG (Öffentlichkeitsbeteiligungs-RL, Fn. 95) gilt diese Definition der "Öffentlichkeit" nunmehr wortgleich für die UVP-, SUP-, IVU- und die Umweltinformations-RL.

[90] Art. 7 Satz 1: "Each Party shall make appropriate practical and/or other provisions for the public to participate during the preparation of plans and programmes relating to the environment, within a transparent and fair framework, having provided the necessary information to the public". Nach Art. 22 der Konvention sind lediglich die englische, russische und französische Textfassung verbindlich, weshalb sich diese Arbeit am englischen Vertragstext orientiert.

unter Berücksichtigung der Ziele der Konvention identifiziert werden soll[91]. Die Ergebnisse der Öffentlichkeitsbeteiligung sind angemessen in der abschließenden Entscheidung zu berücksichtigen. Art. 7 Satz 4 befasst sich schließlich mit umweltbezogenen Politiken. Die Vertragsparteien sollen in diesem Bereich anstreben, in angemessenem Umfang Möglichkeiten der Öffentlichkeitsbeteiligung bei der Ausarbeitung der Politiken anzubieten[92].

b) Umsetzung der Aarhus-Konvention in der EU

Die Aarhus-Konvention wurde von der EU bislang noch nicht ratifiziert, da nach Auskunft der Kommission zuvor entsprechende Richtlinien verabschiedet werden sollen, welche die einschlägigen Bestimmungen des Gemeinschaftsrechts mit den Bestimmungen des Übereinkommens in Einklang bringen sollen. Unter anderem wurde durch den Erlass der Umweltinformationsänderungsrichtlinie[93] den Vorgaben der ersten Säule der Konvention, dem Zugang zu Umweltinformationen, Rechnung getragen. Um darüber hinaus ihren internationalen Verpflichtungen im Rahmen der zweiten Säule, dem Zugang zu Verwaltungsverfahren, nachzukommen, begann die Kommission im Januar 2001 noch vor Erlass der SUP-RL das Rechtsetzungsverfahren für eine Richtlinie über die Beteiligung der Öffentlichkeit bei der Ausarbeitung bestimmter umweltbezogener Pläne und Programme (Öffentlichkeitsbeteiligungs-RL)[94]. Dieses Verfahren konnte inzwischen durch Bekanntgabe der Richtlinie im Amtsblatt der Europäischen Union abgeschlossen werden[95]. Die Richtlinie bezieht sich auf bestimmte umweltrelevante Zulassungsverfahren und sieht insbesondere Änderungen der UVP- und der IVU-Richtlinie[96] vor. Pläne und Programme i.S.d. SUP-RL wurden dagegen

91 Art. 7 Satz 3: "The public which may participate shall be identified by the relevant public authority, taking into account the objectives of this Convention."

92 Art. 7 Satz 4: "To the extent appropriate, each Party shall endeavour to provide opportunities for public participation in the preparation of policies relating to the environment."

93 Richtlinie 2003/4/EG des Europäischen Parlaments und des Rates über den Zugang der Öffentlichkeit zu Umweltinformationen und zur Aufhebung der Richtlinie 90/313/EWG vom 28. Januar 2003, ABl.EG Nr. L 41 vom 14. Februar 2003, S.26.

94 Vorschlag für eine Richtlinie über die Beteiligung der Öffentlichkeit bei der Ausarbeitung bestimmter umweltbezogener Pläne und Programme und zur Änderung der Richtlinien 85/337/EWG und 96/61/EG des Rates vom 18. Januar 2001, KOM (2000) 839 endg., ABl.EG Nr. C 154 E vom 29. Mai 2001, S.123.

95 Richtlinie 2003/35/EG des Europäischen Parlaments und des Rates über die Beteiligung der Öffentlichkeit bei der Ausarbeitung bestimmter umweltbezogener Pläne und Programme und zur Änderung der Richtlinien 85/337/EWG und 96/61/EG des Rates in Bezug auf die Öffentlichkeitsbeteiligung und den Zugang zu Gerichten, ABl.EG Nr L 156 vom 25. Juni 2003, S.17 (Öffentlichkeitsbeteiligngs-RL).

96 Richtlinie 96/61/EG des Rates über die integrierte Vermeidung und Verminderung der Umweltverschmutzung vom 24. September 1996, ABl.EG Nr. L 257 vom 10. Oktober 1996, S.26.

nicht umfasst, da die Vorschriften der Öffentlichkeitsbeteiligung innerhalb der SUP-RL von vornherein entsprechend den Vorgaben der Aarhus-Konvention abgefasst wurden[97]. Daraus ergibt sich, dass die einschlägigen Bestimmungen der SUP-RL zugleich Teil der Umsetzung der Aarhus-Konvention durch die EU sind[98].

c) Aarhus-Konvention und Politiken

Zu beachten ist, dass Art. 7 der Aarhus-Konvention zwischen Anforderungen an umweltbezogene Pläne und Programme einerseits und umweltbezogenen Politiken andererseits unterscheidet. Die Konvention definiert dabei die Begriffe Plan, Programm oder Politik nicht, sondern bezieht sich lediglich auf die entsprechenden Begriffe der Espoo-Konvention[99].

Dagegen wird der Bereich der Politiken weder in der SUP-RL noch in der Öffentlichkeitsbeteiligungs-RL aufgegriffen. Grund hierfür ist, dass nach Ansicht der Kommission der Aufforderung des Art. 7 Satz 4, die Öffentlichkeit an der Vorbereitung von Politiken zu beteiligen, lediglich eine rechtlich unverbindlich Appellfunktion zukommt. Eine Umsetzung in gemeinschaftlichen Rechtsvorschriften sei daher nicht erforderlich[100]. Tatsächlich weist Art. 7 Satz 4 der Aarhus-Konvention eine sehr weiche Formulierung auf, wenn sich dort die Vertragsparteien „soweit dies angemessen ist" zu „bemühen" haben, „Möglichkeiten einer Öffentlichkeitsbeteiligung" bei der Vorbereitung umweltbezogener Politiken zu schaffen. Mangels einer konkreten Rechtspflicht zur Einführung entsprechender Maßnahmen lag es daher im Ermessen der EU, Regelungen über die Öffentlichkeitsbeteiligung bei Politiken vorerst nicht zu treffen[101].

---

[97] Vgl. auch den nach Erlass der SUP-RL in die Öffentlichkeitsbeteiligungs-RL (Fn. 95) eingefügten Art. 2 Abs. 5, der das Verhältnis zur SUP-RL klarstellt.

[98] Auf die Möglichkeit der Umsetzung durch SUP-Verfahren wurde bei der Ausarbeitung der Konvention ausdrücklich aufmerksam gemacht, vgl. UNECE (Hrsg.), The Aarhus Convention: An Implementation Guide (Fn. 99), S.114 f.; vgl. auch *Feldmann*, Die strategische Umweltprüfung im Völkerrecht, SEA Protokoll zur Espoo-Konvention, in: *Hendler / Marburger / Reinhardt / Schröder* (Hrsg.), Die strategische Umweltprüfung (UTR 76), S.27, 30, 33.

[99] UNECE (Hrsg.), The Aarhus Convention: An Implementation Guide, S.113, abrufbar auf der Homepage der UNECE unter www.unece.org/env/pp; vgl. zur Espoo-Konvention Gliederungspunkt B.IV.3.

[100] Vorschlag für eine Richtlinie über die Beteiligung der Öffentlichkeit bei der Ausarbeitung bestimmter umweltbezogener Pläne und Programme und zur Änderung der Richtlinien 85/337/EWG und 96/61/EG des Rates vom 18. Januar 2001, KOM (2000) 839 endg., Begründung, S.8, 6.1.1

[101] Ebenso *Scheyli*, Archiv des Völkerrechts, Bd. 38 (2000), S.217, 240; *Epiney*, ZUR Sonderheft 2003, S.176, 177.

5. SUP-Protokoll zur Espoo-Konvention

Zum Zwecke der Ausdehnung der Prinzipien der Umweltverträglichkeitsprüfung auf die Ebenen der Politiken, Pläne und Programme setzten die Vertragsparteien der Espoo-Konvention auf dem zweiten Treffen der Vertragsparteien am 26.-27 Februar 2001 in Sofia eine ad-hoc Arbeitsgruppe zur Ausarbeitung eines rechtlich bindenden „Protokolls über die Strategische Umweltprüfung" ein. Dieses SUP-Protokoll konnte zur 5. Ministerkonferenz „Umwelt für Europa" der UN-Wirtschaftskommission für Europa fertig gestellt werden und wurde vom 21.-23. Mai 2003, also nach Inkrafttreten der SUP-RL, in Kiew (Ukraine) von insgesamt 36 Vertragsparteien, inklusive Deutschland und der Europäischen Gemeinschaft, unterzeichnet[102]. Obwohl das Protokoll im Rahmen der UN/ECE ausgehandelt wurde, steht der Beitritt allen Mitgliedstaaten der Vereinten Nationen frei, so dass sein Inkrafttreten voraussichtlich weltweite Bedeutung erlangen wird[103].

a) Anwendungsbereich des SUP-Protokolls

Wie die SUP-RL verpflichtet das Protokoll die Vertragsparteien, bestimmte Pläne und Programme mit erheblichen Umweltauswirkungen einer strategischen Umweltprüfung zu unterziehen, Art. 4 Abs. 1 SUP-Protokoll. Systematisch parallel ergibt sich der Anwendungsbereich des Protokolls aus einer Definition der Pläne und Programme in Art. 2 Abs. 5 SUP-Protokoll i.V.m. einem näher ausgestalteten Geltungsbereich in Art. 4 SUP-Protokoll. Nach Art. 4 Abs. 1, 2 SUP-Protokoll werden solche Pläne und Programme einer strategischen Umweltprüfung unterzogen, die für bestimmte Sektoren erarbeitet werden und die eine rahmensetzende Wirkung für die künftige Genehmigung bestimmter im Anhang des SUP-Protokolls aufgeführter Projekte aufweisen. Die genannten Sektoren entsprechen denen des Art. 3 Abs. 2 lit. a SUP-RL. Die Konzeption der Art. 3 Abs. 4 und 3 SUP-RL übernehmend sehen Art. 4 Abs. 3, 4 SUP-Protokoll für weitere Pläne und Programme eine Umweltprüfungspflicht nach Maßgabe eines Screening durch die jeweilige Vertragspartei vor. Kriterien sind dabei wie im Rahmen der SUP-RL eine rahmensetzende Wirkung für Projekte außerhalb des Anwendungsbereichs des Art. 4 Abs. 2 SUP-Protokoll sowie die Festlegung der Nutzung kleiner Gebiete auf lokaler Ebene und die lediglich geringfügige Änderung eines Plan oder Programms i.S.d. Art. 4 Abs. 2 SUP-Protokoll. Schließlich werden nach Art. 4 Abs. 5 SUP-Protokoll wie bei der Vorbildvor-

---

102 SUP-Protokoll zur Espoo-Konvention, amtl. Dokument der UN ECE Genf, Nr. ECE/MP.EIA/2003/3; in deutscher Fassung einsehbar auf der Homepage der UNECE unter: www.unece.org/env/eia/documents/protocol%20German%20March%202004.pdf.

103 Siehe zu Geschichte und politischem Hintergrund des SUP-Protokolls *Feldmann*, Die strategische Umweltprüfung im Völkerrecht, SEA Protokoll zur Espoo-Konvention, in: *Hendler / Marburger / Reinhardt / Schröder* (Hrsg.), Die strategische Umweltprüfung (UTR 76), S.27 ff.

schrift des Art. 3 Abs. 8 SUP-RL Pläne und Programme, die ausschließlich Zielen der Landesverteidigung oder des Katastrophenschutzes dienen, sowie Finanz- oder Haushaltspläne und –programme vom Geltungsbereich des Protokolls ausgenommen.

b) Das Verfahren der Umweltprüfung i.S.d. SUP-Protokolls

Das Verfahren der strategischen Umweltprüfung i.S.d. SUP-Protokolls entspricht mit den Stationen der Festlegung des Untersuchungsrahmens (Scoping), Art. 6 SUP-Protokoll, der Erstellung des Umweltberichts, Art. 7 SUP-Protokoll, den Konsultationen mit betroffenen Behörden, Art. 9 SUP-Protokoll, der Öffentlichkeitsbeteiligung, Art. 8 SUP-Protokoll, den eventuellen grenzüberschreitenden Konsultationen, Art. 10 SUP-Protokoll, und der Berücksichtigung des Umweltberichts und der eingeholten Stellungnahmen in der Entscheidungsfindung, Art. 11 SUP-Protokoll, dem Verfahren der Umweltprüfung i.S.d. SUP-RL. Art. 12 SUP-Protokoll sieht schließlich entsprechend Art. 10 SUP-RL eine Überwachungsvorschrift (Monitoring) vor.

Unterschiede zur SUP-RL ergeben sich lediglich bei der Betonung des Schutzes der menschlichen Gesundheit im Rahmen des angestrebten hohen Umweltschutzniveaus[104], was auf die Einbindung der Weltgesundheitsorganisation (WHO) in die Verhandlungen zum SUP-Protokoll zurückzuführen ist und den politischen Absichtserklärungen der Londoner Erklärung zur Dritten Ministerkonferenz Umwelt und Gesundheit aus dem Jahr 1999 entspricht[105]. Gleichwohl ist anzumerken, dass die menschliche Gesundheit bereits zuvor als ein Aspekt der voraussichtlich erheblichen Umweltauswirkungen innerhalb einer Umweltprüfung berücksichtigt wurde[106]. Eine Änderung zur vorherigen Rechtslage ergibt sich lediglich insoweit, als bisher tendenziell nur negative gesundheitliche Folgen einer Umweltauswirkung untersucht wurden, während die Vorgaben des SUP-Protokolls darüber hinaus auch das Vorliegen gesundheitsfördernder Effekte in die Betrachtung einbeziehen.

c) Politiken und Gesetzgebung im Rahmen des SUP-Protokolls

Die Bereiche der Politiken und der Gesetzgebung werden von den rechtlich bindenden Vorschriften des SUP-Protokolls entgegen ersten Entwürfen nicht umfasst. Gleichwohl äußert sich das Protokoll in Art. 13 SUP-Protokoll dahingehend, die Vertragsparteien sollten anstreben, Umweltbelange, einschließlich der Belange der menschlichen Gesundheit, bei der Ausarbeitung von Entwürfen

---

104 Vgl. Art. 1; Art. 2 Abs. 6, 7; Art. 4 Abs. 1; Art. 7 Abs. 2; Art. 13 Abs. 1; Nr. 4, 5, 6 Anhang III; Nr. 2, 3, 4, 5, 6, 9, 10 Anhang IV.

105 Die „Londoner Erklärung“ zur Dritten Ministerkonferenz Umwelt und Gesundheit vom 16.-18. Juni 1999 in London ist einsehbar auf der Homepage der Weltgesundheitsorganisation, Regionalbüro Europa, unter www.euro.who.int/document/E69046G.pdf.

106 Lit. f Anhang I SUP-RL.

für Politiken und Gesetzgebungsvorhaben mit voraussichtlich erheblichen Umwelt- bzw. Gesundheitsauswirkungen zu berücksichtigen und in vertretbarem Maße in die Ausarbeitung zu integrieren. Eine über die Vorgaben der SUP-RL hinausgehende Verpflichtung zur Prüfung von Politiken wird jedoch nicht statuiert.

d) Verhältnis des SUP-Protokolls zur SUP-RL

Das SUP-Protokoll transferiert praktisch alle Vorgaben der SUP-RL auf die völkerrechtliche Ebene. Dabei orientiert sich bereits der Wortlaut des Protokolls sehr nahe an den Formulierungen von SUP-RL und Aarhus-Konvention. Insbesondere werden die maßgeblichen Definitionen der Pläne und Programme, der Öffentlichkeit, der (strategischen) Umweltprüfung und der Umweltauswirkungen weitestgehend übernommen[107].

Diese auffallende Parallelität zur SUP-RL erklärt sich durch die Position der EU-Mitgliedstaaten in den Verhandlungen zum SUP-Protokoll. Gekennzeichnet von einer mehr als ein Jahrzehnt andauernden Debatte um die Einführung und Ausgestaltung der SUP-RL zeigte sich bei den betroffenen Staaten ein Widerwille, unmittelbar nach Abschluss des europäischen Gesetzgebungsverfahrens auf völkerrechtlicher Ebene erneut weitergehende Verpflichtungen einzugehen[108]. Nachdem sich die USA, Kanada und Russland zunehmend aus den Verhandlungen zum SUP-Protokoll zurückgezogen hatten und die EU-Beitrittsländer in die Koordination der EU-Mitgliedstaaten einbezogen worden waren, konnte sich diese Position letztlich durchsetzen.

Für diejenigen Bereiche des Protokolls, die von den Vorgaben der Richtlinie abweichen, konnten sich die Verhandlungspartner im Endergebnis nur auf weiche Formulierungen einigen[109], denen keine verbindliche Umsetzungspflicht entnommen werden kann. Insoweit handelt es sich lediglich um rechtlich unverbindliche Appelle an die Vertragsparteien. Für die SUP-RL ergeben sich somit aus der Verabschiedung des SUP-Protokolls grundsätzlich keine neuen Umsetzungs- und Anpassungsverpflichtungen[110].

---

[107] So entspricht Art. 2 Nr. 5 SUP-Protokoll weitgehend Art. 2 lit. a SUP-RL, Art. 2 Nr. 6 SUP-Protokoll entspricht Art. 2 lit. b, 5 Abs. 1 SUP-RL, Art. 2 Nr. 7 SUP-Protokoll entspricht lit. f Anhang I SUP-RL. Die Definition der Öffentlichkeit findet sich nun wortgleich in Art. 2 Nr. 4 der Aarhus-Konvention, Art. 2 lit. d SUP-RL und Art. 2 Nr. 8 SUP-Protokoll.

[108] Siehe hierzu *Feldmann*, Die strategische Umweltprüfung im Völkerrecht, SEA Protokoll zur Espoo-Konvention, in: *Hendler / Marburger / Reinhardt / Schröder* (Hrsg.), Die strategische Umweltprüfung (UTR 76), S.27, 30 f.

[109] So wurde die Formulierung „shall endeavour to ensure" verwendet,

[110] Im Rahmen der grenzüberschreitenden Konsultationen nach Art. 10 SUP-Protokoll fällt die der SUP-RL naturgemäß immanente Beschränkung des Anwendungsbereichs auf Mitgliedstaaten der Europäischen Gemeinschaft weg, so dass eventuell eine Anpassung der nationalen Umsetzungsvorschriften nötig sein wird.

6. Fazit

Die SUP-RL ist nicht isoliert zu betrachten, sondern ist vielmehr in unterschiedliche völker- und gemeinschaftsrechtliche Entwicklungen eingebettet. Maßgeblichen Einfluss auf den Inhalt der Richtlinie nehmen die Vorgaben der Espoo- sowie der Aarhus-Konvention, wobei das SUP-Protokoll zeigt, dass mit der SUP-RL keineswegs das Ende der Entwicklung erreicht ist.

Während in der grenzüberschreitenden Zusammenarbeit bei der Prüfung von Umweltauswirkungen sowie in der Einbeziehung der Öffentlichkeit in umweltrelevante Verwaltungsprozesse die entscheidenden Impulse bislang von völkerrechtlicher Ebene ausgingen, übernahm die Europäische Gemeinschaft mit Erlass der SUP-RL erstmals eine Vorreiterrolle. Gleichwohl relativiert sich dieser Führungsanspruch durch die restriktive Haltung der Gemeinschaft und ihrer Mitgliedstaaten in Bezug auf eine Ausdehnung des SUP-Protokolls über das im Rahmen der SUP-RL erreichte Maß hinaus.

Insgesamt ist festzustellen, dass die Rolle der SUP-RL innerhalb dieser völker- und gemeinschaftsrechtlichen Entwicklungen das Selbstverständnis der Richtlinie prägt und bei der Auslegung der Richtlinienvorgaben stets zu berücksichtigen ist.

C. Der Anwendungsbereich der SUP-Richtlinie

Der Anwendungsbereich der SUP-RL ergibt sich aus einer Zusammenschau der Begriffsbestimmung von "Plänen und Programmen" in Art. 2 lit. a SUP-RL und der Regelung des Geltungsbereichs in Art. 3 SUP-RL, dessen Konzeption eine Differenzierung zwischen obligatorischen und konditionalen Umweltprüfungen vorsieht. Ausgangspunkt ist jedoch stets die Zuordnung der in Betracht kommenden Planungen zum Begriff der Pläne und Programme i.S.d. Art. 2 lit. a SUP-RL. Die Erfüllung der dortigen Anforderungen ist notwendige Voraussetzung einer Umweltprüfungspflicht nach Art. 3 SUP-RL, da selbst die konzeptionell weiteste Auffangklausel des Art. 3 Abs. 4 SUP-RL dies als Mindestvoraussetzung voraussetzt.

I. Pläne und Programme i.S.d. Art. 2 lit. a SUP-RL

Art. 2 lit. a SUP-RL stellt den Versuch einer Konkretisierung des Ausdrucks „Pläne und Programme" i.S.d. SUP-RL dar. Es handelt sich hierbei um einen zentralen Begriff der Richtlinie, dem eine Schlüsselrolle bei der Bestimmung des Anwendungsbereichs zukommt. Infolgedessen war der Wortlaut der Begriffsbestimmung seit Beginn des Rechtsetzungsverfahrens heftig umstritten. Da der Umfang des Anwendungsbereichs der Richtlinie, nicht zuletzt wegen der mit einer Umweltprüfung verbundenen Kosten, zwischen den beteiligten Akteuren stets kontrovers diskutiert worden war, erhoffte man sich aus einer klaren Formulierung des Begriffs der „Pläne und Programme" einen entsprechend eindeutigen Anwendungsbereich.

Nach Art. 2 lit. a der endgültigen Richtlinienfassung sind "Pläne und Programme" Pläne und Programme, einschließlich der von der Europäischen Gemeinschaft mitfinanzierten, sowie deren Änderungen,

- die von einer Behörde auf nationaler, regionaler oder lokaler Ebene ausgearbeitet und / oder angenommen werden oder die von einer Behörde für die Annahme durch das Parlament oder die Regierung im Wege eines Gesetzgebungsverfahrens ausgearbeitet werden und

- die aufgrund von Rechts- oder Verwaltungsvorschriften erstellt werden müssen.

1. Differenzierung zwischen Plänen und Programmen

Vor der endgültigen Verabschiedung der SUP-RL wurde wiederholt versucht, die Begriffe "Plan" und "Programm" voneinander abzugrenzen[111]. Eine solche

[111] *Bunge*, Zur Umweltverträglichkeitsprüfung von Politikentscheidungen, Plänen und Programmen, in: *Hübler* (Hrsg.), UVP von Plänen und Programmen, S.1, S.2 f.; *Otto*, Umweltverträglichkeitsprüfung von Plänen und Programmen, S.41.

Unterscheidung wird durch die Systematik der Richtlinie obsolet. Die SUP-RL verwendet als maßgeblichen Begriff stets die zusammenfassende Formulierung „Pläne und Programme" und nimmt an keiner Stelle des Richtlinientextes eine Differenzierung der beiden Begriffe vor. Ebenso wenig kommt der Einordnung eines Planinstruments als Plan oder Programm eigenständige Bedeutung zu. Die bereits im nationalen Recht nur unzureichend vollziehbare Unterscheidung von Plänen und Programmen[112] sollte auf Ebene der SUP-RL daher nicht erneut in Angriff genommen werden[113].

Das Aufgreifen beider Formulierungen im Wortlaut der Richtlinie ist vielmehr eine Konzession an die Planungspraxis in den Mitgliedstaaten, in denen jeweils unterschiedliche und nicht aufeinander abgestimmte nationale Planungssysteme Anwendung finden. Gerade im Planungsrecht fehlt es daher vielfach an einem einheitlichen Sprachgebrauch. Allein am Beispiel der Bundesrepublik Deutschland zeigt sich, dass ein aufeinander abgestimmtes Verständnis nicht einmal innerhalb eines Mitgliedstaates gewährleistet ist. So ergibt sich im nationalen Raumplanungsrecht vor dem Hintergrund der Rahmengesetzgebungskompetenz des Bundes nach Art. 75 Abs. 1 Nr. 4 GG auf Landesebene eine Vielzahl unterschiedlicher Plan- und Programmbezeichnungen. Während sich die Ziele der Raumordnung und Landesplanung in Bayern nach Art. 13 Abs. 1 BayLPlG im Landesentwicklungs*programm* wiederfinden, wird man in Baden-Württemberg nach § 7 Abs. 1 Satz 2 BaWüLPlG im Landesentwicklungs*plan* fündig. Mecklenburg-Vorpommern sieht auf gleicher Ebene nach § 6 MeVoLPlG ein Landesraumordnungs*programm* vor. Trotz der unterschiedlichen Namensgebung gleichen sich diese Pläne in Inhalt und Detailschärfe.

Daraus folgt für die SUP-RL, dass sich die Prüfung der Umweltprüfungspflichtigkeit unabhängig von der jeweiligen Namensgebung an sachlichen Kriterien zu orientieren hat. Die nahezu willkürliche Benennung einer Planung als „Plan" oder „Programm" darf keinen Einfluss auf die Anwendbarkeit der Richtlinie haben[114]. Dies gilt um so mehr vor dem Hintergrund der uneinheitlichen Planungssysteme der Mitgliedstaaten. Insoweit kommt der Formulierung „Pläne und Programme" lediglich eine Auffang- und Sammelfunktion zu, ohne dass in

---

[112] Vgl. hierzu *Otto*, Umweltverträglichkeitsprüfung von Plänen und Programmen, S.42 ff.; *Bülter*, Raumordnungspläne, S.31 ff.; jeweils m.w.N.

[113] *Ronellenfitsch*, Kurzgutachten, S.25, ordnet dem Ausdruck „Plan" den zeichnerischen, dem Ausdruck „Programm" den textlichen Teil einer Planung zu, wenngleich durch die Wortwahl nur eine Akzentuierung stattfinden soll. Kriterien für die Bestimmung des Anwendungsbereichs lassen sich hieraus nicht ableiten.

[114] In diesem Sinne auch der SEA Guidance, "Implementation of Directive 2001/42/EC on the assessment of the effects of certain plan sand programmes on the environment" vom 23. September 2003, S.5, 3.3. Der SEA Guidance ist einsehbar auf der Homepage der Europäischen Kommission unter http://europa.eu.int/comm/environment/eia/.

Einzelfällen aus der Zuordnung zum einen oder anderen Begriff besondere inhaltliche Vorgaben abgeleitet werden könnten[115].

2. Entstehungsgeschichte der Begriffsbestimmung

Schon auf den ersten Blick ist zu erkennen, dass es sich bei Art. 2 lit. a SUP-RL nicht um eine Definition im klassischen Sinne handelt. Eine Definition bedarf der Angabe des nächsthöheren Artbegriffs in Verbindung mit einem Merkmal, das den Begriff von anderen Unterbegriffen seiner Art unterscheidet[116]. Mit der Beschreibung, Pläne und Programme seien Pläne und Programme mit weiteren Merkmalen, stellt Art. 2 lit. a SUP-RL jedoch nahezu einen Paradefall einer Zirkeldefinition dar.

Sinn und Zweck einer Definition ist, die Bedeutung eines Begriffs zu bestimmen. Der zu bestimmende Begriff darf dabei nicht im definierenden Ausdruck enthalten sein, denn sonst versteht derjenige, der den definierten Begriff nicht kennt, auch den definierenden Ausdruck nicht[117]. Der definierende Ausdruck bleibt vielmehr solange selbst unbestimmt, wie er den noch unbestimmten Begriff enthält. Danach hätte der Richtliniengeber auf den Begriff der Pläne und Programme im Rahmen der Konkretisierung des Art. 2 lit. a SUP-RL verzichten müssen.

Als Ergebnis langjähriger Diskussionen über den Anwendungsbereich einer möglichen SUP-RL scheint die gefundene Formulierung zunächst enttäuschend, jedoch entstand die endgültige Fassung erst in den letzten Stufen des Rechtsetzungsverfahrens. So fand sich die aktuelle Konzeption erstmals im Rahmen des Gemeinsamen Standpunktes aus dem Jahre 2000[118]. Zuvor sah der Richtlinienvorschlag von 1997 nach Art. 2 lit. a Ziffer i) Pläne und Programme als *Pläne und Programme* im Bereich Raumordnung

- die von einer zuständigen Behörde ausgearbeitet und angenommen werden oder die von einer zuständigen Behörde für die Annahme durch einen Gesetzgebungsakt ausgearbeitet werden und

- die als Teil des Entscheidungsprozesses im Bereich Raumordnung den Rahmen für nachfolgende Genehmigungen vorgeben und

---

[115] Ebenso gegen eine Abgrenzung von Plänen und Programmen i.S.d. SUP-RL *Scholles*, uvp-report 2001, S.127.

[116] Die Definition der traditionellen Logik nach *Aristoteles*, Topik (Organon V), Buch I, 9. Kapitel, Rn. 103 b 15, besteht aus Gattung und Differenz (allg. lat.: "definition fit per genus proximum et differentiam specificam"); die Definition darf dabei niemals das Definierte selbst verwenden, a.a.O., Buch VI, 4. Kapitel, Rn. 142 b.

[117] Zum Zirkelverbot bei juristischen Definitionen siehe *Weber-Lejeune*, Legaldefinitionen, S.83 f.; *Weinberger*, Rechtslogik, S.370 f.; *Schneider*, Logik, S.48.

[118] Gemeinsamer Standpunkt (Fn. 38), S.11 ff.

- die Bestimmung über Art, Größe, Standort oder Betriebsbedingungen von Projekten enthalten.

Der Ausschuss der Regionen bemängelt bereits zu diesem Zeitpunkt, dass es bei der Festlegung des Anwendungsbereichs der Richtlinie wichtig gewesen wäre, die Begriffe „Plan" und „Programm" zu definieren[119]. Doch auch das Europäische Parlament beschränkte sich in seinen Änderungsvorschlägen auf die Formulierung, „Plan" und „Programm" i.S.d. Richtlinie seien *Pläne und Programme*, die sich auf die terrestrische und marine Umwelt auswirken,

- die von einer zuständigen Behörde ausgearbeitet und angenommen werden oder die von einer zuständigen Behörde für die Annahme durch einen Gesetzgebungsakt ausgearbeitet werden und

- die einen allgemeinen oder sektoralen Rahmen für nachfolgende Genehmigungen im Bereich Bodennutzung, Ressourcennutzung oder Raumordnung vorgeben, die direkt oder indirekt die künftige Durchführung von Projekten i.S.d. Richtlinie 85/337/EWG betreffen und / oder

- die Bestimmungen über Art, Größe, Standort oder Betriebsbedingungen von Projekten enthalten.

Der geänderte Richtlinienvorschlag von 1999 definierte in Art. 2 lit. a Ziffer i) Pläne und Programme al*s Pläne und Programme*

- die von einer zuständigen Behörde ausgearbeitet und angenommen werden oder die von einer zuständigen Behörde für die Annahme durch einen Gesetzgebungsakt ausgearbeitet werden und

- die einen Rahmen für künftige Genehmigungen von Projekten vorgeben, indem sie auf Standort und unter anderem Art, Größe oder Betriebsbedingungen dieser Projekte Bezug nehmen.

Sämtlichen Formulierungsvorschlägen folgte bis dahin eine beispielhafte Aufzählung von Sektoren, denen die Pläne und Programme angehören sollten. Erst im Gemeinsamen Standpunkt des Rates konnten sich die Mitgliedstaaten auf die heute gültige Konzeption mit zwei Querstrichen und der Bestimmung des Anwendungsbereichs der Richtlinie im Wege der Einbeziehung des Geltungsbereichs nach Art. 3 SUP-RL einigen.

Auffällig ist, dass die Zirkeldefinition bereits zu Beginn des Rechtsetzungsprozesses verwendet wurde und sich die am Rechtsetzungsprozess beteiligten Akteure außerstande sahen, eine anderweitige Konkretisierung der Bezeichnung "Pläne und Programme" vorzunehmen. Vielmehr eröffneten die Mitgliedstaaten mit dieser Kompromissformel letztlich bewusst einen interpretationsoffenen Spielraum, weshalb allein der Begriff der „Pläne und Programme" selbst wenig

---

[119] Stellungnahme des Ausschusses der Regionen (Fn. 30), S.65, 4.5.

zur Bestimmung des Anwendungsbereichs der SUP-RL beitragen kann[120]. Inhaltlich kommt damit den zur reinen Plan- bzw. Programmbezeichnung hinzutretenden weiteren Merkmalen maßgebliche Bedeutung zu.

3. Von der EG mitfinanzierte Pläne und Programme

Der Einschub „einschließlich der von der Europäischen Gemeinschaft mitfinanzierten" in Art. 2 lit. a SUP-RL bezieht sich insbesondere auf Pläne und Programme der Mitgliedstaaten, die im Rahmen der gemeinschaftlichen Strukturfonds finanziell unterstützt werden. Die Passage wurde erst im Vermittlungsverfahren auf Drängen des Europäischen Parlaments in den Richtlinientext aufgenommen und stellt eine Konzession an das Parlament dar, das weitergehende Forderungen nicht im Richtlinientext realisieren konnte.

a) Forderungen des Europäischen Parlaments

In der Empfehlung für die zweite Lesung des Europäischen Parlaments[121] hatte die Berichterstatterin *Inger Schörling* einen zusätzlichen Querstrich im damaligen Art. 2a lit. a vorgeschlagen. Dem Text sollte die Formulierung „- die von der Europäischen Union finanziert werden" hinzugefügt werden. Der insoweit missverständliche Wortlaut, der für eine Umweltprüfungspflichtigkeit als notwendige Voraussetzung die Gesamtfinanzierung der Pläne und Programme durch die Europäische Union zu fordern schien, relativierte sich durch die angegebene Begründung. Danach sei es sinnvoll zu fordern, dass die Richtlinie auch auf von der Europäischen Union finanzierte Pläne und Programme Anwendung finde[122]. Angestrebt war folglich eine Ausweitung des Anwendungsbereichs auf eigene Pläne und Programme der Europäischen Union, nicht eine zusätzliche Anforderung an den Begriff der Pläne und Programme.

Dieser Vorschlag wurde in der legislativen Entschließung des Europäischen Parlaments[123] berücksichtigt. Danach sollte dem Ende des Art. 2 lit. a 2. Querstrich ein "oder" zugefügt und die Begriffsbestimmung um einen dritten Quer-

---

120 Ähnlich *Porger*, Aktuelle Entwicklungen im Bereich der Plan-UVP, in: *Spannowsky / Mitschang* (Hrsg.), UVP in der Bauleitplanung, S.177, 180.

121 Empfehlung für die zweite Lesung betreffend den Gemeinsamen Standpunkt des Rates im Hinblick auf den Erlass der Richtlinie des Europäischen Parlaments und des Rates über die Prüfung der Umweltauswirkungen bestimmter Pläne und Programme vom 13. Juli 2000, Sitzungsdokument PE 290.128 bzw. A5-0196/2000 (vgl. Mitteilung im ABl.EG Nr. C 135 vom 7. Mai 2001, S.12).

122 Empfehlung für die zweite Lesung betreffend den Gemeinsamen Standpunkt des Rates im Hinblick auf den Erlass der Richtlinie des Europäischen Parlaments und des Rates über die Prüfung der Umweltauswirkungen bestimmter Pläne und Programme (Fn. 118), S.7.

123 Legislative Entschließung des Europäischen Parlaments zu dem Gemeinsamen Standpunkt des Rates im Hinblick auf den Erlass der Richtlinie des Europäischen Parlaments und des Rates über die Prüfung der Umweltauswirkungen bestimmter Pläne und Programme (Fn. 43).

strich erweitert werden. Es hätte sich danach um Pläne und Programme gehandelt,

- die aufgrund von Rechts- oder Verwaltungsvorschriften erstellt werden müssen *oder*

- die von der Europäischen Union finanziert werden.

Eine denkbare Auslegung dieser Modifikation wäre gewesen, die Finanzierung durch die Europäische Union als Alternative zu den kumulativen Anforderungen der ersten beiden Querstriche, also der Ausarbeitung bzw. Annahme in den Mitgliedstaaten und der rechtlichen Erstellungspflicht zu sehen. Damit wäre eine Konkretisierung des Begriffs Pläne und Programme inhaltlich vollständig unterblieben. Konstitutives Element für das Vorliegen eines Plans oder Programms wäre lediglich die Finanzierung durch die Europäische Union gewesen. Weder die Systematik noch die Entstehungsgeschichte der Norm enthalten Hinweise auf eine solche Ausnahmeregelung, so dass eine solche Auslegung abzulehnen gewesen wäre.

Als Intention des Europäischen Parlaments kam daher nur die mögliche Ersetzung der Aufstellungspflicht des Art. 2 lit. a 2. Querstrich durch die Finanzierung der Europäischen Union in Betracht. Infolgedessen wäre die durch die Aufstellungspflicht vorgenommene Abgrenzung zur rein politischen Ebene bei einer Finanzierung durch die Europäische Union aufgehoben und damit fast unbemerkt eine über den Bereich der Pläne und Programme hinausgehende Umweltprüfung für Politiken eingeführt worden. Eine solche Ausdehnung sollte indes im Rahmen der SUP-RL gerade noch nicht vorgenommen werden. Ob dem Europäischen Parlament diese Konsequenzen seines Vorschlages bewusst waren, lässt sich nicht abschließend klären, obgleich das Parlament traditionell ein Befürworter der Einbeziehung von Politiken in den Prüfungsbereich der Richtlinie war.

b) Letztlich gefundene Richtlinienfassung

Schließlich behob der Vermittlungsausschuss dieses Problem und änderte den Wortlaut in die heute gültige Fassung. Eine Ausdehnung der Umweltprüfungen auf Politiken blieb ebenso aus wie die Erweiterung auf Pläne und Programme der Europäischen Union.

Als Zugeständnis an das Parlament wurde jedoch im Vermittlungsverfahren die Einbeziehung der von der Europäischen Gemeinschaft mitfinanzierten Pläne und Programme ausdrücklich im Wortlaut des Art. 2 lit. a SUP-RL verankert. Diese Erkenntnis hätte sich indes bereits aus einem Umkehrschluss zu Art. 3 Abs. 9 SUP-RL ergeben[124]. Danach sind Pläne und Programme, die in den laufenden jeweiligen Programmplanungszeiträumen für die Verordnungen (EG) Nr.

---

124 Näheres zu Art. 3 Abs. 9 SUP-RL siehe Gliederungspunkt C.II.5.a).

1260/1999 und (EG) 1257/1999 des Rates mitfinanziert werden, explizit vom Anwendungsbereich der Richtlinie ausgenommen. Im Gegenschluss unterliegen von der Europäischen Gemeinschaft mitfinanzierte Pläne und Programme, die nicht unter die beiden genannten Verordnungen fallen, grundsätzlich dem Anwendungsbereich der SUP-RL.

Während also Pläne und Programme der Europäischen Gemeinschaft selbst nicht von der SUP-RL erfasst werden, insbesondere da Adressat der Richtlinie nach Art. 15 SUP-RL lediglich die Mitgliedstaaten sind[125], ist eine Umweltprüfungspflichtigkeit von kofinanzierten Plänen oder Programmen durch die Europäische Gemeinschaft außerhalb der Ausnahmevorschrift des Art. 3 Abs. 9 SUP-RL nicht ausgeschlossen. Die Vornahme einer Umweltprüfung richtet sich somit unabhängig von einer ausdrücklichen Anordnung in den jeweiligen Fördervorschriften der Europäischen Gemeinschaft[126] einzig nach den Vorgaben der SUP-RL. Die Stellung des Einschubs in Art. 2 lit. a SUP-RL macht allerdings deutlich, dass allein die Förderung durch die Europäische Gemeinschaft noch nicht zur Durchführung einer Umweltprüfung verpflichtet, sondern stets die weiteren, in Art. 2 lit. a und Art. 3 SUP-RL vorgesehenen Anforderungen zur Anwendbarkeit der SUP-RL erfüllt sein müssen[127].

4. Änderungen von Plänen und Programmen

Schon seit dem ersten Richtlinienvorschlag von 1997 waren Änderungen bestehender Pläne und Programme i.S.d. SUP-RL unbestritten vom Anwendungsbereich umfasst. So war bereits im Rechtsetzungsverfahren der Richtlinie betont worden, dass mit Erlass der SUP-RL den Mitgliedstaaten nicht auferlegt wird, neue Plan oder Programmarten in ihr nationales Planungssystem einzuführen[128]. Die SUP-RL sollte also auf das vorhandene Planungssystem aufbauen.

Dementsprechend beziehen sich Art. 4 Abs. 2 SUP-RL bzw. Erwägungsgrund 9 der Richtlinie, die von der fakultativen Schaffung neuer Verfahren zur Umsetzung der SUP-RL sprechen, nicht nur auf die Erstellung von Plänen und Programmen, sondern auch auf die Ausgestaltung des Verfahrens bei Änderungen dieser Planungen. Dies entspricht der Intention der SUP-RL, als zusätzliche Verfahrensanforderung das bestehende Planungssystem des jeweiligen Mitgliedstaates lediglich zu ergänzen.

Eine große Anzahl von Umweltprüfungen wird daher nicht bei der erstmaligen Aufstellung eines Plans oder Programms durchgeführt werden, sondern sich als

---

[125] Ebenso der SEA Guidance (Fn. 114), S.6, 3.7.

[126] *Sangenstedt*, Vorstellung und Bewertung der Richtlinie der EG zur Strategischen Umweltprüfung, in: *Reiter* (Hrsg.), Neue Wege in der UVP, S.235, 239.

[127] Ebenso *Ronellenfitsch*, Kurzgutachten, S.26.

[128] Stellungnahme des Ausschusses der Regionen (Fn. 30), S.63, 64, 1.4.

zusätzliche Anforderung an die Änderung eines bestehenden Plans oder Programms i.S.d. Art. 2 lit. a SUP-RL erweisen. Zu beachten ist dabei die Ausnahmevorschrift des Art. 3 Abs. 3 Var. 2 SUP-RL, nach der geringfügige Änderungen von nach Art. 3 Abs. 2 SUP-RL grundsätzlich einer obligatorischen Umweltprüfung zugeordneten Plänen und Programmen nur einer konditionalen Umweltprüfung unterliegen[129]. Geringfügige Änderungen sonstiger Pläne und Programme i.S.d. SUP-RL werden hingegen nicht privilegiert und unterliegen den allgemeinen Bestimmungen des Art. 3 Abs. 4 SUP-RL[130].

5. Ausarbeitung und / oder Annahme durch eine Behörde

Art. 2 lit. a 1. Querstrich SUP-RL fordert, dass ein Plan oder Programm von einer Behörde ausgearbeitet und / oder angenommen wird.

a) Begriff der Behörde

Der Begriff der Behörde wird weder in der SUP-RL selbst noch im europäischen Primärrecht näher konkretisiert. Der EGV erwähnt die „Behörden der Mitgliedstaaten" lediglich in Art. 84 EGV. Der dort verwendete funktionelle Behördenbegriff[131] betrifft jedoch die Spezialmaterie des europäischen Kartellrechts und beansprucht keine Gültigkeit für das gesamte Sekundärrecht. Ebenso wenig finden sich Hinweise auf eine Konkretisierung des Behördenbegriffs in der Fauna-Flora-Habitat-Richtlinie (FFH-RL)[132] oder der Vogelschutzrichtlinie[133].

Einen Anhaltspunkt zur Bestimmung des Behördenbegriffs bietet auf Ebene des Völkerrechts die Aarhus-Konvention. Danach sind „Behörden" i.S.d. Art. 2 Abs. 2 der Konvention nicht nur Instanzen der öffentlichen Verwaltung, sondern auch Private, die öffentliche Zuständigkeiten oder Aufgaben im Bereich des Umweltschutzes wahrnehmen[134]. Vor dem Hintergrund eines möglichst breiten Adressatenkreises für den in der ersten Säule der Konvention niedergelegten Anspruch auf Umweltinformationen lässt sich dieser weite Behördenbegriff indes nicht unmittelbar auf die SUP-RL übertragen. Während der Begriff der „public authority" i.S.d. Aarhus-Konvention als Abgrenzung zu legislativen und judikativen Organen fungiert, dient der Behördenbegriff des Art. 2 lit. a 1. Querstrich SUP-

129 Zu Art. 3 Abs. 3 SUP-RL siehe Gliederungspunkt C.II.4.a).

130 Zu Art. 3 Abs. 4 SUP-RL siehe Gliederungspunkt C.II.4.b).

131 *Jung*, in: *Calliess / Ruffert*, Art. 84, Rn. 5.

132 Richtlinie 92/43/EWG des Rates vom 21. Mai 1992 zur Erhaltung der natürlichen Lebensräume sowie der wildlebenden Tiere und Pflanzen, ABl.EG Nr. L 206 vom 22. Juli 1992, S.7.

133 Richtlinie 79/409/EWG des Rates vom 2. April 1979 über die Erhaltung der wildlebenden Vogelarten, ABl.EG Nr. L 103 vom 25.4.1979, S.1.

134 Art. 2 Abs. 2 lit. b und c der Aarhus-Konvention; *Butt*, Recht auf Umweltinformationen, S.52 ff.; *Scheyli*, Archiv des Völkerrechts, Bd. 38 (2000), S.217, 230 f.

RL (Engl. Fassung: „authority") vornehmlich der Abgrenzung zu rein privater Planungstätigkeit. Aufgrund seiner unterschiedlichen Funktion lassen sich für den Behördenbegriff der SUP-RL demnach auch aus der Aarhus-Konvention keine konkreten Vorgaben ableiten.

Der ursprüngliche Richtlinienvorschlag zur SUP-RL aus dem Jahre 1997 enthielt in Art. 2 lit. b eine Definition der „zuständigen Behörde", wonach dies diejenige Behörde war, „die von den Mitgliedstaaten für die Durchführung der sich aus dieser Richtlinie ergebenden Aufgaben bestimmt wird". Ausweislich der Begründung des Richtlinienvorschlags sollte der Behördenbegriff dem der UVP-RL entsprechen, die in Art. 1 Abs. 3 UVP-RL eine gleichlautendende Begriffsbestimmung vorsieht[135]. Beiden Vorschriften ist gemein, dass sie zwar eine Zuständigkeitsregelung treffen, den Begriff der Behörde aber inhaltlich nicht ausfüllen. Bezeichnenderweise setzte der Richtliniengeber vielmehr voraus, dass den Mitgliedstaaten der Behördenbegriff inhaltlich bereits vertraut sei. Dies ergibt sich aus der Begründung des Richtlinienvorschlags, in dem es heißt, der Begriff der Behörde sei „in den Mitgliedstaaten bereits wohlbekannt, was die Umsetzung erleichtere"[136]. Die Definition der „zuständigen Behörde" in der SUP-RL verschwand daher zusammen mit der Begriffsbestimmung der „Genehmigung" ab dem Gemeineinsamen Standpunkt des Rates als augenscheinlich unnötige Wiederholung des Selbstverständlichen aus dem Richtlinientext.

Ein gemeinsames kodifiziertes europäisches Verwaltungsrecht, auf welches die Mitgliedstaaten zurückgreifen könnten, besteht indes nicht. Vielmehr ist bei der Ausübung verwaltungsrechtlicher Vorschriften auf das jeweilige Verwaltungsrecht der Mitgliedstaaten, freilich mitunter modifiziert durch gemeinschaftsrechtliche Vorgaben, abzustellen. Dabei gilt es zu beachten, dass sich der direkte Rückgriff auf eine nationale Behördendefinition, etwa der des § 1 Abs. 4 VwVfG[137], zur Bestimmung des gemeinschaftsrechtlichen Behördenbegriffs verbietet, da die Interpretation eines einzelnen Mitgliedstaats keine Geltung gegenüber anderen Mitgliedstaaten für sich in Anspruch nehmen darf und ein untaugliches Mittel zur allgemeingültigen Konkretisierung eines gemeinschaftsrechtlichen Begriffs darstellt[138].

---

[135] BR-Drs. 277/97, Begründung, S.11.

[136] BR-Drs. 277/97, Begründung, S.11.

[137] Behörde i.S.d. VwVfG ist gem. § 1 Abs. 4 VwVfG jede Stelle, die Aufgaben der öffentlichen Verwaltung wahrnimmt.

[138] Ohne weiteres § 1 Abs. 4 VwVfG übernehmend *Porger*, Aktuelle Entwicklungen im Bereich der Plan-UVP, in: *Spannowsky / Mitschang* (Hrsg.), UVP in der Bauleitplanung, S.177, 180; sowie *Ronellenfitsch*, Kurzgutachten, S.31; dagegen verwendet *Otto*, Umweltverträglichkeitsprüfung von Plänen und Programmen, S.39, einen umfassenderen Behördenbegriff als in § 1 Abs. 4 VwVfG.

Zulässig ist indes eine Auslegung des Behördenbegriffs im Lichte der einschlägigen fachlichen Regelungen des Sekundärrechts, hier also anhand der SUP-RL. Maßgeblich ist dabei die Funktion des Begriffs[139]. Das Merkmal der Behörde in Art. 2 lit. a 1. Querstrich SUP-RL soll ersichtlich private Pläne und Programme aus dem Anwendungsbereich der Richtlinie ausschließen. Eine Behörde i.S.d. Art. 2 lit. a 1. Querstrich SUP-RL könnte damit in Anlehnung an eine Begriffsbestimmung des EuGH als Einrichtung charakterisiert werden, die unabhängig von ihrer Rechtsform kraft staatlichen Rechtsakts unter staatlicher Aufsicht eine Dienstleistung im öffentlichen Interesse zu erbringen hat und die hierzu mit besonderen Rechten ausgestattet ist, die über das hinausgehen, was für die Beziehungen zwischen Privatpersonen gilt[140]. Einen über diese Abgrenzungsfunktion hinausgehenden Beitrag zur Bestimmung des Begriffs der Pläne und Programme vermag das Merkmal der Behörde indes nicht zu leisten.

b) Private Planungen

Rein private Pläne und Programme, etwa die Standortplanungen eines deutschlandweit ansässigen Industrieunternehmens, unterliegen selbst bei Vorliegen der sonstigen Anforderungen der Art. 2 lit. a und Art. 3 Abs. 2 bis 4 SUP-RL keiner Umweltprüfung[141]. Obwohl auch private Planungen Auswirkungen auf die Umwelterheblichkeit der letztlich realisierten Projekte haben, sieht das System der SUP-RL eine entsprechende Umweltprüfung nur im Rahmen des öffentlich-rechtlichen Planungswesens der Mitgliedstaaten vor. Anders als bei der UVP-RL, deren Umweltverträglichkeitsprüfung auch dem privaten Planungsträger Mitwirkungspflichten auferlegt, richtet sich die SUP-RL damit alleine an den öffentlich-rechtlichen Planungsträger[142].

Inbegriffen sind dagegen Pläne und Programme, die zwar von privater Seite ausgearbeitet werden, dies jedoch im Auftrag eines öffentlich-rechtlichen Planungsträgers geschieht. Im Unterschied zu rein privaten Planungen macht sich hier die Behörde durch die Annahme des Plans oder Programms dessen Inhalt zu eigen. Durch die Privatisierung der Planausarbeitung kann sich die Behörde

---

[139] Insofern ist der Behördenbegriff des Art. 2 lit. a 1. Querstrich SUP-RL nicht ohne weiteres auf den Begriff der Behörde i.S.d. Art. 6 SUP-RL zu übertragen, vgl. hierzu Gliederungspunkt D.III.1.a)(1).

[140] EuGH vom 12. Juli 1990, Rs. C-188/89 (Foster u.a. / British Gas), Rn. 20. Hieran orientiert sich der SEA Guidance (Fn. 114), S.8, 3.12.

[141] Nach *Hendler* ist eine rein private Natur gegeben, wenn sowohl die Ausarbeitung als auch die Annahme durch Privatrechtssubjekte erfolgt, DVBl. 2003, S.227, 230; die Beschränkung auf den öffentlichen Planungsbereich erkennt bereits *Bunge*, Auswirkungen der beabsichtigten EG-Richtlinie über die Umweltprüfung von Plänen und Programmen auf das deutsche Recht, in: *Hartje / Klaphake* (Hrsg.), Umweltplanung, S.117, 125.

[142] Zur Kostentragung siehe Gliederungspunkt F.III.

nicht einer möglichen Umweltprüfungspflichtigkeit entziehen, so dass sich eine „Flucht ins Privatrecht" auch im Bereich der SUP-RL als unzulässig erweist.

6. Gesetzentwürfe

Art. 2 lit. a 1. Querstrich SUP-RL umfasst neben den von einer Behörde direkt angenommenen Plänen und Programmen auch solche, die von einer Behörde für die Annahme durch das Parlament oder die Regierung im Wege eines Gesetzgebungsverfahrens ausgearbeitet werden.

Die SUP-RL verfolgt damit das Anliegen, auch die in Gesetzesform ergehenden umwelterheblichen Pläne und Programme einer möglichen Umweltprüfungspflicht zu unterwerfen. Dies entspricht Sinn und Zweck der Richtlinie, da solche Pläne und Programme ebenso wie die durch eine Behörde angenommenen Einfluss auf Projekte mit erheblichen Umweltauswirkungen nehmen. Dabei ist darauf hinzuweisen, dass nach der SUP-RL nicht das Gesetz selbst einer Umweltprüfung unterzogen werden soll. Plan und Programm i.S.d. Art. 2 lit. a 1. Querstrich SUP-RL ist lediglich die von der Behörde vorgenommene Ausarbeitung des Gesetzentwurfs im Vorfeld des Gesetzgebungsverfahrens.

a) Ausarbeitung durch Ministerialverwaltungen

Die Ausarbeitung eines Gesetzentwurfs erfolgt in vielen Fällen in der Ministerialverwaltung des betroffenen Ressorts. Dabei umfasst Art. 2 lit. a 1. Querstrich SUP-RL Plan- und Programmentwürfe von Ministerialverwaltungen sowohl auf Bundes- als auch auf Landesebene. Inbegriffen sind zudem Entwürfe, die durch den Bundesrat in den Bundestag eingebracht werden sollen und hierfür von der Ministerialverwaltung eines Bundeslandes ausgearbeitet werden[143]. Eine Umweltprüfungspflicht von Plan- oder Programmentwürfen, die in Ausschüssen des Bundesrates erstellt und als Empfehlung im Plenum beraten werden[144], scheidet indes aus, da sowohl der Bundesrat als auch seine Ausschüsse in diesem Fall Aufgaben ihrer Legislativtätigkeit wahrnehmen. Sie handeln nicht als Teil der öffentlichen Verwaltung und stellen keine Behörden i.S.d. Art. 2 lit. a 1. Querstrich SUP-RL dar.

Ebenso fallen Gesetzentwürfe, die von einer Fraktion oder einem Zusammenschluss von Parlamentariern erarbeitet werden, mangels Ausarbeitung durch eine Behörde nicht unter den Begriff der Pläne und Programme i.S.d. SUP-RL[145]. Gesetzesvorschläge der Opposition sind damit grundsätzlich nicht umweltprüfungspflichtig.

---

[143] § 26 Abs. 1 GO BR.

[144] § 26 Abs. 3 GO BR.

[145] *Hendler*, DVBl. 2003, S.227, 230; *Bunge*, Auswirkungen der beabsichtigten EG-Richtlinie über die Umweltverträglichkeitsprüfung von Plänen und Programmen auf das deutsche Recht, in: *Hartje / Klaphake* (Hrsg.), Umweltplanung, S.117, 125.

Denkbar wäre allerdings die Ausarbeitung des Entwurfs eines Plans oder eines Programms durch die Ministerialverwaltung eines Bundeslandes, welche den Gesetzentwurf dann einer Oppositionsfraktion oder allgemein einer ausreichenden Anzahl von Bundestagsabgeordneten zur Einbringung in den Bundestag zur Verfügung stellt[146]. So greifen zum Beispiel die Abgeordneten des Bundestages, soweit sie nicht auf die Ministerialverwaltung des Bundes zurückgreifen können, in der Regel auf die Ministerialverwaltungen ihnen politisch nahestehender Bundesländer zurück[147]. In diesen Fällen wäre das Merkmal der Ausarbeitung durch eine Behörde erfüllt. Eine Umweltprüfungspflicht scheidet wiederum aus, wenn die Abgeordneten zur Ausarbeitung eines Plan- oder Programmentwurfs ausschließlich den Wissenschaftlichen Dienst des Bundestages oder Arbeitsgruppen innerhalb ihrer Fraktion in Anspruch nehmen.

Entscheidend für eine mögliche SUP-Pflicht ist damit nicht, wer im Parlament sein Gesetzesinitiativrecht nutzt, um das Gesetzgebungsverfahren zur Annahme des Plans oder Programms einzuleiten. Für den Anwendungsbereich der SUP-RL relevant ist lediglich, wer die konkrete Ausarbeitung des Plan- oder Programmentwurfs vornimmt. Es erscheint hingegen zweifelhaft, ob sich in der Praxis stets eindeutig bestimmen lässt, ob eine Ministerialverwaltung tatsächlicher Urheber eines vorgelegten Plan- oder Programmentwurfs war.

b) Einschränkung des Anwendungsbereichs ?

Zum Teil wird Art. 2 lit. a 1. Querstrich SUP-RL restriktiv interpretiert und auf solche Pläne und Programme beschränkt, die lediglich einer gesetzgeberischen Bestätigung bedürfen, der Gesetzgeber also auf eine eigene Gestaltung verzichtet und den betreffende Plan oder das Programm nur absegnet. Übt dagegen der Gesetzgeber selbst die planerische Gestaltungsfreiheit aus, so soll die Funktion der Umweltprüfung durch das demokratisch unmittelbar legitimierte Gesetzgebungsverfahren ersetzt werden[148].

Diesen Einschränkungen des Anwendungsbereichs kann indes nicht gefolgt werden. Ob im Rahmen eines Gesetzgebungsverfahrens vorliegende Plan- oder Programmentwürfe unverändert verabschiedet oder inhaltliche Modifikationen

[146] Die Opposition im Bundestag hatte vor Novellierung der Gemeinsamen Geschäftsordnung der Bundesministerien nach § 54 I S.3 GGO II die Möglichkeit, sich mit Genehmigung des zuständigen Ministers zur Ausarbeitung von Gesetzentwürfen des jeweiligen Ministerialapparates zu bedienen, vgl. *Stettner*, in: *Dreier* (Hrsg.), GG-Kommentar, Bd. 2, Art. 76, Rn. 19; *Ossenbühl*, Verfahren der Gesetzgebung, § 63, Rn. 25, in: *Isensee / Kirchhof* (Hrsg.), HStR III; *Stern*, Staatsrecht, Band II, S.622. In diesen Fällen wäre eine Umweltprüfungspflicht in Betracht gekommen.

[147] In der Praxis wendet sich die Bundestagsopposition häufig an Ministerien in den von ihr regierten Ländern oder bedient sich der Stäbe der Fraktionen. *Masing*, in: *Starck* (Hrsg.), Bonner GG, Bd. 2, Art. 76 Abs. 1, Rn. 39.

[148] *Ronellenfitsch*, Kurzgutachten, S.27 f.

vorgenommen werden, steht im Belieben des souveränen Gesetzgebers und kann stets nur im Einzelfall entschieden werden. Aus dem Wortlaut der SUP-RL ergeben sich keine Anhaltspunkte, die Umweltprüfungspflichtigkeit eines Plans oder Programms von einer solchen politischen Entscheidung abhängig zu machen. Zudem könnte eine Differenzierung zwischen der Ausübung der planerischen Gestaltungsfreiheit durch den Gesetzgeber und einer bloßen Absegnung, Sanktionierung oder Bestätigung erst nach Abschluss des jeweiligen Gesetzgebungsverfahrens vorgenommen werden. Die Entscheidung für oder gegen die Durchführung einer Umweltprüfung hat indes nach Art. 4 Abs. 1 SUP-RL stets vor der Einbringung des Plans oder Programms in das Gesetzgebungsverfahren zu erfolgen. Der inhaltliche Einfluss des Gesetzgebers auf die Planung kann daher kein taugliches Kriterium zur Bestimmung des Anwendungsbereichs der SUP-RL sein. Schließlich liegt die Funktion der SUP-RL darin, durch eine Vielzahl verfahrensrechtlicher Anforderungen den zuständigen Planungsträgern bzw. dem Gesetzgeber eine breite ökologische Informationsbasis an die Hand zu geben, auf dessen Grundlage Planungsentscheidungen unter Berücksichtigung der relevanten Umwelterwägungen getroffen werden können und so zur Sicherstellung eines hohen Umweltschutzniveaus beitragen. Dieser besonderen Funktion wird ein schlichtes Gesetzgebungsverfahren ohne vorangegangene Umweltprüfung, unabhängig von seiner demokratischen Legitimation, i.d.R. nicht gerecht. Eine Beschränkung des Art. 2 lit. a 1. Querstrich SUP-RL auf Pläne und Programme, die lediglich einer gesetzgeberischen Bestätigung bedürfen, ist daher abzulehnen.

c) Verfassungsrechtliche Bedenken

Im Gesetzgebungsverfahren der SUP-RL wurden zudem hinsichtlich der Umweltprüfungspflichtigkeit von Plänen und Programmen im Vorfeld eines Gesetzgebungsverfahrens verfassungsrechtliche Bedenken geltend gemacht.

Nach einer von verschiedenen Ausschüssen des Bundesrates geäußerten Ansicht soll Art. 2 lit. a 1. Querstrich SUP-RL die parlamentarische Gesetzgebungshoheit unzulässig beschränken. Die Gesetzgebungsorgane würden in ein gemeinschaftsrechtliches Vorschaltverfahren gezwungen, durch das Gesetzesanträge aus der Mitte des Bundestages oder solche des Bundesrates faktisch unmöglich würden[149].

Diese Kritik verkannte indes, dass als Adressat der Verpflichtungen aus der SUP-RL lediglich der planvorbereitende öffentlich-rechtliche Planungsträger in Betracht kommt, jedoch nicht das Parlament. Initiativrechte und Entscheidungsspielräume des Parlaments können durch eine Umweltprüfungspflicht nicht unmittelbar tangiert werden. Vielmehr steht dem Parlament nach Durchführung einer Umweltprüfung im vorbereitenden Verfahren bei der Entscheidungsfin-

[149] BR-Drs. 277/1/97 vom 26. Mai 1997, S.6; BR-Drs. 693/1/99 vom 3. Dezember 1999, S.5.

dung lediglich fundierteres Informationsmaterial zur Verfügung als zuvor. Dabei steht es dem Parlament frei, ob es von diesen Zusatzinformationen tatsächlich Gebrauch machen möchte oder darauf verzichtet.

Nach Art. 4 Abs. 1 SUP-RL endet die Umweltprüfung vor der Einbringung eines Plans oder Programms in das Gesetzgebungsverfahren, also vor Beteiligung des Parlaments. Die in Art. 8 SUP-RL vorgesehene Pflicht zur Berücksichtigung der gewonnenen Informationen ist aber nach der Definition des Art. 2 lit. b SUP-RL Teil dieser Umweltprüfung. Die Pflichten innerhalb der Umweltprüfung können somit nur die planvorbereitende Behörde treffen, nicht den nationalen Gesetzgeber. Die Souveränität des Parlaments bei der Entscheidungsfindung wird durch eine Umweltprüfung im vorgelagerten Ministerialverfahren nicht beeinträchtigt, so dass aus verfassungsrechtlicher Sicht Art. 2 lit. a 1. Querstrich SUP-RL nicht zu beanstanden ist[150].

7. Aufstellungspflicht nach Art. 2 lit. a 2. Querstr. SUP-RL

Art. 2 lit. a 2. Querstrich SUP-RL sieht als Voraussetzung eines Plans oder Programms i.S.d. SUP-RL vor, dass in Betracht kommende Pläne und Programme „aufgrund von Rechts- oder Verwaltungsvorschriften erstellt werden müssen". Die Auslegung dieses Erfordernisse war zunächst unklar.

a) Auslegung der Richtlinienanforderungen

Ausgehend von Sinn und Zweck der strategischen Umweltprüfung, erhebliche Umweltauswirkungen bereits auf vorgelagerten Ebenen zu erkennen und wenn möglich zu vermeiden, war zunächst nicht ersichtlich, warum eine Umweltprüfung nur bei solchen Plänen und Programmen in Betracht kommen sollte, bei deren Aufstellung die Behörde einer rechtlichen Aufstellungspflicht nachkam. Die inhaltliche ökologische Bedeutung eines Plans oder Programms richtet sich in keiner Weise nach der Motivation der Behörde bei dessen Aufstellung. Die Verwendung des strengen Begriffs „müssen" könnte insofern ein redaktionelles Versehen des Richtliniengebers darstellen, das dahingehend auszulegen sei, dass es sich um Pläne und Programme handele, die in einem „rechtlich fixierten Verfahren" erstellt werden. Die Pläne und Programme müssten auf Rechts- oder Verwaltungsvorschriften "basieren"[151].

---

[150] *Hendler*, DVBl. 2003, S.227, 231; *Sangenstedt*, Die Bedeutung einer europäischen Richtlinie über die Prüfung der Umweltauswirkungen von Plänen und Programmen für das Fachplanungsrecht, in: *Ziekow* (Hrsg.), Planung 2000, S.27, 33 f.; *Ginzky*, UPR 2002, S.47, 48; *Bunge*, Auswirkungen der beabsichtigten EG-Richtlinie über die Umweltverträglichkeitsprüfung von Plänen und Programmen auf das deutsche Recht, in: *Hartje / Klaphake* (Hrsg.), Umweltplanung, S.117, 143.

[151] *Feldmann*, uvp-report 2000, S.109, 110.

(1) Kein redaktionelles Versehen

Diese dem Wortlaut widersprechende Auslegung begegnet indes schwerwiegenden Bedenken. Zunächst ist der These entgegenzutreten, es handele sich lediglich um ein redaktionelles Versehen des Richtliniengebers. Die Bestimmung des Begriffs „Plan oder Programm" ist eine der entscheidendsten Vorschriften der gesamten SUP-RL, da mit ihr der Umfang des Anwendungsbereichs der Richtlinie maßgeblich festgelegt wird. In Anbetracht der mit einer Umweltprüfung verbundenen Kosten und des Verwaltungsaufwands für die betroffenen Behörden hatte eine klare - und möglichst enge - Bestimmung des Anwendungsbereichs für die Mitgliedstaaten höchste Priorität, und nicht umsonst wurde während des gesamten Gesetzgebungsverfahrens gerade um die Konkretisierung dieses Begriffs nachdrücklich gerungen. Die endgültige Fassung stellte schließlich einen sehr bewusst formulierten Kompromiss dar, der eine möglicherweise unbedachte Wortwahl seitens des Richtliniengebers in diesem Zusammenhang ausschließt. Eine extensive Auslegung des Wortlauts unter Hinweis auf ein redaktionelles Versehen ist abzulehnen.

(2) Kein Übersetzungsfehler

Die abschwächende Auslegung des im deutschen Richtlinientext verwendeten „müssen" erweist sich auch nicht aufgrund eines Übersetzungsfehlers als geboten. Dies zeigt ein Vergleich mit den englischen, französischen und spanischen Fassungen des Richtlinientextes. So spricht die englische Fassung von „...plans and programmes, ... which are *required* by legislative, regulatory or administrative provisions". Eine etwaige Formulierung, „... which are based on legislative, regulatory or administrative provisions", wäre ohne weiteres möglich gewesen, so sie denn vom Richtliniengeber intendiert gewesen wäre. In der vorliegenden Fassung spricht somit auch der englische Richtlinientext für eine rechtliche Pflicht zur Aufstellung. Ebenso zwingend und ohne Einräumen eines Ermessens bei der Aufstellung der Pläne und Programme erweisen sich die französische und spanische Fassung der Richtlinie, wenn dort von „plans et programmes, ... *exigés* par des dispositions législatives, réglementaires ou administratives" und von „planes y programas, ... que *sean exigidos* por disposiciones legales, reglamentarias o administrativas" die Rede ist. Von einem Übersetzungsfehler im Rahmen der deutschen Richtlinienfassung ist nicht auszugehen. Vielmehr spricht der Vergleich mit den anderen Fassungen der SUP-RL gerade für eine wortgetreue Auslegung des Art. 2 lit. a 2. Querstrich SUP-RL.

(3) Geschichte der Norm

Ein Blick auf die Entstehungsgeschichte der Norm zeigt, dass die endgültige Fassung der Definition der Pläne und Programme erst im Gemeinsamen Standpunkt des Rates vom 16. Mai 2000 festgelegt werden konnte. In der Begründung heißt es hierzu, dass „klargestellt wurde, dass nur Pläne und Programme gemeint sind, die aufgrund von Rechts- und Verwaltungsvorschriften der Mitgliedstaaten verlangt ... werden"[152]. Ein Verlangen kann derweil nur dann vorliegen, wenn eine Pflicht zur Aufstellung begründet wird. Des weiteren muss diese Aufstellungspflicht in Rechts- oder Verwaltungsvorschriften niedergelegt sein. Damit fällt eine entsprechende Verpflichtung aus reinem Gewohnheitsrecht nicht unter Art. 2 lit. a 2. Querstrich SUP-RL. Auslegungen, die hier lediglich von der Voraussetzung eines rechtlich fixierten Verfahrens ausgehen oder ein Basieren auf Rechts- und Verwaltungsvorschriften ausreichen lassen, vermögen diesen Anforderungen nicht gerecht zu werden. Innerhalb eines rechtlich fixierten Verfahrens ist nicht sichergestellt, dass die Erfüllung einer Rechtspflicht zur Plan- oder Programmaufstellung den Grund für die Aufstellung darstellte, während sich das Basieren auf Rechts- und Verwaltungsvorschriften dagegen als zu unbestimmte Beschreibung des Verhältnisses zwischen den genannten Normen und der Planaufstellung erweist. Jedenfalls umfasst ein Basieren sowohl eine Plan- oder Programmaufstellung infolge einer Pflicht als auch eine Entscheidung auf Grundlage einer Ermessensentscheidung. Diese Auslegung widerspräche in dieser Breite jedoch der Begründung des Gemeinsamen Standpunktes, wenn dort von dem deutlich bindenderen „verlangen" die Rede ist. Erforderlich ist somit eine rechtliche Aufstellungspflicht, will man von Plänen und Programmen i.S.d. SUP-RL ausgehen.

(4) Sinn und Zweck der Norm

Zu dieser Schlussfolgerung gelangt man ebenso, wenn man nicht Sinn und Zweck der SUP-RL im Allgemeinen, sondern den Regelungszweck des Art. 2 lit. a 2. Querstrich SUP-RL im Besonderen näher betrachtet. Dieser liegt maßgeblich darin, durch die Konkretisierung des Begriffs „Pläne und Programme" eine möglichst klare Abgrenzung zum Bereich der Politiken zu etablieren, die ausdrücklich (noch) nicht in den Anwendungsbereich der SUP-RL aufgenommen wurden. Als Abgrenzungskriterium dient der SUP-RL dabei die Entschließungsfreiheit der Behörde bei der Frage, ob sie einen Plan oder ein Programm aufstellt oder nicht. Sieht sich der Planungsträger einer rechtlichen Verpflichtung zum Tätigwerden gegenüber, so treten andere Erwägungen und die Interessenlage seitens der Behörde in den Hintergrund. Fehlen dagegen diese äußeren Zwänge, so orientiert sich die Entscheidung über die Aufstellung eines Plans oder eines Programms an Zielen, deren Verfolgung dem Planungsträger als opportun erscheinen. Diese Entscheidungsfreiheit charakterisiert den Bereich des Politischen[153]. Mit dem Kriterium der rechtlichen Aufstellungspflicht kann damit für jede planerische Entscheidung abschließend geklärt werden, ob es sich um Pläne und Programme i.S.d. SUP-RL oder um eine politische Entscheidung

---

[152] Gemeinsamer Standpunkt (Fn. 38), S.20.

[153] So bereits *Hendler*, Gutachten, S.25, der *„die freie Entscheidung über die Aufstellung des Plans oder Programms"* als „Kennzeichen des Politischen" i.S.d. SUP-RL sieht (Hervorhebung im Originaltext).

handelt, die nach Art. 2 lit. a 2. Querstrich SUP-RL nicht dem Anwendungsbereich der SUP-RL unterliegen soll. Dem Sinn und Zweck der Norm, eine klare Abgrenzung zwischen den Bereichen der Pläne und Programme einerseits und der Politiken andererseits zu ermöglichen, wird durch die hier vorgenommene Auslegung von Art. 2 lit. a 2. Querstrich SUP-RL in einer praxistauglichen Weise entsprochen.

(5) Fazit

Insgesamt ist Art. 2 lit. a 2. Querstrich SUP-RL derart auszulegen, dass es zu den zwingenden Voraussetzungen eines Plans oder Programms i.S.d. Art. 2 lit. a SUP-RL gehört, aufgrund einer rechtlichen Aufstellungspflicht erstellt worden zu sein[154].

b) Bedeutung für das nationale Recht

Bei der Betrachtung der nationalen Rechtsordnung stellt sich nun die Frage, wann von einer solchen rechtlichen Aufstellungspflicht auszugehen ist.

Das Prinzip der Gesetzmäßigkeit der Verwaltung in seiner Ausprägung des Vorbehalts des Gesetzes gebietet es, dass eine nationale Behörde nur dann tätig werden darf, wenn sie dazu durch Gesetz ermächtigt worden ist. Das deutsche allgemeine Verwaltungsrecht unterscheidet bei der gesetzlichen Ausgestaltung des behördlichen Verwaltungshandelns dabei grundsätzlich drei Arten von Regelungen: „Muss-, Kann- und Soll-Vorschriften"[155].

„Muss-Vorschriften" stellen eine gebundene Entscheidung dar, die der handelnden Behörde bei dem Entschluss über ein Tätigwerden keinerlei Entscheidungsspielraum lassen. Möchte sich die Behörde gesetzeskonform verhalten, so ist sie zum Handeln verpflichtet. Ergibt sich die Aufstellung eines Plans oder Programms aus einer solchen gebundenen Entscheidung, so ist stets von einer rechtlichen Aufstellungspflicht i.S.d. Art. 2 lit. a 2. Querstrich SUP-RL auszugehen.

Sieht die zugrundeliegende Rechts- oder Verwaltungsvorschrift dagegen eine sog. „Kann-Vorschrift" vor, so eröffnet sich der Behörde grundsätzlich ein Ermessen, ob von einem Tätigwerden abgesehen wird oder nicht. Liegt ein solches Entschließungsermessen vor, so kann nicht von einer rechtlichen Pflicht zur Aufstellung der Pläne und Programme ausgegangen werden. Bei Vorliegen einer Ermessensnorm ist daher grundsätzlich von einer politischen Entscheidung auszugehen, die nicht dem Anwendungsbereich der SUP-RL unterliegt. Eine

---

[154] Eine bloße Verwaltungspraxis reicht nicht aus; *Ginzky*, UPR 2002, S.47, 48.

[155] *Hendler*, Allgemeines Verwaltungsrecht, Rn. 177; zu Beispielen anderer Formulierungen und ihre Einordnung in das System von „Muss-, Kann- und Soll-Vorschriften" siehe *Maurer*, Allgemeines Verwaltungsrecht, § 7, Rn. 9 ff., *Peine*, Allgemeines Verwaltungsrecht, § 4, Rn. 67 ff.

Umweltprüfung scheidet in diesen Fällen von vornherein aus. Diesem Grundsatz kann lediglich in solchen Situationen nicht gefolgt werden, in denen sich die Behörde einer „Ermessensreduzierung auf Null" gegenüber sieht. Eine solche Konstellation liegt vor, wenn sich nur eine der zur Verfügung stehenden Handlungsalternativen als rechtmäßig erweist, alle anderen Entscheidungen dagegen ermessensfehlerhaft wären[156]. In diesem Fall steht es dem Planungsträger nicht zu, frei über die Aufstellung des Plans oder Programms zu entscheiden. Vielmehr besteht eine rechtliche Aufstellungspflicht i.S.d. Art. 2 lit. a 2. Querstrich SUP-RL, wenn eine pflichtgemäße Ermessensausübung die Aufstellung des Plans oder Programms schlichtweg verlangt.

Sprachlich zwischen Ermessen und gebundener Entscheidung angesiedelt sind die sog. „Soll-Vorschriften". In diesen Fällen ist die Behörde in der Regel zu einem Tätigwerden verpflichtet, sofern nicht ein Ausnahmefall aufgrund einer atypischen Situation vorliegt[157]. Die Vorschrift ist grundsätzlich wie eine „Muss-Vorschrift" zu verstehen[158]. Bei einer „Soll-Vorschrift" ist damit vom Vorliegen einer rechtlichen Aufstellungspflicht i.S.d. Art. 2 lit. a 2. Querstrich SUP-RL auszugehen, sofern nicht ein atypischer Sonderfall das Einräumen eines Entschließungsermessens gebietet. Ob ein solcher Sonderfall vorliegt, kann indes nur nach Prüfung des Einzelfalls entschieden werden.

Erwähnenswert ist in diesem Zusammenhang das Vorliegen eines sog. „intendierten Ermessens" bei der Aufstellung eines Plans oder Programms. Ein „intendiertes Ermessen"[159] ist nach Auffassung des Bundesverwaltungsgerichts in solchen Fällen anzunehmen, in denen die Richtung einer Ermessensbetätigung vom zugrundeliegenden Gesetz bereits vorgezeichnet ist, bei der also ein bestimmtes Ergebnis dem Gesetz näher steht, sozusagen im Grundsatz gewollt ist und von dem nur ausnahmsweise abgesehen werden darf[160]. Falls also eine ermesseneinräumende Vorschrift derart auszulegen ist, dass sie für den Regelfall von einer Ermessensausübung in einem bestimmten Sinne ausgeht, so müssen besondere Gründe vorliegen, um eine gegenteilige Entscheidung zu rechtfertigen[161]. Ob die Rechtsfigur des „intendierten Ermessens" damit die Grenzen der richterlichen Rechtsfortbildung überschreitet, mag hier dahingestellt bleiben[162].

---

156 *J. Ipsen*, Allgemeines Verwaltungsrecht, § 8, Rn. 542 ff.; *Peine*, Allgemeines Verwaltungsrecht, § 4, Rn. 71; *Maurer*, Allgemeines Verwaltungsrecht, § 7, Rn. 24; BVerwGE 10, 95, 97.

157 *Maurer*, Allgemeines Verwaltungsrecht, § 7, Rn. 11.

158 BVerwGE 90, 88, 93; BVerwGE 64, 318, 323; BVerwGE 56, 220, 223 m.w.N.

159 Das „intendierte Ermessen" wird z.T. auch „gelenktes Ermessen" genannt.

160 BVerwGE 72, 1, 6.

161 BVerwGE 105, 55, 57.

162 Kritisch in diesem Sinne *Maurer*, Allgemeines Verwaltungsrecht, § 7, Rn. 12 f. m.w.N.

In seinen Konsequenzen für das Vorliegen einer rechtlichen Aufstellungspflicht entspricht das „intendierte Ermessen" jedenfalls denjenigen einer „Soll-Vorschrift"[163]. In beiden Fällen ist von einer gebundenen Entscheidung auszugehen, solange nicht ein atypischer Sonderfall zum Abweichen von der grundsätzlich vorgegebenen Entscheidung führt. Parallel zur „Soll-Vorschrift" ist daher auch in Fällen des „intendierten Ermessens" von einer rechtlichen Aufstellungspflicht i.S.d. Art. 2 lit. a 2. Querstrich SUP-RL auszugehen, solange nicht im Einzelfall eine andere Bewertung der Situation geboten erscheint.

II. Geltungsbereich der SUP-Richtlinie, Art. 3 SUP-RL

Nicht alle Pläne und Programme i.S.d. Art. 2 lit. a SUP-RL sind nach der SUP-RL einer Umweltprüfung zu unterziehen. Der Plan- und Programmbegriff ist vielmehr nur Grundlage für die Bestimmung des in Art. 3 SUP-RL festgelegten Geltungsbereichs der Richtlinie.

Nach Art. 3 Abs. 1 SUP-RL werden die unter die Absätze 2 bis 4 fallenden Pläne und Programme, die voraussichtlich erhebliche Umweltauswirkungen haben, einer Umweltprüfung nach den Artikeln 4 bis 9 unterzogen.

1. Erhebliche Umweltauswirkungen i.S.d. SUP-RL

Im Rahmen der SUP-RL wird vielfach auf den Begriff der erheblichen Umweltauswirkungen zurückgegriffen[164], obwohl eine Konkretisierung innerhalb der Legaldefinitionen des Art. 2 SUP-RL ausblieb. Eine nähere Bestimmung der erheblichen Umweltauswirkungen ist für die nationale Umsetzung der SUP-RL indes unausweichlich.

a) Erhebliche Umweltauswirkungen als eigener Prüfungspunkt?

Auf den ersten Blick scheint die Voraussetzung der „voraussichtlich erheblichen Umweltauswirkungen" zunächst eine stets eigenständig zu prüfende Bedingung der Umweltprüfungspflicht darzustellen. Zusätzlich zu der Einordnung eines Plans- oder Programms in die Absätze 2 bis 4 des Art. 3 SUP-RL wäre demnach eine Erheblichkeitsprüfung der Umweltauswirkungen vorzunehmen, wodurch im Einzelfall bei Nachweis ihrer Unerheblichkeit unter Art. 3 Abs. 2 SUP-RL fallende Pläne und Programme einer Umweltprüfungspflicht entgehen könnten. Ein Konflikt mit dem Grundsatz, dass alle Pläne und Programme, die erhebliche Umweltauswirkungen aufweisen, einer Umweltprüfung unterzogen werden sollen, bestünde augenscheinlich nicht.

---

[163] Zur Ähnlichkeit zwischen „intendiertem Ermessen" und „Soll-Vorschrift" siehe *Borowski*, DVBl. 2000, S.149, 157 f. sowie *Beuermann*, Intendiertes Ermessen, S.34 ff. jeweils m.w.N.

[164] Siehe Art. 1; Art. 3 Abs. 1, 3, 4, 5; Art. 5 Abs. 1; Art. 7 Abs. 1; Anhang I und II SUP-RL.

Ein solcher ungeschriebener Ausnahmetatbestand widerspricht allerdings der in Art. 3 SUP-RL angelegten Systematik des Anwendungsbereichs der Richtlinie. Art. 3 Abs. 2 SUP-RL ordnet eine Umweltprüfung für alle Pläne und Programme innerhalb seines Geltungsbereichs an. Einzige Ausnahme sind ausweislich des vorgesehenen Vorbehalts die unter Art. 3 Abs. 3 SUP-RL fallenden Pläne und Programme. Die dort vorgesehenen Ausnahmen betreffen Fälle, in denen in der Praxis nur vereinzelt von erheblichen Umweltauswirkungen auszugehen ist und bei denen aus diesem Grund eine Umweltprüfungspflicht nur nach näherer Untersuchung bejaht werden soll[165]. Dies ist Ausdruck des während des gesamten Rechtsetzungsverfahrens betonten Willens des Richtliniengebers, unnötigen Verfahrensaufwand zu vermeiden[166].

Die in Art. 3 Abs. 3 SUP-RL aufgegriffenen Ausnahmen des Absatzes 2 sind indes abschließend. Der Richtliniengeber hat sich bewusst darauf beschränkt, Ausnahmen nur für kleine Gebiete auf lokaler Ebene sowie für geringfügige Änderungen vorzusehen. Im Umkehrschluss folgt daraus, dass die Erheblichkeit der Umweltauswirkungen in sonstigen Fällen, namentlich bei den restlichen unter Art. 3 Abs. 2 SUP-RL fallenden Plänen und Programmen, unwiderleglich vermutet wird[167]. Insoweit ergeben sich Parallelen zum Anwendungsbereich der systematisch verwandten UVP-RL, die zwingend eine Umweltverträglichkeitsprüfung für Projekte des Anhangs I vorsieht, während eine Umweltverträglichkeitsprüfung für Projekte des Anhangs II nur nach näherer Untersuchung durch die Mitgliedstaaten vorgenommen wird. Die Argumentation, ein Plan oder Programm weise keine erheblichen Umweltauswirkungen auf und unterliege daher keiner Umweltprüfungspflicht, lässt Art. 3 Abs. 2 SUP-RL nicht zu[168]. Den Mitgliedstaaten ist es vielmehr verwehrt, die Unerheblichkeit der Umweltauswirkungen eines Plans oder Programms als ungeschriebene Ausnahme des Art. 3 Abs. 2 SUP-RL anzuführen[169].

Insofern hätte der Richtliniengeber in Art. 3 Abs. 1 SUP-RL zum besseren Verständnis der Systematik folgende Formulierung wählen können: „Die unter die Absätze 3 und 4 fallenden Pläne und Programme, soweit sie voraussichtlich erhebliche Umweltauswirkungen haben, sowie die sonstigen unter Absatz 2 fallenden Pläne und Programme werden einer Umweltprüfung nach den Artikeln 4 bis 9 unterzogen".

---

[165] Siehe die Ausführungen zu Art. 3 Abs. 3 SUP-RL, Gliederungspunkt C.II.4.a).

[166] Vgl. hierzu auch Gliederungspunkte D.I.3 sowie D.II.4 und D.II.5.

[167] Ebenso *Kraetzschmer / Ginzky*, Forschungsvorhaben, S.21; *Hendler*, NuR 2003, S.2, 4.

[168] Dieses Argument wurde von einigen Bundesländern im Rahmen einer ersten Einschätzung der betroffenen nationalen Pläne und Programme verwendet.

[169] Ebenso der SEA Guidance (Fn. 114), S.10, 3.21.

b) Positive erhebliche Umweltauswirkungen

Für die praktische Anwendung des Art. 3 Abs. 1 SUP-RL stellt sich daneben die Frage, ob die erheblichen Umweltauswirkungen i.S.d. SUP-RL lediglich nachteilige Umweltbeeinflussungen umfassen oder ob auch vorteilhafte Umweltauswirkungen eine Umweltprüfungspflicht auslösen können. Wäre Letzteres der Fall, so dürfte die Umweltprüfungspflicht eines Plans oder Programms seitens eines Mitgliedstaates nicht mit dem Argument abgelehnt werden, der Plan oder das Programm habe lediglich positive Umweltauswirkungen aufzuweisen und unterliege daher keiner Umweltprüfungspflicht.

(1) Vergleich zur UVP-RL

Ein vergleichender Blick auf die systematisch verwandte UVP-RL zeigt, dass auch dort von erheblichen Umweltauswirkungen die Rede ist[170], eine Begriffsbestimmung aber ebenfalls fehlt. Während der Haupttext der UVP-RL allgemein von erheblichen Auswirkungen auf die Umwelt spricht, sieht Anhang IV Nr. 4 UVP-RL im Rahmen der vorzulegenden Angaben nach Art. 5 Abs. 1 UVP-RL eine Beschreibung der möglichen erheblichen Auswirkungen des vorgeschlagenen Projekts auf die Umwelt vor. Die Beschreibung soll nach Fn. 1 des Anhangs IV UVP-RL ausdrücklich sowohl die negativen als auch die positiven Auswirkungen des Vorhabens enthalten. Damit steht fest, dass ein Verständnis von erheblichen Umweltauswirkungen als rein negative Umweltauswirkungen zumindest aus Sicht der UVP-RL nicht geboten ist. Gleichwohl ist der deutsche Gesetzgeber bei der Umsetzung der UVP-RL durch das UVPG von einer Deutung im Sinne nachteiliger Umweltauswirkungen ausgegangen. Diese rein nationale Auslegung ist jedoch, unabhängig davon, ob sie einer gemeinschaftskonformen Transformation der Richtlinie genügt, kein Auslegungsmaßstab für die Bestimmung des Begriffs der erheblichen Umweltauswirkungen i.S.d. SUP-RL[171]. Es kann daher nicht ohne weiteres von einem einheitlichen Begriffsverständnis zwischen UVPG und SUP-RL ausgegangen werden.

(2) Sinn und Zweck der Norm

Es erscheint zunächst schwer verständlich, warum Pläne und Programme, die ökologischen Zwecken dienen und positive Umweltauswirkungen aufweisen, einer mit Verwaltungsaufwand und Kosten belasteten Umweltprüfung unterworfen werden sollen. Insofern scheint eine Umweltprüfungspflicht den Zielen der SUP-RL selbst entgegenzulaufen. Bei näherer Betrachtung ergeben sich indes überzeugende Gründe für eine Einbeziehung der vorteilhaften Umweltauswirkungen in den Begriff der erheblichen Umweltauswirkungen.

Sinn und Zweck der SUP ist es, bei der Ausarbeitung von Plänen und Programmen ein breiteres ökologisches Basiswissen zur Verfügung zu stellen. Von der

---

[170] Vgl. Art. 1 Abs. 1; Art. 2 Abs. 1; Art. 7 Abs. 1 UVP-RL.

[171] Siehe zu ähnlichen Erwägungen Gliederungspunkt C.I.5.a).

Bereitstellung dieser Informationen verspricht sich der Richtliniengeber die Förderung einer nachhaltigen Entwicklung und die Sicherung eines hohen Umweltschutzniveaus. Da die Ergebnisse der Umweltprüfung nach Art. 8 SUP-RL lediglich zu berücksichtigen sind, verbleibt der Behörde innerhalb ihrer Abwägung ein Entscheidungsspielraum. Bei der Suche nach einer umweltfreundlichen Plan- oder Programmgestaltung kann es für die Behörde dabei durchaus von Interesse sein, ob und in welchem Umfang Pläne und Programme positive Umweltauswirkungen aufweisen. Nur auf diese Art kann sie zwischen mehreren vorteilhaften Planungen die Günstigste auswählen oder beurteilen, ob Vorteile einer Planung andere zu vernachlässigende Beeinträchtigungen der Umwelt überwiegen. Daneben trägt die Berücksichtigung positiver Umweltauswirkungen im Rahmen der Plan- oder Programmentscheidungen zu einer insgesamt fundierteren Abwägung bei. Dies fördert die Akzeptanz der Planung in der Öffentlichkeit und führt zu Konfliktabbau in späteren Phasen der Planverwirklichung.

Hendler macht zudem darauf aufmerksam, dass ökologisch vorteilhafte Pläne und Programme vielfach mit Beschränkungen für Bürger und Wirtschaftsunternehmen verbunden sind[172]. Ein durch eine Umweltprüfung erweitertes Abwägungsmaterial einschließlich der Bewertung der positiven Umweltauswirkungen kann eine Behörde dazu bewegen, Widerstände von Betroffenen aufgrund der erkannten Vorteile zu überwinden. Andererseits können sich die vorteilhaften Umweltauswirkungen als derart gering erweisen, dass von einer entsprechenden Planung ganz Abstand genommen wird. Die Einbeziehung der positiven Umweltauswirkungen ist in diesen Fällen entscheidend für die Abwägung der Behörde.

Eine oft unberücksichtigte Tatsache ist zudem, dass jede Planung, insbesondere ökologisch vorteilhafte Pläne und Programme, durch die Festlegung bestimmter Grenzen zugleich auch gewisse Nachteile rechtlich verfestigen[173]. Dies gilt für die geographischen Grenzen eines Plans oder Programms ebenso wie für die inhaltlichen Standards der Planvorgaben. So kann ein Planungsträger ein Gebiet aus den Planungen ausnehmen und ihm so den durch den Plan oder das Programm intendierten Schutz versagen. Je mehr positive Umweltauswirkungen ein Plan oder Programm aufweist, desto größer ist der Nachteil, dieser konkreten Planung nicht ebenso zu unterliegen. Werden in einem Plan oder Programm gewisse Umweltschutzstandards festgelegt, so werden zugleich Beeinträchtigungen jenseits dieser Standards stillschweigend als zulässig und hinnehmbar eingestuft. Um also bei der Festlegung der angesprochenen Grenzen im Rahmen der Planausarbeitung zu Lösungen zu kommen, die den Zielen der SUP, also

---

172 *Hendler*, NuR 2003, S.2, 3.

173 Dies wird auch als „Ambivalenz der Umweltauswirkungen von Plänen und Programmen“ bezeichnet, *Hendler*, NuR 2003, S.2, 3.

einer nachhaltigen Entwicklung und der Sicherung eines hohen Umweltschutzniveaus, gerecht werden, bedarf es gerade auch der Ermittlung positiver Umweltauswirkungen.

(3) Geschichte der Norm

Ein Blick auf die Entstehungsgeschichte der SUP-RL zeigt, dass im ursprünglichen Richtlinienvorschlag von 1997 in Art. 4 Abs. 3 und 4 noch die Formulierung „erhebliche negative Umweltauswirkungen" zu finden ist[174]. Das Europäische Parlament sah indes nach erster Lesung in seinen Änderungsvorschlägen eine Streichung der Wortes „negative" vor[175]. Anzeichen dafür, dass mit dieser Streichung lediglich eine Selbstverständlichkeit aus dem Richtlinientext verschwinden sollte, existieren nicht. Vielmehr finden sich Anhaltspunkte dafür, dass die erheblichen Umweltauswirkungen nach Ansicht des Europäischen Parlaments bewusst auf vorteilhafte Umweltauswirkungen ausgeweitet werden sollten. So schlägt der Berichterstatter des zuständigen Ausschusses ausdrücklich vor, dass die Richtlinie nicht nur gelten solle, wenn negative Umweltauswirkungen erwartet werden, sondern auch dann, „wenn überhaupt Umweltauswirkungen erwartet werden"[176]. Zwar wurde dieses Änderungsbegehren des Europäischen Parlaments von der Kommission bei der Vorstellung des geänderten Richtlinienvorschlags von 1999 nicht berücksichtigt, doch sah bereits der Gemeinsame Standpunkt des Rates die heute in der SUP-RL vorzufindende Formulierung der „erheblichen Umweltauswirkungen" vor, die den Änderungswünschen des Europäischen Parlaments entsprach. Dass vom Rat seinerseits lediglich die Streichung einer Selbstverständlichkeit beabsichtigt war, lässt sich aufgrund der unterschiedlichen Positionen von Kommission und Europäischem Parlament in dieser Sache kaum annehmen. Demnach spricht auch die Entstehungsgeschichte der Richtlinie für die Einbeziehung der positiven Umweltauswirkungen in den Begriff der erheblichen Umweltauswirkungen[177].

---

[174] Art. 4 Abs. 3 und 4 des Vorschlags für eine Richtlinie des Rates über die Prüfung der Umweltauswirkungen bestimmter Pläne und Programme (Fn. 28), S.16.

[175] Änderung 19 der legislativen Entschließung mit der Stellungnahme des Europäischen Parlaments zu dem Vorschlag für eine Richtlinie des Rates über die Prüfung der Umweltauswirkungen bestimmter Pläne und Programme (Fn. 33), S.23; siehe auch *Ziekow*, UPR 1999, S.287, 290.

[176] Gliederungsabschnitt B 12 des Berichts des Ausschusses für Umweltfragen, Volksgesundheit und Verbraucherschutz über den Vorschlag für eine Richtlinie des Rates über die Prüfung der Umweltauswirkungen bestimmter Pläne und Programme, KOM (96) 511 endg. Der Bericht ist einsehbar auf der Homepage des Europäischen Parlaments, http://www.europarl.eu.int unter der Dok.-Nr. A4 - 0245/98.

[177] A.A. *Lindemann*, Die Richtlinie zur strategischen Umweltprüfung aus gliedstaatlicher Sicht, in: *Hendler / Marburger / Reinhardt / Schröder* (Hrsg.), Die strategische Umweltprüfung (UTR 76), S.61, 67, der mit der Streichung des Merkmals „negativ" lediglich Pläne und

(4) Systematik der SUP-RL

Schließlich lässt sich am Richtlinientext selbst belegen, dass dieses Verständnis der Systematik der SUP-RL entspricht. In der Regel spricht die SUP-RL neutral von erheblichen Umweltauswirkungen. Art. 10 Abs. 1 SUP-RL wählt hingegen bewusst die Formulierung „negative Auswirkungen", nachdem zuvor allgemein von der Überwachung der erheblichen Umweltauswirkungen gesprochen wurde. Die Betonung der Negativeffekte wäre überflüssig, wenn der Begriff der erheblichen Umweltauswirkungen von vornherein auf diese beschränkt wäre. Ein weiteres Beispiel findet sich in Anhang I lit. g SUP-RL, wo der Richtlinientext „erhebliche negative Umweltauswirkungen" nennt, während im unmittelbaren Kontext Anhang I lit. f SUP-RL von „voraussichtlich erheblichen Umweltauswirkungen" spricht. Gerade an dieser Stelle hat der Richtliniengeber im Wege einer Fußnote eine Präzisierung der Umweltauswirkungen vorgenommen, die explizit auch positive Auswirkungen in den Begriff der Umweltauswirkungen einschließt[178]. Sowohl aus einem Umkehrschluss zur vereinzelten Verwendung des Negativmerkmals als auch aus der Präzisierung des Begriffs der Umweltauswirkungen ergibt sich also, dass die erheblichen Umweltauswirkungen i.S.d. SUP-RL negative und positive Umweltauswirkungen umfassen.

(5) Fazit

Der Begriff der erheblichen Umweltauswirkungen i.S.d. SUP-RL umfasst sowohl negative als auch positive Umweltauswirkungen[179]. Einer etwaige Umweltprüfungspflicht kann nicht mit dem Argument entgegengetreten werden, der Plan oder das Programm habe lediglich positive Umweltauswirkungen und müsse daher nicht einer Umweltprüfung unterzogen werden[180].

Programme mit „Doppelcharakter", d.h. mit sowohl negativen als auch positiven Umweltauswirkungen, einbezogen sieht.

178 Insoweit ergibt sich eine Parallele zu Anhang IV Nr. 4 UVP-RL.

179 Ohne Begründung zweifelnd *Friedrich*, uvp-report, Sonderheft zum UVP-Kongress 2002, S.27, 29.

180 So auch *Hendler*, NuR 2003, S.2, 3; *Sangenstedt*, Vorstellung und Bewertung der Richtlinie der EG zur Strategischen Umweltprüfung, in: *Reiter* (Hrsg.), Neue Wege in der UVP, S.235, 242; *Porger*, Bestandsaufnahme und Analyse von Recht und Praxis der Plan-UVP in der Raumordnungsplanung, in: *Kistenmacher / Mitschang / Spannowsky*, Forschungsprojekt, S.79, 83; *Krämer*, Die „Richtlinie über die Prüfung der Umweltauswirkungen bestimmter Pläne und Programme" und ihre Bedeutung für städtebauliche Planungen, in: *Spannowsky / Mitschang* (Hrsg.), Umweltprüfungen, S.147, 151; *Kumpfer*, uvp-report, Sonderheft zum UVP-Kongress 2002, S.90, 91.

2. Die obligatorische Umweltprüfung nach Art. 3 Abs. 2 lit. a SUP-RL

Originärer Regelfall einer Umweltprüfungspflicht ist die Durchführung einer obligatorischen Umweltprüfung von Plänen und Programmen i.S.d. Art. 3 Abs. 2 lit. a SUP-RL. Diese Pläne und Programme zeichnen sich durch ihre Zugehörigkeit zu bestimmten in der SUP-RL vorgesehenen Sektoren aus sowie kumulativ hierzu durch einen immanenten Bezug zur UVP-RL in Form einer rahmensetzenden Wirkung für die Genehmigung künftiger uvp-pflichtiger Projekte.

a) Sektoren nach Art. 3 Abs. 2 lit. a Halbs. 1 SUP-RL

Art. 3 Abs. 2 lit. a Halbs. 1 SUP-RL sieht Pläne und Programme aus zwölf Sachbereichen vor, die für eine Umweltprüfungspflicht in Betracht kommen. Die Aufzählung umfasst die Bereiche Landwirtschaft, Forstwirtschaft, Fischerei, Energie, Industrie, Verkehr, Abfallwirtschaft, Wasserwirtschaft, Telekommunikation, Fremdenverkehr, Raumordnung und Bodennutzung[181]. Nochmals sei angemerkt, dass sich die Auslegung der genannten Sektoren stets an der gemeinschaftsrechtlichen Bedeutung des verwendeten Begriffs zu orientieren hat. Das nationale Begriffsverständnis erweist sich als untaugliches Instrument zur Bestimmung eines gemeinschaftsrechtlich vorgegebenen Begriffs, wobei freilich nicht ausgeschlossen ist, dass sich in Einzelfällen das gemeinschaftsrechtliche und das nationale Verständnis eines Begriffes inhaltlich decken. Die grundsätzliche Verallgemeinerung bereits vorgefasster nationaler Vorstellungen ist hingegen ausgeschlossen.

Der Richtliniengeber verzichtete im Rahmen des Art. 3 Abs. 2 lit. a SUP-RL auf die für die bloße Nennung von Regelbeispielen übliche Verwendung der Formulierung „insbesondere", so dass dem Wortlaut der Vorschrift ein abschließender Charakter der Bereichsliste entnommen werden kann[182]. Bestätigt wird dies durch Äußerungen im Rechtsetzungsverfahren, bei denen von einer „erschöpfend aufgelisteten Reihe von Sektoren" gesprochen wird[183]. Daraus folgt, dass für alle Pläne und Programme außerhalb der genannten Sektoren eine Umweltprüfungspflicht nach Art. 3 Abs. 2 lit. a SUP-RL ausscheidet.

---

[181] Einen Überblick über die einzelnen für eine Umweltprüfung nach Art. 3 Abs. 2 lit. a SUP-RL in Betracht kommenden Pläne und Programme gibt *Hendler*, Gutachten, S.59 ff.

[182] Diese Ansicht wird zumindest von der Kommission geteilt, die auf eine informelle Anfrage Nordrhein-Westfalens bezüglich der Einordnung von Plänen nach Art. 7 und 8 der Luftqualitätsrahmenrichtlinie eine Umweltprüfungspflicht mit dem Hinweis ablehnte, der Bereich der Luftreinhaltung zähle nicht zu den zwölf enumerativ aufgeführten Bereichen; ebenso *Näckel*, Umweltprüfung, S.222.

[183] Siehe die Begründung zu Artikel 3 des Gemeinsamen Standpunktes (Fn. 38), S.21.

(1) Verhältnis der Sachbereiche untereinander

Im Verhältnis der Sachbereiche untereinander bestehen keine qualitativen Unterschiede. Eine Umweltprüfungspflicht kommt in Betracht, soweit mindestens einer der genannten Sektoren betroffen ist. Es erweist sich daher als wenig ergiebig, klare Abgrenzungen zwischen den genannten Sachbereichen selbst festzulegen, da die letztlich vorgenommene Zuordnung keinerlei Konsequenzen bezüglich der Frage aufweist, ob ein Plan oder Programm einer Umweltprüfungspflicht nach Art. 3 Abs. 2 lit. a SUP-RL unterliegt. Entscheidend ist hingegen, ob ein Plan oder Programm überhaupt einem der genannten Sachbereiche zugeordnet werden kann.

(2) Einzelne Sachbereiche

Die Sektorenliste weist mit den Bereichen Raumordnung und Bodennutzung zwei allgemeine, übergreifende Materien auf, während sich die übrigen Sachbereiche jeweils mit Spezialmaterien befassen[184].

(a) Bodennutzung

Im ursprünglichen Richtlinienentwurf aus dem Jahre 1997 wurde der Sachbereich der Bodennutzung noch nicht erwähnt. Nachdem aber bereits das Europäische Parlament in seinen Änderungsvorschlägen seine Aufnahme anregte[185], wurde der Begriff im geänderten Richtlinienvorschlag aus dem Jahre 1999 der Liste der umfassten Sachbereiche in Art. 2 lit. a ii) hinzugefügt. Diese Position behielt die Bodennutzung im Gemeinsamen Standpunkt aus dem Jahre 2000 und findet sich an gleicher Stelle im aktuellen Richtlinientext wieder.

Das europäische Primärrecht verwendet den Begriff der Bodennutzung bereits in Art. 175 Abs. 2 EGV, wo er sich "auf den spezifischen Aspekt der Begrenzung von Art und Ausmaß der konkreten Inanspruchnahme von Boden"[186] bezieht. Anhaltspunkte für eine vom Primärrecht abweichende Auslegung im Rahmen der SUP-RL liegen nicht vor. Der Unterschied zwischen Plänen und Programmen im Bereich der Bodennutzung und den Spezialmaterien (sowie der Raumordnung) liegt somit nicht im behandelten Sachgebiet, sondern im Konkretisierungsgrad der planerischen Vorgaben. Es erweist sich in diesen Fällen als irrelevant, welcher Spezialmaterie der Plan oder das Programm zugeordnet werden kann, ob also Zwecke der Verkehrsplanung, der Landwirtschaft, der Forstwirtschaft oder eines anderen Sachbereichs verfolgt werden. Entscheidend ist allein die Konkretisierungsstufe des Plans oder Programms.

---

184 Ausführlich zu dieser Systematik *Hendler*, NuR 2003, S.2, 4 f.

185 Legislative Entschließung mit der Stellungnahme des Europäischen Parlaments zu dem Vorschlag für eine Richtlinie über die Prüfung der Umweltauswirkungen bestimmter Pläne und Programme (Fn. 33), S.22.

186 *Calliess*, in: *Calliess / Ruffert*, EUV / EGV, Art. 175, Rn. 20.

Daraus ergibt sich im Umkehrschluss, dass alle Pläne und Programme, die eine Konkretisierungsstufe erreichen, welche sie als Planungen der Bodennutzung i.S.d. Gemeinschaftsrechts qualifizieren, die Anforderungen des Art. 3 Abs. 2 lit. a Halbs. 1 SUP-RL erfüllen. Systematisch wird damit die enumerative Aufzählung der Sektoren, also die Begrenzung auf besonders ausgewählte Sachgebiete, durch den Grad der Konkretisierung überwunden. Vorausgesetzt, eine entsprechende Konkretisierungsstufe wird erreicht, können somit auch Pläne und Programme aus den Bereichen des Lärmschutzes, der Luftreinhaltung, des Naturschutzes, der Landespflege usw. einer Umweltprüfungspflicht nach Art. 3 Abs. 2 lit. a SUP-RL unterliegen, obwohl diese Sachbereiche explizit nicht in die Sektorenliste aufgenommen wurden. Dem Sachbereich der Bodennutzung kommt insofern eine Sonderposition innerhalb der Sachbereichsaufzählung zu.

(b) Raumordnung

Wie bereits die Bodennutzung findet sich der Begriff der Raumordnung in Art. 175 Abs. 2 EGV. In diesem Sinne ist Raumordnung die "raumplanerische Regelung des Raumes"[187]. Im Vergleich zur Bodennutzung weisen Pläne und Programme der Raumordnung nur eine geringe Konkretisierung auf. Sie sind der Bodennutzung typischerweise vorgelagert und befinden sich damit auf der gleichen Konkretisierungsstufe wie die Pläne und Programme der zehn Spezialmaterien.

Der Begriff der Raumordnung ist dabei keineswegs ein Oberbegriff für die übrigen Sachbereiche, wie es die Entstehungsgeschichte zunächst nahe zu legen schien. So sprach der Richtlinienvorschlag aus dem Jahre 1997 im 9. Erwägungsgrund und in Art. 2 lit. a i) noch ganz selbstverständlich von "Plänen und Programmen im Bereich der Raumordnung", die bei Vorliegen der übrigen Voraussetzungen den Plan- und Programmbegriff der SUP-RL bilden sollten[188]. Eine beispielhafte Aufzählung spezifischer Sachbereiche erfolgte erst unter Art. 2 lit. a ii) des Richtlinienvorschlages. Der Wortlaut erklärte in der damaligen Fassung, die in Art. 2 lit. a i) erfolgte Definition schließe "Pläne und Programme in Bereichen wie Verkehr (einschließlich Verkehrskorridore, Hafenanlagen und Flughäfen), Energie, Abfallbewirtschaftung, Bewirtschaftung von Wasserressourcen, Industrie (einschließlich Gewinnung mineralischer Rohstoffe), Telekommunikation und Tourismus ein". Der Richtliniengeber hatte den Begriff der Raumordnung also in der Tat zunächst als Oberbegriff konzipiert.

Von einem solchen Verständnis kann indes seit dem geänderten Richtlinienvorschlag aus dem Jahre 1999 nicht mehr ausgegangen werden. Dort nahm die Kommission den Begriff der Raumordnung explizit aus der allgemeinen Defini-

---

[187] *Calliess*, in: *Calliess / Ruffert*, EUV / EGV, Art. 175, Rn. 20.

[188] Vorschlag für eine Richtlinie des Rates über die Prüfung der Umweltauswirkungen bestimmter Pläne und Programme (Fn. 28), S.15.

tion der Pläne und Programme in Art. 2 lit. a i) heraus und fügte die Raumordnung als einen weiteren Sachbereich der Aufzählung des Art. 2 lit. a ii) hinzu[189]. Anzeichen für eine zusammenfassende Funktion des Begriffs der Raumordnung entfielen. Der Gemeinsame Standpunkt des Rates brachte schließlich die heute gültige Formulierung des Art. 3 Abs. 2 lit. a Halbs. 1 SUP-RL, wobei die Konzeption im Vergleich zum vorangegangenen geänderten Richtlinienvorschlag beibehalten wurde. Die Formulierung des endgültigen Richtlinientextes spricht nunmehr für eine Gleichstufigkeit der Begriffe innerhalb der grundsätzlich abschließenden Sachbereichsliste. Andernfalls wäre die explizite Nennung der übrigen Sektoren neben der Raumordnung schlichtweg überflüssig[190]. Den einzelnen Sachbereichen kommt daher jeweils eigenständige Bedeutung zu.

(c) Unterschiede zu den übrigen Sachbereichen

Trotz ihrer Gleichstufigkeit lässt sich der Bereich der Raumordnung von den anderen genannten Sektoren abgrenzen. Wesentliches Merkmal der Raumordnungsplanung ist, einen fachübergreifenden Interessenausgleich zwischen den Spezialmaterien vorzunehmen. Den übrigen Sachbereichen, die ihre Planinhalte an den jeweiligen besonderen fachlichen Sachgesichtspunkten ausrichten, ist dieser Anspruch fremd. Es zeigt sich insoweit eine Parallele zum nationalen Verständnis der Raumordnungsplanung, wo unter ähnlichen Vorgaben zwischen räumlicher Gesamtplanung und räumlicher Fachplanung unterschieden wird[191]. Während die Raumordnung als Gesamtplanung alle raumbedeutsamen Sachbereiche einbezieht, sind Gegenstand der Fachplanungen ausschließlich einzelne spezielle Sachbereiche. Entsprechend den primärrechtlichen Vorgaben kann die "raumplanerische Regelung des Raumes" daher als Planung der räumlichen Gesamtstruktur verstanden werden, während sich die übrigen Sachbereiche des Art. 3 Abs. 2 lit. a Halbs. 1 SUP-RL als fachliche Raumgestaltungen darstellen. Hebt sich also die Bodennutzung durch die Konkretisierungsstufe von den übrigen Sachbereichene ab, so besteht der Unterschied zwischen der Raumordnung und den anderen Sektoren des Art. 3 Abs. 2 lit. a Halbs. 1 SUP-RL in der Überfachlichkeit der Pläne und Programme[192].

---

[189] Geänderter Vorschlag für eine Richtlinie des Rates über die Prüfung der Umweltauswirkungen bestimmter Pläne und Programme (Fn. 36), S.15 f.

[190] So auch *Hendler*, Gutachten, S.76.

[191] Vgl. *Breuer*, Hoheitliche raumgestaltende Planung, S.42 f.; *Forsthoff / Blümel*, Raumordnungsrecht und Fachplanungsrecht, S.17 ff.; *Ernst*, in: *Ernst / Hoppe*, Bau-, Boden- und Raumplanungsrecht, Rn. 100, 119; *Hendler*, NuR 1981, S.2 ff.; *Koch / Hendler*, Bau-, Raumordnungs- und Landesplanungsrecht, S.36; *Rabe / Heintz*, Baurecht, S.8 f.; *Peine*, Baurecht, S.11 f. m.w.N.

[192] Ungenau insoweit die Differenzierung nach örtlicher und überörtlicher Ebene bei *Porger*, Aktuelle Entwicklungen im Bereich der Plan-UVP, in: *Spannowsky / Mitschang* (Hrsg.), UVP in der Bauleitplanung, S.177, 182.

(d) Konsequenzen für die Sachbereichszuordnung

Konkrete Auswirkungen auf den Geltungsbereich der SUP-RL ergeben sich hieraus für die Umweltprüfungspflicht von Plänen und Programmen auf Landesebene in Sachgebieten, die eine Umsetzung durch Modelle der Primär- oder Sekundärintegration ermöglichen. Aufgegriffen sei hier das Beispiel der überörtlichen Landschaftsplanung[193].

§ 15 Abs. 1 BNatSchG sieht bundesrechtlich für Bereiche eines Landes Landschaftsprogramme und für Teile eines Landes Landschaftsrahmenpläne vor, in denen die überörtlichen Erfordernisse und Maßnahmen des Naturschutzes und der Landschaftspflege dargestellt werden. Absatz 2 der Vorschrift weist die Länder an, die raumbedeutsamen Erfordernisse und Maßnahmen nach Absatz 1 unter Abwägung mit den raumbedeutsamen Planungen und Maßnahmen nach Maßgabe der landesplanungsrechtlichen Vorschriften der jeweiligen Länder in die Raumordnungspläne aufzunehmen.

Manche der landesplanungsrechtlichen Vorschriften kommen diesen Vorgaben nach, indem sie die Festsetzungen der Landschaftsplanung zugleich als Teil ihrer Raumordnungsplanung ausgestalteten. Die überörtliche Landschaftsplanung erfolgt damit unmittelbar durch die Raumordnungsplanung. Diese Art der Umsetzung wird als "Modell der Primärintegration" bezeichnet. Die Pläne und Programme der Landschaftsplanung erfüllen dabei Aufgaben der Raumordnung und enthalten dementsprechend fachübergreifende Gesichtspunkte. Nach den vorgenannten Kriterien zählen diese Pläne und Programme damit aufgrund ihrer Überfachlichkeit zum Sachbereich der Raumordnung.

Hat sich ein Bundesland hingegen für eine Umsetzung entschieden, die eine selbständige förmliche Landschaftsplanung vorsieht, so werden in ihr lediglich fachspezifische Gesichtspunkte berücksichtigt. Die Aufnahme in die übergreifende Raumordnungsplanung erfolgt erst in einem eigenen Transformationsakt, so dass hier vom "Modell der Sekundärintegration" gesprochen wird. Fehlt es indes an der Überfachlichkeit, so kann es sich nicht um Pläne und Programme des Sachbereichs Raumordnung i.S.d. Art. 3 Abs. 2 lit. a 1. Halbs. SUP-RL handeln. Den Begriff der Raumordnung darüber hinaus als Sammelbegriff auszulegen, scheidet wie gesehen aus. Es bliebe die Möglichkeit, die Landschaftsprogramme und Landschaftsrahmenpläne im Modell der Sekundärintegration dem Sachbereich der Bodennutzung zuzuordnen. Im Rahmen der überörtlichen Landschaftsplanung weisen die Pläne und Programme jedoch noch nicht die dafür geforderte hohe Konkretisierungsstufe auf. Vielmehr sind sie selbst auf die Konkretisierung durch die örtliche Landschaftsplanung angelegt. Die Landschaftsprogramme und Landschaftsrahmenpläne enthalten damit keine Regelungen über "den spezifischen Aspekt der Begrenzung von Art und Ausmaß der

---

[193] Vgl. hierzu insgesamt *Hendler*, Gutachten, S.74 ff. sowie *ders.*, NuR 1981, S.41, 45.

konkreten Inanspruchnahme von Boden" und unterliegen nicht dem Sachbereich der Bodennutzung i.S.d. SUP-RL.

Daraus folgt, dass im Modell der Sekundärintegration Pläne und Programme der überörtlichen Landschaftsplanung vor ihrer Aufnahme in die Raumordnungsplanung durch einen Transformationsakt nicht den Sachbereichen Raumordnung oder Bodennutzung zugeordnet werden können. Vor der Übernahme in die Raumordnung sind Pläne und Programme der räumlichen Fachplanung vielmehr ihrem jeweiligen Sachgebiet zugehörig. Es bedürfte also der Einordnung der Pläne der überörtlichen Landschaftsplanung in eine der in Art. 3 Abs. 2 lit. a Halbs. 1 SUP-RL aufgeführten Spezialmaterien, wobei die überörtliche Landschaftsplanung den Zwecken des Naturschutzes und der Landschaftspflege dient. Diese Sachbereiche sind in der abschließenden Sektorenliste jedoch nicht aufgeführt, d.h. die räumliche Fachplanung auf dem Gebiet des Naturschutzes und der Landschaftspflege wird nicht von Art. 3 Abs. 2 lit. a Halbs. 1 SUP-RL erfasst. Bei der Umsetzung der überörtlichen Landschaftsplanung im Wege des Modells der Sekundärintegration unterliegen Landschaftsprogramme und Landschaftsrahmenpläne daher grundsätzlich keiner Umweltprüfungspflicht nach Art. 3 Abs. 2 lit. a SUP-RL[194]. Im Gegensatz dazu erfüllen Landschaftsprogramme und Landschaftsrahmenpläne in Bundesländern, die dem Modell der Primärintegration gefolgt sind, als Pläne und Programme des Sachbereichs Raumordnung die Voraussetzungen des Art. 3 Abs. 2 lit. a Halbs. 1 SUP-RL und können einer Umweltprüfungspflicht unterliegen.

(e) Die übrigen speziellen Sachbereiche

Systematisch ergeben sich bei den übrigen zehn Sachbereichen keine weiteren Besonderheiten. Die Entstehungsgeschichte zeigt, dass zunächst nur die Bereiche Verkehr, Energie, Abfallbewirtschaftung, Bewirtschaftung von Wasserressourcen, Industrie, Telekommunikation und Tourismus umfasst waren[195]. Der Richtlinientext konkretisierte dabei durch Klammerzusätze, dass der Bereich des Verkehrs Verkehrskorridore, Hafenanlagen und Flughäfen umfasste, während dem Bereich der Industrie auch die Gewinnung mineralischer Rohstoffe zugeordnet werden sollte. Die Aufnahme der Sachbereiche Landwirtschaft, Forstwirtschaft und Fischerei wurde im Anschluss an den Richtlinienvorschlag durch

---

[194] Nach *Hendler*, Gutachten, S.77 liegt eine Ausnahme vor, wenn in Landschaftsprogrammen oder Landschaftsrahmenplänen Festlegungen enthalten sind, die der Schaffung oder der Erhaltung von Erholungsmöglichkeiten für eine über die ortsansässige Bevölkerung hinausgehende Zielgruppe dienten. In diesem Fall ist der aufgeführte Sachbereich Fremdenverkehr einschlägig.

[195] So im ersten Richtlinienvorschlag von 1997, Vorschlag für eine Richtlinie des Rates über die Prüfung der Umweltauswirkungen bestimmter Pläne und Programme (Fn. 28), S.15.

die Änderungsvorschläge des Europäischen Parlaments angeregt[196], fand jedoch im geänderten Richtlinienvorschlag der Kommission aus dem Jahre 1999 noch keinen Anklang. Der Gemeinsame Standpunkt des Rates sah schließlich die endgültige Formulierung des Richtlinientextes unter Aufnahme aller zwölf Sachbereiche vor, wobei die Klammerzusätze der Sachbereiche Verkehr und Industrie gestrichen wurden[197].

In der Regel wird es keine Schwierigkeiten hervorrufen, einen Plan oder ein Programm der räumlichen Fachplanung einem der fachspezifischen Sachbereiche des Art. 3 Abs. 2 lit. a Halbs. 1 SUP-RL zuzuordnen. So gehören zum Beispiel Maßnahmenprogramme nach § 36 WHG oder Bewirtschaftungspläne nach § 36 b WHG ohne weiteres dem Sachbereich der Wasserwirtschaft an. Zu beachten bleibt, dass es sich jeweils um Pläne und Programme i.S.d. Art. 2 lit. a SUP-RL handeln muss. Die Festsetzung eines Wasserschutzgebietes nach § 19 Abs. 1 WHG (in Verbindung mit den jeweiligen landeswasserrechtlichen Bestimmungen) erfolgt im Rahmen einer "Kann-Regelung", so dass aufgrund der fehlenden rechtlichen Aufstellungspflicht i.S.d. Art. 2 lit. a 2. Querstrich SUP-RL eine nicht unter die SUP-RL fallende politische Planung vorliegt. Obwohl also die Festsetzung eines Wasserschutzgebietes unproblematisch dem Bereich der Wasserwirtschaft angehört, scheidet die Anwendbarkeit des Art. 3 Abs. 2 SUP-RL mangels eines Plans oder Programms i.S.d. SUP-RL aus.

(3) Mehrfachzugehörigkeit von Plänen und Programmen

Keine Probleme bereitet der Fall, in dem ein Plan oder Programm im Grenzbereich zweier in Art. 3 Abs. 2 lit. a SUP-RL aufgeführter Sachbereiche liegt. So ist es gleichgültig, ob Tierkörperbeseitigungspläne nach § 15 Abs. 2 TierKBG i.S.d. SUP-RL als Pläne und Programme des Sachbereichs Landwirtschaft oder des Sachbereichs Abfallwirtschaft einzuordnen sind. Ebenso kann die Festsetzung eines Überschwemmungsgebietes nach § 32 Abs. 1 WHG einerseits dem Bereich der Wasserwirtschaft zugerechnet werden, andererseits aufgrund der in der Regel hohen Konkretisierungsstufe der Planung zugleich dem Sachbereich der Bodennutzung angehören. Entscheidend für eine mögliche Umweltprüfungspflicht ist lediglich, ob überhaupt einer der enumerativ aufgeführten Sachbereiche betroffen ist.

(4) Immissionsschutzrechtliche Pläne und Programme

Einer näheren Betrachtung bedürfen indes immissionsschutzrechtliche Pläne und Programme. Das BImSchG sieht entsprechende Planungen im Fünften Teil vor, der sich in den §§ 44 ff. BImSchG mit der Überwachung und Verbesserung

---

[196] Legislative Entschließung des Europäischen Parlaments zu dem Vorschlag für eine Richtlinie des Rates über die Prüfung der Umweltauswirkungen bestimmter Pläne und Programme (Fn. 33), S.20.

[197] Gemeinsamer Standpunkt (Fn. 38), S.13.

der Luftqualität, der Luftreinhalteplanung und Lärmminderungsplänen befasst. Den Anforderungen des Art. 2 lit. a SUP-RL genügen darunter Emissionskataster nach § 46 BImSchG, Luftreinhaltepläne nach § 47 Abs. 1 BImSchG, Aktionspläne nach § 47 Abs. 2 BImSchG und Lärmminderungspläne nach § 47 a BImSchG[198]. Es stellt sich die Frage, ob diese Pläne und Programme einem der in Art. 3 Abs. 2 lit. a Halbs. 1 SUP-RL genannten Sektoren zugeordnet werden können.

Die Konkretisierungsstufe der genannten Planungen erreicht nicht den vom Sachbereich der Bodennutzung geforderten Detaillierungsgrad, während der Bereich der Raumordnung mangels überfachlicher Ausgestaltung der Planungen nicht in Betracht kommt. Unter den verbliebenen Sektoren der räumlichen Fachplanung verbleibt die Möglichkeit einer Einordnung in den Sachbereich Industrie.

Der Begriff der Industrie wird im europäischen Primärrecht in der Regel weit verstanden. In Art. 157 EGV, der sich mit der Wettbewerbsfähigkeit der Industrie in der Gemeinschaft beschäftigt, umfasst er nicht nur die Großindustrie, sondern auch kleine und mittlere Unternehmen. Dem europäischen Industriebegriff obliegt dabei im Gegensatz zum nationalen Recht keine Abgrenzungsfunktion zum Bereich des Handwerks[199], weshalb sich der nationale gewerberechtliche Begriff der Industrie als zu eng erweist[200]. Vielmehr beinhaltet der Begriff der Industrie i.S.d. Gemeinschaftsrechts allgemein am Gemeinschaftsmarkt teilnehmende Wettbewerber, inklusive Handwerker, Kleinstunternehmen und Unternehmensdienstleistungen[201].

Eine korrespondierende räumliche Fachplanung der wirtschaftlichen Tätigkeit existiert in Deutschland indes nicht. Entsprechende Gesichtspunkte finden national in der räumlichen Gesamtplanung ihren Niederschlag[202], wobei die Gesamtplanung je nach Konkretisierungsstufe vollständig in den Sachbereichen Raumordnung oder Bodennutzung aufgeht. Möchte man der Industrie also einen originären Anwendungsbereich im Rahmen des Art. 3 Abs. 2 lit. a Halbs. 1 SUP-RL zugestehen, ist eine Beschränkung des Sachbereichs Industrie auf den

---

[198] Die Festsetzung von Untersuchungsgebieten nach § 44 Abs. 2 BImSchG, Luftreinhalteplänen nach § 47 Abs. 3 BImSchG und Schutzgebietsausweisungen nach § 49 Abs. 1 BImSchG fallen mangels einer rechtlichen Aufstellungspflicht i.S.d. Art. 2 lit. a 2. Querstrich SUP-RL nicht unter den Begriff der Pläne und Programme i.S.d. SUP-RL.

[199] *Müller-Huschke*, in: *Schwarze* (Hrsg.), EU-Kommentar, Art. 157, Rn. 13.

[200] Zur Abgrenzung zwischen industriemäßiger und handwerksmäßiger Gewerbetätigkeit im nationalen Recht siehe *Stober*, Wirtschaftsverwaltungsrecht, § 48 VIII 1. f. m.w.N.

[201] *Müller-Huschke*, in: *Schwarze* (Hrsg.), EU-Kommentar, Art. 157, Rn. 13 f.; *Kallmayer*, in: *Calliess / Ruffert*, EUV / EGV, Art. 157, Rn. 7 m.w.N.

[202] Vgl. etwa im Rahmen der Bauleitplanung die Ausweisung von Gewerbegebieten, Industriegebieten oder Sondergebieten i.S.d. §§ 8, 9, 11 BauNVO.

Bereich der Gesamtplanungen abzulehnen. Darüber hinausgehende Erkenntnisse bezüglich des Umfangs des Begriffs der Industrie lassen sich dem Primärrecht nicht entnehmen.

Nähert man sich dem Industriebegriff aus Sicht der immissionsschutzrechtlichen Pläne und Programme, so fällt auf, dass sich die Inhalte der genannten Pläne und Programme zwar vielfach mit industriellen Gesichtspunkten auseinandersetzen, ihre thematische Zielrichtung damit jedoch nicht erschöpft ist. So beschränken sich Luftreinhaltepläne nach § 47 Abs. 1 BImSchG nicht auf Emittenten, die dem Bereich der Industrie i.S.d. Art. 3 Abs. 2 lit. a Halbs. 1 SUP-RL angehören, sondern berücksichtigen auch die Emissionen privater Haushalte sowie verkehrsbedingte Luftbelastungen. Gleiches gilt für Lärmminderungspläne nach § 47 a BImSchG, die nicht lediglich industriebezogenen Lärm erfassen, sondern auch Verkehrs-, Sport- und Freizeitlärm in ihre Planung aufnehmen. Selbst wenn die Planinhalte aufgeteilt und Teile der Pläne und Programme dem aufgeführten Sachbereich Verkehr zugeordnet werden, fallen private Haushalte oder Freizeitveranstaltungen nicht in den Sachbereich Industrie. Die bloße Tatsache, dass ein Sachbereich des Art. 3 Abs. 2 lit. a Halbs. 1 SUP-RL durch Teile eines Plans oder Programms tangiert wird, kann indes nicht zu einer möglichen Umweltprüfungspflicht nach Art. 3 Abs. 2 lit. a SUP-RL führen. Dies würde systematisch die abschließende Aufzählung der Sachbereiche unterlaufen und eine vom Richtliniengeber nicht intendierte Ausweitung des Anwendungsbereichs der SUP-RL bewirken. Vielmehr ist zu fordern, dass der Schwerpunkt der Planung auf dem Gebiet eines aufgeführten Sachbereichs liegt. Über diesen Sachbereich hinausgehende Planvorgaben dürfen im Vergleich dazu nur eine untergeordnete Rolle spielen. Der Begriff der Industrie darf insoweit nicht zu einem Auffangsektor innerhalb des Art. 3 Abs. 2 lit. a Halbs. 1 SUP-RL ausgeweitet werden.

Der Schwerpunkt der Planung liegt bei Emissionskatastern nach § 46 BImSchG, bei Luftreinhalteplänen nach § 47 Abs. 1 BImSchG und bei Aktionsplänen nach § 47 Abs. 2 BImSchG im Bereich der Luftreinhaltung, bei Lärmminderungsplänen nach § 47 a BImSchG demzufolge im Bereich der Lärmminderung. Die Tatsache, dass je nach beplantem Gebiet mehr oder weniger große Bezüge zu industriellen Vorhaben i.S.d. gemeinschaftsrechtlichen Industriebegriffs auftreten, sind im Vergleich zu den Zielrichtungen der Pläne und Programme lediglich von untergeordneter Bedeutung. Die genannten Pläne und Programme sind daher den Sachbereichen Luftreinhaltung und Lärmminderung zuzuordnen. Da diese Sachbereiche jedoch nicht in der abschließenden Sachbereichsliste des Art. 3 Abs. 2 lit. a Halbs. 1 SUP-RL erwähnt werden, scheidet eine mögliche Umweltprüfungspflicht dieser Pläne und Programme nach Art. 3 Abs. 2 lit. a SUP-RL aus[203].

---

[203] So ebenfalls die Ansicht der Kommission auf informelle Anfrage des Landes Nordrhein-Westfalens. Zum gleichen Ergebnis kommt *Hendler*, Gutachten, S. 114 f.

Lassen sich dem Sachbereich der Industrie nun nach nationalem Recht keine Pläne und Programme zuordnen, so spricht dies nicht unbedingt gegen die vorangegangenen Ausführungen. Die nationalen Planungssysteme der verschiedenen Mitgliedstaaten unterscheiden sich in vielfältiger Weise. Es ist somit nicht ausgeschlossen, dass in Art. 3 Abs. 2 lit. a Halbs. 1 SUP-RL aufgeführte Sachbereiche in den Planungssystemen einzelner Mitgliedstaaten keinen Niederschlag gefunden haben, da die Richtlinie sich an alle Mitgliedstaaten richtet und nicht auf die Planungssysteme jedes einzelnen Mitgliedstaates abgestimmt ist. In Deutschland führt dies momentan dazu, dass die Sachbereiche wie Fischerei, Energie, Industrie, Telekommunikation und Fremdenverkehr eventuell keinen originären Anwendungsbereich beanspruchen können, da die entsprechenden Planungen nicht den Begriff der Pläne und Programme i.S.d. Art. 2 lit. a SUP-RL erfüllen[204] oder zugleich vollständig einem anderen Sachbereich des Art. 3 Abs. 2 lit. a Halbs. 1 SUP-RL unterliegen. Diese nationale Sicht ermöglicht indes keine Rückschlüsse auf die gemeinschaftsrechtliche Auslegung der Sachbereichsbegriffe und lässt diese unberührt.

b) Rahmensetzende Wirkung für in den Anhängen I und II der UVP-RL aufgeführte Projekte, Art. 3 Abs. 2 lit. a SUP-RL

Neben der Zugehörigkeit zu einem der in Art. 3 Abs. 2 lit. a SUP-RL aufgezählten Sektoren bedarf eine Umweltprüfungspflichtigkeit nach dieser Norm einer kumulativ vorliegenden rahmensetzenden Wirkung für die künftige Genehmigung eines in den Anhängen I und II der Richtlinie 85/337/EWG aufgeführten Projekts.

(1) Begriffsbestimmungen von Genehmigung und Projekt

Zunächst bedarf es der Bestimmung der Begriffe Genehmigung und Projekt. Zwar werden diese nicht in den Begriffsbestimmungen des Art. 3 SUP-RL aufgeführt, jedoch erweist sich hier ein Rückgriff auf die UVP-RL als hilfreich.

Aus der Entstehungsgeschichte der SUP-RL lässt sich erkennen, dass eine einheitliche Verwendung der Begriffe Genehmigung und Projekt für beide Richtlinien von vornherein intendiert war. So wiederholten noch der Richtlinienvorschlag von 1997 und der geänderte Richtlinienvorschlag von 1999 in den Begriffbestimmungen ihrer Artikel 2 c) und d) für die Genehmigung und das Projekt die gleichlautenden Begriffsbestimmungen des Art. 1 Abs. 2 UVP-RL. Erst der Gemeinsame Standpunkt lies diese Begriffsbestimmungen wegfallen, ohne dabei jedoch ausdrücklich auf eine inhaltliche Änderung der Begriffe hinzuweisen. Berücksichtigt man die Tatsache, dass die Umweltprüfung als Ergänzung des Systems der Umweltverträglichkeitsprüfungen für Projekte dienen soll, so ist davon auszugehen, dass die Streichung der Begriffsbestimmungen in der

---

204 In der Regel handelt es sich um rein private Planungen, denen das Merkmal der Ausarbeitung durch eine Behörde i.S.d. Art. 2 lit. a 1. Querstrich SUP-RL fehlt.

SUP-RL lediglich als redaktionelle Straffung des Richtlinientextes verstehen zu ist, die überflüssige Doppelbestimmungen streichen wollte. Zugunsten dieser Deutung kann zudem der allgemeine Grundsatz der Einheit des Gemeinschaftsrechts angeführt werden[205]. Vor dem Hintergrund der systematischen Verwandtheit und der Entstehungsgeschichte der SUP-RL sprechen daher keine Argumente für einen unterschiedlichen Bedeutungsgehalt der Begriffe in den beiden Richtlinien.

Die Begriffsbestimmungen des Art. 1 Abs. 2 UVP-RL sind somit auch im Zusammenhang mit der SUP-RL zur Bestimmung der genannten Begriffe heranzuziehen. Eine Genehmigung ist folglich die Entscheidung der zuständigen Behörde oder der zuständigen Behörden, aufgrund derer ein Projektträger das Recht zur Durchführung des Projekts erhält. Ein Projekt ist demzufolge die Errichtung von baulichen oder sonstigen Anlagen oder sonstige Eingriffe in Natur und Landschaft einschließlich derjenigen zum Abbau von Bodenschätzen.

(2) Verweis auf die Anhänge I und II der UVP-RL

Art. 3 Abs. 2 lit. a SUP-RL verweist auf die Anhänge I und II der Richtlinie 85/337/EWG. Klarstellend sei hier angemerkt, dass damit auf die aktuelle Fassung der UVP-RL Bezug genommen wird. Anwendbar sind daher die Anhänge I und II der UVP-RL in der Gestalt, die sie durch die UVP-Änderungsrichtlinie erhalten haben[206].

Nach dem reinen Wortlaut der Richtlinie fordert Art. 3 Abs. 2 lit. a SUP-RL, dass ein Rahmen für die künftige Genehmigung eines Projektes gesetzt wird, das sowohl im Anhang I als auch in Anhang II der UVP-RL aufgeführt wird. Dieses "und" im deutschen Wortlaut findet in den französischen, spanischen und englischen Fassungen seine jeweilige Entsprechung, so dass nicht von einem Übersetzungsfehler ausgegangen werden kann. Projekte in Anhang I und II der UVP-RL schließen sich jedoch gegenseitig aus. Systematisch fallen Projekte entweder in die Gruppe solcher Vorhaben, bei denen immer von erheblichen Umweltauswirkungen auszugehen ist (Anhang I) oder solchen Projekten, bei denen dies nur in Einzelfällen zutrifft (Anhang II). Folgerichtig formuliert Anhang II oftmals seinen Umfang in der Weise, dass alle Vorhaben einer Projektart erfasst werden, soweit sie nicht von Anhang I umfasst sind[207]. Sinnvollerweise kann damit eine kumulierende Nennung der Projekte in den Anhängen I und II der UVP-RL nicht gefordert sein. Insofern reicht die Zugehörigkeit zu einem der beiden Anhänge grundsätzlich aus.

---

[205] *Hendler*, Gutachten, S.37; *Kraetzschmer / Ginzky*, Forschungsvorhaben, S.38.

[206] Richtlinie 97/11/EG (UVP-Änderungsrichtlinie, Fn. 26).

[207] Die Zusätze "(nicht durch Anhang I erfaßte Projekte)" bzw. "soweit nicht durch Anhang I erfaßt" finden sich in Anhang II, Nr. 1 e), 2 a), 3. a), b), g), 5. c), 6., 8. a), 10. c), d), e), f), g), i), l), m), 11. b) und c).

Es ist jedoch zu unterscheiden zwischen der künftigen Genehmigung von Projekten des Anhangs I und von Projekten des Anhangs II der UVP-RL.

(a) Verweis auf Anhang I der UVP-RL

Aus der Entstehungsgeschichte der Norm lässt sich erkennen, dass mit Art. 3 Abs. 2 lit. a SUP-RL ein nahtloses Anknüpfen an die Systematik der UVP-RL vorgenommen werden sollte. Aus der Motivation heraus, eine Ergänzung der als unvollkommen angesehenen Umweltverträglichkeitsprüfung für Projekte zu schaffen, sollte die Umweltprüfung insbesondere Alternativenprüfungen vornehmen, die auf der Ebene der Projektzulassung nicht mehr hinreichend berücksichtigt werden konnten. Zudem versprach man sich von einer SUP eine verbesserte Beurteilung von Summationseffekten, die bei der Untersuchung des jeweiligen Einzelvorhaben nur schwer oder gar nicht zu erkennen waren.

Folgerichtig bezieht sich Art. 3 Abs. 2 lit. a SUP-RL auf die künftige Genehmigung von Projekten, die in Anhang I der UVP-RL aufgeführt sind und nach Art. 4 Abs. 1 UVP-RL grundsätzlich zwingend einer Umweltverträglichkeitsprüfung unterliegen. Die Durchführung einer Umweltprüfung vor Eintritt in den Genehmigungsprozess dieser Projekte macht ökologisch Sinn und schafft mit der Möglichkeit einer erweiterten Alternativenprüfung und der Berücksichtigung von Summationseffekten gerade die Vorteile, die mit der Einführung einer SUP intendiert waren.

(b) Verweis auf Anhang II der UVP-RL

Zu problematisieren ist jedoch, wie der Verweis auf die in Anhang II der UVP-RL genannten Projekte zu deuten ist. Bei diesen Projekten obliegt es nach Art. 4 Abs. 2 UVP-RL den Mitgliedstaaten zu bestimmen, ob bei den genannten Projekten eine Umweltverträglichkeitsprüfung durchzuführen ist. Bei der Auswahl der uvp-pflichtigen Projekte haben die Mitgliedstaaten dabei entweder Einzelfallprüfungen vorzunehmen oder Schwellenwerte bzw. Kriterien festzulegen. Obwohl die Möglichkeit, Projekte des Anhangs II kraft mitgliedstaatlicher Entscheidung von der UVP-Pflicht auszunehmen durch die Rechtsprechung des EuGH eine Einschränkung erfahren hat[208], ist doch denkbar und nach Sinn und Zweck der Regelung gerade gewollt, dass ein Vorhaben in Anhang II der UVP-RL namentlich aufgeführt ist, die Genehmigung des konkreten Projektes aber gleichwohl ohne eine Umweltverträglichkeitsprüfung vorgenommen werden darf. Nun stellt sich die Frage, ob einem solchen Vorhaben, das keiner Pflicht zur Durchführung einer Umweltverträglichkeitsprüfung unterliegt, eine Umweltprüfung auf der übergeordneten Planungsebene vorangehen muss.

---

[208] EuGH vom 21. September 1999, Rs. C-392/96 (Kommission / Irland); EuGH vom 22. Oktober 1998, Rs. C-301/95 (Kommission / Deutschland); EuGH vom 24. Oktober 1996, Rs. C-72/95 (Kraaijeveld u.a.); EuGH vom 2. Mai 1996, Rs. C-133/94 (Kommission / Belgien).

(aa) Wortlaut der Norm

Geht man vom Wortlaut des Art. 3 Abs. 2 lit. a SUP-RL aus, so wird lediglich verlangt, dass das Projekt in einem der beiden Anhänge zur UVP-RL "aufgeführt" wird. Auf eine etwaige Pflicht zur Durchführung einer Umweltverträglichkeitsprüfung wird nicht Bezug genommen. Dabei wäre denkbar gewesen, statt des Verweises auf die Anhänge der UVP-RL, den Art. 3 Abs. 2 lit. a SUP-RL so zu fassen, dass auf die künftige Genehmigung von Projekten abgestellt wird, die einer Prüfung nach den Artikeln 5 bis 10 der UVP-RL unterzogen werden. Entsprechende Formulierungen sind in der UVP-RL anzutreffen und hätten keine Verständnisschwierigkeiten hervorgerufen. Zudem hat sich der Richtliniengeber in Art. 3 Abs. 2 lit. b SUP-RL einer ganz ähnlichen Verweisung bedient, indem er die Umweltprüfungspflicht an die Durchführung einer Verträglichkeitsprüfung i.S.d. FFH-RL knüpft.

(bb) Entstehungsgeschichte der Norm

Die Entstehungsgeschichte der Norm zeigt, dass die ausdrückliche Verweisung in ihrer heutigen Form erst mit der Verabschiedung des Gemeinsamen Standpunktes in den Richtlinientext aufgenommen wurde. Im vorangegangenen geänderten Richtlinienvorschlag von 1999 war sogar lediglich von der rahmensetzenden Wirkung für künftige Genehmigungen von Projekten im Allgemeinen die Rede. Obschon also der Bezug zur UVP-RL nicht ausdrücklich in den frühen Richtlinientexten wiederzufinden ist, war die Intention der Verabschiedung einer Richtlinie über eine Umweltverträglichkeitsprüfung von Plänen und Programmen schon immer diejenige, die UVP-RL zu ergänzen und zu erweitern. Dies zeigt sich besonders im 1. Erwägungsgrund des ersten offiziellen Richtlinienvorschlags von 1997, in dem auf die rahmensetzende Wirkung für künftige Genehmigungen "insbesondere im Geltungsbereich der Richtlinie 85/337/EWG" (UVP-RL) Bezug genommen wird. Ein gleichlautender Wortlaut findet sich im 1. Erwägungsgrund des geänderten Richtlinienvorschlags von 1999. Die Verwendung des Wortes "insbesondere" deutete zwar darauf hin, dass eine Umweltprüfungspflicht auch außerhalb des Geltungsbereichs der UVP-RL ursprünglich möglich sein sollte. Die Streichung dieser Einschränkung im Wortlaut des Gemeinsamen Standpunktes in Verbindung mit der neu geschaffenen Möglichkeit für die Mitgliedstaaten nach Art. 3 Abs. 4 SUP-RL, auch solche Pläne und Programme in den Geltungsbereich der Richtlinie mit aufzunehmen, die nicht unter Art. 3 Abs. 2 SUP-RL fallen, sprechen jedoch für eine Beschränkung des Verweises in Art. 3 Abs. 2 lit. a SUP-RL auf solche Projekte, die einer Umweltverträglichkeitsprüfung nach der UVP-RL unterzogen werden. Belegt wird dieses Ergebnis zudem durch die Begründung des Rates zum Gemeinsamen Standpunkt, indem sich im Rahmen der Ziele der Richtlinie das ausdrückliche Bekenntnis findet, die Umweltprüfung für Pläne und Programme sei "als eine komplementäre Maßnahme zu der in einer späteren Phase des Beschlussfassungsprozesses erfolgenden Umweltverträglichkeitsprüfung gemäß der UVP-RL gedacht"[209].

Die Entstehungsgeschichte spricht daher für eine Beschränkung auf solche Projekte in den Anhängen I und II der UVP-RL, die einer Umweltverträglichkeitsprüfung zu unterziehen sind.

(cc) Systematik der Norm

Auch systematisch gesehen spricht vieles für eine Anknüpfung der SUP an eine nachfolgende Umweltverträglichkeitsprüfung für Projekte. Art. 11 Abs. 1 SUP-RL besagt, dass die Durchführung einer Umweltprüfung die Anforderungen der Richtlinie 85/337/EWG unberührt lässt. Damit wird klargestellt, dass die SUP keineswegs als Ersatz für eine Umweltverträglichkeitsprüfung herangezogen werden darf, ihr also keine formelle Abschichtungswirkung zukommt[210]. Eine Umweltverträglichkeitsprüfung auf Projektebene kann auch inhaltlich nicht durch eine Umweltprüfung ersetzt werden, da die erforderliche Konkretisierung des Vorhabens erst durch den Vorhabenträger selbst mit Einreichen des Genehmigungsantrag vorgenommen wird. Nahezu alle Umweltauswirkungen eines Projekts lassen sich jedoch erst durch die Ausgestaltung des konkreten Vorhabens abschätzen. Während eine SUP zwar in der Lage ist, zusätzliche Erkenntnisse in Bezug auf Alternativenprüfungen und Summationseffekte zu liefern, ist sie doch in der Regel völlig ungeeignet, bereits auf Planungs- bzw. Programmebene konkrete Umweltauswirkungen durch ein bestimmtes Vorhaben zu beurteilen. Eine Umweltprüfung ohne folgende Umweltverträglichkeitsprüfung ist daher ökologisch gesehen nur von sehr geringem Nutzen. Demgegenüber entstünde jedoch ein erheblicher Aufwand auf Seiten der Planungsträger, die sich dem Verfahren der Artikel 4 bis 9 SUP-RL unterwerfen müssten.

Ein solches Missverhältnis zwischen ökologischem Ertrag einerseits und verwaltungstechnischem Aufwand andererseits muss jedoch Bedenken hinsichtlich des gemeinschaftsrechtlichen Verhältnismäßigkeitsgrundsatzes aufwerfen.

Art. 5 Abs. 3 EGV enthält insoweit mit der Begrenzung der Maßnahmen der Gemeinschaft auf das "erforderliche Maß" den allgemeinen Rechtsgrundsatz der Verhältnismäßigkeit, der nach ständiger Rechtsprechung des EuGH als Teil der Rechtsordnungen der Mitgliedstaaten ohnehin einen ungeschriebenen Bestandteil des Gemeinschaftsrechts darstellt[211]. Nach diesem Grundsatz sind Maßnahmen nur rechtmäßig, wenn sie zur Erreichung der zulässigerweise mit der Maßnahme verfolgten Ziele geeignet und erforderlich sind. Dabei ist bei mehreren geeigneten Maßnahmen diejenige zu wählen, die am wenigsten belastet.

---

[209] Gemeinsamer Standpunkt (Fn. 38), S.19.

[210] Siehe Gliederungspunkt D.I.3.a) und E.II.1.a).

[211] EuGH vom 11. Juli 1989, Rs. 265/87 (Schräder / Hauptzollamt Gronau), Rn. 21.

Schließlich müssen die auferlegten Belastungen in einem angemessenen Verhältnis zu den angestrebten Zielen stehen.

Legitimes Ziel der SUP-RL ist es nach Art. 1 SUP-RL, im Hinblick auf die Förderung einer nachhaltigen Entwicklung ein hohes Umweltschutzniveau sicherzustellen, indem Umwelterwägungen aufgrund der in der Richtlinie eingeführten Umweltprüfung bereits bei der Ausarbeitung und Annahme von Plänen und Programmen einbezogen werden. Eine Umweltprüfung im Vorfeld von Projekten einzuführen, die nicht einer Umweltprüfungspflicht unterliegen, erscheint zwar als Maßnahme nicht offensichtlich ungeeignet, die Verwirklichung dieses angestrebten Ziels zu erreichen, und stellt sich somit als geeignete Maßnahme dar. Es erscheint indes zweifelhaft, ob die Einbeziehung solcher Projekte das mildeste Mittel bei einer Auswahl gleich wirksamer Maßnahmen darstellt. Eine Alternative wäre es, nur an solche Projekte anzuknüpfen, die ihrerseits einer Umweltverträglichkeitsprüfung unterzogen werden. Wie dargelegt steigt die Effektivität der Maßnahme im Hinblick auf die Zielsetzung, ein hohes Schutzniveau sicherzustellen, durch die Einbeziehung sonstiger Projekte ökologisch nicht oder nur unerheblich. Sind beide Alternativen aber gleich effektiv, so stellt die Maßnahme, bei der weniger verwaltungstechnischer Aufwand zu leisten ist, die erforderliche Maßnahme i.S.d. Verhältnismäßigkeitsgrundsatzes dar. Ein solch geringerer Verwaltungsaufwand ist bei einer Beschränkung des Geltungsbereichs auf die rahmensetzende Wirkung für künftige Genehmigungen solcher Projekte anzunehmen, die tatsächlich auch einer späteren Umweltverträglichkeitsprüfung unterliegen.

Selbst wenn man davon ausgeht, dass bereits eine geringfügige Steigerung der Effektivität durch die Einbeziehung nicht unter die UVP-Pflicht fallender Projekte zur Bejahung des Erforderlichkeitskriteriums ausreicht, so muss die Maßnahme eine Verhältnismäßigkeit im engeren Sinne aufweisen. Mit anderen Worten, der Nutzen der Maßnahme für die Allgemeinheit darf nicht in einem Missverhältnis zur Belastung für den Normadressaten stehen. Geht man jedoch davon aus, dass der Nutzen der Allgemeinheit in einer nur geringfügigen Weise gesteigert werden kann, die Belastung hingegen durch den Verwaltungsaufwand und die zeitliche Verzögerung durch Vornahme des Umweltprüfungsverfahrens zum Teil erhebliche Kosten verursachen kann, so erscheint eine Einbeziehung nicht der UVP-Pflicht unterliegender Projekte als unangemessen. Dies trifft um so mehr zu, als dass selbst bei Durchführung einer Umweltprüfung nach Art. 8 SUP-RL lediglich eine Berücksichtigung der erlangten Informationen stattfindet und die Sicherstellung des hohen Umweltschutzniveaus durch das Instrument der SUP lediglich mittelbar und in abgeschwächter Form erfolgt. Insgesamt wäre also davon auszugehen, dass eine Einbeziehung der rahmensetzenden Wirkung auf künftige Genehmigungen von Projekten, die keiner Umweltverträglichkeitsprüfung unterliegen, gegen den gemeinschaftsrechtlich verankerten allgemeinen Rechtsgrundsatz der Verhältnismäßigkeit verstoßen würde.

Dabei trifft die SUP-RL als Maßnahme der Gemeinschaft nicht den einzelnen Bürger. Dies folgt zum einen aus Art. 249 Abs. 3 EGV, nach dem sich Richtlinien nur an die Mitgliedstaaten richten und der Bürger erst durch den nationalen Transformationsakt betroffen ist, und zum anderen daraus, dass inhaltlich nach Art. 2 lit. a 1. Querstrich SUP-RL nur Pflichten für behördliche Planungsträger entstehen können. Die Gemeinschaft ist jedoch auch im Verhältnis zu den Mitgliedstaaten dem Verhältnismäßigkeitsgrundsatz verpflichtet[212].

Aus systematischen Erwägungen ist daher eine Beschränkung des Verweises in Art. 3 Abs. 2 lit. a SUP-RL lediglich auf solche Projekte des Anhangs II der UVP-RL anzunehmen, die tatsächlich einer Umweltverträglichkeitsprüfung zu unterziehen sind.

(dd) Sinn und Zweck der Norm

Im Rahmen des Sinn und Zwecks der Vorschrift ist parallel zu den vorangegangenen Erwägungen zur Verhältnismäßigkeit festzustellen, dass zum Erreichen einer nachhaltigen Entwicklung und zur Sicherstellung eines hohen Umweltschutzniveaus nicht allen Projekten des Anhangs II der UVP-RL eine Umweltprüfung vorangehen muss. Der Grund, warum diese Projekte nicht einer Umweltverträglichkeitsprüfung zu unterziehen sind, liegt nach Sinn und Zweck der UVP-RL gerade darin, dass von ihnen keine erheblichen Umweltauswirkungen ausgehen und daher durch eine solche Prüfung keine umweltrelevanten Erkenntnisse gewonnen werden können, die im Rahmen der Zulassungsentscheidung berücksichtigt werden sollten. Dann kann es aber erst recht nicht Sinn und Zweck der im Vergleich zur Umweltverträglichkeitsprüfung abstrakteren SUP sein, ökologisch unerhebliche Vorhaben auf ihre umweltgerechte Einbettung auf Plan- und Programmebene hin zu untersuchen.

Dagegen mag vorgebracht werden, Ziel einer Umweltprüfung sei es gerade, auf niedrigerer Ebene unbedeutende Umwelteinwirkungen in ihrer Gesamtwirkung zu betrachten, um so Summationseffekten auf die Spur zu kommen. Eine SUP könnte daher auch dann Anwendung finden, wenn Summationseffekte von Vorhaben, die nicht einer Umweltverträglichkeitsprüfung unterliegen, identifiziert werden sollen. Dieses Argument kann indes nicht auf die Schnittstelle zwischen Einzelvorhaben mit erheblichen und solchen mit unerheblichen Umweltauswirkungen angewandt werden.

Um der kumulierenden Wirkung von für sich genommen unerheblichen Umweltauswirkungen Herr zu werden, wurde im deutschen Recht durch das sog.

---

[212] Dies wurde im "Maastricht-Urteil" auch vom Bundesverwaltungsgericht anerkannt, BVerfGE 89, 155, 212: Der Verhältnismäßigkeitsgrundsatz enthält ein grundrechtliches Übermaßverbot, "kann aber im Rahmen eines Staatenverbundes, der eben nicht eine staatlich organisierte Einheit ist, die Regelungsintensität von Gemeinschaftsmaßnahmen ... beschränken und so die nationale Identität der Mitgliedstaaten und damit die Aufgaben und Befugnisse ihrer Parlamente gegen ein Übermaß europäischer Regelungen wahren".

Artikelgesetz § 3 b Abs. 2 Satz 1 UVPG eingeführt[213]. Dieser begründet eine Pflicht zur Umweltverträglichkeitsprüfung für den Fall, dass mehrere Vorhaben derselben Art, die gleichzeitig von demselben oder mehreren Trägern verwirklicht werden sollen und in einem engen Zusammenhang stehen (kumulierende Vorhaben), zusammen die maßgeblichen Größen- oder Leistungswerte, die eine Pflicht zur Durchführung einer Umweltverträglichkeitsprüfung begründen, erreichen oder überschreiten. Aus der Gesetzesbegründung geht hervor, dass mit § 3 b Abs. 2 UVPG auf die Entscheidung des EuGH vom 21. September 1999 im sog. Irland-Urteil[214] reagiert werden sollte[215]. Danach darf ein Mitgliedstaat bei Projekten des Anhangs II der UVP-RL als Kriterium nicht lediglich die Projektgröße festlegen und dabei die kumulative Wirkung von Projekten unberücksichtigt lassen. Obwohl der EuGH damit verhindern wollte, dass der Regelungszweck der UVP-RL durch eine Aufteilung der Projekte umgangen und vereitelt wird, hat der deutsche Gesetzgeber darüber hinaus mit § 3 b Abs. 2 UVPG dem Gedanken Rechnung getragen, dass verschiedene Einzelvorhaben, von denen keines den festgesetzten Schwellenwert überschreitet und die damit keine Umweltverträglichkeitsprüfung erfordern, zusammen dennoch erhebliche Auswirkungen auf die Umwelt aufweisen können[216]. Rechtsfolge des § 3 b Abs. 2 UVPG ist jedoch eine Umweltverträglichkeitsprüfung und keineswegs eine Umweltprüfung.

Zwar ist die Umweltprüfung unter anderem eine Antwort auf die an der Umweltverträglichkeitsprüfung geübte Kritik der fehlenden Berücksichtigung von Summationseffekten. Gemeint waren erheblichen Umweltauswirkungen, die nur bei Betrachtung größerer geographischer Einheiten zu erkennen sind, wobei als Beispiele etwa die Gesamtwirkung der Emissionen eines kompletten Industrieparks oder die Gesamtmenge eines zugeführten Stoffes in einem Flussgebietsabschnitt genannt seien. Betrachtet wurden aber jeweils die Summen von Einzelvorhaben, die ihrerseits einer Umweltverträglichkeitsprüfung unterzogen wurden. Aufgabe der Umweltprüfung ist es nie gewesen, Summationseffekte auf der Ebene der Einzelvorhaben zu erfassen. Wenn sich der nationale Gesetzgeber nun dieses Problems durch § 3 b Abs. 2 UVPG angenommen hat, so hat dies für den Geltungsbereich der SUP lediglich die Konsequenz, dass nun mit § 3 b Abs. 2 UVPG als lex specialis gegenüber den Vorschriften zur Durchführung einer Umweltprüfung ausdrücklich eine Vorschrift eingeführt wurde, welche die Betrachtung von Summationseffekten auf Ebene der Einzelvorhaben abschlie-

---

[213] Gesetz zur Umsetzung der UVP-Änderungsrichtlinie, der IVU-Richtlinie und weiterer EG-Richtlinien zum Umweltschutz vom 27. Juli 2001, BGBl. I, S.1950 ff.

[214] EuGH vom 21. September 1999, Rs. C-392/96 (Kommission / Irland); abgedruckt in Auszügen auch in ZUR 2000, S.284 ff.

[215] BT-Drs. 14/4599, S.94.

[216] Kritisch hierzu *Enders / Krings*, DVBl. 2001, S.1242, 1247.

ßend behandelt. Eine SUP im Vorfeld von nicht der Umweltverträglichkeitsprüfung unterfallenden Projekten ist zum Zwecke der Erkennung von Summationseffekten daher ausgeschlossen.

(ee) Fazit

Insgesamt sprechen die überzeugenderen Argumente für eine Beschränkung der Verweisung in Art. 3 Abs. 2 lit. a SUP-RL auf solche in den Anhängen I oder II der UVP-RL aufgeführten Projekte, die tatsächlich eine Pflicht zur Durchführung einer Umweltverträglichkeitsprüfung auslösen[217].

(c) Vermeidbarkeit einer Umweltprüfung

Ein echter Gewinn für die praktische Anwendung der SUP-RL ergibt sich indes erst durch den Umkehrschluss dieser Erkenntnis. Ein Vorhabenträger könnte sich der obligatorischen Umweltprüfungspflicht nach Art. 3 Abs. 2 lit. a SUP-RL nämlich dadurch entziehen, dass er sicherstellt, dass eine rahmensetzende Wirkung nur für die künftige Genehmigung solcher Projekte vorliegen kann, die selbst nicht einer Umweltverträglichkeitsprüfung unterliegen[218]. In Frage kommen hierfür also von vornherein nur Projekte, die entweder in keinem Anhang oder nur in Anhang II der UVP-RL aufgeführt sind.

Dabei ist die Rechtsprechung des EuGH zu Art. 4 Abs. 2 der UVP-RL zu berücksichtigen, in der die Luxemburger Richter den Mitgliedstaaten wenig Ermessensspielraum bei der Entscheidung über die Festlegung der voraussichtlich keine erheblichen Umweltauswirkungen aufweisenden Vorhaben zugestanden haben[219]. Nach dieser Rechtsprechung war sicherzustellen, dass kein Projekt mit erheblichen Umweltauswirkungen das System der UVP-RL durchlaufen durfte, ohne einer Umweltverträglichkeitsprüfung unterzogen worden zu sein. Abgeleitet hat der EuGH dies aus der Pflicht in Art. 2 Abs. 1 der UVP-RL, die Projekte, bei denen insbesondere aufgrund ihrer Art, ihrer Größe oder ihres Standortes mit erheblichen Auswirkungen auf die Umwelt zu rechnen ist, einer Untersuchung ihrer Auswirkungen zu unterziehen[220]. Schwellenwertfestsetzungen erwiesen sich vor diesem Hintergrund als zu statisch, als dass sie alle möglichen Projekte

---

[217] Bedenken bei *Pietzcker / Fiedler*, DVBl. 2002, S.929, 934. Für die Einbeziehung aller in Anhang I und II UVP-RL genannten Projekte ohne jede Begründung der SEA Guidance (Fn. 114), S.10, 3.22; offenlassend *Kläne*, SUP in der Bauleitplanung, S.161 f.

[218] Diese Vermeidungsmöglichkeit erkennt auch *Demske*, Die mitgliedstaatliche Entscheidung über die voraussichtlich erheblichen Umweltauswirkungen bei der konditionalen Umweltprüfung, in: *Hendler / Marburger / Reinhardt / Schröder* (Hrsg.), Die strategische Umweltprüfung (UTR 76), S.141, 143.

[219] EuGH vom 21. September 1999, Rs. C-392/96 (Kommission / Irland); EuGH vom 22. Oktober 1998, Rs. C-301/95 (Kommission / Deutschland); EuGH vom 24. Oktober 1996, Rs. C-72/95 (Kraaijeveld u.a.); EuGH vom 2. Mai 1996, Rs. C-133/94 (Kommission / Belgien).

[220] EuGH vom 24. Oktober 1996, Rs. C-72/95 (Kraaijeveld u.a.), Rn. 50.

mit erheblichen Umweltauswirkungen erfassen konnten. Als Reaktion auf die Rechtsprechung des EuGH hat sich der deutsche Gesetzgeber nun bei Gelegenheit der Umsetzung der UVP-Änderungsrichtlinie mehr dem Instrument der Einzelfallprüfung zugewandt. Erst diese bietet die vom EuGH geforderte Gewähr, dass in sämtlichen Fällen von Vorhaben mit erheblichen Umweltauswirkungen tatsächlich eine Umweltverträglichkeitsprüfung durchgeführt wird.

Überträgt man diesen Ansatz auf die SUP-RL, so ist davon auszugehen, dass kein Plan oder Programm aus den in Art. 3 Abs. 2 lit. a SUP-RL aufgezählten Sektoren eine rahmensetzende Wirkung für die künftige Genehmigung eines uvp-pflichtigen Projektes aufweisen darf, ohne einer Umweltprüfung unterzogen worden zu sein. Die korrespondierende Verpflichtung der Mitgliedstaaten findet sich in Art. 3 Abs. 1 SUP-RL, nach der die unter die Absätze 2 bis 4 fallenden Pläne und Programme, die voraussichtlich erhebliche Umweltauswirkungen haben, einer Umweltprüfung nach den Artikeln 4 bis 9 unterzogen werden. Da sich die Pflicht zur Durchführung einer Umweltverträglichkeitsprüfung indes nur durch eine Einzelfallprüfung auf Projektebene feststellen lässt, ist ein Ausschluss der UVP-Pflicht auf Ebene des Plans oder Programms nur dann möglich, wenn bereits auf dieser Ebene eine Einzelfallprüfung mit entsprechend negativem Ergebnis durchgeführt wird. Im deutschen Recht bedeutete dies, dass bereits während der Ausarbeitung eines Plans oder Programms eine allgemeine bzw. standortbezogene Einzelfallprüfung nach § 3 c UVPG durchgeführt werden müsste. In der Regel werden bei der Plan- oder Programmaufstellung durch den öffentlichen Vorhabenträger jedoch noch nicht alle im Bereich des Plans oder Programms vorgesehenen Vorhaben derart konkretisiert sein, dass eine solche Einzelfallprüfung durchführbar ist. Hinzu kommt, dass die Projekte in der Regel von privaten Vorhabenträgern verwirklicht werden. Diese haben aber erst mit Beantragung der jeweiligen Genehmigung die maßgeblichen Projektvorstellungen an die Genehmigungsbehörde weiterzugeben. Bis zu diesem Zeitpunkt sind mögliche Vorhabenrealisierungen im Plan- oder Programmgebiet den zuständigen Behörden noch völlig unbekannt, weshalb der Planungsträger für die Einzelfallprüfung die größt mögliche Ausschöpfung der durch den Plan- oder Programminhalt vorgegebenen Spielräume einer Vorhabenrealisierung als Maßstab anzunehmen hat[221]. Ob es unter diesen Voraussetzungen in der Praxis noch möglich ist, mit Sicherheit eine rahmensetzende Wirkung für die künftige Genehmigung eines uvp-pflichtigen Projektes auszuschließen, erscheint zweifelhaft. Inwieweit sich öffentliche Planungsträger der obligatorischen Umweltprüfungspflicht durch eine entsprechende Gestaltung der Planinhalte entziehen können bleibt daher abzuwarten.

Anzumerken ist, dass eine Gestaltung von Plänen und Programmen "aus dem Anwendungsbereich der SUP-RL heraus" keineswegs als rechtsmissbräuchlich

---

[221] *Hendler*, NuR 2003, S.2, 6.

zu bewerten wäre. Die Vermeidung der Anwendbarkeit von Umweltprüfungsvorschriften wird gerade um den Preis des Ausschlusses jeglicher möglicher erheblicher Umweltauswirkungen erzielt, womit das in Art. 1 SUP-RL festgelegte Ziel der Richtlinie, ein hohes Umweltschutzniveau sicherzustellen und eine nachhaltige Entwicklung zu fördern, nicht umgangen, sondern sogar unterstützt wird.

(3) Rahmensetzende Wirkung

Nach Art. 3 Abs. 2 lit. a SUP-RL müssen umweltprüfungspflichtige Pläne und Programme für die künftige Genehmigung der genannten Projekte einen Rahmen setzen. Dieses Rahmensetzungserfordernis ist in der SUP-RL nicht näher konkretisiert. Zur praktischen Handhabbarkeit der Norm bedarf es daher einer eingehenderen Untersuchung, wie das Verhältnis zwischen Genehmigung und Plan oder Programm ausgestaltet sein muss, um eine Umweltprüfungspflicht nach Art. 3 Abs. 2 lit. a SUP-RL zu bejahen.

Zum Verständnis der Norm bedarf es zunächst einer Besinnung auf die ursprüngliche Motivation bei der Schaffung der SUP-RL. Abgesehen davon, dass bereits in den Vorbildnormen des amerikanischen NEPA neben Projekten auch Pläne, Programme und Politiken in den Anwendungsbereich einer Prüfung der umweltrelevanten Auswirkungen mit einbezogen waren, lag auf der Ebene der Europäischen Gemeinschaft der Hauptgrund für eine Umweltprüfung in den erkannten Mängeln der bereits eingeführten Umweltverträglichkeitsprüfung für bestimmte Projekte. Die Umweltverträglichkeitsprüfung setzt als Verfahrenselement auf der Stufe der Projektgenehmigung an, wobei die Genehmigung wie gesehen die Entscheidung der zuständigen Behörde oder der zuständigen Behörden darstellt, aufgrund derer der Projektträger das Recht zur Durchführung des Projekts erhält. Damit stellt die Genehmigung grundsätzlich die letzte Stufe staatlicher Kontrolle vor der Schaffung vollendeter Tatsachen durch die Projektrealisierung dar. Die Erfahrung hat jedoch gezeigt, dass diese Stufe oftmals zu spät kam, um maßgebliche Entscheidungen mit Auswirkungen auf die Umwelt noch wirksam zu beeinflussen. Insbesondere die Berücksichtigung von Standortalternativen und Summationseffekten[222] konnten auf Projektebene nicht oder nicht mehr berücksichtigt werden. Die Umweltprüfung sollte diese Defizite der Umweltverträglichkeitsprüfung im Vorfeld auf höherer Stufe staatlicher Einflussnahme beheben.

Hieraus ergibt sich als Konsequenz für das Erfordernis der rahmensetzenden Wirkung, dass die Genehmigung nicht völlig unabhängig vom betroffenen Plan oder Programm sein darf. Wenn Sinn und Zweck der Umweltprüfung ist, auf einer der Genehmigung übergeordneten Ebene Umweltauswirkungen zu berücksichtigen, die auf der späteren Projektebene nicht mehr zu verändern sind, müs-

---

[222] Zur diesbezüglichen Einführung von § 3 b Abs. 2 UVPG siehe Gliederungspunkt C.II.2.b)(2)(b)(dd).

sen die inhaltlichen Vorgaben dieses Plans oder Programms auf irgendwie geartete Weise in die Genehmigungsentscheidung mit einfließen. Wäre der Inhalt der Genehmigung völlig unabhängig vom Aussagegehalt des Plans oder Programms, dann hätte auch die umweltgerechte Abstimmung des Plans oder Programms keinerlei Nutzen. Dies wird durch den Wortlaut der Norm gestützt, denn "einen Rahmen zu setzen" bedeutet nach allgemeinem Sprachverständnis, verbindliche Vorgaben aufzustellen. Solche verbindlichen Vorgaben können im Kontext der Richtlinie aber nur solche rechtlicher Art sein[223]. Es muss daher eine Rechtspflicht vorliegen, die auf der Ebene des Plans oder Programms gefundenen umweltgerechten Ergebnisse in die Genehmigungsentscheidung mit einzubeziehen.

Eine solche Rechtspflicht wird einmal dann bestehen, wenn die Vorgaben des Plans oder Programms bei der Erteilung der Projektgenehmigung zu beachten sind, d.h. von ihnen nicht abgewichen werden darf. Eine strikte Beachtung der Vorgaben ist jedoch nicht notwendige Voraussetzung einer Umweltprüfungspflicht[224]. Eine Rechtspflicht zur Einbeziehung der Plan- bzw. Programminhalte liegt vielmehr auch dann vor, wenn diese bei der Erteilung der Projektgenehmigung lediglich zu berücksichtigen sind. Dies kann im Rahmen einer Abwägung, einer Ermessensentscheidung oder bei der Auslegung von unbestimmten Rechtsbegriffen (z.B. "Wohl der Allgemeinheit") geschehen[225]. In all diesen Fällen können die durch eine Umweltprüfung gewonnenen Erkenntnisse die Mängel einer erst auf Projektebene durchgeführten Umweltverträglichkeitsprüfung korrigieren.

Nicht vergessen werden darf, dass nach ihrem 9. Erwägungsgrund die SUP-RL reinen Verfahrenscharakter aufweist[226]. Ebenso wenig wie die Umweltverträglichkeitsprüfung ein Projektverhinderungsinstrument darstellt, stellt die SUP ein Planverhinderungsinstrument dar, da dem Ergebnis der Umweltprüfung letztlich keine materielle Wirkung zukommt[227]. Wenn es indes unerheblich ist, ob die gefundenen Erkenntnisse bei der Erstellung des Plans oder Programms tatsächlich Eingang in den Plan- oder Programminhalt finden, so gilt dies erst recht für die Berücksichtigung des Plan- oder Programminhalts auf Ebene der Projektgenehmigung. Es ist folglich für den Anwendungsbereich der SUP-RL gleichgül-

---

[223] Ebenso *Hendler*, NuR 2003, S.2, 8; im Ergebnis übereinstimmend *Spannowsky*, UPR 2000, S.201, 204.

[224] *Ginzky*, UPR 2002, S.47, 48; *Lell*, uvp-report, Sonderheft zum UVP-Kongress 2002, S.11, 15; *Stüer*, UPR 2003, S.97, 98 m.w.N.

[225] *Hendler*, NuR 2003, S.2, 9.

[226] Gleiches galt auch schon für den Richtlinienvorschlag von 1997, (Erwägungsgrund 2, siehe Fn. 28), den geänderten Richtlinienvorschlag von 1999 (Erwägungsgrund 2, siehe Fn. 36) und den Gemeinsamen Standpunkt des Rates (Erwägungsgrund 8, siehe Fn. 38).

[227] Siehe hierzu ausführlich Gliederungspunkt D.IV.

tig, ob sich bei einer Abwägung oder einer Ermessensentscheidung auf Projektebene die Vorgaben des Plans oder Programms tatsächlich durchsetzen.

(4) Entbehrlichkeit einer SUP auf oberen Planebenen?

Zu klären bleibt, ob bei mehreren Planebenen stets auf jeder Ebene eine SUP durchzuführen ist, oder ob eine SUP lediglich auf derjenigen Planebene durchzuführen ist, auf der nicht mehr zu ändernde Vorgaben für die Projektebene getroffen werden, während Umweltprüfungen auf höheren Planebenen unterbleiben. Diese Überlegungen werden vor dem Hintergrund angestellt, dass nach Sinn und Zweck der SUP-RL unnötiger Verwaltungsaufwand vermieden werden soll[228].

Denkbar sind vier mögliche Fallkonstellationen, bei denen jeweils unterstellt wird, dass bis auf die Frage des Vorliegens einer rahmensetzenden Wirkung die Voraussetzungen einer Umweltprüfungspflicht nach Art. 3 Abs. 2 lit. a SUP-RL erfüllt sind.

(a) 1. Variante: Beachtung bei der Projektgenehmigung

In der ersten Konstellation ist ein Plan oder Programm der oberen Planebene unmittelbar bei der Erteilung einer Projektgenehmigung zu beachten. Seine Vorgaben sind für die Projektgenehmigung verbindlich, so dass unabhängig von den Planinhalten der auf unteren Ebenen folgenden Pläne und Programme eine rahmensetzende Wirkung vorliegt. Eine sinnvolle Alternativenprüfung ist nur möglich, wenn bereits auf dieser Planebene eine Umweltprüfung durchgeführt wird.

Gleiches gilt für eine Abwandlung dieser Variante, in der zwischen der oberen Planebene und der Projektgenehmigung zwar noch eine oder mehrere Planebenen liegen, diese jedoch in einer ununterbrochenen Kette jeweils die Vorgaben der höherstufigen Planebene zu beachten haben. Letztlich kann auch hier auf Projektebene von den Vorgaben der oberen Planebene nicht mehr abgewichen werden. Eine Entbehrlichkeit der Umweltprüfung auf der oberen Planebene scheidet aus.

(b) 2. Variante: Berücksichtigung bei der Projektgenehmigung

In der zweiten Konstellation ist der Plan oder das Programm der oberen Planebene zwar nicht unmittelbar verbindlich für die Projektgenehmigung, jedoch sind die Plan- oder Programminhalte der oberen Planebene bei der Genehmigung zu berücksichtigen. Wie gesehen liegt eine rahmensetzende Wirkung aber auch in solchen Fällen bloßer Berücksichtigung vor. Der hierdurch begründete direkte Einfluss auf die Projektgenehmigung zwingt daher auch hier zu einer Umweltprüfung auf der oberen Planebene.

---

[228] Vgl. hierzu Gliederungspunkte D.I.3 sowie D.II.4 und D.II.5.

(c) 3. Variante: Beachtung auf unterer Planungsebene

Variante drei sieht die Konstellation vor, in der eine obere Planebene zwar verbindliche Vorgaben für die untere Planebene trifft, diese jedoch bei der folgenden Projektgenehmigung lediglich zu berücksichtigen ist.

Entscheidend ist hier Sinn und Zweck der Umweltprüfung, die bereits im Vorfeld der Projektebene eine Berücksichtigung möglicher alternativer Standorte einführen möchte. Für die Umweltprüfungspflichtigkeit der oberen Planebene ist daher unerheblich, dass die untere Planebene bei der Projektgenehmigung nur zu berücksichtigen ist. Maßgeblich ist vielmehr, dass die Vorgaben der oberen Planebene auf der unteren Planebene nicht mehr verändert oder korrigiert werden können, so dass die Standortentscheidung praktisch bereits auf der oberen Planebene getroffen wird. Somit weist die obere Planebene rahmensetzende Wirkung auf und ist einer Umweltprüfung zu unterwerfen.

(d) 4. Variante: Kein Einfluss auf die Projektebene

Als letzte Fallkonstellation ist schließlich jene Situation zu betrachten, in der die obere Planebene von der unteren Planebene zu berücksichtigen ist, jedoch keinerlei direkte Verbindung zwischen der oberen Planebene und der Projektgenehmigung besteht.

Entscheidend ist hier, auf welcher Planungsstufe eine Alternativenprüfung sinnvoll durchgeführt werden kann. Ohne direkten Einfluss der oberen Planebene auf die konkrete Genehmigung oder zumindest auf die Standortauswahl ist eine Sinn und Zweck der SUP entsprechende Alternativenprüfung auch auf der unteren Planebene durchführbar. Vor dem Hintergrund der Vermeidung unnötigen Verwaltungsaufwands besteht in dieser Konstellation scheinbar kein Grund, auf der oberen Planungsebene eine Umweltprüfung durchzuführen, wenn rechtlich relevante Planungsentscheidungen erst auf tieferen Planungsebenen vorgenommen werden.

Diese Fallkonstellation kann im Zusammenspiel zwischen den Abfallwirtschaftskonzepten öffentlich-rechtlicher Entsorgungsträger nach § 19 Abs. 5 KrW-/AbfG und der Abfallwirtschaftsplanung nach § 29 KrW-/AbfG auftreten. *Hendler* kommt in diesem Sonderfall zu dem Ergebnis, dass eine Umweltprüfung auf der oberen Planebene der Abfallwirtschaftskonzepte entbehrlich sei, sofern diese nicht unmittelbar in die Entscheidung über Projektzulassungen einfließen und die Abfallwirtschaftskonzepte bei der Abfallwirtschaftsplanung lediglich zu berücksichtigen sind[229].

---

[229] *Hendler*, Gutachten, S.109 f.; die konkrete Ausgestaltung ist indes von den jeweiligen landesrechtlichen Vorschriften abhängig. Eine Berücksichtigung des Abfallwirtschaftskonzeptes findet sich z.B. in § 10 Abs. 1 Satz 2 BaWüLAbfG und § 9 Abs. 3 Satz 1 Thür AbfWAG.

Einwände gegen diese Entbehrlichkeit einer Umweltprüfung ergeben sich daraus, dass bislang lediglich auf die Durchführung einer ausgedehnten Standortalternativenprüfung als Sinn und Zweck der SUP abgestellt wurde. Motivation der Einführung einer Umweltprüfung war aber in gleichem Maße die bessere Erkennung und Beurteilung von sog. Summationseffekten auf der Planungsebene[230]. Die Differenzierung zwischen oberen und unteren Planebenen ist bei der Einschätzung von Umweltauswirkungen durch Summationseffekte indes unerheblich. Vielmehr unterscheiden sich die genannten Stufen lediglich in ihrer geographischen Größe voneinander. Das Erkennen von Summationseffekten kann aber auch in größeren Gebieten zu wichtigen Erkenntnissen über mögliche erhebliche Umweltauswirkungen führen, so dass nach Sinn und Zweck der SUP-RL auch eine Umweltprüfung auf höheren Planebenen wertvoll sein kann.

Zu prüfen bliebe, ob in der genannten Fallkonstellation aus Gründen der Erkennbarkeit von Summationseffekten die Durchführung einer Umweltprüfung auf der höheren Planungsebene ohne Ausnahme zu verlangen wäre. Zu diesem Ergebnis käme man, wenn die Identifizierung von Summationseffekten auf der unteren Planebene nicht mehr möglich und daher zwingend auf der oberen Planungsebene durchzuführen wäre, um ausreichende Erkenntnisse für den Umweltbericht zu gewinnen. Solche Konstellationen werden nicht völlig auszuschließen sein. Soweit jedoch die Erkennung von Summationseffekten durch das Verfahren der Umweltprüfung auf der unteren Planebene hinreichend erfolgen kann, ist eine entsprechende Prüfung auf vorangegangenen Planebenen entbehrlich. In diesem engen Rahmen fehlt es an einer rahmensetzenden Wirkung des Plans oder Programms auf diesen Ebenen.

(e) Fazit

Zusammenfassend kann festgestellt werden, dass die auf Projektebene nicht mehr zu ändernden Vorgaben auf derjenigen Planebene einer Umweltprüfung unterworfen werden müssen, auf der eine Alternativenprüfung noch durchführbar ist. Darüber hinaus ist auch auf übergeordneten Planebenen eine SUP durchzuführen, soweit diese direkten Einfluss auf die Projektgenehmigung haben oder zumindest die Standortauswahl des Projektes festlegen. Eine Umweltprüfungspflicht entfällt mangels rahmensetzender Wirkung, wenn der betroffene Plan oder das Programm auf oberer Planungsebene keinen direkten Einfluss auf die Projektebene nimmt. Eine den Anforderungen der SUP-RL genügende Alternativenprüfung kann in diesen Fällen auch auf unteren Planungsebenen durchgeführt werden. Umweltprüfungen auf höheren Planebenen sind vor dem Hintergrund der Vermeidung unnötigen Verwaltungsaufwands in diesen Konstellationen damit entbehrlich, soweit sie nicht zur Erkennung von Summationseffekten dienen.

---

[230] Zu Summationseffekten auf Projektebene vgl. § 3 b Abs. 2 UVPG.

An dieser Stelle ist darauf hinzuweisen, dass mit den vorangegangenen Ausführungen noch keine Aussage über die Anwendbarkeit der SUP-RL bezüglich der auf unteren Planebenen folgenden Pläne und Programme getroffen wird. Vielmehr ist jeder Plan bzw. jedes Programm selbständig auf seine Umweltprüfungspflichtigkeit hin zu überprüfen. Auch dürfen die vorangehenden Überlegungen nicht mit dem Anliegen der SUP-RL vermischt werden, Mehrfachprüfungen zu vermeiden. In der bisherigen Betrachtung ging es ausschließlich um die Frage, ob ein Plan oder Programm einer Umweltprüfungspflicht unterliegt. Erst wenn dies positiv festgestellt wurde, kann der Frage nachgegangen werden, ob innerhalb der Umweltprüfung nach den Art. 4 bis 9 SUP-RL im Rahmen der Festlegung des Prüfungsumfangs des Umweltberichts (Scoping) den bereits vorhandenen Erkenntnissen aus vorangegangenen Umweltprüfungen Rechnung getragen werden kann. Art. 4 Abs. 2 SUP-RL hat jedoch keinerlei Einfluss auf den Geltungsbereich der Richtlinie.

(5) Umweltprüfungspflicht bei Negativplanungen

Bei der Auslegung der Anforderung einer rahmensetzenden Wirkung i.S.d. Art. 3 Abs. 2 lit. a Halbs. 2 SUP-RL stellt sich für die nationale Umsetzung zudem die Frage, ob auch Pläne und Programme mit rein negativplanerischen Inhalten einer Umweltprüfungspflicht nach Art. 3 Abs. 2 lit. a SUP-RL unterliegen können. Negativplanungen sind in diesem Zusammenhang Pläne und Programme i.S.d. Art. 2 lit. a SUP-RL, die zwar einem Sachbereich i.S.d. Art. 3 Abs. 2 lit. a Halbs. 1 SUP-RL zugeordnet werden können, inhaltlich aber die Verwirklichung bestimmter Projekte der Anhänge I oder II der UVP-RL für ihr Plangebiet ausschließen, ohne dabei im Gegenzug eine positive Nutzung festzusetzen.

Auf den ersten Blick erscheint eine Umweltprüfungspflicht für Pläne und Programme, die uvp-pflichtige Vorhaben vollständig aus bestimmten Gebieten verbannen und so die Möglichkeit einer Umweltbelastung gar nicht erst aufkommen lassen, befremdlich. Wie gesehen können aber auch Pläne und Programme mit lediglich positiven Umweltauswirkungen einer Umweltprüfungspflicht i.S.d. SUP-RL unterliegen[231].

Nach ihrer Entstehungsgeschichte wurde die SUP-RL als Ergänzung des Systems der Umweltverträglichkeitsprüfung konzipiert. Es lässt sich argumentieren, dass eine Umweltprüfung in solchen Fällen, in denen der planerischen Ebene keine Umweltverträglichkeitsprüfung auf Projektebene nachfolgt, ökologisch unergiebig ist und im Hinblick auf das Verhältnismäßigkeitsprinzip abzulehnen ist. Insoweit scheint diese Argumentation im Einklang zur Auslegung des Verweises auf Projekte des Anhangs II der UVP-RL in Art. 3 Abs. 2 lit. a Halbs. 2 SUP-RL zu stehen, der sich lediglich auf solche Vorhaben beschränkt, die nach Ansicht der Mitgliedstaaten tatsächlich uvp-pflichtig sind[232]. Negativplanungen

[231] Siehe Gliederungspunkt C.II.1.b).

[232] Siehe Gliederungspunkt C.II.2.b)(2)(b).

können die Verwirklichung von uvp-pflichtigen Projekten und damit einhergehend die Vornahme einer entsprechenden Umweltverträglichkeitsprüfung für das beplante Gebiet ausschließen.

Der Vergleich mit dem Verweis auf Projekte des Anhangs II der UVP-RL verkennt jedoch, dass in Fällen nicht-uvp-pflichtiger Projekte das Vorliegen erheblicher Umweltauswirkungen stets ausgeschlossen ist. Im Rahmen einer Negativplanung werden erhebliche Umweltauswirkungen aber nicht permanent verhindert, sondern in der Regel lediglich geographisch verschoben. Standortausschlüsse führen nicht zu einer Aufgabe der Projektverwirklichung seitens des Projektträgers, sondern verweisen ihn lediglich auf alternative Standorte. Von einem Ausschluss erheblicher Umweltauswirkungen kann bei Standortausschlüssen daher nicht gesprochen werden.

Eines der Hauptziele der Umweltprüfung ist die Verbesserung der Standortalternativenprüfung. Zur endgültigen Standortbestimmung eines Vorhabens gehören indes sowohl die positive Standortausweisung als auch die negativen Standortausschlüsse[233]. Beide Vorgaben sind bei der Zulassung eines Projektes mit erheblichen Umweltauswirkungen von den Behörden zu berücksichtigen und setzen damit einen rechtlichen Rahmen für die Genehmigungsentscheidung.

Schließlich erweist es sich mitunter als ökologisch vorteilhaft, auch Standortausschlüsse einer Umweltprüfung zu unterziehen. Wie gesehen führen Standortausschlüsse in der Regel zu einer geographischen Verschiebung der Projektverwirklichung. Nur eine Umweltprüfung der zur Auswahl stehenden Standortalternativen kann der Behörde eine ausreichende Entscheidungsgrundlage liefern, an welcher Stelle Standortausschlüsse den größten ökologischen Nutzen versprechen. Der Festsetzung von Standortausschlüssen kann dabei eine der positiven Standortausweisung vergleichbare Wirkung zukommen. Insgesamt können daher auch reine Negativplanungen einer Umweltprüfungspflicht nach Art. 3 Abs. 2 lit. a SUP-RL unterliegen[234].

3. Die obligatorische Umweltprüfung nach Art. 3 Abs. 2 lit. b SUP-RL

Art. 3 Abs. 2 lit. b SUP-RL sieht eine zwingende Umweltprüfungspflicht für Pläne und Programme i.S.d. Art. 2 lit. a SUP-RL vor, bei denen angesichts ihrer voraussichtlichen Auswirkungen auf geschützte Gebiete eine Verträglichkeitsprüfung nach Art. 6 oder 7 der FFH-RL für erforderlich erachtet wird. Eine Verträglichkeitsprüfung nach Art. 6 Abs. 3 und 4 FFH-RL ist vorzunehmen, wenn Pläne oder Projekte, die nicht unmittelbar mit der Verwaltung des Gebietes in Verbindung stehen oder hierfür nicht notwendig sind, ein Schutzgebiet

---

[233] *Hendler*, NuR 2003, S.2, 7.

[234] So ebenfalls *Hendler*, NuR 2003, S.2, 7; *Lell*, uvp-report, Sonderheft zum UVP-Kongress 2002, S.11, 15; a.A. *Pietzcker / Fiedler*, DVBl. 2002, S.929, 930.

i.S.d. FFH-RL einzeln oder in Zusammenwirkung mit anderen Plänen und Projekten erheblich beeinträchtigen können. Nach Art. 7 FFH-RL gilt dies auch für Beeinträchtigungen von Vogelschutzgebieten nach Art. 4 der Vogelschutzrichtlinie. Umgesetzt wurden diese Vorschriften in den §§ 32 ff., insbesondere in §§ 34, 35 des BNatSchG[235], wobei jedoch der Verweis in Art. 3 Abs. 2 lit. b SUP-RL am maßgeblichen Gemeinschaftsrecht anknüpft und daher unabhängig von nationalen Umsetzungsakten zu beurteilen ist.

Der Wortlaut des Art. 3 Abs. 2 lit. b SUP-RL stellt lediglich darauf ab, ob eine Verträglichkeitsprüfung i.S.d. FFH-RL "für erforderlich erachtet wird". Auf eine etwaige Unzulässigkeit des Plans oder Programms wegen einer Beeinträchtigung der Erhaltungsziele des betroffenen FFH-Gebietes nach Art. 6 Abs. 3 Satz 2 FFH-RL oder auf das Eingreifen der Ausnahmeregelung nach Art. 6 Abs. 4 FFH-RL kommt es im Hinblick auf die Umweltprüfungspflichtigkeit des jeweiligen Plans oder Programms nicht an.

a) Geschützte Gebiete

Voraussetzungen einer Verträglichkeitsprüfung sind das Vorliegen eines Gebietes, dass unter den Schutz der FFH-RL fällt, und Pläne oder Projekte, die einzeln oder im Zusammenwirken mit anderen Plänen und Projekten dieses Gebiet erheblich beeinträchtigen können. Welche Gebiete konkret unter den Anwendungsbereich der FFH-RL bzw. der Vogelschutzrichtlinie fallen, ist bislang jedoch noch nicht in allen Fällen geklärt. Grund hierfür ist die schleppende nationale Umsetzung der Richtlinien.

(1) Schutzgebiete i.S.d. FFH-RL

Art. 6 FFH-RL dient dem Schutz besonderer Gebiete. Diese Schutzgebiete werden aufgrund der in Art. 3 bis 5 FFH-RL vorgesehenen Verfahren identifiziert und festgelegt.

(a) Gebiete von gemeinschaftlicher Bedeutung

Die Festlegung eines Schutzgebietes i.S.d. Natura 2000-Netzwerkes erfolgt nach Art. 4 der FFH-RL in mehreren Verfahrensstufen. Nachdem gem. Art. 4 Abs.1 UAbs. 2 FFH-RL die Mitgliedstaaten eine Meldeliste mit in Frage kommenden Gebieten an die Kommission weitergeleitet haben (Phase I), wird in einem zweiten Schritt der Entwurf einer Gemeinschaftsliste erarbeitet (Phase II). Die

---

[235] Ehemals §§ 19 c, d BNatSchG vor Inkrafttreten des Gesetzes zur Neuregelung des Rechts des Naturschutzes und der Landschaftspflege und zur Anpassung anderer Rechtsvorschriften (BNatSchGNeuregG) am 26. März 2002, BGBl. I S.1193 ff. Zur Kritik an einer unzureichenden Umsetzung der gemeinschaftsrechtlichen Vorgaben siehe das Ersuchen der EU-Kommission um Stellungnahme der Bundesregierung zur unzureichenden Umsetzung der FFH-RL durch die 2. Novelle zum BNatSchG und das BauGB, Schreiben der Kommission vom 4.4.2000 - SG (2000) D 102823, abgedruckt in NuR 2000, S.625 ff., sowie *Wirths*, NuR 2003, S.150 ff.; *Stüer*, DVBl. 2002, S.940, 947 f. jeweils m.w.N.

Kommission wählt dabei nach Art. 4 Abs. 2 UAbs. 1 FFH-RL im Einvernehmen mit dem jeweiligen Mitgliedstaat aus den vorliegenden Meldelisten diejenigen Meldegebiete aus, denen eine gemeinschaftliche Bedeutung zukommt. Dieser Entwurf einer Liste der Gebiete von gemeinschaftlicher Bedeutung wird zur fachlichen Prüfung einem Habitatausschuss zugeleitet. Stimmt dieser dem Entwurf zu, so teilt die Kommission den Mitgliedstaaten die beschlossene Liste (Kommissionsliste) in Form einer Entscheidung mit. Gemäß Art. 4 Abs. 4 FFH-RL obliegt es im Anschluss daran den Mitgliedstaaten, die aufgeführten Gebiete von gemeinschaftlicher Bedeutung im Rahmen des nationalen Rechts unter Schutz zu stellen, wobei ein Gebiet nach Art. 4 Abs. 5 FFH-RL bereits ab dem Zeitpunkt der Aufnahme in die Kommissionsliste dem Schutzregime der Art. 6 Abs. 2 bis 4 FFH-RL unterliegt. Für Gebiete, die nach Ansicht der Kommission fälschlicherweise nicht in die Vorschlagslisten der Mitgliedstaaten aufgenommen wurden, sieht Art. 5 FFH-RL ein bilaterales Konzertierungsverfahren vor, wobei letztlich den einzelnen Mitgliedstaaten ein Vetorecht gegen die Auswahl des Gebietes als Gebiet von gemeinschaftlicher Bedeutung zusteht[236].

Soweit ein FFH-Gebiet vorliegt bzw. das Gebiet in die Kommissionsliste aufgenommen wurde, richtet sich die Vornahme einer Verträglichkeitsprüfung nach dem Vorliegen der weiteren Voraussetzungen des Art. 6 Abs. 3 Satz 1 FFH-RL. Die Bundesrepublik Deutschland war bislang jedoch nicht in der Lage, eine vollständige Meldeliste an die Kommission weiterzuleiten[237], weshalb deutsche Gebiete noch nicht in die Gemeinschaftsliste aufgenommen werden konnten[238]. Deutsche FFH-Gebiete existieren somit bislang nicht.

Eine direkte Anwendung der Art. 6 Abs. 3, 4 FFH-RL findet in Deutschland derzeit nur im Zusammenhang mit einigen wenigen Vogelschutzgebieten i.S.d. Art. 7 FFH-RL statt. Gleichwohl zeigt die FFH-RL bereits vor ihrer vollständigen Umsetzung beträchtliche Auswirkungen auf das nationale Planungs- und Zulassungsrecht. Gekennzeichnet ist dieser Einfluss durch die Anerkennung sog. "potentieller FFH-Gebiete" durch die Rechtsprechung des Bundesverwaltungsgerichts[239].

---

236 Art. 5 Abs. 3 FFH-RL fordert einen einstimmigen Ratsbeschluss.

237 Siehe die Verurteilung der Bundesrepublik Deutschland durch den EuGH vom 11. September 2001, Rs. 71/99 = NVwZ 2002, S.461 f.

238 *Gellermann*, uvp-report, Sonderheft zum UVP-Kongress 2002, S.101, 102; *Nebelsieck*, uvp-report, Sonderheft zum UVP-Kongress 2002, S.120, 121; eine Übersicht über die Meldung der deutschen FFH- und Vogelschutzgebiete zur Schaffung des ökologischen Netzes Natura 2000 findet sich auf den Internetseiten des Bundesumweltministeriums, http://www.bmu.de/sachthemen/natbio/ffh_tabelle.php.

239 Vgl. dazu auch *Schink*, DÖV 2002, S.45, 48; *Mecklenburg*, UPR 2002, S.124 ff.; *Fl. Kirchhof*, NuR 2001, S.666 ff.; *Louis*, uvp-report 2001, S.61 f.; sowie EuGH NuR 1992, S.249 f.; EuGH NuR 1997, S.36 f.; BVerwGE 107, 1 = NuR 1998, S.544; BVerwGE 110, 302 = NuR 2000, S.448; BVerwGE 112, 140 = NuR 2001, S.216.

(b) Potentielle FFH-Gebiete

Ein potentielles FFH-Gebiet liegt vor, wenn die sachlichen Kriterien nach Art. 4 Abs. 1 FFH-RL erfüllt sind, die Aufnahme in ein kohärentes Netz mit anderen Gebieten sich geradezu aufdrängt und der Mitgliedstaat die FFH-RL noch nicht vollständig umgesetzt hat[240]. Damit werden potentielle FFH-Gebiete bis zur abschließenden Aufnahme aller deutschen FFH-Gebiete in die Liste der Gebiete von gemeinschaftlicher Bedeutung existieren[241].

(aa) Anwendbares Schutzregime

Aus dem Gebot der Vertragstreue leitet das Bundesverwaltungsgericht unter Berufung auf den EuGH[242] für diese Gebiete ab, dass der Mitgliedstaat bereits vor Umsetzung der Richtlinie verpflichtet sei, die Ziele der Richtlinie nicht zu unterlaufen und durch eigenes Verhalten keine vollendeten Tatsachen zu schaffen, die ihm später die Erfüllung der ihm aus der Beachtung der Richtlinie gemäß Art. 5 Abs. 2 i.V.m. Art. 189 Abs. 3 EGV (Maastricht; Art. 10 Abs. 2 i.V.m. Art. 249 Abs. 3 EGV) erwachsenen Pflichten unmöglich machen. Den Mitgliedstaat trifft insoweit eine Stillhaltepflicht[243]. Das Schutzregime entspricht jedoch ausdrücklich noch nicht dem des Art. 6 FFH-RL[244]. Von einer unmittelbaren Wirkung des Art. 6 Abs. 3 FFH-RL hat das Bundesverwaltungsgericht grundsätzlich abgesehen.

Dem Gericht ist zuzustimmen, wenn es auf eine unmittelbare Anwendung der FFH-RL verzichtet. Die Voraussetzungen hierfür wären eine mangelhafte Umsetzung der Richtlinie bei erfolgtem Fristablauf sowie inhaltlich unbedingte und hinreichend genaue Richtlinienbestimmungen[245]. Während die ersten beiden Kriterien auf die Umsetzung der FFH-RL zutreffen ergeben sich Zweifel bezüglich der inhaltlichen Unbedingtheit. Inhaltlich unbedingt ist eine Richtlinienbe-

---

[240] BVerwGE 107, 1, 21 f.

[241] Darüber hinaus kommt die Figur des potentiellen FFH-Gebietes auch nach Erstellung der Kommissionsliste für die Fälle in Betracht, in denen es sich geradezu aufdrängt, dass ein Mitgliedstaat aufgrund der Erkenntnisse seiner Überwachung der durch die Richtlinie geschützten Arten und Lebensräumen eine Anpassung der Liste der Schutzgebiete von gemeinschaftlicher Bedeutung i.S.d. Art. 4 Abs. 1 Satz 4 FFH-RL veranlassen müsste, dies aber unterlässt.

[242] EuGH vom 18. Dezember 1997, Rs. C-129/96 (Inter-Environnement Wallonie ASBL / Région Wallone), Rn. 44 ff. = EuZW 1998, S.167, 170.

[243] BVerwGE 107, 1, 22.

[244] BVerwGE 112, 140, 156.

[245] Ständige Rechtsprechung des EuGH, z.B. EuGH vom 5. April 1979, Rs. 148/78, Rn. 22; EuGH vom 27. Juni 1989, Rs. 50/88 (Kühne / Finanzamt München III), Rn. 23; EuGH vom 30. April 1996, Rs. C-194/94 (CIA Security International), Rn. 42, siehe *Ruffert*, in: *Calliess / Ruffert*, EUV / EGV, Art 249, Rn. 73 ff. m.w.N.; ebenso das BVerfG in BVerfGE 75, 223, 237 f.

stimmung, wenn sie vorbehaltlos und ohne Bedingung anwendbar ist und keiner weiteren Maßnahme der Organe der Mitgliedstaaten oder der Gemeinschaft bedarf[246]. Zur Anwendung des Schutzregimes des Art. 6 der FFH-RL bedarf es notwendigerweise der Festlegung von FFH-Schutzgebieten. Indes sehen die Art. 4 und 5 der FFH-RL diverse Verfahrensakte zwischen den Mitgliedstaaten und der Kommission vor, bevor ein FFH-Gebiet abschließend als Gebiet mit gemeinschaftlicher Bedeutung festgelegt wird. Insbesondere ist die Entscheidung über die Gebiete von gemeinschaftlicher Bedeutung nach Art. 4 Abs. 2 UAbs. 1 FFH-RL im Einvernehmen mit den Mitgliedstaaten zu treffen. Kann ein Mitgliedstaat aber die Auswahl eines Gebietes in den Bestand des Natura 2000 Netzes durch Verfahrenshandlungen auf dieser Ebene noch verhindern, so beansprucht die FFH-RL nicht bedingungslose Geltung für einmal gemeldete Gebiete i.S.d. Art. 4 Abs. 1 FFH-RL. Insofern kann nicht von einer inhaltlichen Unbedingtheit des Art. 6 Abs. 3 FFH-RL ausgegangen werden[247].

Ein weiteres Argument ergibt sich aus Sinn und Zweck der Schaffung potentieller FFH-Gebiete. Die für potentielle FFH-Gebiete i.S.d. Rechtsprechung des Bundesverwaltungsgerichts vorgezogenen Verhaltenspflichten beziehen sich darauf, die Erfüllung der durch die Richtlinie begründeten Pflichten nicht unmöglich zu machen. Die gemeinschaftsrechtliche Vorwirkung verhindert im Interesse des Habitatschutzes, dass Gebiete, deren Schutzwürdigkeit nach der FFH-RL auf der Hand liegt, zerstört oder anderweitig so nachhaltig beeinträchtigt werden, dass sie für eine Meldung nicht mehr in Betracht kommen[248]. Die Vorwirkung trägt damit bereits den Zielen der unmittelbaren Anwendung einer Richtlinie Rechnung, namentlich der Wahrung der praktischen Wirksamkeit der Richtlinie („effet utile“) und des Grundsatzes von Treu und Glauben. Einer unmittelbaren Anwendung der FFH-RL bedarf es auch aus diesem Grunde nicht.

Notwendige Voraussetzung der unmittelbaren Anwendbarkeit einer Richtlinienbestimmung bleibt ihre inhaltliche Unbedingtheit. Aufgrund der den Mitgliedstaaten eingeräumten Einflussnahme auf die Auswahl der Gebiete von gemeinschaftlicher Bedeutung, insbesondere durch das Erfordernis einer einvernehmlichen Bestimmung der Gebiete nach Art. 4 Abs. 2 UAbs. 1 FFH-RL, mangelt es jedoch bei der Schutzgebietsfestsetzung nach den Vorgaben der FFH-RL an

---

[246] EuGH vom 3. April 1968, Rs. 28/67 (Molkerei-Zentrale / Hauptzollamt Paderborn), Slg. 1968, S.215, 230 f.; EuGH vom 4. Dezember 1974, Rs. 41/74 (van Duyn / Home Office), Rn. 13 f.; EuGH vom 12. Mai 1987, Verb. Rs. 372-374/85 (Traen), Rn. 25; EuGH vom 20. September 1988, Rs. 31/87 (Beentjes / Niederländischer Staat), Rn. 43; EuGH vom 19. Januar 1982, Rs. 8/81 (Becker), Rn. 25; EuGH vom 23. Februar 1994, Rs. C-236/92 (Comitato di coordinamento per la difesa della Cava/Regione Lombardia), Rn. 9.

[247] Die Unbedingtheit aber bejahend *Winter*, ZUR 2002, S.313, 317; *Berner*, S.144; *Fischer-Hüftle*, ZUR 1999, S.66, 72; *Schink*, GewArch 1998, S.41, 47; *Fl. Kirchhof*, NuR 2001, S.666, 668 f.

[248] BVerwGE 112, 140, 157.

einer solchen Unbedingtheit. Ohne das Vorliegen eines besonderen Schutzgebietes i.S.d. FFH-RL läuft die Anwendbarkeit der Art. 6 Abs. 3, 4 FFH-RL indes leer. Im Gegensatz zur Vogelschutzrichtlinie[249] verhindert damit das in der FFH-RL besonders ausgestaltete Verfahren der Schutzgebietsfestsetzung die unmittelbare Anwendung der Richtlinienbestimmungen[250].

(bb) Gebiete mit prioritären Lebensraumtypen oder Arten

Zum Teil wird dieses Ergebnis für solche Gebiete angezweifelt, in denen auf Grund des Vorkommens prioritärer natürlicher Lebensräume bzw. Arten eine Aufnahme in die Liste der Gebiete von gemeinschaftlicher Bedeutung vorgesehen ist[251]. Bezug genommen wird insoweit auf Anhang III Phase 2 sub. 1 der FFH-RL, nach dem alle von den Mitgliedstaaten in Phase I ermittelten Gebiete, die prioritäre natürlich Lebensraumtypen bzw. Arten beherbergen, als Gebiete von gemeinschaftlicher Bedeutung betrachtet werden.

Zu beachten ist zunächst eine Entscheidung des 6. Senats des Bundesverwaltungsgerichts zum Ermessensspielraum der Mitgliedstaaten bei der Meldung von Gebieten i.S.d. Art. 4 Abs. 1 Satz 1 FFH-RL. Der Senat ist darin der Auffassung, die Mitgliedstaaten hätten solche Gebiete ausnahmslos zu melden, explizit entgegen getreten[252]. Das Vorkommen natürlicher Lebensraumtypen oder Arten sei bei der Auswahlentscheidung der Mitgliedstaaten zwar ihrer besonderen Bedeutung entsprechend zu berücksichtigen, eine Ermessensreduzierung auf Null im Rahmen des naturschutzfachlichen Beurteilungsspielraums der Mitgliedstaaten bei der Aufnahme eines Gebietes in die nationale Vorschlagsliste könne indes auch in diesen Fällen nicht angenommen werden. Legt man diese Rechtsprechung zugrunde, so mangelt es bereits zu Beginn von Phase I der Schutzgebietsbestimmung an einer inhaltlichen Unbedingtheit der FFH-RL, da das Vorkommen eines prioritären Lebensraumtyps oder einer prioritären Art keine hinreichende Voraussetzung für die Ausweisung eines Gebietes als Gebiet mit gemeinschaftlicher Bedeutung darstellt, solange den Mitgliedstaaten noch ein irgendwie gearteter Ermessensspielraum bei der Meldung der Gebiete verbleibt.

---

[249] Vgl. die Ausführungen zu Vogelschutzgebieten, Gliederungspunkt C.II.3.a)(2).

[250] Ebenso *Schmitz*, ZUR 1996, S.12, 13; *Erbguth / Stollmann*, DVBl. 1997, S.453, 454.; *Gellermann*, uvp-report, Sonderheft zum UVP-Kongress 2002, S.101, 102 f.; eine unmittelbare Anwendung ebenfalls ablehnend *Mecklenburg*, UPR 2002, S.124, 128; *Wichert*, Natura 2000, S.173 ff.; *Schliesky*, DVBl. 2003, S.631, 640.

[251] So GA *Léger*, Schlussanträge v. 7.3.2000 in der Rs. C-371/98, Rn. 47; *Gellermann*, Natura 2000, S.57; *Halama*, Die FFH-Richtlinie - unmittelbare Auswirkungen auf das Planungs- und Zulassungsrecht, in: *Gesellschaft für Umweltrecht e.V.* (Hrsg.), 24. wissenschaftlichen Fachtagung, S.146, 154; *Cosack*, UPR 2002, S.250; *Möstl*, DVBl. 2002, S.726, 730.

[252] BVerwG, DVBl. 2001, 375 ff., 376 f. (Monbijou).

Die Ablehnung einer zwingenden Ausweisung als Gebiet mit gemeinschaftlicher Bedeutung aufgrund prioritärer Lebensraumtypen oder Arten begründet sich zudem aus der Systematik der FFH-RL selbst. Maßgeblich abzustellen ist auf das Erfordernis der einvernehmlichen Aufstellung des Entwurfs einer Liste der Gebiete von gemeinschaftlicher Bedeutung nach Art. 4 Abs. 2 UAbs. 1 FFH-RL. Nimmt man dieses Einvernehmen ernst, so darf Anhang III Phase 2 sub. 1 der FFH-RL den damit eröffneten Ermessensspielraum der Mitgliedstaaten nicht über eine Bestimmung im Anhang der FFH-RL wieder nehmen. Wird insoweit auf Art. 4 Abs. 2 UAbs. 1 a.E. FFH-RL Bezug genommen, wonach die Gebiete mit prioritären Lebensraumtypen oder Arten in dem Entwurf einer Liste der Gebiete von gemeinschaftlicher Bedeutung auszuweisen sind, so darf nicht übersehen werden, dass dieser Vorschrift ebenso durch eine besondere Kenntlichmachung dieser Gebiete entsprochen werden kann[253]. Eine zwingende Beschränkung des Einvernehmens für die Aufnahme von Gebieten ohne prioritäre Lebensraumtypen oder Arten lässt sich hieraus nicht ableiten. Zwar wird der Ermessenspielraum der Mitgliedstaaten bezüglich der Versagung ihrer Zustimmung bei Gebieten mit prioritären Lebensraumtypen oder Arten erheblich eingeschränkt sein, eine Ermessensreduzierung auf Null liegt indes nicht vor. Sehen sich die Mitgliedstaaten somit einer Soll-Aufnahme dieser Gebiete in die Liste der Gebiete von gemeinschaftlicher Bedeutung gegenüber, gibt es dennoch Ausnahmefälle, die eine Aufnahme eines Gebietes mit prioritären Lebensraumtypen oder Arten in das Natura 2000 Netz verhindern können.

Unter Bezugnahme auf Anhang II Phase 2 sub. 1 FFH-RL gesteht dagegen der 4. Senat des Bundesverwaltungsgerichts der Kommission bei Vorliegen eines prioritären Lebensraumtyps keinen Auswahlspielraum zu[254]. Ob damit die Entscheidung über die Aufnahme in den Entwurf einer Liste der Gebiete von gemeinschaftlicher Bedeutung oder die Entscheidung über die abschließende Festlegung der Gebiete von gemeinschaftlicher Bedeutung gemeint ist, bleibt offen. Ist die Kommission aber nur gezwungen, den Mitgliedstaaten Gebiete mit prioritären Lebensraumtypen oder Arten für den Entwurf einer Liste für Gebiete von gemeinschaftlicher Bedeutung vorzuschlagen, so hat dies keinen Einfluss auf das Erfordernis der einvernehmlichen Schutzgebietsfestsetzung. Ein Ermessensspielraum der Mitgliedstaaten innerhalb dieser Entscheidung bliebe bestehen.

---

253 Hierfür spricht insbesondere die englische Richtlinienfassung, die in diesem Zusammenhang von „identifying those which host one or more priority natural habitat types or priority species" spricht. Ebenso *Koch*, Die Beteiligung der Mitgliedstaaten in der „zweiten Phase" der Ermittlung von FFH-Gebieten, in: *Hendler / Marburger / Reinhard / Schröder* (Hrsg.), Jahrbuch des Umwelt- und Technikrechts 2002 (UTR 62), S.69, 82 ff., unter Bezugnahme auf weitere Sprachfassungen der Richtlinie; a.A. *Gellermann*, Natura 2000, S.57.

254 BVerwG, NVwZ 2002, 1243, 1244.

Der 4. Senat nimmt sich dieser Problematik nicht an und geht in seiner Entscheidung von einem durch Anhang II Phase 2 sub. 1 FFH-RL ausgelösten „Automatismus“ der Aufnahme des Gebietes mit prioritären Lebensraumtypen oder Arten in die Kommissionsliste aus. Die dieser Regelung zugrunde liegende Wertung rechtfertige es, Vorhaben in diesen Gebieten dem strengen Regime der Art. 6 Abs. 3, 4 FFH-RL zu unterwerfen, während für sonstige potentielle FFH-Gebiete die vom Bundesverwaltungsgericht anerkannte gemeinschaftsrechtliche Vorwirkung als Schutz ausreiche. Damit modifiziert er für Gebiete mit prioritären Lebensraumtypen oder Arten seine eigene Rechtsprechung zum allgemeinen Schutzregime in potentiellen FFH-Gebieten, das gerade keine direkte Anwendung von Art. 6 FFH-RL vorsah[255]. Ob der Senat für diesen Ausnahmefall damit von einer unmittelbaren Anwendbarkeit der Art. 6 Abs. 2 bis 4 FFH-RL i.S.d. Gemeinschaftsrechts ausgeht, wird in der Entscheidung nicht thematisiert. Aufgrund des vom Senat angenommenen „Automatismus“ scheint die Entscheidung indes von einer inhaltlichen Unbedingtheit der Schutzgebietsfestlegung und damit von einer unmittelbaren Anwendbarkeit der Art. 6 Abs. 2 bis 4 FFH-RL auf Gebiete mit prioritären Lebensraumtypen oder Arten auszugehen.

Letztlich stellt sich die Frage, ob man im Rahmen des Verfahrens der Festlegung eines besonderen Schutzgebietes i.S.d. FFH-RL dem Element der mitgliedstaatlichen Zustimmung oder dem Habitatschutz als Ziel der Richtlinie Vorrang einräumt. Betont man ersteres, so stellt das Erfordernis des Einvernehmens mit den Mitgliedstaaten trotz aller naturschutzfachlichen Gegebenheiten ein die Unbedingtheit der Schutzgebietsfestsetzung hinderndes Kriterium dar. Legt man mehr Wert auf Sinn und Zweck der FFH-RL, so setzt man bei hinreichender naturschutzfachlicher Ausgangslage im Geiste des „effet utile“ an die Stelle der Ermessensspielräume der Mitgliedstaaten zwingende Festsetzungspflichten, die eine unmittelbaren Anwendbarkeit der Art. 6 Abs. 2 bis 4 FFH-RL ermöglichen. Vorzugswürdig sollte ein Kompromiss sein, der sowohl dem Habitatschutz als auch den berechtigten Interessen der Mitgliedstaaten Rechnung trägt. Dieser Kompromiss findet sich in der Berücksichtigung der naturschutzfachlichen Gesichtspunkte im Rahmen der Entscheidung über die Aufnahme von Gebieten in die Kommissionsliste. Durch die Beschränkung des Ermessens der Mitgliedstaaten im Hinblick auf die Erteilung ihres Einvernehmens, insbesondere in Fällen von Gebieten mit prioritären Lebensraumtypen oder Arten, wird dem Ziel des Habitatschutzes größtmöglicher Einfluss auf die letztendlich vorzunehmende Auswahlentscheidung eingeräumt. Eine Ermessensreduzierung auf Null und die damit einhergehende vollständige

[255] BVerwGE 112, 140, 156; gleichzeitig widerspricht die Entscheidung damit der Auffassung des 6. Senats, BVerwG, DVBl. 2001, 375 ff., 376 f. (Monbijou), der einen verbleibenden Ermessensspielraum der Mitgliedstaaten bei der Meldung von Gebieten mit prioritären Lebensraumtypen oder Arten feststellte. Es kann nämlich nicht sein, dass diese Gebiete zwar nicht zwingend von den Mitgliedstaaten gemeldet werden müssen, andererseits aber nach erfolgter Meldung ausnahmslos zu Gebieten von gemeinschaftlicher Bedeutung werden.

reduzierung auf Null und die damit einhergehende vollständige Verdrängung des in der FFH-RL angelegten Zustimmungsprinzips ist hingegen nicht geboten. Für die unmittelbare Anwendbarkeit der Art. 6 Abs. 3, 4 FFH-RL bedeutet dies, dass auch bei Gebieten mit prioritären Lebensraumtypen oder Arten aufgrund eines den Mitgliedstaaten verbleibenden Einflusses auf die Festlegung eines Gebietes von gemeinschaftlicher Bedeutung nicht von einer inhaltlichen Unbedingtheit der Schutzgebietsfestsetzungen ausgegangen werden kann. Damit liegen die gemeinschaftsrechtlichen Voraussetzungen einer unmittelbaren Anwendung der Art. 6 Abs. 3, 4 FFH-RL auch bei diesen Gebieten letztlich nicht vor.

(cc) Gemeldete Gebiete i.S.d. Art. 4 Abs. 1 Satz 1 FFH-RL

Umstritten ist, welchem Schutzregime von den Mitgliedstaaten gemeldete Gebiete i.S.d. Art. 4 Abs. 1 Satz 1 FFH-RL vor Aufnahme in die Liste der Gebiete von gemeinschaftlicher Bedeutung unterliegen. Nach Art. 4 Abs. 5 FFH-RL beginnt das Schutzregime der Art. 6 Abs. 2 bis 4 FFH-RL erst ab dem Zeitpunkt der Aufnahme eines Gebietes in die Kommissionsliste. Andererseits zählen von den Mitgliedstaaten gemeldete Gebiete nicht zur Gruppe der „potentiellen FFH-Gebiete“, da der Mitgliedstaat mit der Meldung des Gebietes seiner Umsetzungsverpflichtung aus Art. 4 Abs. 1 Satz 1 FFH-RL nachgekommen ist.

Zum Teil wird auch hier erwogen, die Art. 6 Abs. 2 bis 4 FFH-RL auf diese Gebiete unmittelbar anzuwenden[256]. Diese Ansicht begegnet indes denselben Bedenken wie eine unmittelbare Anwendbarkeit des Schutzregimes auf potentielle FFH-Gebiete. Maßgeblich ist wiederum die inhaltliche Unbedingtheit der Schutzgebietesfestsetzung und damit das Erfordernis der einvernehmlichen Aufnahme eines Gebietes in den Entwurf einer Kommissionsliste nach Art. 4 Abs. 2 UAbs. 1 FFH-RL.

Zwar wird geltend gemacht, durch die Meldung eines Gebietes bringe der Mitgliedstaat seine grundsätzliche Zustimmung mit der Aufnahme dieses Gebietes in die Kommissionsliste zum Ausdruck, so dass das in der FFH-RL verankerte Zustimmungsprinzip gewahrt sei[257]. Diese Argumentation verkennt indes, dass den Mitgliedstaaten bei der Wahl der zu meldenden Gebiete lediglich ein eingeschränkter, naturschutzfachlicher Ermessensspielraum zusteht[258]. Eine freiwillige Auswahl des gemeldeten Gebietes durch den Mitgliedstaat findet nicht statt,

---

[256] Siehe dazu *Schröder*, Rechtsfragen des Interimsschutzes bei Meldegebieten nach der FFH-Richtlinie, in: *Hendler / Marburger / Reinhard / Schröder* (Hrsg.), Jahrbuch des Umwelt- und Technikrechts 2002 (UTR 62), S.99, 107 ff., m.w.N.

[257] *Schröder*, Rechtsfragen des Interimsschutzes bei Meldegebieten nach der FFH-Richtlinie, in: *Hendler / Marburger / Reinhard / Schröder* (Hrsg.), Jahrbuch des Umwelt- und Technikrechts 2002 (UTR 62), S.99, 108.

[258] BVerwG, DVBl. 2001, 375, 376 (Monbijou).

so dass nach Auswahl durch die Kommission nicht automatisch von einer einvernehmlichen Aufnahme des gemeldeten Gebietes in die Liste mit Gebieten von gemeinschaftlicher Bedeutung ausgegangen werden darf[259]. Damit mangelt es auch bei von einem Mitgliedstaat gemeldeten Gebieten an der für eine unmittelbare Anwendbarkeit der Art. 6 Abs. 3, 4 FFH-RL notwendigen inhaltlichen Unbestimmtheit.

(c) Anwendung des Art. 3 Abs. 2 lit. b SUP-RL auf potentielle FFH-Gebiete

Es stellt sich nun die Frage, ob die Verweisung des Art. 3 Abs. 2 lit. b SUP-RL auch dann einschlägig ist, wenn eine Verträglichkeitsprüfung nicht nach Art. 6 Abs. 3 FFH-RL für erforderlich gehalten wird, sondern eine Verträglichkeitsprüfung vielmehr nur aus Gründen der gemeinschaftsrechtlichen Vorwirkung durchgeführt wird.

Dem Wortlaut nach stellt die Anwendbarkeit der Art. 6 und 7 FFH-RL eine notwendige Voraussetzung der Umweltprüfungspflicht nach Art. 3 Abs. 2 lit. b SUP-RL dar. Lehnt man nun die unmittelbare Anwendung des Art. 6 FFH-RL in den Fällen potentieller FFH-Gebiete ab, so entfiele auch die Umweltprüfungspflicht nach Art. 3 Abs. 2 lit. b SUP-RL.

Für die Durchführung einer Umweltprüfung spricht, dass dem Mitgliedstaat ansonsten durch die Nichtumsetzung der FFH-RL eine Privilegierung zugute käme. Die öffentlichen Planungsträger würden sich nur auf Grund des Fehlens von FFH-Gebieten die Durchführung der für sie mit zusätzlichem Verwaltungsaufwand und Kosten verbundenen SUP ersparen. Dieser Mehraufwand wäre hingegen bei Anwendung des Art. 3 Abs. 2 lit. b SUP-RL auf die Verträglichkeitsprüfung bei potentiellen FFH-Gebieten ein zusätzlicher Anreiz für die Mitgliedstaaten, die FFH-RL endlich umzusetzen, da die Zahl der tatsächlich in die Gemeinschaftsliste aufgenommenen Gebiete von gemeinschaftlicher Bedeutung geringer ist als die der potentiellen FFH-Gebiete. Nach erfolgter Umsetzung der Richtlinie entfiele daher für einige dieser Gebiete die Notwendigkeit einer Verträglichkeitsprüfung und damit einhergehend die Umweltprüfungspflicht nach Art. 3 Abs. 2 lit. b SUP-RL.

Neben diesen auf dem Gedanken des „effet utile" aufbauenden Argumenten lässt sich zudem die Systematik der SUP-RL anführen, die durch die Verweisung in Art. 3 Abs. 2 lit. b SUP-RL ersichtlich von einer abgeschlossenen Umsetzung der FFH-RL ausgeht[260]. Das Versäumnis der Umsetzung beträfe neben der FFH-RL selbst nun auch wichtige Elemente einer weiteren Richtlinie. Für

---

259 Dies gilt für Gebiete mit und ohne prioritäre Lebensraumtypen oder Arten; vgl. soeben Gliederungspunkt C.II.3.a)(1)(b)(bb).

260 Immerhin hätte die Kommissionsliste bis zum 5. Juni 1998 erstellt werden sollen. Die Umsetzung der SUP-RL hat bis zum 21. Juli 2004 zu erfolgen, d.h. es liegt eine Zeitdifferenz von mehr als sechs Jahren vor!

die FFH-RL gilt, dass es ohne besondere Schutzgebiete, an die sich die beabsichtigten rechtlichen Schutzwirkungen anknüpfen lassen, am sächlichen Substrat fehlt[261]. Ebenso ergeht es Teilen der SUP-RL, wenn dort auf die an die FFH-Gebiete anknüpfende Verträglichkeitsprüfung Bezug genommen wird. Diese Kettenwirkung ließe sich vermeiden, wenn im Rahmen der gemeinschaftsrechtlichen Vorwirkung auch im Falle potentieller FFH-Gebiete bei Durchführung einer Verträglichkeitsprüfung die Verweisung des Art. 3 Abs. 2 lit. b SUP-RL greifen und eine Umweltprüfungspflicht entstehen würde.

Ob all diese Argumente letztlich dazu in der Lage sind, eine Pflicht zur Durchführung einer Umweltprüfung durch Fiktion einer Verträglichkeitsprüfung nach Art. 6 Abs. 3 FFH-RL zu begründen, erscheint indes zweifelhaft. Neben dem entgegenstehenden Wortlaut bedarf es vor allem der Besinnung auf Sinn und Zweck der Schaffung potentieller FFH-Gebiete durch das Bundesverwaltungsgericht. Der Mitgliedstaat sollte den Zeitraum vor der vollständigen Umsetzung der FFH-RL nicht dazu nutzen dürfen, die Ziele der Richtlinie zu unterlaufen und vollendete Tatsachen zu schaffen, die ihm später die Pflicht zur Unterschutzstellung der in die Kommissionsliste aufgenommenen Gebiete unmöglich gemacht hätten. Vordringliches Ziel der FFH-RL ist der Habitatschutz. Folglich konzentrierte sich das Bundesverwaltungsgericht in seinen Entscheidungen darauf, diesen Habitatschutz schon vor Umsetzung der Richtlinie zu gewährleisten. Bei korrekter Umsetzung wäre diese Aufgabe der Verträglichkeitsprüfung nach Art. 6 Abs. 3 Satz 2 FFH-RL zugekommen, deren Rechtsfolge, abgesehen von den in Art. 6 Abs. 4 aufgeführten Ausnahmen, ein Scheitern des geplanten Projekts oder Plans vorsieht. Das Instrument der Umweltprüfung ist dagegen nicht in der Lage, den von der FFH-RL intendierten Habitatschutz durchzusetzen. Die SUP-RL verfolgt mit der Einbeziehung von Umwelterwägungen in umwelterheblichen Planungsverfahren eigene Ziele, die nicht unbedingt mit dem Ziel des Habitatschutzes übereinstimmen müssen[262]. Zudem wird der im Rahmen der SUP erstellte Umweltbericht gemäß Art. 8 SUP-RL bei der Entscheidungsfindung lediglich berücksichtigt. Ein Scheitern des Projektes oder des Plans aufgrund einer Umweltprüfung ist als Rechtsfolge nicht vorgesehen und vom Richtliniengeber auch nicht intendiert. Daneben bestehen Unterschiede in den jeweiligen Prüfungsinhalten einer SUP und einer Verträglichkeitsprüfung i.S.d. FFH-RL[263]. Erstreckt man die gemeinschaftsrechtliche Vorwirkung der

---

[261] *Halama*, Die FFH-Richtlinie - unmittelbare Auswirkungen auf das Planungs- und Zulassungsrecht, in: *Gesellschaft für Umweltrecht e.V.* (Hrsg.), 24. wissenschaftlichen Fachtagung, S.146, 151.

[262] So zählt Anhang I lit. f SUP-RL etliche weitere Aspekte auf, deren Beeinträchtigung das Vorliegen voraussichtlich erheblicher Umweltauswirkungen begründen kann und die Eingang in den Umweltbericht finden.

[263] Vgl. zu den Unterschieden zwischen der Umweltprüfung i.S.d. SUP-RL und der Verträglichkeitsprüfung i.S.d. FFH-RL Gliederungspunkt E.II.2.a).

potentiellen FFH-Gebiete auch auf die SUP-Pflicht, so leistet dies keinen über das vorliegende Schutzregime hinausgehenden Beitrag zur Sicherstellung der natürlichen Lebensräume und des Artenschutzes in den betroffenen Gebieten. Allein das war jedoch Sinn und Zweck der Figur der potentiellen FFH-Gebiete. Anders als das materielle Schutzregime der FFH-RL ist die Umweltprüfung ausdrücklich nur ein Verfahrensinstrument zum Schutze der Umwelt. Ein materieller Schutz, wie er durch die Schaffung der potentiellen FFH-Gebiete intendiert war, kann von einer SUP nicht geleistet werden.

Demgegenüber entstehen durch eine Versagung der Umweltprüfungspflichtigkeit von Plänen mit Einfluss auf potentielle FFH-Gebiete auch keine untragbaren Ausnahmen vom Anwendungsbereich der SUP-RL. Vielmehr wird der Pflicht zur Durchführung einer Umweltprüfung bei Plänen und Programmen mit erheblichen Umweltauswirkungen nach Art. 3 Abs. 1 SUP-RL auch ohne Anwendung des Art. 3 Abs. 2 lit. b SUP-RL bereits durch Art. 3 Abs. 2 lit. a SUP-RL und insbesondere durch die Auffangnorm des Art. 3 Abs. 4 SUP-RL lückenlos Genüge getan[264]. Ein zwingendes Bedürfnis hinsichtlich der Einbeziehung potentieller FFH-Gebiete in die Verweisung des Art. 3 Abs. 2 lit. b SUP-RL besteht damit seitens der SUP-RL nicht.

Die gemeinschaftsrechtliche Vorwirkung in potentiellen FFH-Gebieten führt daher letztlich nicht zu einer Umweltprüfungspflichtigkeit nach Art. 3 Abs. 2 lit. b SUP-RL.

(2) Schutzgebiete i.S.d. Vogelschutzrichtlinie

Art. 3 Abs. 2 lit. b SUP-RL umfasst in seiner Verweisung neben Art. 6 FFH-RL auch Art. 7 FFH-RL, der eine Verträglichkeitsprüfung nach Art. 6 Abs. 3 FFH-RL ebenfalls für anerkannte Schutzgebiete i.S.d. Art. 4 Abs. 1, 2 der Vogelschutzrichtlinie vorsieht. Liegt ein solches Vogelschutzgebiet vor, so richtet sich eine mögliche Umweltprüfungspflicht nach dem Vorliegen der weiteren Voraussetzungen des Art. 6 Abs. 3 FFH-RL.

(a) Faktische Vogelschutzgebiete

Nach der Rechtsprechung des EuGH existieren daneben sog. "faktische Vogelschutzgebiete"[265]. Dies sind Gebiete, die nicht als besondere Schutzgebiete i.S.d. Vogelschutzrichtlinie gemeldet sind, die jedoch aus ornithologischer Sicht für die Erhaltung der im Anhang I der Vogelschutzrichtlinie aufgeführten Vogelarten oder der in Art. 4 Abs. 2 der Vogelschutzrichtlinie genannten Zugvogelarten

---

[264] Vgl. zu Art. 3 Abs. 4 SUP-RL Gliederungspunkt C.II.4.b).

[265] EuGH vom 2. August 1993, Rs. C-355/90 (Kommission / Spanien; "Santoña") = NuR 1994, S.521; EuGH vom 11. Juli 1996, Rs. C-44/95 (Lappel Bank) = NuR 1997, S.36; EuGH vom 18. März 1999, Rs. C-166/97 (Seine-Mündung) = NuR 1999, S.501; vgl. bereits EuGH vom 28. Februar 1991, Rs. C-57/89 (Leybucht) = NuR 1991, S.249; ebenso BVerwG, NuR 1998, S.649, 651.

von so hervorragender Bedeutung sind, dass sie zwangsläufig im betreffenden Mitgliedstaat zu den zahlen- und flächenmäßig geeignetsten Ausweisungsgebieten gehören, die gemeldet werden müssen[266]. Gemeint sind demnach Gebiete, die auf Grund ihrer tatsächlichen Beschaffenheit den in der Vogelschutzrichtlinie vorgesehenen Schutz genießen, obwohl es der Mitgliedstaat unterlassen hat, sie förmlich als Vogelschutzgebiete auszuweisen[267]. Anders als bei der Schutzgebietsfestlegung im Rahmen der FFH-RL sieht die Vogelschutzrichtlinie kein spezielles Beteiligungsverfahren des Mitgliedstaates bei der Auswahl der Schutzgebiete vor, so dass sich deren Festlegung alleine an ihrer ornithologischen Bedeutung misst. Daher war es dem EuGH möglich, eine unmittelbare Wirkung des Art. 4 Abs. 4 der Vogelschutzrichtlinie in solchen Fällen anzuerkennen, in denen die ornithologische Situation zwingend die Festlegung eines Vogelschutzgebietes durch den Mitgliedstaat erfordert, möchte dieser sich nicht einer Verletzung seiner diesbezüglichen Pflicht aus Art. 4 Abs. 1 und 2 der Vogelschutzrichtlinie schuldig machen.

(b) Anwendung des Art.3 Abs. 2 lit. b SUP-RL auf faktische Vogelschutzgebiete

Es stellt sich nun die Frage, ob Art. 3 Abs. 2 lit. b SUP-RL im Zusammenhang mit dem Vorliegen eines faktischen Vogelschutzgebietes Anwendung findet. Für diese Gebiete gilt indes, dass für sie zwar Art. 4 Abs. 4 der Vogelschutzrichtlinie unmittelbar Anwendung beansprucht, sie jedoch nicht über Art. 7 FFH-RL dem Schutzregime des Art. 6 Abs. 3 der FFH-RL unterfallen[268]. Das ergibt sich aus dem klaren Wortlaut des Art. 7 FFH-RL, der sich ausdrücklich auf die "nach Artikel 4 Absatz 1 der Richtlinie 79/409/EWG zu besonderen Schutzgebieten erklärten oder nach Artikel 4 Absatz 2 derselben Richtlinie als solche anerkannten Gebiete", also nur auf tatsächlich eingerichtete Vogelschutzgebiete, bezieht. Ein Mitgliedstaat soll zudem aus der Missachtung seiner gemeinschaftsrechtlichen Umsetzungspflicht keinen Vorteil ziehen. Die entstehende Dualität der Schutzregime von erklärten und faktischen Vogelschutzgebieten, Art. 7 i.V.m. Art 6 Abs. 2-4 FFH-RL oder Art. 4 Abs. 4 Satz 1 Vogelschutzrichtlinie, entspricht diesem Grundsatz, da in faktischen Vogelschutzgebieten hierdurch ein strengeres Schutzregime entsteht als in erklärten oder anerkannten Schutzgebie-

---

[266] EuGH vom 2. August 1993, Rs. C-355/90 (Kommission / Spanien; "Santoña"), Rn. 32 ff.; EuGH vom 18. März 1999, Rs. C-166/97 (Seine-Mündung), Rn. 38; BVerwG, DVBl. 2002, S.990, 992; zuletzt BVerwG, NVwZ 2004, S.732, 734.

[267] So griffig formuliert von *Halama*, Die FFH-Richtlinie - unmittelbare Auswirkungen auf das Planungs- und Zulassungsrecht, in: *Gesellschaft für Umweltrecht e.V.* (Hrsg.), 24. wissenschaftlichen Fachtagung, S.146, 147.

[268] EuGH vom 7. Dezember 2000, Rs. C-374/98 (Basses Corbières), Rn. 44 ff., 47; *Erbguth*, Pflichten der räumlichen Gesamtplanung im Hinblick auf ausgewiesene und potentielle Schutzgebiete - am Beispiel der Raumordnung, in: *Jarass* (Hrsg.), EG-Naturschutzrecht, S.58, 74 f.; *Louis*, uvp-report 2001, S.61; *Gellermann*, Natura 2000, S.113 ff. m.w.N.; zuletzt nochmals bestätigend BVerwG, NVwZ 2004, S.732, 734.

ten i.S.d. Art. 4 Abs. 1 bzw. 2 der Vogelschutzrichtlinie[269]. Mit einer Umsetzung der Vogelschutzrichtlinie durch Anerkennung des ornithologisch bedeutsamen Schutzgebietes kann sich ein Mitgliedstaat somit ein geringeres Schutzregime erarbeiten, was zur Förderung der Richtlinienumsetzung beiträgt. Eine Verträglichkeitsprüfung im Sinne von Art. 7 i.V.m. Art. 6 Abs. 3 FFH-RL scheidet daher im Zusammenhang mit faktischen Vogelschutzgebieten aus[270]. Die Begründung einer Umweltprüfungspflicht aus Art. 3 Abs. 2 lit. b SUP-RL ist in diesen Fällen somit ebenfalls ausgeschlossen.

Dieses Ergebnis mag zunächst befremden, da die Durchführung einer Umweltprüfung grundsätzlich ökologisch vorteilhaft ist und zum Schutz der natürlichen Lebensräume und Arten beitragen könnte. Das strengere Schutzregime des Art. 4 Abs. 4 Satz 1 der Vogelschutzrichtlinie verhindert erhebliche Umwelteinwirkungen auf die faktischen Vogelschutzgebiete jedoch von vornherein in einem weit größerem Maße, als dies durch die Berücksichtigung einer Umweltprüfung nach Art. 8 SUP-RL möglich wäre, weshalb der Verzicht auf eine SUP den Zielen der Richtlinie in diesem Fall nicht schadet. Eine Umweltprüfungspflichtigkeit betreffender Pläne und Programme aus anderen Gründen bleibt gleichwohl unberührt.

b) Pläne i.S.d. FFH-RL

Der Wortlaut des Art. 3 Abs. 2 SUP-RL fordert für beide Alternativen einer zwingenden Umweltprüfungspflicht, lit. a und lit. b, das Vorliegen eines Plans oder Programms i.S.d. Art. 2 lit. a SUP-RL. Die Einbeziehung von Projekten in den Anwendungsbereich von Art. 6 Abs. 3 FFH-RL ist daher im Zusammenhang mit einer obligatorischen Umweltprüfungspflicht gemäß Art. 3 Abs. 2 lit. b der SUP-RL irrelevant.

Zu klären gilt es jedoch, ob der Planbegriff der FFH-RL enger ist als derjenige der SUP-RL, so dass es einer gesonderten Prüfung zur Anwendung des Art. 6 Abs. 3 Satz 1 FFH-RL bedürfte. Da der Begriff der Pläne i.S.d. Art. 6 Abs. 3 Satz 1 FFH-RL in der FFH-RL selbst nicht konkretisiert wird, gilt es, diesem Begriff Konturen zu verleihen.

Die FFH-RL folgt in ihrem Schutzregime einem gebietsbezogenen Ansatz. Sinn und Zweck der FFH-RL ist es, die Möglichkeit einer Beeinträchtigung der geschützten Gebiete zu verhindern, um einen effektiven Habitatschutz zu gewährleisten und damit den Lebensraum für bedrohte Tier- und Pflanzenarten zu

---

269 EuGH vom 7. Dezember 2000, Rs. C-374/98 (Basses Corbières), Rn. 44 ff.; *Gellermann*, Natura 2000, S.114 f.

270 Der von der Kommission im Basses Corbières-Fall vertretenen Gegenansicht ist der EuGH ausdrücklich entgegengetreten, EuGH vom 7. Dezember 2000, Rs. C-374/98 (Basses Corbières), Rn. 50 ff.; im Sinne dieser Gegenansicht *Schink*, UPR 1999, S.417, 422; *Iven*, NuR 1996, S.373, 380.

schützen. Hauptaugenmerk wird daher auf die Möglichkeit einer erheblichen Beeinträchtigung des Schutzgebietes selbst gelegt. Diese Schutzrichtung unterscheidet sich auf den ersten Blick völlig vom projektbezogenen Ansatz der UVP-RL und des Art. 3 Abs. 2 lit. a der SUP-RL. Trotzdem lassen sich Berührungspunkte zwischen beiden Ansätzen finden.

Tatsächlich tritt die Beeinträchtigung eines geschützten Gebietes nämlich nicht durch die Planung selbst ein, sondern letztlich durch die Durchführung eines konkreten Vorhabens. Obwohl in der FFH-RL ein gebietsbezogener Ansatz gewählt wurde, wird daher auch für den Begriff des Plans i.S.d. FFH-RL ein nachfolgendes Zulassungsverfahren gefordert, durch das ein gebietsbeeinträchtigendes Projekt zugelassen wird[271]. Konkretisierungsversuche der Art, dass Pläne als alle öffentlichen raumrelevanten Planungen begriffen werden, die einen so konkreten Flächenbezug besitzen, dass Beziehungen zu einzelnen FFH-Gebieten hergestellt werden können[272], verkennen dieses faktische Erfordernis eines Projektbezuges. Unter Plänen wurden daher all jene vorbereitende Akte verstanden, die für eine Zulassung schutzgebietsrelevanter Bodennutzungen bedeutsam sein können und deren Festlegungen auf nachfolgende Zulassungsverfahren Einfluss zu nehmen vermögen[273].

Damit wird die Verträglichkeitsprüfung für Pläne jedoch keineswegs eine zusätzliche, womöglich weniger aussagekräftige Vorprüfung auf dem Weg zu einer Verträglichkeitsprüfung von Projekten. Die Aufnahme von Plänen in Art. 6 Abs. 3 Satz 1 FFH-RL dient vielmehr der Verwirklichung des Vorsorgeprinzips im Umweltrecht, indem Beeinträchtigungen von Schutzgebieten bereits im Vorfeld einer Projektzulassung auf Planungsebene ausgeschlossen werden[274]. Damit verfolgt die FFH-RL in diesem Punkt exakt die gleichen Ziele wie die SUP-RL.

Insoweit zeigen sich systematische Parallelen zwischen den obligatorischen Umweltprüfungspflichten aus Art. 3 Abs. 2 lit. a und lit. b SUP-RL. In beiden Konstellationen wird aus Gründen des Vorsorgeprinzips bereits vor Erreichen der Projektebene eine Prüfung der umwelterheblichen Auswirkungen vorgenommen, um auf Projektebene nicht mehr vermeidbare Entscheidungen im Vorfeld zu beeinflussen. Daher lag es nahe, diese beiden Ansätze zu verbinden

---

271 *Kues*, Lebensraumschutz, S.112; *Rödiger-Vorwerk*, Fauna-Flora-Habitat-Richtlinie, S.113 f.; *Freytag / Iven*, NuR 1995, S.109, 112 f., *Berner*, Habitatschutz, S.48.

272 *Arbeitsgemeinschaft FFH-Verträglichkeitsprüfung*, NuL (Natur und Landschaft) 1999, S.65, 68; *Reiß*, Lebensraumschutz, S.27.

273 *Gellermann*, Natura 2000, S.77; *Freytag / Iven*, NuR 1995, S.109, 112 f.; *Iven*, NuR 1996, S.373, 378; *Schink*, GewArch 1998, S.41, 44; *Rödiger-Vorwerk*, Fauna-Flora-Habitat-Richtlinie, S.113 f.; *Stollmann*, NuL (Natur und Landschaft) 1999, S.473, 475.

274 *Kues*, Lebensraumschutz, S.113; *Rödiger-Vorwerk*, Fauna-Flora-Habitat-Richtlinie, S.114 f.

und sowohl den projektbezogenen Ansatz des Art. 3 Abs. 2 lit. a SUP-RL, als auch den gebietsbezogenen Ansatz des Art. 3 Abs. 2 lit. b SUP-RL einer einheitlichen Umweltprüfungspflicht zuzuführen.

Schließlich haben Pläne und Programme i.S.d. SUP-RL und Pläne i.S.d. Art. 6 Abs. 3 FFH-RL gemein, dass sie den Bereich der Politiken aus dem Anwendungsbereich ihrer jeweiligen Prüfungen ausschließen. Während sich dies für die SUP-RL aus der Entstehungsgeschichte der Richtlinie eindeutig ergibt, sollen politische Dokumente und Absichtserklärungen, die den allgemeinen politischen Willen oder die allgemeine politische Absicht eines Ministeriums oder einer untergeordneten Behörde widerspiegeln, nach Ansicht der Kommission ebenfalls nicht unter den Planbegriff der FFH-RL fallen[275]. Politiken werden damit vom Anwendungsbereich der SUP-RL ebenso wenig umfasst wie von dem der FFH-RL.

Diese Gemeinsamkeiten von Umweltprüfung und Verträglichkeitsprüfung von Plänen nach der FFH-RL können nun zur Bestimmung des Planbegriffs i.S.d. Art. 6 Abs. 3 Satz 1 FFH-RL herangezogen werden. Während bei der Konkretisierung des Projektbegriffs i.S.d. FFH-RL seitens der Literatur auf die Legaldefinition des Art. 1 Abs. 2 der UVP-RL zurückgegriffen wird[276], ist dies für den Planbegriff bislang nicht möglich gewesen. Mit Verabschiedung der SUP-RL kann sich die Bestimmung des Planbegriffs nun jedoch am Planbegriff des Art. 2 lit. a SUP-RL orientieren[277]. Dafür spricht insbesondere die systematische Einheit der Auslegung von Projekten und Plänen i.S.d. FFH-RL, wobei jeweils an die entsprechende Umweltverträglichkeitsrichtlinie angeknüpft würde. Das Dreigespann aus UVP-, FFH- und SUP-RL würde somit von den gleichen Grundbegriffen ausgehen und neben der gewonnenen Rechtssicherheit ein in sich stimmiges System bilden. Dies entspricht auch der Ansicht der Kommission, die darauf hinwies, dass die bisher geführte Diskussion um den Planbegriff der FFH-RL durch die SUP-RL erleichtert werden würde, insbesondere bzgl. der Definition des Planbegriffs[278]. Pläne sind daher in Anlehnung an Art. 2 lit. a SUP-RL Pläne und Programme, einschließlich der von der Europäischen Gemeinschaft mitfinanzierten, sowie deren Änderungen, die von einer Behörde auf nationaler, regionaler oder lokaler Ebene ausgearbeitet werden oder die von einer Behörde für die Annahme durch das Parlament oder die Regierung im

---

[275] *Europäische Kommission*, Natura 2000 - Gebietsmanagement, S.33.

[276] *Gellermann*, Natura 2000, S.58; *Rödiger-Vorwerk*, Fauna-Flora-Habitat-Richtlinie, S.115 f.; *Freytag / Iven*, NuR 1995, S.109, 113.

[277] Insoweit kann der zeitliche Nachrang einer durch weiteres Sekundärrecht erfolgten Konkretisierung des Planbegriffs der FFH-RL nicht per se entgegen gehalten werden, so indes *Beckmann / Hünnekens*, DVBl. 2002, S.1508, 1510.

[278] *Europäische Kommission*, Natura 2000 - Gebietsmanagement, S.32, Fn. 18; sowie die Europäische Kommission, zitiert nach *Ziese*, uvp-report 2001, S.71.

Wege eines Gesetzgebungsverfahrens ausgearbeitet werden und die aufgrund von Rechts- oder Verwaltungsvorschriften erstellt werden müssen. Dabei ist die Tatsache, dass der Begriff des Programms in der FFH-RL keine Entsprechung findet, unter Hinweis auf die unfruchtbare Abgrenzung von Plänen und Programmen i.S.d. SUP-RL kein Grund, das gefundene Ergebnis in Zweifel zu ziehen[279]. Darüber hinaus geht auch die Kommission von einem weiten Planbegriff der FFH-RL aus. Vor dem Hintergrund des Umweltvorsorgeprinzips solle in Zweifelsfällen ein Plan i.S.d. FFH-RL angenommen werden[280]. Einer gesonderten Prüfung des Planbegriffs der FFH-RL bedarf es für die Anwendung des Art. 3 Abs. 2 lit. a SUP-RL daher nicht. Explizit ausgenommen von einer Verträglichkeitsprüfung sind dagegen nach Art. 6 Abs. 3 Satz 1 FFH-RL Pläne im Rahmen des Schutzgebietsmanagements[281].

Im nationalen Recht befasst sich § 35 BNatSchG unter der amtlichen Überschrift "Pläne" mit der Ausweitung des Anwendungsbereich des FFH-Schutzregimes auf diesen Bereich. Eine Definition des Begriffs Plan liefert § 10 Abs. 1 Nr. 12 BNatSchG. Danach sind Pläne Entscheidungen und Pläne in vorgelagerten Verfahren, die bei behördlichen Entscheidungen zu beachten oder zu berücksichtigen sind, soweit sie, einzeln oder im Zusammenhang mit anderen Plänen oder Projekten, geeignet sind, ein Gebiet von gemeinschaftlicher Bedeutung oder ein Europäisches Vogelschutzgebiet erheblich zu beeinträchtigen. Pläne, die unmittelbar der Verwaltung der Gebiete von gemeinschaftlicher Bedeutung oder der Europäischen Vogelschutzgebiete dienen, sind davon ausgenommen. Neben der Erkenntnis, "Pläne sind ... Pläne, die..."[282], hält sich diese Konkretisierung auffällig an den Wortlaut der FFH-RL und ist sichtlich vom Bestreben gekennzeichnet, einer korrekten Umsetzung durch die enge Anlehnung an den Richtlinientext nachzukommen. Insoweit würde es sich im Rahmen einer Umsetzung der SUP-RL in nationales Recht anbieten, § 35 BNatSchG den gemeinschaftsrechtlichen Anforderungen anzupassen und eine den Regelungen der SUP entsprechende Definition des Planbegriffs aufzunehmen.

---

[279] Ebenso *Bunge*, Zur Harmonisierung von Umweltverträglichkeitsprüfung, strategischer Umweltprüfung, FFH-Verträglichkeitsprüfung und Raumverträglichkeitsprüfung, in: *Hendler / Marburger / Reinhardt / Schröder* (Hrsg.), Die strategische Umweltprüfung (UTR 76), S.191, 205; ähnlich der SEA Guidance (Fn. 114), S.51, 9.19 i.V.m. Fn. 21.

[280] Europäische Kommission, zitiert nach *Ziese*, uvp-report 2001, S.71.

[281] Art. 10 Abs. 2 des Richtlinienvorschlags von 1997 und des geänderten Richtlinienvorschlags von 1999 nahm Managementpläne, die speziell für besondere Schutzgebiete gearbeitet und nach Artikel 6 Absatz 1 der Richtlinie 92/43/EWG des Rates (FFH-RL) angenommen wurden, noch ausdrücklich aus dem Anwendungsbereich der SUP-RL aus. Seit dem Verweis auf die Durchführung einer Verträglichkeitsprüfung nach Art. 6 oder 7 FFH-RL in Art. 3 Abs. 2 lit. b SUP-RL im Rahmen des Gemeinsamen Standpunktes aus dem Jahre 2000 wurde diese Ausnahme obsolet und aus dem Richtlinientext gestrichen.

[282] Zu einer ähnlichen Formulierung siehe bereits Gliederungspunkt C.I.2.

c) Erhebliche Beeinträchtigung

Letztes Erfordernis einer Pflicht zur Verträglichkeitsprüfung nach Art. 6 Abs. 3 Satz 1 FFH-RL ist die mögliche Beeinträchtigung der geschützten Gebiete durch den Plan. Zu der Frage, wann im Einzelfall die Möglichkeit einer erheblichen Beeinträchtigung angenommen werden soll, gehen die Stimmen im Schrifttum zur FFH-RL auseinander[283]. Zum Teil wird gefordert, dass der Schutzzweck des Gebietes insgesamt erheblich und dauerhaft leiden müsse, um die Schwelle der Erheblichkeit zu überschreiten[284]. Nach anderer Ansicht ist die Schwelle zur Verträglichkeitsprüfung sehr niedrig anzusetzen[285]. Dazwischen gibt es einige Differenzierungsversuche, die durch Abwägungen einen Kompromiss zwischen Habitatschutz und den Interessen der Vorhabenträger suchen[286].

Betrachtet man Sinn und Zweck der FFH-RL, so darf der Habitatschutz jedenfalls nicht erst bei einer gravierenden Beeinträchtigung des Schutzgebietes eingreifen. Jede Veränderung, die zu einer Verschlechterung der natürlichen Lebensräume oder Habitate führt, ist bereits erheblich[287]. Dabei bemisst sich die Erheblichkeit allerdings nicht nach der Schwere des Eingriffs selbst[288], sondern nach den nachteiligen Auswirkungen auf die geschützten Habitate und Biotope, letztlich also nach den für das Schutzgebiet festgelegten Erhaltungszielen. Gleichwohl wächst mit steigender Intensität des Eingriffs in das Schutzgebiet auch die Wahrscheinlichkeit der Beeinträchtigung der jeweiligen Erhaltungsziele. I.S.d. Vorsorgeprinzips muss dabei die Betonung auf die *Möglichkeit* des Eintretens einer erheblichen Beeinträchtigung eines Schutzgebietes gelegt werden. Obwohl diese Entscheidung letztlich nur im Rahmen einer Einzelfallprüfung vorgenommen werden kann[289], ist damit festzuhalten, dass in Zweifelsfällen eine Verträglichkeitsprüfung nach Art. 6 Abs. 3 Satz 1 FFH-RL durchzuführen ist. Abgesehen werden kann hiervon nur, wenn ausgeschlossen ist, dass durch den Plan eine erhebliche Beeinträchtigung eines Schutzgebietes erfolgen

---

[283] Vgl. die Darstellungen bei *Kues*, Lebensraumschutz, S.119 ff.; *Gellermann*, Natura 2000, S.79 ff., jeweils m.w.N.

[284] *Schink*, DÖV 2002, S.45, 53; NdsOVG, ZfBR 2001, S.208, 210 jeweils m.w.N.

[285] *Reiß*, Lebensraumschutz, S.30.

[286] *Leist*, Lebensraumschutz, S.101 ff.

[287] *Halama*, Die FFH-Richtlinie - unmittelbare Auswirkungen auf das Planungs- und Zulassungsrecht, in: *Gesellschaft für Umweltrecht e.V.* (Hrsg.), 24. wissenschaftlichen Fachtagung, S.157.

[288] *Gellermann*, Natura 2000, S.80 m.w.N.

[289] So auch die *Europäische Kommission*, Natura 2000 - Gebietsmanagement, S.37, sowie *Nebelsieck*, uvp-report, Sonderheft zum UVP-Kongress 2002, S.120, 122.

kann[290]. Die mit der Verträglichkeitsprüfung einhergehende Umweltprüfungspflicht nach Art. 3 Abs. 2 lit. b SUP-RL wird somit nur vermieden, wenn der Plan derart ausgestaltet ist, dass Beeinträchtigungen des Schutzgebietes entweder ganz ausgeschlossen werden oder zumindest die Beeinträchtigungen sicher die Schwelle der Erheblichkeit nicht überschreiten können. Insoweit ergeben sich Parallelen zur Vermeidbarkeit einer Umweltprüfungspflichtigkeit im Rahmen des Art. 3 Abs. 2 lit. a SUP-RL[291].

Anzumerken bleibt, dass dem Vorsorgegedanken entsprechend die betroffenen Pläne und Programme mit ihren Plan- bzw. Programmaussagen den geographischen Bereich des Schutzgebiets nicht berühren müssen. Vielmehr reicht es aus, dass ihre Auswirkungen dazu in der Lage sein könnten[292]. Aufgrund dieses Umgebungsschutzes können daher auch Pläne und Programme außerhalb eines Schutzgebietes einer Umweltprüfungspflicht nach Art. 3 Abs. 2 lit. b SUP-RL unterliegen.

4. Konditionale Umweltprüfungen

Neben der in Art. 3 Abs. 2 SUP-RL vorgesehenen obligatorischen Umweltprüfung sehen die Art. 3 Abs. 3 und 4 SUP-RL insgesamt drei weitere Möglichkeiten einer konditionalen Umweltprüfung vor. Bei den dort behandelten Plänen und Programmen werden die voraussichtlich erheblichen Umweltauswirkungen nicht unwiderlegbar vom Richtliniengeber vermutet, sondern es obliegt den Mitgliedstaaten, die Umweltprüfungspflichtigkeit der Pläne und Programme festzusetzen. Während Art. 3 Abs. 3 SUP-RL die konditionale Umweltprüfung von der obligatorischen Umweltprüfung abgrenzt, erweist sich Art. 3 Abs. 4 SUP-RL als Auffangtatbestand für sonstige Pläne und Programme i.S.d. Art. 2 lit. a SUP-RL, die voraussichtlich erhebliche Umweltauswirkungen aufweisen.

a) Konditionale Umweltprüfung nach Art. 3 Abs. 3 SUP-RL

Art. 3 Abs. 3 SUP-RL bietet den Mitgliedstaaten die Möglichkeit, die obligatorische Umweltprüfungspflicht nach Art. 3 Abs. 2 SUP-RL für bestimmte Pläne und Programme zu durchbrechen. Die Richtlinie sieht vor, dass unter Absatz 2 fallende Pläne und Programme, welche die Nutzung kleiner Gebiete auf lokaler Ebene festlegen, sowie geringfügige Änderungen der unter Absatz 2 fallenden Pläne und Programme, nur dann einer Umweltprüfung bedürfen, wenn ihnen aus Sicht der Mitgliedstaaten voraussichtlich erhebliche Umweltauswirkungen

---

[290] *Rödiger-Vorwerk*, Fauna-Flora-Habitat-Richtlinie, S.117, *Halama*, Die FFH-Richtlinie - unmittelbare Auswirkungen auf das Planungs- und Zulassungsrecht, in: *Gesellschaft für Umweltrecht e.V.* (Hrsg.), 24. wissenschaftlichen Fachtagung, S.155.

[291] Siehe Gliederungspunkt C.II.2.b)(2)(c).

[292] *Louis*, uvp-report 2001, S.61, 63; *Gellermann*, Natura 2000, S.72; *Reiß*, Lebensraumschutz, S.30; BVerwGE 107, 1, 17.

zugeschrieben werden. Eine Privilegierung dieser Art ist bereits seit dem ersten Richtlinienvorschlag aus dem Jahre 1997 Bestandteil des Richtlinientextes[293]. Der Richtliniengeber erkennt mit diesem Ausnahmetatbestand an, dass sich die unwiderlegliche Vermutung der erheblichen Umweltauswirkungen bei Plänen und Programmen i.S.d. Art. 3 Abs. 2 SUP in Einzelfällen zu sehr von den tatsächlichen Gegebenheiten entfernt. Die unwiderlegliche Vermutung kann dazu führen, dass auch Pläne und Programme einer Umweltprüfung unterzogen werden, die voraussichtlich keine erheblichen Umweltauswirkungen hervorrufen. Eine Umweltprüfung hätte in solchen Fällen nur einen sehr geringen ökologischen Nutzen und erwiese sich als unangemessen. Angesichts des Kosten- und Verwaltungsaufwands bei der Durchführung einer Umweltprüfung und vor dem Hintergrund des Verhältnismäßigkeitsgrundsatzes, wie er in Art. 5 Abs. 3 EGV seinen Niederschlag gefunden hat, erscheint eine solche Bagatellklausel sogar als zwingend geboten.

Grundsätzlich umweltprüfungspflichtige Pläne und Programme nach Art. 3 Abs. 2 SUP-RL können daher in zwei Konstellationen einer Umweltprüfung entzogen werden:

(1) Nutzung kleiner Gebiete auf lokaler Ebene

Die erste Variante der Ausnahmevorschrift sieht eine mitgliedstaatliche Festsetzung für unter Art. 3 Abs. 2 SUP-RL fallende Pläne und Programme vor, die lediglich die Nutzung kleiner Gebiete auf lokaler Ebene festlegen.

Der Begriff der lokalen Ebene wird bereits in Art. 2 lit. a SUP-RL verwendet, der eine Unterscheidung zwischen Plänen und Programmen auf nationaler, regionaler oder lokaler Ebene vorsieht. Das Merkmal der lokalen Ebene bezieht sich damit ersichtlich auf Pläne und Programme, deren Planung auf Gemeindeebene erfolgt.

Kumulativ dazu muss es sich um ein "kleines Gebiet" i.S.d. SUP-RL handeln. Zum Teil werden diese Gebiete wegen ihrer Nähe zum Merkmal der lokalen Ebene dabei als "gemeindliche Gebietsteile" verstanden[294]. In der Praxis handhabbare Flächengrößen lassen sich aus diesem unbestimmten Rechtsbegriff jedoch nicht pauschal ableiten. Prinzipiell ist Art. 3 Abs. 3 SUP-RL als Ausnahmevorschrift zu Art. 3 Abs. 2 SUP-RL eng auszulegen[295] und darf nicht als Instrument zur Umgehung der vom Richtliniengeber grundsätzlich vorgegebenen unwiderleglichen Vermutung erheblicher Umweltauswirkungen bei Plänen und Programmen i.S.d. Art. 3 Abs. 2 SUP-RL missbraucht werden. Letztlich wird die Auslegung des unbestimmten Rechtsbegriffes „kleine Gebiete" aber für

[293] Art. 4 Abs. 3 und 4 des Richtlinienvorschlags von 1997 (Fn. 28).

[294] *Hendler*, NuR 2003, S.2, 10.

[295] Zur engen Auslegung von Ausnahmetatbeständen im europäischen Gemeinschaftsrecht siehe *Meyer*, Jura 1994, S.455, 458.

jeden Einzelfall in den Händen des vor Ort zuständigen Planungsträgers liegen[296]. Hauptanwendungsfall dürften geographisch eng gefasste Bebauungspläne sein, während Flächennutzungspläne nach § 5 Abs. 1 Satz 1 BauGB das gesamte Gemeindegebiet umfassen und damit zu großflächig ausfallen[297]. Eine schematische Einordnung anhand der Planungsart lässt sich allerdings nicht vornehmen. Abzustellen ist jeweils auf die konkrete Ausgestaltung des in Betracht kommenden Plans oder Programms.

Problematisch ist darüber hinaus die Beurteilung von Plänen und Programmen, die als "kleine Gebiete" i.S.d. SUP-RL aufgefasst werden können, die sich geographisch jedoch über eine oder mehrere Gemeindegrenzen erstrecken. Insofern könnte es sich um überlokale Pläne und Programme handeln, die aus dem Anwendungsbereich des Art. 3 Abs. 3 Var. 1 SUP-RL auszuschließen wären. Eine solche Ansicht verkennt allerdings die systematische Abgrenzung der kumulativen Voraussetzungen "kleines Gebiet" und "lokale Ebene" untereinander. Während das Merkmal "kleines Gebiet" den flächenmäßigen Umfang des betroffenen Plans oder Programms kennzeichnet, charakterisiert das Merkmal der lokalen Ebene den verantwortlichen Planungsträger. Die Aussagen der englischen, französischen und spanischen Fassung des Richtlinientextes unterstützten diese Auslegung. So gehen die Formulierungen "small areas at local level","petites zones au niveau local" und "zonas pequeñas a nivel local" des jeweiligen Art. 3 Abs. 3 Var. 1 SUP-RL von einer horizontalen Flächenbegrenzung einerseits und einer vertikalen Bestimmung der verantwortlichen Planungsebene andererseits aus. Dem Merkmal der lokalen Ebene kommt keinerlei geographische Bedeutung zu, vielmehr nimmt es lediglich Pläne und Programme nationaler (Bund) und regionaler (Länder) Planungsträgern von der Ausnahmebestimmung aus. Die räumliche Begrenzung erfolgt ausschließlich durch das Merkmal des "kleinen Gebiets" i.S.d. SUP-RL. Für den Ausnahmetatbestand des Art. 3 Abs. 3 Var. 1 SUP-RL ist es daher unerheblich, ob sich ein kleinflächiger Plan oder ein kleinflächiges Programm über die Gemeindegrenzen einer oder mehrerer Gemeinden erstreckt[298]. Eine Überlokalität liegt erst dann vor, wenn der Planungsträger nicht mehr der Gemeindeebene zugeordnet werden kann.

(2) Geringfügige Änderungen

Nach Art. 2 lit. a SUP-RL zählen zu den Plänen und Programmen i.S.d. SUP-RL auch deren Änderungen. Insoweit ist es für eine Umweltprüfungspflicht nach Art. 3 Abs. 2 SUP-RL unbeachtlich, ob der jeweilige Plan oder das Programm neu erstellt oder lediglich geändert wird.

---

[296] Im Sinne einer Einzelfallbetrachtung auch der SEA Guidance (Fn. 114), S.12, 3.33.

[297] Ebenso *Kraetzschmer / Ginzky*, Forschungsvorhaben, S.33; *Hendler*, NuR 2003, S.2, 10.

[298] Im Ergebnis so auch *Hendler*, NuR 2003, S.2, 10.

Die Änderung eines Plans oder Programms hat indes nicht in jedem Fall Einfluss auf die Erheblichkeit seiner Umweltauswirkungen. Die Durchführung eines aufwendigen Umweltprüfungsverfahrens kann sich im Einzelfall als unangemessene Belastung des Planungsträgers herausstellen. Insofern erweist sich wie bereits bei Art 3 Abs. 3 Var. 1 SUP-RL aus Gründen der Verhältnismäßigkeit eine Ausnahmevorschrift als geboten. Gemäß Art. 3 Abs. 3 Var. 2 SUP-RL bedarf es daher einer mitgliedstaatlichen Festsetzung, um geringfügige Änderungen der unter Art. 3 Abs. 2 SUP-RL fallenden Pläne und Programme einer Umweltprüfung zu unterziehen.

Der Begriff der "geringfügigen Änderung" ist als Teil einer gemeinschaftsrechtlichen Ausnahmevorschrift eng auszulegen[299]. Nach Sinn und Zweck der Vorschrift ist dann von einer Geringfügigkeit auszugehen, wenn ausgeschlossen scheint, dass bislang ungeprüfte erhebliche Umweltauswirkungen durch die Änderung auftreten.

Zum Teil wird unter Anlehnung an das nationale Planungsrecht vorgebracht, eine Änderung sei als geringfügig zu bezeichnen, wenn sie die Grundzüge des Plans oder Programms nicht berühre[300]. Bei richtlinienkonformer Auslegung der "Grundzüge des Plans oder Programms" ist dann jedoch wiederum auf die Erheblichkeit der Umweltauswirkungen einer Änderung im Vergleich zur vorherigen Planung abzustellen[301]. Zudem darf das Merkmal der Geringfügigkeit nicht den Entscheidungsspielraum der Mitgliedstaaten, den Art. 3 Abs. 3 Var. 2 SUP-RL gewährt, von vornherein auf ein Minimum reduzieren. Ob eine "geringfügige" Änderung i.S.d. Art. 3 Abs. 3 Var. 2 SUP-RL vorliegt, bleibt letztlich der Einschätzung des zuständigen Planungsträgers im Einzelfall überlassen, wobei als entscheidendes Kriterium bei der Bestimmung einer Umweltprüfungspflicht auf das voraussichtliche Hervorrufen erheblicher Umweltauswirkungen durch die Änderung abzustellen ist.

Geringfügige Änderungen von Plänen und Programmen, die nicht unter Art. 3 Abs. 2 SUP-RL fallen, sind nach dem eindeutigen Wortlaut des Art. 3 Abs. 3 SUP-RL nicht von der Ausnahmevorschrift erfasst und können lediglich im Rahmen des Art. 3 Abs. 4 SUP-RL Berücksichtigung finden.

b) Konditionale Umweltprüfung nach Art. 3 Abs. 4 SUP-RL

Entspricht ein Plan oder Programm nicht den Kriterien des Art. 3 Abs. 2 SUP-RL, so ist eine Umweltprüfung nicht per se ausgeschlossen. Den Mitgliedstaaten bleibt es nach Art. 3 Abs. 4 SUP-RL unbenommen, sonstige Pläne und Pro-

---

[299] Zur engen Auslegung von Ausnahmetatbeständen im europäischen Gemeinschaftsrecht siehe *Meyer*, Jura 1994, S.455, 458.

[300] *Hendler*, NuR 2003, S.2, 10.

[301] Gegen eine allgemeine Definition der „geringfügigen Änderungen" daher der SEA Guidance, S.13, 3.36.

gramme, soweit ihnen rahmensetzende Wirkung für die künftige Genehmigung von Projekten zukommt, einer Umweltprüfung zu unterwerfen. Es handelt sich also wiederum um eine konditionale Umweltprüfung.

Voraussetzung ist, dass es sich um einen Plan oder ein Programm i.S.d. Art. 2 lit. a SUP-RL handelt, der nicht bereits einer obligatorischen Umweltprüfung nach Art. 3 Abs. 2 SUP-RL unterliegt. In Betracht kommen hier insbesondere Pläne und Programme, die nicht einem der in Art. 3 Abs. 2 lit. a Halbs. 1 SUP-RL abschließend aufgeführten Sachbereiche zugeordnet werden können. Zudem muss der Plan oder das Programm eine rahmensetzende Wirkung aufweisen, wobei auf die Ausführungen zu Art. 3 Abs. 2 lit. a Halbs. 2 SUP-RL verwiesen werden kann. Im Gegensatz zu dieser Vorschrift muss sich die Rahmensetzung bei Art. 3 Abs. 4 SUP-RL jedoch nicht auf uvp-pflichtige Vorhaben beziehen, vielmehr reicht jedes beliebige Projekt aus. Insofern entspricht der Projektbegriff ebenso wie bei Art. 3 Abs. 2 lit. a Halbs. 2 SUP-RL demjenigen des Art. 1 Abs. 2 UVP-RL[302].

Die Relevanz des Art. 3 Abs. 4 SUP-RL wird in der Praxis voraussichtlich gering bleiben[303].

c) Entscheidungsspielräume bei der mitgliedstaatlichen Festsetzung

Zu beachten ist, dass die Mitgliedstaaten bei der Entscheidung über die Umweltprüfungspflichtigkeit von unter Art. 3 Abs. 3 und 4 SUP-RL fallenden Plänen und Programmen nicht ungebunden sind. Der Wortlaut des Art. 3 Abs. 4 SUP-RL sieht mit der Formulierung "Die Mitgliedstaaten befinden darüber" eine Pflicht zum Tätigwerden in diesem Bereich vor. Ein Entschließungsermessen seitens der Mitgliedstaaten ist ausgeschlossen. Dies steht im Einklang mit Art. 3 Abs. 5 Satz 2 SUP-RL, der die Mitgliedstaaten allgemein verpflichtet, "sicherzustellen, dass Pläne und Programme, die voraussichtlich erhebliche Umweltauswirkungen haben, von dieser Richtlinie erfasst werden". Daraus ergibt sich, dass die Mitgliedstaaten auch bei den Ausnahmevorschriften des Art. 3 Abs. 3 SUP-RL für alle in Betracht kommenden Pläne und Programme festzulegen haben, ob voraussichtlich erhebliche Umweltauswirkungen vorliegen. Insofern zeigt sich eine Parallele zur UVP-RL, in der die Mitgliedstaaten beauftragt werden, sicherzustellen, dass jedes Projekt mit möglicherweise erheblichen Umweltauswirkungen einer Umweltverträglichkeitsprüfung zu unterziehen ist[304]. Das "ob" einer Umweltprüfung darf somit nicht von einer politischen Entscheidung des Mitgliedstaates abhängen, sondern richtet sich nach der Mög-

---

302 Zum Projektbegriff der SUP-RL siehe Gliederungspunkt C.II.2.b)(1).

303 So auch *Demske*, Die mitgliedstaatliche Entscheidung über die voraussichtlich erheblichen Umweltauswirkungen bei der konditionalen Umweltprüfung, in: *Hendler / Marburger / Reinhardt / Schröder* (Hrsg.), Die strategische Umweltprüfung (UTR 76), 141, 142 f.

304 Vgl. Art. 2 Abs. 1 Satz 1 UVP-RL.

lichkeit des Auftretens erheblicher Umweltauswirkungen. Die Untätigkeit der Mitgliedstaaten darf die Umweltprüfung eines Plans und Programms mit erheblichen Umweltauswirkungen nicht verhindern. Den Mitgliedstaaten obliegt daher die Aufgabe, für alle Pläne und Programme, die nicht unter Art. 3 Abs. 2 SUP-RL fallen, die aber den Rahmen für die künftige Genehmigung von Projekten setzen, festzulegen, ob sie erhebliche Umweltauswirkungen aufweisen und einer Umweltprüfung zu unterziehen sind[305].

d) Die mitgliedstaatliche Festsetzung nach Art. 3 Abs. 5 SUP-RL

Der Richtliniengeber hat nicht nur das "ob" einer Festsetzung der erheblichen Umweltauswirkungen von Plänen und Programmen des Art. 3 Abs. 3 und 4 SUP-RL dem Entschließungsermessen der Mitgliedstaaten entzogen. Art. 3 Abs. 5 in Verbindung mit Anhang II der SUP-RL beschränkt die Mitgliedstaaten darüber hinaus in der konkreten Ausgestaltung des Festsetzungsverfahrens. Danach bestimmen die Mitgliedstaaten entweder durch Einzelfallprüfung oder durch Festlegung von Arten von Plänen und Programmen oder durch eine Kombination dieser beiden Ansätze, ob die in den Absätzen 3 und 4 genannten Pläne und Programme voraussichtlich erhebliche Umweltauswirkungen haben, wobei die Mitgliedstaaten zu diesem Zweck in jedem Fall die einschlägigen Kriterien des Anhangs II zu berücksichtigen haben.

(1) Von der Richtlinie vorgegebene Ansätze

Den Mitgliedstaaten stehen drei verschiedene Ansätze zur Festlegung der Pläne und Programme mit erheblichen Umweltauswirkungen zur Verfügung, wobei das Instrumentarium bereits aus der UVP-RL bekannt ist und eine Einzelfallprüfung, eine Festlegung nach Plan- und Programmarten oder eine Kombination dieser beiden Ansätze umfasst. Die SUP-RL favorisiert keinen der genannten Ansätze, so dass es dem Wortlaut nach grundsätzlich im freien Ermessen der Mitgliedstaaten steht, für welchen Ansatz sie sich entscheiden[306]. Der Rechtsprechung des EuGH sind indes einige Vorgaben zu entnehmen, die bei der Umsetzung der SUP-RL voraussichtlich zu beachten sein werden.

(a) Einschränkungen durch den EuGH

Wie gesehen orientiert sich die Anordnung einer konditionalen Umweltprüfungspflicht an dem Verfahren der UVP-RL zur Bestimmung einer Umweltverträglichkeitsprüfungspflicht für Projekte des Anhangs II der UVP-RL. Nach Art. 4 Abs. 2 Satz 1 UVP-RL bestimmen die Mitgliedstaaten für Projekte des Anhangs II der UVP-RL anhand a) einer Einzelfalluntersuchung oder b) der von den Mitgliedstaaten festgelegten Schwellenwerte bzw. Kriterien, ob das Projekt einer Umweltverträglichkeitsprüfung unterzogen werden muss. Die Mitglied-

---

[305] Ebenso *Kraetzschmer / Ginzky*, Forschungsvorhaben, S.34 f.

[306] So *Hendler*, NuR 2003, S.2, 11.

staaten können gemäß Art. 4 Abs. 2 Satz 2 UVP-RL entscheiden, beide unter den Buchstaben a) und b) genannten Verfahren anzuwenden.

Im Laufe der Zeit hat der EuGH den Ermessensspielraum der Mitgliedstaaten bei der Umsetzung des Art. 4 Abs. 2 UVP-RL durch einige Entscheidungen eingeschränkt. So stellte er im sog. „Irland-Urteil" fest, dass eine Einordnung der Projekte anhand von Schwellenwerten aufgrund deren absoluten Charakters nicht gewährleisten könne, dass jedes Projekt, bei dem mit erheblichen Auswirkungen auf die Umwelt zu rechnen sei, einer Umweltverträglichkeitsprüfung unterworfen werde[307]. Wie der Gerichtshof bereits in einem früheren Urteil ausgeführt hatte, liegt der Grund für die Begrenzung des durch Art. 4 Abs. 2 UVP-RL eingeräumten Ermessensspielraums in der in Art. 2 Abs. 1 UVP-RL vorgesehenen Prüfungspflicht für Projekte mit erheblichen Umweltauswirkungen[308]. Die Mitgliedstaaten haben ihre nationalen Umsetzungsakte so auszugestalten, dass sichergestellt ist, dass Projekte mit erheblichen Umweltauswirkungen in keinem Fall realisiert werden, ohne zuvor einer Umweltverträglichkeitsprüfung unterzogen worden zu sein. Infolgedessen erklärte der EuGH mitgliedstaatliche Versuche, eine oder mehrere Klassen der in Anhang II genannten Projekte von vornherein einer Umweltverträglichkeitsprüfung zu entziehen, für unzulässig[309]. Legt man die Prüfungspflicht also i.S.d. EuGH aus, so wird eine Umsetzung der Richtlinienvorgaben durch Erstellung einer Negativliste stets unzureichend gewährleisten, dass sämtliche Projekte mit erheblichen Umweltauswirkungen einer Umweltverträglichkeitsprüfung zugeführt werden. Dementsprechend hat sich der deutsche Gesetzgeber im Rahmen der Umsetzung der UVP-Änderungsrichtlinie durch das sog. Artikel-Gesetz[310] dafür entschieden, die Pflicht zur Durchführung einer Umweltverträglichkeitsprüfung im Wege einer Positivliste ergänzt durch ein „Screening", also eine Einzelfallprüfung, festzulegen[311].

(b) Konsequenzen für Art. 3 Abs. 5 SUP-RL

Die Parallelen zwischen SUP-RL und UVP-RL sind unverkennbar. So wurde die Umweltprüfung von jeher als Ergänzung der Umweltverträglichkeitsprüfung verstanden. Beide Richtlinien sind zudem als rein verfahrensrechtliche Regelungen konzipiert, die gewährleisten sollen, dass alle Projekte, Pläne und Program-

---

[307] EuGH vom 21. September 1999, Rs. C-392/96 (Kommission / Irland), Rn. 19.

[308] EuGH vom 22. Oktober 1998, Rs. 301/95 (Kommission / Deutschland), Rn. 45; EuGH vom 24. Oktober 1996, Rs. C-72/95 (Kraaijeveld u.a.), Rn. 50.

[309] EuGH vom 2. Mai 1996, Rs. C-133/94 (Kommission / Belgien), Rn. 42 f.; EuGH vom 22. Oktober 1998, Rs. C-301/95 (Kommission / Deutschland), Rn. 38.

[310] Gesetz zur Umsetzung der UVP-Änderungsrichtlinie, der IVU-Richtlinie und weiterer EG-Richtlinien zum Umweltschutz (Fn. 213).

[311] Vgl. § 3 ff. in Verbindung mit Anlage 1, Spalten 1 und 2 UVPG.

me mit erheblichen Umweltauswirkungen einer Prüfung unterzogen werden, um den zuständigen Behörden die Möglichkeit zu eröffnen, fundierte Umwelterwägungen in ihren Entscheidungsprozess einfließen zu lassen. Folgerichtig sieht die SUP-RL eine der Prüfungspflicht des Art. 2 Abs. 1 UVP-RL entsprechende Regelung in Art. 3 Abs. 5 Satz 2 SUP-RL vor, nach der die Mitgliedstaaten sicherzustellen haben, dass Pläne und Programme, die voraussichtlich erhebliche Umweltauswirkungen haben, von der SUP-RL erfasst werden. Soweit sie nicht einer der in Art. 3 Abs. 8 und 9 SUP-RL aufgeführten Ausnahmen angehören, sind Pläne und Programme mit voraussichtlich erheblichen Umweltauswirkungen damit immer einer Umweltprüfung zuzuführen. Überträgt man nun die bisherige Rechtsprechung des EuGH zur Prüfungspflicht für Projekte im Rahmen der UVP-RL auf die Prüfungspflicht für Pläne und Programme im Rahmen der SUP-RL, so erweist sich ein Ansatz, der bestimmte Plan- oder Programmarten von vornherein ohne Rücksicht auf ihre voraussichtlichen Auswirkungen auf die Umwelt von einer möglichen Umweltprüfungspflicht ausnimmt, als unzulässig. Der Ermessensspielraum der Mitgliedstaaten ist somit bei der SUP-RL, ebenso wie bei der UVP-RL, eingeschränkt. Ein Ansatz i.S.d. Art. 3 Abs. 5 Satz 1 SUP-RL, der die erheblichen Umweltauswirkungen der in Art. 3 Abs. 3 und 4 genannten Pläne und Programme durch die Festlegung von Arten von Plänen und Programmen in Form einer Negativliste bestimmt, widerspräche dem Sicherstellungsauftrag der Mitgliedstaaten aus Art. 3 Abs. 5 Satz 2 SUP-RL. Die Mitgliedstaaten dürfen die Vorgaben der SUP-RL vielmehr nur durch die Einführung einer Einzelfallprüfung, durch die Festlegung einer Positivliste oder durch eine Kombination dieser beiden Instrumente umsetzen.

(c) Mögliche nationale Ausgestaltungen

Der Vorteil einer Einführung von Einzelfallprüfungen wäre die Garantie einer richtlinienkonformen Umsetzung. Alle in Betracht kommenden Pläne und Programme mit voraussichtlich erheblichen Umweltauswirkungen würden identifiziert und einer Umweltprüfung zugeführt. Eine Einzelfallprüfung stellt jedoch selbst bei lediglich summarischer Prüfung einen zusätzlichen und mit weiteren Kosten verbundenen Verwaltungsaufwand dar. Zudem liegt es nahe, aus Gründen der Sachkunde die Einzelfallprüfung in die Hände derjenigen Behörde zu legen, die als Planungsträger für den betroffenen Plan oder das Programm fungiert. Der Planungsträger könnte dann aber selbst darüber entscheiden, ob er im konkreten Fall eine zusätzliche aufwendige Umweltprüfung vorzunehmen hat oder dem Plan oder Programm keine voraussichtlich erheblichen Umweltauswirkungen bescheinigt. Insoweit ergibt sich ein signifikanter Unterscheid zur UVP-RL. Art. 1 Abs. 2 UVP-RL sieht zwar auch Behörden, die ein Projekt betreiben wollen, als Projektträger an, jedoch richtet sich das Hauptaugenmerk auf Projekte von Personen, welche die Genehmigung für ein privates Projekt beantragen. In diesen Fällen unterscheidet sich der für die Durchführung und die Kosten einer Umweltverträglichkeitsprüfung verantwortliche Projektträger von der die Einzelfallprüfung durchführenden Behörde. Im Rahmen der SUP-RL ist der umweltprüfungspflichtige Planungsträger dagegen nach der Begriffsbestimmung der Pläne und Programme in Art. 2 lit. a Spiegelstrich 1 SUP-RL stets eine Behörde. Eine solche permanente Interessenkollision erscheint zumindest bedenklich.

Ohne weiteren Prüfungsaufwand käme eine Umsetzung in Form einer Positivliste aus. Der Vorteil dieses Instruments liegt in der Rechts- und Vollzugssicherheit, da den Behörden bei der Beurteilung der Umweltprüfungspflichtigkeit kein eigener Ermessensspielraum verbleibt, womit Interessenkollisionen von vornherein ausgeschlossen sind. Aus Sicht der Mitgliedstaaten birgt die Einführung einer Positivliste jedoch die Gefahr, in Einzelfällen die Durchführung einer mit Kosten und Verwaltungsaufwand verbundenen Umweltprüfung anzuordnen, obwohl der betroffene Plan oder das Programm voraussichtlich keine erheblichen Umweltauswirkungen aufweist. Wie bei Einführung einer Negativliste führt eine Pauschalisierung der Pläne und Programme somit zu Ungereimtheiten im Einzelfall. Zwar würde eine Positivliste keinen Verstoß gegen das Verhältnismäßigkeitsprinzip bedeuten, sondern wäre vielmehr als zulässige überobligationsmäßige Verschärfung des von der Richtlinie geforderten Umweltschutzstandards anzusehen, da es den Mitgliedstaaten nach der Schutzverstärkungsklausel des Art. 176 EGV frei steht, die durch gemeinschaftsrechtliche Umweltnormen festgelegten Mindestanforderungen zu übertreffen[312]. Ein solcher Ansatz wird aber voraussichtlich nur dann verwendet werden, wenn die Kosten eines Screening im Einzelfall größer wären als die pauschale Anwendung des Umweltprüfungsverfahrens für alle betroffenen Pläne und Programme.

Aus den oben erwähnten Gründen darf zudem mit der Feststellung einer Positivliste nicht zugleich eine konkludente Negativliste einhergehen. Auch nicht auf der Liste aufgeführte Pläne und Programme mit voraussichtlich erheblichen Umweltauswirkungen müssen stets einer Umweltprüfung unterzogen werden, weshalb eine enumerative Aufzählung von Plänen und Programmen mit voraussichtlich erheblichen Umweltauswirkungen insoweit zu unterbleiben hat. Daraus folgt zwangsläufig, dass ein Ansatz dieser Art durch Einzelfallprüfungen ergänzt werden müsste, also i.S.d. Art. 3 Abs. 5 Satz 1 SUP-RL eine Kombination von Einzelfallprüfung und Festlegung nach Arten von Plänen und Programmen stattzufinden hätte, sofern nicht alle Pläne und Programme eines Bereichs pauschal einer Umweltprüfung unterzogen werden.

Die Mitgliedstaaten werden daher bei der Umsetzung des Art. 3 Abs. 5 SUP-RL voraussichtlich auf einen Ansatz zurückgreifen, der die Festlegung einer Positivliste mit einer Einzelfallprüfung der übrigen unter Art. 3 Abs. 3 und 4 fallenden Pläne und Programme verbindet[313]. Nur mit diesem Ansatz lässt sich eine richt-

---

312 *Jahns-Böhm*, in: *Schwarze* (Hrsg.), EU-Kommentar, Art. 176, Rn.1; *Calliess*, in: *Calliess / Ruffert*, EUV / EGV, Art. 176, Rn. 1.

313 Zu diesem Schluss kommen auch *Ginzky*, UPR 2002, S.47, 49; *Demske*, Die mitgliedstaatliche Entscheidung über die voraussichtlich erheblichen Umweltauswirkungen bei der konditionalen Umweltprüfung, in: *Hendler / Marburger / Reinhardt / Schröder* (Hrsg.), Die strate-

linienkonforme Umsetzung der SUP-RL gewährleisten, mit der zugleich ein Ausgleich zwischen Rechts- und Vollzugssicherheit einerseits sowie einer kosteneffizienten Beurteilung der Umweltprüfungspflicht von Plänen und Programmen andererseits getroffen wird. Insoweit kann sich der deutsche Gesetzgeber an der Umsetzung der UVP-RL im UVPG orientieren.

(2) Kriterien des Anhangs II

Die Entscheidungsfreiheit der Mitgliedstaaten bei der Festsetzung der in Art. 3 Abs. 3 und 4 SUP-RL genannten Pläne und Programme wird durch Art. 3 Abs. 5 Satz 2 SUP-RL zusätzlich eingeschränkt, indem den zuständigen Behörden in Anhang II der SUP-RL inhaltliche Kriterien für die Bestimmung der voraussichtlichen Erheblichkeit von Umweltauswirkungen i.S.d. Art. 3 Abs. 5 SUP-RL vorgegeben werden. Danach lässt sich die Erheblichkeit anhand von Merkmalen der Pläne und Programme selbst erkennen oder infolge ihrer Auswirkungen und der voraussichtlich betroffenen Gebiete feststellen.

Plan- oder programmbezogene Kriterien sind nach Anhang II Nr. 1 SUP-RL insbesondere

- das Ausmaß, in dem der Plan oder das Programm für Projekte und andere Tätigkeiten in Bezug auf Standort, Art, Größe und Betriebsbedingungen oder durch die Inanspruchnahme von Ressourcen einen Rahmen setzt;
- das Ausmaß, in dem der Plan oder das Programm andere Pläne und Programme - einschließlich solcher in einer Planungs- oder Programmhierarchie - beeinflusst;
- die Bedeutung des Plans oder des Programms für die Einbeziehung der Umwelterwägungen, insbesondere im Hinblick auf die Förderung der nachhaltigen Entwicklung;
- die für den Plan oder das Programm relevanten Umweltprobleme;
- die Bedeutung des Plans oder Programms für die Durchführung der Umweltvorschriften der Gemeinschaft (z.B. Pläne und Programme betreffend die Abfallwirtschaft oder den Gewässerschutz).

Bezüglich der Auswirkungen der Pläne und Programme und der voraussichtlich betroffenen Gebiete ergeben sich Kriterien der Erheblichkeit von Umweltauswirkungen insbesondere aus

- der Wahrscheinlichkeit, Dauer, Häufigkeit und Umkehrbarkeit der Auswirkungen;
- dem kumulativen Charakter der Auswirkungen;
- dem grenzüberschreitenden Charakter der Auswirkungen;

---

gische Umweltprüfung (UTR 76), S.141, 144; vgl. zudem die Systematik des EAG Bau, Gliederungspunkt G.II.2.a)(1).

- den Risiken für die menschliche Gesundheit oder die Umwelt (z.B. bei Unfällen);

- dem Umfang und der räumlichen Ausdehnung der Auswirkungen (geographisches Gebiet und Anzahl der voraussichtlich betroffenen Personen);

- der Bedeutung und der Sensibilität des voraussichtlich betroffenen Gebiets aufgrund folgender Faktoren:

  - besondere natürliche Merkmale oder kulturelles Erbe,

  - Überschreitung der Umweltqualitätsnormen oder der Grenzwerte,

  - intensive Bodennutzung;

- den Auswirkungen auf Gebiete und Landschaften, deren Status als national, gemeinschaftlich oder international geschützt anerkannt ist.

Aufgrund der Verwendung des Wortes "insbesondere" in Anhang II Nr. 1, 2 SUP-RL handelt es sich nicht um eine abschließende Aufzählung möglicher Anhaltspunkte[314], so dass die Behörden über Anhang II der SUP-RL hinaus grundsätzlich weitere Kriterien heranziehen können. Diese müssen indes den Vorgaben des Anhangs II der SUP-RL vergleichbar sein und dürfen der Zielsetzung der SUP-RL nicht entgegenstehen. Die Einbeziehung rein wirtschaftlicher Kriterien zur Bestimmung der Erheblichkeit von Umweltauswirkungen wäre unzulässig.

Pläne und Programme nach Art. 3 Abs. 3 SUP-RL unterliegen zudem besonderen Einschränkungen. Die Mitgliedstaaten haben zu beachten, dass Art. 3 Abs. 3 SUP-RL als Ausnahmevorschrift eng auszulegen ist, so dass im Zweifel bei den dort genannten Plänen und Programmen die Erheblichkeit der Umweltauswirkungen anzunehmen und eine Umweltprüfung durchzuführen ist.

Bezüglich der Prüfungstiefe kann auf die Erfahrungen des Screening im Rahmen der UVP-RL zurückgegriffen werden. Zulässig ist demnach eine „Einschätzung aufgrund einer überschlägigen Prüfung" der bekannten Sachlage[315]. Eine den Untersuchungen des Umweltberichts entsprechende Prüfungstiefe ist nicht erforderlich.

e) Öffentlichkeits- und Behördenbeteiligung bei konditionaler Umweltprüfung

Eines der Ziele der SUP-RL ist die Umsetzung der Vorgaben der Aarhus-Konvention in das Gemeinschaftsrecht, insbesondere des die Öffentlichkeitsbeteiligung bei umweltrelevanten Plänen, Programmen und Politiken betreffenden Art. 7 Aarhus-Konvention. Zudem möchte der Richtliniengeber im Verfahren

---

[314] So auch der SEA Guidance (Fn. 114), S.16, 3.49.

[315] *Demske*, Die mitgliedstaatliche Entscheidung über die voraussichtlich erheblichen Umweltauswirkungen bei der konditionalen Umweltprüfung, in: *Hendler / Marburger / Reinhardt / Schröder* (Hrsg.), Die strategische Umweltprüfung (UTR 76), S.141, 145.

der Umweltprüfung wie bei der Ausgestaltung des UVP-Verfahrens auf bereits vorhandenes Fachwissen innerhalb der Behörden zurückgreifen.

Diese Gesichtspunkte werden bei der Durchführung einer Umweltprüfung in den Art. 4 ff. SUP-RL berücksichtigt[316]. Im Rahmen der konditionalen Umweltprüfung besteht indes die Möglichkeit, dass aufgrund einer negativen Entscheidung der Mitgliedstaaten ein Umweltprüfungsverfahren gar nicht erst durchgeführt wird. Um den Anforderungen an ein transparentes Verfahren gerecht zu werden, bedarf es jedoch gerade bei Ablehnung einer SUP der Kontrolle durch die Öffentlichkeit, um die Akzeptanz der Entscheidung zu gewährleisten und einen Missbrauch des den Mitgliedstaaten eröffneten Ermessensspielraums zu erschweren[317]. Zugleich erhöht sich die Qualität der Entscheidung, wenn der vorhandene Sachverstand der nationalen Umweltbehörden in die Beurteilung einer konditionalen Umweltprüfungspflicht einfließt.

(1) Behördenbeteiligung im Rahmen des Screening

Nach Art. 3 Abs. 6 SUP-RL haben die Mitgliedstaaten daher im Rahmen ihres Ansatzes zur Bestimmung der Pläne und Programme mit voraussichtlich erheblichen Umweltauswirkungen die in Art. 6 Abs. 3 genannten Behörden zu konsultieren. Dabei handelt es sich um von den Mitgliedstaaten zu bestimmende Behörden, die in ihrem umweltbezogenen Aufgabenbereich von den durch die Durchführung des Plans oder Programms verursachten Umweltauswirkungen betroffen sein könnten[318].

(a) Geschichte der Norm

Die Behördenbeteiligung innerhalb des Screening wurde erstmals vom Europäischen Parlament in seinen Änderungsanträgen zum Richtlinienvorschlag von 1999 angeregt. Nach Art. 4 a der durch das Parlament geänderten Fassung sollten die zuständigen Behörden die Umwelteinrichtungen, wie in Art. 6 definiert, konsultieren, um zu ermitteln, ob erhebliche Auswirkungen zu erwarten sind und eine Prüfung notwendig ist[319]. Eingang in den geänderten Kommissionsvorschlag fand dieser Änderungsvorschlag nicht, jedoch sah bereits der Gemeinsame Standpunkt des Rates den heutigen Wortlaut des Art. 3 Abs. 6 SUP-RL vor[320].

---

[316] Vergleiche Art. 5 Abs. 4, Art. 6 Abs. 1, 2; Art. 7 Abs. 2 SUP-RL; siehe hierzu ausführlich die Gliederungspunkte D.II.1und D.III.

[317] Ähnlich *Mathiesen*, European Environmental Law Review (EELR) 2003, 37, 43, der die Vorschriften als "procedural safeguards" bezeichnet.

[318] Siehe hierzu ausführlich Gliederungspunkt D.III.1.a)(1).

[319] Art. 4 a der geänderten Fassung des Europäischen Parlaments, ABl.EG Nr. C 341 vom 9. November 1998, S.18, 23.

[320] Art. 3 Abs. 6 des Gemeinsamen Standpunkts (Fn. 38).

(b) Inhalt der Norm

Die SUP-RL bedient sich mit Art. 3 Abs. 6 SUP-RL bereits vor der Einleitung eines Umweltprüfungsverfahrens des vorhandenen behördlichen Fachwissens. Die systematisch ähnliche UVP-RL und das UVPG sahen bislang nach Art. 4 Abs. 2, 4 UVP-RL bzw. § 3 a Satz 2 UVPG lediglich die Unterrichtung der Öffentlichkeit über das Screening-Ergebnis vor, bezogen aber die im späteren UVP-Verfahren nach Art. 6 Abs. 1 UVP-RL bzw. § 7 UVPG beteiligten Behörden mit umweltbezogenem Aufgabenkreis noch nicht in diese Vorprüfung mit ein.

Die Ausweitung des Instruments der Behördenbeteiligung dient dem Richtliniengeber nunmehr zur Förderung der Qualität der Screening-Entscheidung und bewirkt vor dem Hintergrund des Sicherstellungsauftrags an die Mitgliedstaaten, alle Pläne und Programme mit erheblichen Umweltauswirkungen einer SUP zuzuleiten[321], eine zuverlässigere Entscheidung über den Anwendungsbereich der Umweltprüfung. Je breiter sich die Informationsbasis des zuständigen öffentlich-rechtlichen Planungsträgers darstellt, desto geringer ist die Chance, dass ein Plan oder Programm mit erheblichen Umweltauswirkungen unerkannt einer Umweltprüfung entgeht.

Nach Art. 3 Abs. 6 SUP-RL sind die in Art. 6 Abs. 3 SUP-RL genannten Behörden „zu konsultieren“, wobei sich die Richtlinie einer Konkretisierung dieses unbestimmten Rechtsbegriffs enthält. Dem Wortsinn nach beinhaltet eine solche Konsultation zumindest einen Dialog zwischen den Parteien, so dass allein die Möglichkeit zur Kenntnisnahme seitens der zu beteiligenden Behörden den Anforderungen der Richtlinie nicht entsprechen würde. Andererseits beinhaltet eine Konsultation nicht die Abtretung der Entscheidungskompetenz des öffentlich-rechtlichen Planungsträgers über die Umweltprüfungspflichtigkeit des geprüften Plans oder Programms. Der Ausgang der Screening-Entscheidung selbst bleibt nach dem Wortlaut der Richtlinie dem Planungsträger überlassen[322], während den zu beteiligenden Behörden lediglich eine beratende Funktion zukommt.

Gleichwohl bleibt abzuwarten, wie dieser zusätzliche Arbeits- und Verwaltungsaufwand von den zu beteiligenden Behörden i.S.d. Art. 6 Abs. 3 SUP-RL angenommen wird. In Anbetracht schrumpfender personeller Kapazitäten bei gleichzeitigem Anstieg der Arbeitsbelastung wird eine ausführliche Stellungnahme voraussichtlich nur in Einzelfällen stattfinden. Insoweit ist festzuhalten, dass der Pflicht zur Konsultation nach Art. 3 Abs. 6 SUP-RL keine entsprechen-

---

321 Vgl. Art. 3 Abs. 5 Satz 2 SUP-RL.

322 Praktisch wird dies in der Regel in den Aufgabenbereich des zuständigen öffentlich-rechtlichen Planungsträgers fallen.

de Pflicht der beteiligten Behörde zur Abgabe einer Stellungnahme gegenüber steht[323].

(2) Öffentlichkeitsbeteiligung im Rahmen des Screening

Art. 3 Abs. 7 SUP-RL verpflichtet die Mitgliedstaaten, die nach Art. 3 Abs. 5 SUP-RL getroffenen Schlussfolgerungen, einschließlich der Gründe für die Entscheidung, keine Umweltprüfung vorzuschreiben, der Öffentlichkeit zugänglich zu machen.

(a) Geschichte der Norm

Wie die Behördenbeteiligung des Art. 3 Abs. 6 SUP-RL fand auch die Öffentlichkeitsbeteiligung nach Abschluss der Screening-Entscheidung erstmals durch die Änderungsanträge des Europäischen Parlaments zum Richtlinienvorschlag von 1999 Eingang in die Richtliniendiskussion. Nach Art. 4 b der durch das Parlament geänderten Fassung hatten die zuständigen Behörden eine Erklärung darüber zu veröffentlichen, in welcher Weise und weshalb der Plan oder das Programm gemäß den Absätzen 3 und 4 von einer vollständigen Prüfung vor der Entscheidung über den Plan oder das Programm ausgenommen wurde[324]. Die Kommission nahm daraufhin eine entsprechende Vorschrift in Art. 4 b ihres geänderten Richtlinienvorschlags auf[325].

Der Gemeinsame Standpunkt des Rates änderte den Wortlaut und sah in Art. 3 Abs. 7 vor, dass die Mitgliedstaaten dafür zu sorgen haben, dass die nach Absatz 5 getroffenen Schlussfolgerungen der Öffentlichkeit zugänglich gemacht werden[326]. Danach hätte es ausgereicht, ohne Begründung lediglich die Entscheidung für oder gegen eine Umweltprüfung bekannt zu geben. Dieser Formulierung trat das Europäische Parlament in seinen Änderungsanträgen zum Gemeinsamen Standpunkt entgegen und forderte, die getroffenen Schlussfolgerungen wie auch die Gründe für die Entscheidung, eine Umweltverträglichkeitsprüfung gemäß den Artikeln 4 bis 9 vorzuschreiben bzw. nicht vorzuschreiben, der Öffentlichkeit zugänglich zu machen[327]. Begründet wurde dies mit dem Erfor-

---

[323] Vgl. auch die parallele Erkenntnis innerhalb des Konsultationsverfahrens nach Art. 6 Abs. 2 SUP-RL, Gliederungspunkt D.III.1.c)(1).

[324] Art. 4 b der Legislativen Entschließung mit der Stellungnahme des Europäischen Parlaments zu dem "Vorschlag für eine Richtlinie des Rates über die Prüfung der Umweltauswirkungen bestimmter Pläne und Programme" (Fn. 33).

[325] Art. 4 b des Geänderten Vorschlags für eine Richtlinie des Rates über die Prüfung der Umweltauswirkungen bestimmter Pläne und Programme (Fn. 36).

[326] Art. 3 Abs. 7 des Gemeinsamen Standpunkts (Fn. 38).

[327] Änderungsantrag 9 der legislativen Entscheidung des Europäischen Parlaments zu dem Gemeinsamen Standpunkt des Rates im Hinblick auf den Erlass der Richtlinie des Europäischen Parlaments und des Rates über die Prüfung der Umweltauswirkungen bestimmter Pläne und Programme (Fn. 43).

dernis eines transparenten Entscheidungsprozesses i.S.d. Aarhus-Konvention[328]. Zugleich versuchte das Parlament, die Öffentlichkeit bereits in die Screening-Entscheidung selbst mit einzubeziehen und schlug eine Ergänzung der Behördenbeteiligung nach Art. 3 Abs. 6 um eine Beteiligung der in Art. 6 Abs. 4 genannten Öffentlichkeit vor[329]. Als Begründung diente der auch in der Öffentlichkeit und bei Nichtregierungsorganisationen vorhandene Umweltsachverstand sowie wiederum ein Verweis auf die Anforderungen der Aarhus-Konvention. Das Europäische Parlament konnte sich mit dieser Forderung jedoch im Vermittlungsausschuss nicht durchsetzen.

(b) Inhalt der Norm

Wer zum Kreis der Öffentlichkeit zu zählen ist, ergibt sich aus Art. 2 lit. d SUP-RL. Danach ist unter Öffentlichkeit eine oder mehrere natürliche oder juristische Personen und, in Übereinstimmung mit den innerstaatlichen Rechtsvorschriften oder der innerstaatlichen Praxis, deren Vereinigungen, Organisationen oder Gruppen zu verstehen[330]. Die Legaldefinition des Art. 2 lit. d SUP-RL entspricht damit der Definition der Öffentlichkeit in Art. 2 Abs. 4 der Aarhus-Konvention und sieht eine Öffentlichkeitsbeteiligung nach dem „Jedermann"-Prinzip vor. Daraus folgt, dass die Entscheidung über die Umweltprüfungspflichtigkeit eines Plans oder Programms nach Art. 3 Abs. 5 SUP-RL nicht nur an betroffene Kreise weitergeleitet werden muss, sondern öffentlich bekannt zu geben ist. In Betracht kommen die Auslegung an mehreren zentralen Orten, eine Verbreitung über die üblichen Publikationsorgane des öffentlich-rechtlichen Planungsträgers oder über die Medien[331].

Ob ein „zugänglich machen" i.S.d. SUP-RL bereits dann gegeben ist, wenn der zuständige Planungsträger die Informationen ausschließlich im Internet zur Verfügung stellt, darf bezweifelt werden. Diese im Kontext des „Electronic-Government"-Konzepts gerade von Behörden als attraktiv angesehene Variante eröffnet die Möglichkeit, Informationen kostengünstig einem grundsätzlich

---

[328] Änderungsantrag 9 der Empfehlung für die Zweite Lesung betreffend den Gemeinsamen Standpunkt des Rates im Hinblick auf den Erlass der Richtlinie des Europäischen Parlaments und des Rates über die Prüfung der Umweltauswirkungen bestimmter Pläne und Programme (Fn. 121).

[329] Änderungsantrag 8 der Empfehlung für die Zweite Lesung betreffend den Gemeinsamen Standpunkt des Rates im Hinblick auf den Erlass der Richtlinie des Europäischen Parlaments und des Rates über die Prüfung der Umweltauswirkungen bestimmter Pläne und Programme (Fn. 121).

[330] Ausführlich zum Begriff der Öffentlichkeit i.S.d. Art. 2 lit. d SUP-RL siehe Gliederungspunkt D.III.1.a)(2)(a).

[331] Ähnlich *Sangenstedt*, Die Bedeutung einer europäischen Richtlinie über die Prüfung der Umweltauswirkungen von Plänen und Programmen für das Fachplanungsrecht, in: *Ziekow* (Hrsg.), Planung 2000, S.27, 41.

unbegrenzten Kreis von Interessierten präsentieren zu können. Im Rahmen der Umweltprüfung ergeben sich hieraus insbesondere Vorteile für die Öffentlichkeitsbeteiligung von Plänen und Programmen höherer Planungsebenen mit einem großflächigen, teilweise sogar bundesweiten, Einflussbereich. Gleichwohl darf dem Internet nur eine ergänzende Wirkung zukommen[332]. Trotz einer steigenden Verbreitung des Mediums Internet verfügen große Teile der Öffentlichkeit nicht über einen Internetzugang. Der Ausschluss eines bestimmten Personenkreises durch die Wahl des Verbreitungsmediums widerspricht aber dem Ansatz einer „Jedermann"-Beteiligung, wie er in Art. 2 lit. d SUP-RL zum Ausdruck kommt. Eine Beschränkung der Information i.S.d. Art. 3 Abs. 7 SUP-RL allein auf die Bereitstellung der Schlussfolgerungen und Gründe im Internet erfüllt die Anforderungen der SUP-RL daher nicht.

Nach dem Wortlaut des Art. 3 Abs. 7 SUP-RL muss der öffentlich-rechtliche Planungsträger inhaltlich entweder seine Entscheidung zugunsten der Durchführung einer Umweltprüfung oder die Gründe für seine gegenteilige Entscheidung bekannt geben. Spricht sich die Behörde für ein Verfahren nach den Art. 4 ff SUP-RL aus, so bedarf es keiner Begründung[333]. Dies entspricht der Kontrollfunktion des Art. 3 Abs. 7 SUP-RL, die bei Bejahung eines Umweltprüfungsverfahrens durch die Art. 6 und 7 SUP-RL übernommen wird[334].

5. Vom Anwendungsbereich ausgenommene Pläne und Programme

Art. 3 SUP-RL nimmt schließlich einige Pläne und Programme explizit aus dem Anwendungsbereich der SUP-RL heraus. Eine Umweltprüfung scheidet in diesen Fällen stets aus, selbst wenn im übrigen die Anforderungen des Art. 2 lit. a SUP-RL und der Art. 3 Abs. 2 bis 4 SUP-RL erfüllt sein sollten.

a) Art. 3 Abs. 9 SUP-RL

Art. 3 Abs. 9 SUP-RL sieht eine Ausnahme vom Anwendungsbereich für solche Pläne und Programme vor, die in den Programmplanungszeiträumen für die Verordnungen (EG) Nr. 1260/1999[335] und (EG) Nr. 1257/1999[336] des Rates

---

332 So auch *Heiland*, uvp-report, Sonderheft zum UVP-Kongress 2002, S.93, 96; sowie *Aschemann*, uvp-report, Sonderheft zum UVP-Kongress 2002, S.97, 98.

333 Auch die Kommission sah eine Begründung zur Förderung der Transparenz des Entscheidungsverfahrens nur dann als angebracht an, wenn keine Umweltprüfung erforderlich sei, KOM (2000) 636 endg., S.3.

334 Von einer „Qualitätskontrolle der Entscheidung" spricht auch *Demske*, Die mitgliedstaatliche Entscheidung über die voraussichtlich erheblichen Umweltauswirkungen bei der konditionalen Umweltprüfung, in: *Hendler / Marburger / Reinhardt / Schröder* (Hrsg.), Die strategische Umweltprüfung (UTR 76), S.141, 151.

335 Verordnung (EG) Nr. 1260/1999 des Rates mit allgemeinen Bestimmungen über die Strukturfonds vom 21. Juni 1999, ABl.EG Nr. L 161 vom 26.6.1999, S.1.

mitfinanziert werden. Während die Verordnung (EG) Nr. 1260/1999 des Rates allgemeine Bestimmungen über die Strukturfonds[337] beinhaltet, regelt die Verordnung (EG) Nr. 1257/1999 des Rates speziell die Förderung im Rahmen des Europäischen Ausrichtungs- und Garantiefonds für die Landwirtschaft (EAGFL).

(1) Systematik der Förderung durch die gemeinschaftlichen Strukturfonds

Die Strukturfonds sind zentrale Instrumente zur Verwirklichung der in Art. 158 EGV formulierten Politik der Stärkung des wirtschaftlichen und sozialen Zusammenhalts der Gemeinschaft. Die Förderung benachteiligter Gebiete durch gemeinschaftliche Strukturfonds ist dabei in drei Gebietskategorien, Ziel 1, Ziel 2 und Ziel 3 Regionen, unterteilt (Art. 1, 3 - 5 VO (EG) 1260/1999). Ziel 1 Regionen sind Regionen, in denen die Entwicklung und die strukturelle Anpassung einer Region mit Entwicklungsrückstand gefördert werden soll. Ziel 2 Regionen sind Regionen, in denen eine wirtschaftliche und soziale Umstellung von Gebieten mit Strukturproblemen gefördert werden soll. Ziel 3 Regionen sind schließlich Regionen, in denen die Anpassung und Modernisierung der Bildungs-, Ausbildungs- und Beschäftigungspolitiken und -systeme gefördert werden soll. Der EAGFL, Abteilung „Ausrichtung" trägt zur Förderung von Ziel 1 Gebieten bei, der EAGFL, Abteilung „Garantie" unterstützt Ziel 2 Gebiete (Art. 2 Abs. 2,3 UAbs. 2 VO (EG) 1260/1999; VO (EG) 1257/1999).

Die aufgezeigte Strukturförderung basiert auf dem Grundsatz der Programmplanung. Danach legen die Mitgliedstaaten der Kommission Pläne vor, die auf einer angemessenen geographischen Ebene zu erstellen sind, in Deutschland i.d.R. auf Landesebene. Die Verordnung (EG) 1260/1999 gibt in Art. 16 Inhalt und Struktur dieser Pläne vor, wonach sie unter anderem eine quantifizierbare Beschreibung der derzeitigen Lage, die Beschreibung einer geeigneten Strategie zur Verwirklichung der Ziele und der Schwerpunkte für die dauerhafte Entwicklung sowie Angaben zur vorgesehenen Form und Verwendung der beteiligten Fonds enthalten. Die Kommission beurteilt diese Pläne daraufhin auf ihre Übereinstimmung mit den Zielen der Strukturförderung und erstellt nach Verhandlungen mit dem betroffenen Mitgliedstaat ein Programmplanungsdokument, mit dem einer gemeinschaftlichen Förderung des Planes zugestimmt wird.

---

[336] Verordnung (EG) Nr. 1257/1999 des Rates über die Förderung der Entwicklung des ländlichen Raums durch den Europäischen Ausrichtungs- und Garantiefonds für die Landwirtschaft (EAGFL) und zur Änderung bzw. Aufhebung bestimmter Verordnungen vom 17. Mai 1999, ABl.EG Nr. L 160 vom 26.6.1999, S.80.

[337] Der allgemeine Begriff Strukturfonds umfasst den Europäischen Fonds für regionale Entwicklung (EFRE), den Europäischen Sozialfonds (ESF), den Europäischen Ausrichtungs- und Garantiefonds für die Landwirtschaft (EAGFL) und das Finanzinstrument für die Ausrichtung der Fischerei (FIAF).

Die Programmplanung erfolgt dabei entweder in Form eines „Gemeinschaftlichen Förderkonzepts" (GFK) oder in Form eines „Einheitlichen Programmplanungsdokuments" (EPD). Für Ziel 1 Förderungen werden GFK verwendet, für die Ziele 2 und 3 werden in der Regel EPD genutzt (Art. 15 VO (EG) 1260/1999). Die Gemeinschaftlichen Förderkonzepte beinhalten insbesondere die Strategie und die Schwerpunkte für gemeinsame Aktionen der Gemeinschaft und des Mitgliedstaates, deren Ziele, einen Überblick über die in seiner Ausführung vorgesehenen operationellen Programme und einen indikativen Finanzplan (Art. 17 VO (EG) 1260/1999). Sie werden in der Regel in Form eines von den Mitgliedstaaten erarbeiteten „operationellen Programms" durchgeführt, das detaillierte Angaben zur Förderung enthält (Art. 18 VO (EG) 1260/1999). Bei einem GFK liegt somit ein zweistufiges Programmplanungsverfahren vor, während mit dem EPD, dessen Inhalt bereits selbst den Erfordernissen eines operationellen Programms entspricht, ein einstufiges Programmplanungsverfahren zur Anwendung kommt.

Im Rahmen des EAGFL sehen die Art. 41 bis 44 VO (EG) 1257/1999 für Programmplanungen, die nicht unter die VO (EG) 1260/1999 fallen, als eigenes Instrument Entwicklungspläne für den ländlichen Raum vor, wobei Verfahren und Inhalt den allgemeinen Bestimmungen der VO (EG) 1260/1999 angepasst sind. Letztlich werden auf Grundlage der von den Mitgliedstaaten erstellten Entwicklungspläne für den ländlichen Raum die Programmplanungsdokumente für die Entwicklung des ländlichen Raums von der Kommission genehmigt.

Die Programmplanung erfolgt im derzeitigen dritten Förderzeitraum von 2000 bis 2006 einheitlich durch Siebenjahresprogramme, wobei zwischenzeitliche Anpassungen möglich sind, so dass im Rahmen einer solchen Anpassung grundsätzlich bereits vor Ende des laufenden Programmplanungszeitraums umweltprüfungspflichtige Planungen auftreten könnten.

(2) Von der Ausnahme erfasste Pläne und Programme

Mitfinanzierte Pläne und Programme i.S.d. Art. 3 Abs. 9 SUP-RL sind vor dem Hintergrund dieser Planungsstrukturen jedenfalls die operationellen Programme zur Durchführung der Gemeinschaftlichen Förderkonzepte. Die Gemeinschaftlichen Förderkonzepte selbst werden von der Kommission erstellt und fallen nicht in den Anwendungsbereich der nach Art. 15 SUP-RL an die Mitgliedstaaten gerichteten SUP-RL. Gleiches gilt für die Einheitlichen Programmplanungsdokumente, bei denen die von den Mitgliedstaaten vorgelegten Pläne nur als „Entwurf des Einheitlichen Programmplanungsdokumentes" behandelt werden (Art. 15 Abs. 1 Satz 3 VO (EG) 1260/1999).

In Betracht kommt jedoch die Anwendbarkeit der SUP-RL auf diese von den Mitgliedstaaten als „Entwurf eines Einheitlichen Programmplanungsdokumentes" eingereichten Pläne. Dies würde nicht unmittelbar gegen den Wortlaut des Art. 3 Abs. 9 SUP-RL verstoßen, da die eingereichten Pläne selbst nicht mitfinanziert werden, sondern lediglich als Vorschlag für im Rahmen der Strukturfonds zu finanzierende Pläne und Programme dienen. Nach Sinn und Zweck des

Art. 3 Abs. 9 SUP-RL, der die Programmplanung im Rahmen der gemeinschaftlichen Strukturfonds von einer Umweltprüfungspflicht vorerst ausnehmen möchte, fallen indes auch die von den Mitgliedstaaten eingereichten Pläne nicht in den Anwendungsbereich der Richtlinie.

Gleiches gilt für die von den Mitgliedstaaten erstellten Entwicklungspläne für den ländlichen Raum nach Art. 40 Abs. 3, Art. 41-44 VO (EG) 1257/1999, die nur als Grundlage des Programmplanungsdokumentes für die Entwicklung des ländlichen Raums dienen. Das Programmplanungsdokument selbst ist wiederum der Kommission, nicht dem Mitgliedstaat, zuzurechnen und unterliegt damit nicht der Richtlinie. Art. 3 Abs. 9 SUP-RL nimmt folglich operationelle Programme, von den Mitgliedstaaten eingereichte Entwürfe für Einheitliche Programmplanungsdokumente und die erstellten Entwicklungspläne für die ländliche Entwicklung vom Anwendungsbereich der SUP-RL aus.

(3) Ausblick

Bereits im Vorfeld der Verabschiedung der SUP-RL wurde kritisiert, dass die Europäische Gemeinschaft bei Einführung der strategischen Umweltprüfung nicht selbst mit gutem Beispiel vorangehe und auch ihre eigenen Pläne und Programme dem Anwendungsbereich unterwerfe[338]. Das Europäische Parlament konnte sich im Vermittlungsausschuss mit einer entsprechenden Erweiterung des Anwendungsbereichs jedoch nicht durchsetzen. Die auffällige Formulierung des Art. 3 Abs. 9 SUP-RL, der die Ausnahmevorschrift ausdrücklich auf die laufenden jeweiligen Planungszeiträume beschränkt, zeigt indes, dass allgemein von einer künftigen Einbeziehung solcher Pläne und Programme in den Anwendungsbereich der SUP-RL ausgegangen wird. Dies belegt die Begründung des im Vermittlungsausschuss erzielten Ergebnisses in der dritten Lesung des Europäischen Parlaments[339]. Es handelt sich insoweit um eine in der Richtlinie verankerte Schonfrist für die genannten Finanzierungsinstrumente. Dementsprechend hat die Kommission bereits die Erstellung eines Berichtes über das Verhältnis von Strukturfonds und SUP veranlasst und zugestimmt, bei der Überarbeitung der Strukturfonds des nächsten Planungszeitraums die Umweltprüfung zu berücksichtigen[340]. Die Vorläufigkeit des momentan festgelegten Anwen-

---

[338] Siehe beispielsweise die Stellungnahme des Ausschusses der Regionen (Fn. 30), S.65, sowie die Stellungnahme des Wirtschafts- und Sozialausschusses (Fn. 29), S.103, zum Richtlinienvorschlag von 1997 (Fn. 28).

[339] Bericht über den vom Vermittlungsausschuss gebilligten gemeinsamen Entwurf einer Richtlinie des Europäischen Parlaments und des Rates über die Prüfung der Umweltauswirkungen bestimmter Pläne und Programme, 3. Lesung des Europäischen Parlaments, (Fn. 46), S.8.

[340] Bericht über den vom Vermittlungsausschuss gebilligten gemeinsamen Entwurf einer Richtlinie des Europäischen Parlaments und des Rates über die Prüfung der Umweltauswirkungen bestimmter Pläne und Programme, 3. Lesung des Europäischen Parlaments, (Fn. 46), S.8.

dungsbereichs unterstreicht die SUP-RL im übrigen selbst, wenn sie im 20. Erwägungsgrund sowie in Art. 12 Abs. 3 UAbs. 2 SUP-RL im Rahmen der Berichtspflicht der Kommission nach Ablauf von fünf Jahren eine Ausdehnung des Geltungsbereichs der SUP-RL auf andere Bereiche und Sektoren sowie andere Arten von Plänen und Programmen in Aussicht stellt. Zu diesen anderen Arten zählen insbesondere Pläne und Programme im Zusammenhang mit den Strukturfonds der EG.

An dieser Stelle ist zudem auf die Kollisionsnorm des Art. 11 Abs. 3 SUP-RL hinzuweisen. Dort wird explizit vorgesehen, dass, falls von der Europäischen Gemeinschaft mitfinanzierte Pläne und Programme einer Umweltprüfung unterzogen werden, dies „im Einklang" mit den einschlägigen speziellen Gemeinschaftsvorschriften geschieht[341]. Angestrebt wird somit ein harmonisches Nebeneinander von SUP und den bereits vorhandenen gemeinschaftsrechtlichen Vorgaben für mitfinanzierte Pläne und Programme, im Idealfall eine Aufnahme der SUP-Bestimmungen in die konkreten Gemeinschaftsvorgaben.

Angesichts des immensen Einflusses, den Finanzierungselemente wie die Strukturfonds auf die Mitgliedstaaten haben, zeigt sich die bislang vorhandene Berücksichtigung von Umweltaspekten bei der Vergabe von Geldern im Rahmen der Vereinbarkeitsklausel des Art. 12 VO (EG) 1260/1999 insgesamt noch als unzureichend[342]. Insbesondere die bislang defizitäre Öffentlichkeitsbeteiligung steht nicht im Einklang mit dem von der Gemeinschaft durch die Ratifizierung der Aarhus-Konvention eingeschlagenen Kurs einer verstärkten Einbeziehung der EU-Bürger in die Entscheidungsprozesse[343]. Mit der Aufnahme der Umweltprüfung in den Bereich der Strukturfonds dürfte dagegen ein großer Schritt in Richtung einer Verwirklichung der in Art. 6 EGV geforderten Einbeziehung von Umweltaspekten in andere Gemeinschaftspolitiken bevorstehen.

b) Art. 3 Abs. 8 SUP-RL

Nach Art. 3 Abs. 8 SUP-RL sind Pläne und Programme, die ausschließlich Zielen der Landesverteidigung oder des Katastrophenschutzes dienen sowie Finanz- oder Haushaltspläne und –programme, ausdrücklich aus dem Anwendungsbereich der SUP-RL ausgenommen. Die genannten Bereiche befinden sich außerhalb der Kompetenzen der Europäischen Gemeinschaft und unterliegen lediglich den souveränen Entscheidungen der Mitgliedstaaten. Obwohl auch

---

341 Siehe zu Art. 11 SUP-RL Gliederungspunkt E.II.

342 *Jahns-Böhm* sieht dagegen die Anforderungen der umweltrechtlichen Querschnittsklausel des Art. 6 EGV bereits durch die Berücksichtigung der Erfordernisse des Umweltschutzes in den Erwägungsgründen und in Art. 1 und 2 der VO (EG) 1260/1999 gewahrt, *Jahns-Böhm*, in: *Schwarze* (Hrsg.), EU-Kommentar, Artikel 6 EGV, Rn. 17.

343 Kritisch daher *Mathiesen*, European Environmental Law Review (EELR) 2003, S.37, 50; siehe zur Aarhus-Konvention Gliederungspunkt B.IV.4.

diese Pläne und Programme vielfach Projekte mit erheblichen Umweltauswirkungen beeinflussen, sollte für sie eine Umweltprüfungspflicht im Rahmen der SUP-RL somit nicht eingeführt werden.

Auf nationaler Ebene als Finanzpläne von der Ausnahme des Art. 3 Abs. 8 SUP-RL umfasst sind beispielsweise der Straßenbauplan i.S.d. Straßenbaufinanzierungsgesetzes, der nach Art. 3 Abs. 1 StrBauFinG als Anlage zum Bundeshaushaltsplan aufzustellen ist, sowie der straßenbaurechtliche Fünfjahresplan des Bundesministers für Verkehr nach § 5 FStrAbG. Zu Plänen und Programmen, die ausschließlich den Zielen des Katastrophenschutzes dienen, sind beispielsweise die in Landeswassergesetzen zu findenden Hochwassermeldepläne zu rechnen. Zu beachten gilt, dass Pläne und Programme der Landesverteidigung oder des Katastrophenschutzes nur dann außerhalb des Anwendungsbereichs liegen, soweit sie ausschließlich diesen Zwecken dienen. Werden die genannten Themenbereiche nur beiläufig mitumfasst, oder ist eine militär- oder katastrophenschutzfreie Aufspaltung der Planungsinhalte möglich, so kommt eine Umweltprüfungspflichtigkeit trotz Art. 3 Abs. 9 SUP-RL in Betracht.

III. Zeitlicher Geltungsbereich, Art. 13 SUP-RL

Nach Art. 13 Abs. 1 Satz 1 SUP-RL haben die Mitgliedstaaten drei Jahre, d.h. bis zum 21. Juli 2004, Zeit, die Richtlinie in nationales Recht umzusetzen. Von Bedeutung für die praktische Anwendbarkeit ist dabei neben dem sachlichen Geltungsbereich der Richtlinie, wie er durch Art. 2 lit. a i.V.m. Art. 3 SUP-RL beschrieben wird, insbesondere auch ihr zeitlicher Geltungsbereich. Dabei gilt es, zwei Arten von Plänen und Programmen zu unterscheiden:

1. Pläne und Programme nach dem 21. Juli 2004

Zunächst gelten die Bestimmungen der SUP-RL nach Art. 13 Abs. 3 Satz 1 SUP-RL für solche Pläne und Programme, deren erster förmlicher Vorbereitungsakt *nach* dem 21. Juli 2004 erstellt wird. Wie gesehen gehören hierzu gemäß Art. 2 lit. a i.V.m. Art. 3 Abs. 3 SUP-RL auch die nicht lediglich geringfügigen Änderungen solcher Pläne und Programme. Ausnahmen sieht Art. 13 Abs. 3 Satz 1 SUP-RL nicht vor.

2. Pläne und Programme vor dem 21. Juli 2004

Daneben sind grundsätzlich auch solche Pläne und Programme von der SUP-RL umfasst, deren erster förmlicher Vorbereitungsakt *vor* dem 21. Juli 2004 liegt, soweit sie erst 24 Monate nach diesem Zeitpunkt, d.h. nach dem 20. Juli 2006, angenommen oder in das Gesetzgebungsverfahren eingebracht werden. In diesem Fall steht es jedoch dem Mitgliedstaat frei, für den Einzelfall ausnahmsweise zu entscheiden, dass die Durchführung einer Umweltprüfung nicht durchführbar sei. Die Öffentlichkeit ist von dieser Entscheidung zu unterrichten[344].

a) Geschichte des Art. 13 Abs. 3 SUP-RL

Ursprünglich sah Art. 12 Abs. 3 des Gemeinsamen Standpunkts des Rates lediglich eine Art. 13 Abs. 3 Satz 1 SUP-RL entsprechende Bestimmung des zeitlichen Geltungsbereichs vor.

Das Europäische Parlament hatte daraufhin die Befürchtung, die Mitgliedstaaten könnten eine Vielzahl von Plänen und Programmen noch vor dem 21. Juli 2004 formal einleiten, nur um dem zeitlichen Geltungsbereich der SUP-RL zu entgehen und ihre Planungen vor dem Mehraufwand einer Umweltprüfung zu schützen[345]. Tatsächlich ist die zeitnahe Realisierung eines Plans oder Programms kein Kriterium des Art. 13 Abs. 3 Satz 1 SUP-RL, wobei freilich eine Auslegung dieser Norm im Lichte der gemeinschaftsrechtlichen Treuepflicht der Mitgliedstaaten nach Art. 10 Abs. 2 EGV einem Unterlaufen der Richtlinienbestimmungen durch die Mitgliedstaaten entgegenstünde. Um allerdings Auslegungsschwierigkeiten zu entgehen, forderte das Europäische Parlament in Zweiter Lesung die Erweiterung des Geltungsbereichs auf Pläne und Programme, deren Annahme oder Vorlage erst 12 Monate nach Ablauf der Umsetzungsfrist, also nach dem 20. Juli 2005, erfolgen würde[346]. Im Vermittlungsverfahren wurde diese Erweiterung des Anwendungsbereichs zugunsten der Mitgliedstaaten entschärft und man einigte sich auf eine Frist von 24 Monaten.

b) Undurchführbarkeit nach Art. 13 Abs. 3 Satz 2 SUP-RL

Art. 13 Abs. 3 Satz 2 SUP-RL sieht eine Ausnahmeklausel zugunsten der Mitgliedstaaten für umweltprüfungspflichtige Pläne und Programme vor, deren erster förmlicher Vorbereitungsakt vor dem 24. Juli 2004 liegt und die nach dem 23. Juli 2006 angenommen oder in das Gesetzgebungsverfahren eingebracht werden. Die Ausnahme sieht vor, dass von einer Umweltprüfung nach Einzelfallentscheidung des betroffenen Mitgliedstaates abgesehen werden darf, soweit eine SUP nicht durchführbar ist.

---

[344] Mangels weiterer Konkretisierung nimmt dies Bezug auf die Öffentlichkeit i.S.d. Art. 2 lit. d SUP-RL, d.h. es handelt sich um eine „Jedermann"-Unterrichtung; siehe zum Begriff der Öffentlichkeit i.S.d. Art. 2 lit. d SUP-RL Gliederungspunkt D.III.1.a)(2)(a).

[345] *Sangenstedt*, Vorstellung und Bewertung der Richtlinie der EG zur Strategischen Umweltprüfung, in: *Reiter* (Hrsg.), Neue Wege in der UVP, S.235, 253.

[346] Änderungsantrag 23 der Empfehlung für die Zweite Lesung betreffend den Gemeinsamen Standpunkt des Rates im Hinblick auf den Erlass der Richtlinie des Europäischen Parlaments und des Rates über die Prüfung der Umweltauswirkungen bestimmter Pläne und Programme (Fn. 121).

(1) Kriterien der Undurchführbarkeit

Welcher Art die Kriterien sein müssen, um seitens des Mitgliedstaates von einer Undurchführbarkeit der Umweltprüfung i.S.d. Art. 13 Abs. 3 Satz 2 SUP-RL ausgehen zu können, wird nicht näher ausgeführt und verspricht letztlich erst durch eine entsprechende Rechtsprechung des EuGH einer abschließenden Klärung zugeführt zu werden. Festzuhalten ist, dass Art. 13 Abs. 3 Satz 2 SUP-RL als Ausnahmeregelung eng ausgelegt werden muss. Die obligatorische Umweltprüfung nach Art. 3 Abs. 2 SUP-RL und die fakultativen Umweltprüfungspflichten nach Art. 3 Abs. 3 und 4 SUP-RL, bei denen die Mitgliedstaaten weitreichenden Bindungen bei der Ausübung ihrer Ermessensspielräume unterliegen[347], dürfen nicht durch Art. 13 Abs. 3 Satz 2 SUP-RL unterlaufen werden. Somit wird den Mitgliedstaaten auch hier kein freies Ermessen darüber zugebilligt werden können, ob im Einzelfall eine Undurchführbarkeit des Verfahrens vorliegt. Vielmehr werden sich zulässige Gründe für die Undurchführbarkeit nach dem Grundsatz des „effet utile" an Sinn und Zweck der Vorschrift zu orientieren haben.

Sinn und Zweck des Art. 13 Abs. 3 Satz 2 SUP-RL ist es, eine Umgehung der Bestimmungen der SUP-RL durch die Mitgliedstaaten zu verhindern. Bei der gebotenen restriktiven Anwendung der Ausnahmeklausel ist daher in der Regel von der Anwendbarkeit der Richtlinienbestimmungen auf Pläne und Programme i.S.d. Art. 13 Abs. 3 Satz 2 SUP-RL auszugehen. Zu beachten ist jedoch, dass auch hier der primärrechtliche Verhältnismäßigkeitsgrundsatz des Art. 5 Abs. 3 EGV die Mitgliedstaaten vor Belastungen schützt, die nicht im angemessenen Verhältnis zu den angestrebten Zielen stehen.

Als zulässige Gründe für die Undurchführbarkeit der Umweltprüfung nach Art. 13 Abs. 3 Satz 2 SUP-RL kommen daher ein im Einzelfall nicht mehr zumutbarer Arbeitsaufwand oder eine unzumutbare finanzielle Belastung der Verwaltung bei der Durchführung einer Umweltprüfung in Betracht. Dagegen werden faktische Beschränkungen aus methodischer Hinsicht im Rahmen der Festlegung des Untersuchungsrahmens des Umweltberichts (Scoping) berücksichtigt und führen nicht zu einer Undurchführbarkeit der Umweltprüfung als solcher.

Das Anliegen des Richtliniengebers, den verfahrenstechnischen Mehraufwand und die finanzielle Belastung der Planungsträger nicht über Gebühr zu erhöhen, fand in mehreren Vorschriften der SUP-RL seinen Niederschlag[348] und kann daher auch in diesem Zusammenhang als Auslegungshilfe herangezogen werden. Welcher Belastungsgrad konkret für die Feststellung der Undurchführbarkeit als ausreichend angesehen werden kann, lässt sich der Richtlinie mit juristi-

---

[347] Vgl. Gliederungspunkt C.II.4.d).

[348] Siehe insbesondere die mögliche Integration der Umweltprüfung in bereits bestehende Verfahren sowie die besonders betonte Vermeidung von Mehrfachprüfungen, Erwägungsgrund 9 und Art. 4 Abs. 2, 3 SUP-RL.

schen Auslegungsmethoden indes schlichtweg nicht entnehmen und wird im Einzelfall dem Judiz der verantwortlichen EuGH-Richter überlassen bleiben. Einwendungen, dass die Annahme des Plans oder Programms nur kurze Zeit nach dem 20. Juli 2006 stattfinden soll oder eine Umweltprüfung zu einer unzumutbaren Verlängerung der Verfahrensdauer führen würde, vermögen hingegen alleine keine unverhältnismäßige Belastung in diesem Sinne darzustellen. Der Richtliniengeber hat den mitgliedstaatlichen Planungsträgern mit einer Übergangsfrist von 24 Monaten ausreichend Zeit gegeben hat, sich auf die neuen Verfahrensanforderungen einzustellen.

(2) Maßgeblicher Zeitpunkt der Undurchführbarkeit

Für die praktische Umsetzung der Richtlinienvorgaben stellt sich zudem die Frage, wann die Undurchführbarkeit der Umweltprüfung festzustellen ist. Eine konkrete Aussage über den maßgeblichen Zeitpunkt, in dem die Mitgliedstaaten über die Undurchführbarkeit zu entscheiden haben, lässt sich der SUP-RL nicht explizit entnehmen.

(a) Mögliche Zeitpunkte

In Betracht käme zunächst als frühest möglicher Zeitpunkt eine Prognoseentscheidung zu Beginn der Planung. Der betroffene Mitgliedstaat könnte sich bereits bei Erstellung des ersten förmlichen Vorbereitungsaktes entscheiden, ob im Falle einer Umweltprüfungspflichtigkeit des Plans oder Programms eine Undurchführbarkeit vorläge.

Als andere Option erwiese sich der Stichtag der Umsetzung der SUP-RL. Erst am 24. Juli 2004 ist der jeweilige Mitgliedstaat in der Lage, seine Pläne und Programme abschließend nach Art. 13 Abs. 3 Satz 1 SUP-RL oder nach Art. 13 Abs. 3 Satz 2 SUP-RL zu beurteilen. Der Mitgliedstaat kann ab diesem Zeitpunkt eine Bewertung seiner bereits eingeleiteten Pläne und Programme vornehmen und gegebenenfalls zum Ergebnis der Undurchführbarkeit des Umweltprüfungsverfahrens gelangen.

Eine weitere Variante wäre der Zeitraum ab dem Stichtag des 24. Juli 2006 bis zur endgültigen Annahme des Plans oder Programms bzw. dessen Einbringung in ein Gesetzgebungsverfahren. Die Mitgliedstaaten können sich erst ab diesem Zeitpunkt sicher sein, ob tatsächlich eine „nachträgliche" Umweltprüfungspflicht i.S.d. Art. 13 Abs. 3 Satz 2 SUP-RL in die jeweiligen Planungsverfahren zu integrieren ist. Ab diesem Moment könnten die betroffenen Pläne und Programme seitens der Mitgliedstaaten auf die Durchführbarkeit einer Umweltprüfung hin untersucht werden.

Schließlich käme als spätest möglicher Zeitpunkt eine Entscheidung bei Annahme der Pläne oder Programme bzw. bei ihrer Einführung in das Gesetzgebungsverfahren in Betracht. In diesem Fall würde die Undurchführbarkeit vom Mitgliedstaat gewissermaßen „rückblickend" festgestellt werden[349].

(b) Bewertung

Die zuletzt genannte Option scheidet aufgrund der Systematik der SUP-RL aus. Im Zeitpunkt der mitgliedstaatlichen Entscheidung über die Undurchführbarkeit der Umweltprüfung müssen noch beide Entscheidungsalternativen, also eine Entscheidung gegen oder für die Durchführung einer Umweltprüfung, möglich sein. Bei Annahme des Plans oder Programms ist jedoch der Inhalt der Planung bereits abschließend festgelegt worden. Eine Entscheidung zugunsten der Durchführung einer Umweltprüfung wäre nicht mehr möglich. Sinn und Zweck der SUP ist aber die Einbeziehung umweltrelevanter Auswirkungen im Rahmen der Ausarbeitungsphase und damit vor der endgültigen Planungsentscheidung. Dies spiegelt sich sowohl in der Zielsetzung des Art. 1 SUP-RL als auch in Art. 8 SUP-RL wieder, der die Berücksichtigung der Ergebnisse der Art. 5 bis 7 SUP-RL bei der Ausarbeitung und vor der Annahme des Plans oder Programms oder vor dessen Einbringung in das Gesetzgebungsverfahren vorsieht. Für den Fall der Einbringung in das Gesetzgebungsverfahren ist zwar eine endgültige Entscheidung über den Inhalt des Plans oder des Programms noch nicht getroffen, jedoch würde eine noch im Gesetzgebungsverfahren vorzunehmende Berücksichtigungspflicht die Souveränität des nationalen Gesetzgebers verletzen[350]. Der Zeitpunkt der Annahme bzw. der Einbringung in das Gesetzgebungsverfahren erweist sich daher als zu spät für die Entscheidung über die Undurchführbarkeit nach Art. 13 Abs. 3 Satz 2 SUP-RL.

Gegen den frühest möglichen Zeitpunkt der Entscheidung zu Beginn der Planungen spricht, dass die Mitgliedstaaten im Falle einer Prognoseentscheidung oftmals nur unzureichend abschätzen können, ob ihre vor dem 24. Juli 2004 begonnenen Planungen vor dem 24. Juli 2006 einem Gesetzgebungsverfahren überantwortet bzw. abgeschlossen sein werden. Die Ausnahmeklausel des Art. 13 Abs. 3 Satz 2 SUP-RL wird jedoch nur in Fällen einer solchen „nachträglichen" Umweltprüfungspflicht relevant. Es besteht somit die Gefahr überflüssigen Verwaltungsaufwands, den es zu vermeiden gilt. Ob ein Mitgliedstaat in diesem Zusammenhang bereits vor Eröffnung des Anwendungsbereichs des Art. 13 Abs. 3 Satz 2 SUP-RL „auf Vorrat" eine Undurchführbarkeitsentscheidung der Umweltprüfung für einen bestimmten Plan oder ein Programm treffen darf, muss bezweifelt werden. Die Kriterien für die Undurchführbarkeit stellen wesentlich auf die Unzumutbarkeit der Umweltprüfung aufgrund des Verwaltungsaufwands und der finanziellen Belastung ab. Beide Undurchführbarkeitsgründe

---

[349] Diese Formulierung wird von *Sangenstedt*, Vorstellung und Bewertung der Richtlinie der EG zur Strategischen Umweltprüfung, in: *Reiter* (Hrsg.), Neue Wege in der UVP, S.235, 254, benutzt.

[350] Siehe zu diesen Bedenken bereits Gliederungspunkt C.I.6.c).

sind indes nicht unabhängig vom zeitlichen Spielraum, der dem zuständigen Planungsträger für die Realisierung der Planung zur Verfügung steht. Je länger sich der Zeitraum bemisst, auf den die möglichen Belastungen einer Umweltprüfung verteilt werden können, desto weniger kann von einer unzumutbaren Belastung der Planungsträger ausgegangen werden. Je länger also ein Planungsverfahrens andauert, desto weniger kann seitens eines Mitgliedstaates von der Undurchführbarkeit einer Umweltprüfung ausgegangen werden. Durchführbare Umweltprüfungen sind nach Sinn und Zweck der SUP-RL aber stets vorzunehmen, da nach dem Anliegen der Richtlinie alle Pläne und Programme mit erheblichen Umweltauswirkungen einer SUP unterzogen werden sollen[351]. Der Beginn der Planungen ist daher als Zeitpunkt der Entscheidung über die Undurchführbarkeit einer Umweltprüfung ungeeignet.

Der 24. Juli 2004 als Stichtag der Abgrenzung zwischen Art. 13 Abs. 3 Sätze 1 und 2 SUP-RL weist für die Entscheidung über eine Undurchführbarkeit der Umweltprüfung ebenfalls Nachteile auf. Das Problem einer Abgrenzung zwischen Art. 13 Abs. 3 Satz 1 und Satz 2 SUP-RL stellt sich für den mitgliedstaatlichen Planungsträger gar nicht, da jeder Plan oder jedes Programm, dessen erster förmlicher Vorbereitungsakt vor dem 24. Juli 2004 vorliegt, bereits mit Beginn der Planungen abschließend Art. 13 Abs. 3 Satz 2 SUP-RL zugeordnet werden kann. Ob diese Vorschrift jedoch tatsächlich relevant wird, entscheidet sich wie gesehen erst mit dem Eintreten einer „nachträglichen Umweltprüfungspflicht". Jede vorherige Prüfung der Undurchführbarkeit droht bei Annahme des Plans oder Programms oder Einbringen in ein Gesetzgebungsverfahren vor dem 24. Juli 2006 überflüssig zu werden. Da dies indes nach Sinn und Zweck der SUP-RL zu vermeiden ist, scheidet auch der 24. Juli 2004 als maßgeblicher Zeitpunkt für eine Undurchführbarkeit der Umweltprüfung aus.

Als sowohl Sinn und Zweck als auch der Systematik der SUP-RL einzig entsprechender Zeitpunkt der Entscheidung erweist sich somit der Zeitraum vom 24. Juli 2006 bis zur Annahme des jeweiligen Plans oder Programms bzw. seiner Einbringung in ein Gesetzgebungsverfahren. Erst ab diesem Zeitpunkt ist ausgeschlossen, dass der mitgliedstaatliche Planungsträger eine unnötige Prüfung der Durchführbarkeit einer Umweltprüfung vornimmt, gleichzeitig aber noch die Möglichkeit hat, sich sachgerecht sowohl für als auch gegen die Anwendung der Ausnahmeklausel des Art. 13 Abs. 3 Satz 2 SUP-RL zu entscheiden.

(3) Fazit

Die Mitgliedstaaten haben nach dem 24. Juli 2006 und noch vor Beendigung ihrer Planungen über die Undurchführbarkeit einer Umweltprüfung bei Plänen und Programmen i.S.d. Art. 13 Abs. 3 Satz 2 SUP-RL zu entscheiden. Kriterien der Undurchführbarkeit sind dabei unzumutbare Belastungen der Planungsträger in finanzieller Hinsicht oder im Rahmen ihres Verwaltungsaufwands.

---

[351] Vgl. Erwägungsrund 10 sowie Art. 1 SUP-RL.

c) Konsequenzen des Art. 13 Abs. 3 Satz 2 SUP-RL

Sangenstedt schätzt Art. 13 Abs. 3 Satz 2 SUP-RL aufgrund der erwähnten Probleme in der Praxis als „schlechterdings nicht vollziehbar" ein[352]. Tatsächlich wird den mitgliedstaatlichen Planungsträgern wenig anderes übrig bleiben, als die Umweltprüfungspflichtigkeit ihrer von nun an eingeleiteten Planungen im Vorfeld zu prüfen und gegebenenfalls eine Umweltprüfung durchzuführen, sofern nicht die Annahme des Plans oder Programms mit Sicherheit vor dem 21. Juli 2006 eintreten wird. Je nach Bedeutung der Planung wird sich der Planungsträger zwischen dem verwaltungstechnischen Mehraufwand einer - noch - freiwilligen Umweltprüfung, die mit zusätzlichen Kosten verbunden wäre, und einem drohenden Zeitverlust, der durch die Verzögerung der Annahme des Plans oder Programms über die 24-Monate-Frist hinaus und einer damit einhergehenden nachträglichen Umweltprüfungspflicht entstünde, entscheiden müssen. Eine vereinfachte Umweltprüfung für den Fall einer solchen nachträglichen Umweltprüfungspflicht sieht die SUP-RL nicht vor, so dass der betroffene Planungsträger unabhängig vom Stand seiner bisherigen Planungen eine komplette Umweltprüfung durchzuführen hätte. In Einzelfällen kann hier der Mitgliedstaat nach dem 24. Juli 2006 von der Ausnahmeregelung des Art. 13 Abs. 3 Satz 2 SUP-RL Gebrauch machen, jedoch muss dies wie gesehen auf einige wenige Sonderfälle beschränkt bleiben[353].

Sollte sich der Planungsträger für eine freiwillige vorzeitige Umweltprüfung entscheiden, so wird es oftmals an einer geeigneten Rechtsgrundlage für die zusätzlichen Verfahrensanforderungen fehlen. Sofern nicht bereits richtlinienkonforme Verfahrensregeln im einschlägigen nationalen Planungsrecht vorliegen, wird dementsprechend seitens der mitgliedstaatlichen Planungsträger bis zum Erlass der nationalen Umsetzungsakte große Rechtsunsicherheit bei der Durchführung von Umweltprüfungen herrschen. In Betracht käme lediglich eine unmittelbare Anwendung der einschlägigen Bestimmungen der SUP-RL[354].

---

[352] *Sangenstedt*, Vorstellung und Bewertung der Richtlinie der EG zur Strategischen Umweltprüfung, in: *Reiter* (Hrsg.), Neue Wege in der UVP, S.235, 253.

[353] Angesichts der mit Art. 13 Abs. 3 Satz 2 SUP-RL verbundenen Probleme verzichtet beispielsweise der Entwurf eines EAG Bau völlig auf die Möglichkeit einer Ausnahme aufgrund der Undurchführbarkeit einer Umweltprüfung, vgl. Gliederungspunkt G.II.2.a)(1).

[354] Siehe zur unmittelbaren Anwendbarkeit der SUP-RL Gliederungspunkt F.II.

D. Das Verfahren der Umweltprüfung nach der SUP-RL

Nachdem der Anwendungs- und Geltungsbereich der SUP-RL aufgezeigt wurde, ist im Folgenden darzustellen, welche Anforderungen die Richtlinie an die Verfahrensausgestaltung umweltprüfungspflichtiger Pläne oder Programme richtet.

Art. 2 lit. b SUP-RL definiert den Begriff der Umweltprüfung dabei als die Ausarbeitung eines Umweltberichts, die Durchführung von Konsultationen, die Berücksichtigung des Umweltberichts und der Ergebnisse der Konsultationen bei der Entscheidungsfindung und die Unterrichtung über die Entscheidung gemäß den Artikeln 4 bis 9.

I. Allgemeine Verpflichtungen, Art. 4 SUP-RL

Die SUP-RL stellt den konkreten Anforderungen der Art. 5 bis 9 SUP-RL in Art. 4 SUP-RL zunächst eine allgemeine Rahmenvorschrift für Umweltprüfungen voran.

1. Zeitpunkt der Umweltprüfung

So bestimmt Art. 4 Abs. 1 SUP-RL den Zeitpunkt für die Durchführung der Umweltprüfung innerhalb des Planungsverfahrens. Danach sind die nach Art. 3 SUP-RL umweltprüfungspflichtigen Pläne oder Programme während der Ausarbeitung und noch vor ihrer Annahme oder ihrer Einbringung in das Gesetzgebungsverfahren einer Umweltprüfung zu unterziehen. Eine diesbezügliche Regelung fand sich bereits an gleicher Stelle im Richtlinienvorschlag von 1997[355] und erhielt im Gemeinsamen Standpunkt des Rates aus dem Jahre 2000 ihren heutigen Wortlaut, ohne dabei inhaltlich modifiziert worden zu sein.

Die systematische Verortung der Umweltprüfung vor der abschließenden Planungsentscheidung ergibt sich denknotwendig aus Sinn und Zweck der SUP-RL. Ebenso wie die UVP auf Projektebene möchte die SUP auf Ebene der Pläne und Programme Einfluss auf die Verwaltungsentscheidungen nehmen. Als reine Verfahrensvorschrift kommt beiden Prüfungen dabei keine direkte Einwirkung auf die Projekt- bzw. Planungsentscheidung zu, was sich insbesondere durch die bloße Berücksichtigungspflicht in Art. 8 SUP-RL, respektive Art. 8 UVP-RL, ausdrückt[356]. Die Steigerung des Umweltschutzniveaus soll vielmehr dadurch sichergestellt werden, dass die zuständigen Entscheidungsträger die umweltrelevanten Konsequenzen ihrer möglichen Entscheidungen aufgezeigt bekommen.

---

[355] Vorschlag für eine Richtlinie des Rates über die Prüfung der Umweltauswirkungen bestimmter Pläne und Programme (Fn. 28), S.16.

[356] Siehe zum Verfahrensansatz der Bestimmungen der SUP-RL auch Gliederungspunkt D.IV.2.c).

Dieser Ansatz geht fehl, wenn der zuständige Planungsträger seine Entscheidung bereits getroffen hat und umweltrelevante Aspekte in die Letztentscheidung nicht mehr einfließen können.

Gleiches gilt für den Fall, dass die planende Behörde den Plan oder das Programm einem Gesetzgebungsverfahren übergibt. Zwar ist hier die Gestaltung des endgültigen Plan- oder Programminhalts noch offen, so dass umweltrelevante Aspekte bei der Verabschiedung des Gesetzes Berücksichtigung finden könnten, jedoch würde in diesem Stadium der Planung eine Pflicht zur Durchführung einer Umweltprüfung die Souveränität des jeweiligen Bundes- oder Landesgesetzgebers unzulässig beeinflussen[357]. Eine Umweltprüfung nach Einbringen eines Plans oder Programms in ein Gesetzgebungsverfahren scheidet somit aus verfassungsrechtlichen Gründen aus.

Vergleichbar der UVP, die nach Art. 2 Abs. 1 UVP-RL vor Erteilung der Genehmigung durchzuführen ist, hat eine Umweltprüfung i.S.d. SUP also stets vor Abschluss der Planung bzw. vor Eintritt in ein Gesetzgebungsverfahren stattzufinden.

2. Umsetzung in bestehende oder neue Verfahren

Nach Art. 4 Abs. 2 SUP-RL übernehmen die Mitgliedstaaten die Anforderungen der SUP-RL entweder in bestehende Verfahren zur Annahme von Plänen und Programmen oder in neue Verfahren, die festgelegt werden, um dieser Richtlinie nachzukommen. Eine entsprechende Vorschrift fand sich bereits in Art. 3 des Richtlinienvorschlags von 1997[358].

Der Richtliniengeber ermöglicht den Mitgliedstaaten durch Art. 4 Abs. 2 SUP-RL die Integration der Umweltprüfung in bereits vorhandene nationalen Planungsverfahren, ohne zwingend die Schaffung eines selbständigen Prüfungsverfahrens zu verlangen. Dadurch ergeben sich für die Mitgliedstaaten unabhängig von der sachlichen Nähe der einzelnen Verfahren Synergieeffekte und Einsparungsmöglichkeiten.

Insoweit ist Art. 4 Abs. 2 SUP-RL von Art. 11 Abs. 2 SUP-RL zu unterscheiden. Während Art. 4 Abs. 2 SUP-RL sich auf die Integration der SUP in das nationale Verfahren zur Annahme des Plans oder Programms bezieht, beispielsweise die Einbeziehung der Umweltprüfung in das bereits vorhandene Verfahren zur Aufstellung eines Flächennutzungs- oder Bebauungsplans, ermöglicht Art. 11 Abs. 2 SUP-RL die Koordinierung mehrerer nebeneinander geforderter Prüfungen von Umweltauswirkungen innerhalb des betroffenen nationalen

---

[357] Vgl. zu den diesbezüglichen Bedenken im Rahmen des Anwendungsbereichs der SUP-RL Gliederungspunkt C.I.6.c).

[358] Vorschlag für eine Richtlinie des Rates über die Prüfung der Umweltauswirkungen bestimmter Pläne und Programme (Fn. 28), S.16.

Verfahrens, beispielsweise die Notwendigkeit einer Umweltprüfung und einer Verträglichkeitsprüfung i.S.d. Art. 6 Abs. 3, 4 FFH-RL bei der Aufstellung eines Flächennutzungs- oder Bebauungsplans[359].

3. Plan- oder Programmhierarchien

Art. 4 Abs. 3 SUP-RL widmet sich umweltprüfungspflichtigen Plänen und Programmen, die zu einer Plan- oder Programmhierarchie gehören. Um Mehrfachprüfungen zu vermeiden, berücksichtigen die Mitgliedstaaten in diesen Fällen die Tatsache, dass die Umweltprüfung auf verschiedenen Stufen dieser Hierarchie durchgeführt wird, Art. 4 Abs. 3 Satz 1 SUP-RL. Die Mitgliedstaaten wenden dabei nach Art. 4 Abs. 3 Satz 2 SUP-RL, unter anderem zur Vermeidung von Mehrfachprüfungen, Artikel 5 Abs. 2 und 3 SUP-RL an.

a) Geschichte der Norm

Die Vermeidung von Doppel- und Mehrfachprüfungen war von Beginn an eines der Hauptanliegen der Mitgliedstaaten im Rahmen des Richtlinienverfahrens[360], das jedoch zunächst weder im Richtlinienvorschlag von 1997 noch im geänderten Richtlinienvorschlag von 1999 seinen Niederschlag fand. Erst der vom Rat vorgelegte Gemeinsame Standpunkt aus dem Jahr 2000 nahm diesen Gesichtspunkt auf[361] und führte in Art. 4 Abs. 3 des Gemeinsamen Standpunktes den Wortlaut des heutigen Art. 4 Abs. 3 Satz 1 SUP-RL ein.

Das Europäische Parlament befasste sich in seiner zweiten Lesung mit Art. 4 Abs. 3 und schlug folgende Umformulierung vor:

„Gehören Pläne und Programme zu einer Plan- oder Programmhierarchie, so *definieren* die Mitgliedstaaten zur Vermeidung von Mehrfachprüfungen die *Ebene, auf der* die Prüfung gemäß der vorliegenden Richtlinie durchgeführt wird. *Ziele, Inhalt und Geltungsbereich dieser Richtlinie, insbesondere Artikel 3, bleiben dadurch unberührt.*"

---

[359] Zu Art. 11 Abs. 2 SUP siehe Gliederungspunkt E.II.2.b).

[360] So kritisierte beispielsweise der Bundesrat: Die Einführung der Plan-UVP widerspreche allen Bemühungen um Verwaltungsvereinfachung und Deregulierung. Sie führe zu Mehrfachprüfungen der Umweltverträglichkeit mit erheblichem Aufwand, denen kein adäquater Umweltnutzen gegenüberstehe. BR-Drs. 693/99 (Beschluss – Europakammer) vom 9. Dezember 1999, S.2. Ähnlich bereits BR-Drs. 277/97 (Beschluß) vom 6. Juni 1997, S.2; vgl. auch *Hübler*, uvp-report 1998, S.65 f.; *Knieps / Stein*, uvp-report 1998, S.77 ff.

[361] Siehe Erwägungsgrund 8 Satz 2, Art. 4 Abs. 3 und Art. 5 Abs. 2 des Gemeinsamen Standpunktes (Fn. 38).

Als Begründung wurde schlicht angeführt, die neue Formulierung diene der Präzisierung[362]. Obwohl also eine inhaltliche Änderung nicht beabsichtigt worden war, verkannte der Änderungsvorschlag des Parlaments die Systematik der SUP-RL völlig.

Tatsächlich tritt das Problem der Mehrfachprüfungen nicht bei der Bestimmung des Anwendungs- und Geltungsbereichs der Richtlinie auf. Insoweit kam Satz 2 des Änderungsvorschlags, insbesondere der Bezugnahme auf Art. 3 der Richtlinie, ohnehin nur deklaratorische Bedeutung zu. Bedeutsam ist die Vermeidung von Mehrfachprüfungen vielmehr bei der Bestimmung des Umfangs und der Intensität der Informationen, die zur Erstellung des Umweltberichts nach Art. 5 Abs. 1 SUP-RL gesammelt werden müssen. Dagegen behandelt das Definieren der Ebene, auf der die Umweltprüfung durchgeführt werden soll, das „Ob" der Prüfung und geht an der Problematik vorbei. Der Änderungsvorschlag schien davon auszugehen, eine solche Definition könne die SUP für Pläne und Programme einer Plan- oder Programmhierarchie auf einer Ebene konzentrieren, um so Mehrfachprüfungen zu vermeiden. Demnach sollte im Rahmen einer Plan- oder Programmhierarchie eine Umweltprüfung stellvertretend für andere umweltprüfungspflichtige Pläne und Programme durchgeführt werden. Damit setzte sich der Änderungsvorschlag zu Art. 4 Abs. 3 Satz 1 nicht nur in Widerspruch zur Systematik der SUP-RL, die eine formelle Abschichtung in Form einer Konzentration der Umweltprüfung auf einer Planungsebene gerade nicht vorsieht[363], sondern sogar in Widerspruch zu seinem eigenen Satz 2. Der fehlgehende Änderungsvorschlag des Europäischen Parlaments war daher abzulehnen und wurde folgerichtig nicht in den Richtlinientext übernommen.

Die Ergänzung des Art. 4 Abs. 3 Satz 2 SUP-RL mit dem Verweis auf die Kriterien des Art. 5 Abs. 2, 3 SUP-RL zur Vermeidung von Mehrfachprüfungen wurde schließlich durch den Vermittlungsausschuss in den Richtlinientext aufgenommen. Inhaltlich kommt Art. 4 Abs. 3 Satz 2 SUP-RL allerdings nur deklaratorische Bedeutung zu.

---

[362] Empfehlung für die zweite Lesung betreffend den Gemeinsamen Standpunkt des Rates im Hinblick auf den Erlass der Richtlinie des Europäischen Parlaments und des Rates über die Prüfung der Umweltauswirkungen bestimmter Pläne und Programme (Fn. 121), S.13.

[363] Auch die Kommission wendete sich ausdrücklich gegen eine formelle Abschichtungsmöglichkeit, KOM (636) endg., S.5; ebenso *Jacoby*, uvp-report 2001, S.134, 135; *Kraetzschmer*, uvp-report, Sonderheft zum UVP-Kongress 2002, S.62, 64; *Lindemann*, Die Richtlinie zur strategischen Umweltprüfung aus gliedstaatlicher Sicht, in: *Hendler / Marburger / Reinhardt / Schröder* (Hrsg.), Die strategische Umweltprüfung (UTR 76), S.61, 77; *Krämer*, Die „Richtlinie über die Prüfung der Umweltauswirkungen bestimmter Pläne und Programme" und ihre Bedeutung für städtebauliche Planungen, in: *Spannowsky / Mitschang* (Hrsg.), Umweltprüfungen, S.147, 161; *Ziekow*, NuR 2002, S.701, 705 m.w.N.; vgl. ebenfalls Gliederungspunkt E.II.1.a).

b) Sinn und Zweck der Norm

Anders als bei der Umweltverträglichkeitsprüfung erstreckt sich der Anwendungsbereich der SUP-RL auf mehrere Planungsebenen, wobei die Umweltprüfungspflichtigkeit eines Plans oder Programms jeweils unabhängig von seinem Konkretisierungsgrad nach den Art. 2 lit. a, Art. 3 SUP-RL ermittelt wird. Im Rahmen von Plan- oder Programmhierarchien können somit grundsätzlich gleiche Planinhalte auf verschiedenen Ebenen dem Erfordernis einer Umweltprüfung unterliegen. Vor dem Hintergrund einer möglichst effizienten Verwaltungstätigkeit gilt es deshalb, bei der Erstellung des Umweltberichts keine Prüfungen vorzunehmen, die bereits auf vorgelagerter Ebene im Rahmen einer SUP aufbereitet wurden. Solche Mehrfachprüfungen tragen nicht zur Erweiterung der ökologischen Informationsbasis des öffentlich-rechtlichen Planungsträgers bei und sind als überflüssige Belastungen zu vermeiden.

Ansatzpunkt ist die Beschränkung von Umfang und Intensität der im Umweltbericht zu sammelnden Informationen. Ausgehend von bereits verfügbarem Material sind Untersuchungen zur Erstellung des Umweltberichts nur dann vorzunehmen, wenn voraussichtlich neue Erkenntnisse über die Umweltauswirkungen des jeweiligen Plans oder Programms zu erwarten sind. Auswirkungen hat dies auf den Untersuchungsrahmen der Umweltprüfung und die konkrete Ausgestaltung des Umweltberichts, nicht aber auf den Anwendungsbereich der SUP-RL[364]. Eine entsprechende Abschichtung der Anforderungen an den Umweltbericht findet sich in den Art. 5 Abs. 2, 3 SUP-RL[365], so dass Art. 4 Abs. 3 SUP-RL außer der expliziten Anerkennung der Problematik für Plan- oder Programmhierarchien keinen eigenen Regelungsgehalt aufweist.

c) Die Verwertbarkeit der vorliegenden Erkenntnisse

Systematisch zunächst einleuchtend begegnet die Abschichtung der Anforderungen an den Umweltbericht in Abhängigkeit von den bereits durchgeführten Untersuchungen im Rahmen vorgelagerter Umweltprüfungen einem praktischen Problem.

Tatsächlich liegt in der Praxis zwischen den Aufstellungsverfahren zweier oder mehrerer Pläne innerhalb einer Plan- oder Programmhierarchie oftmals eine beträchtliche Zeitspanne. Erkenntnisse, die im Rahmen einer Umweltprüfung auf vorgelagerter Planungsebene ermittelt wurden, entsprechen jedoch zu einem späteren Zeitpunkt möglicherweise nicht mehr der tatsächlichen Umweltsituation. Dies kann sowohl durch eine mittlerweile eingetretene Änderung des zu untersuchenden Umweltzustands als auch durch eine Fortentwicklung des Wis-

---

[364] Siehe dazu bereits die Ausführungen zum Änderungsantrag des Europäischen Parlaments in Gliederungspunkt D.I.3.a).

[365] Vergleiche zum Gesichtspunkt der Vermeidung von Mehrfachprüfungen in Art. 5 Abs. 2, 3 SUP-RL die Gliederungspunkte D.II.4 und D.II.5.

sensstands oder der angewandten Prüfmethoden bedingt sein. Als Grundsatz kann daher festgehalten werden, dass die Erkenntnisse einer SUP mit zunehmender Zeit ihre Aussagekraft verlieren und ihre Verwertbarkeit stetig abnimmt[366]. Nach Sinn und Zweck der SUP-RL, der Sicherstellung eines hohen Umweltschutzniveaus, müssen die Planungsträger indes stets den aktuellen Umweltzustand zum Gegenstand ihrer Umweltprüfung machen und dürfen nicht pauschal auf bereits vorliegendes Prüfungsmaterial verweisen[367]. Sobald eine wesentliche Änderung des Umweltzustands eingetreten ist oder Prüfmethoden entwickelt wurden, die zusätzliche Erkenntnisse über die Umweltauswirkungen eines Plans oder Programms versprechen, darf nicht auf bereits vorliegendes Informationsmaterial zurückgegriffen werden, sondern ist vielmehr eine erneute Prüfung zur Feststellung des aktuellen Umweltzustands vorzunehmen. Art. 4 Abs. 3 und Art. 5 Abs. 2, 3 SUP-RL unterliegen insoweit einer immanenten Beschränkung dergestalt, dass bei allen Bemühungen zur Verwaltungsvereinfachung stets die Aktualität der Erkenntnisse gewährleistet sein muss. Es bleibt insoweit abzuwarten, in welchem Umfang Mehrfachprüfungen tatsächlich vorgenommen werden müssen und welche Auswirkungen dies auf den Verwaltungsaufwand der öffentlich-rechtlichen Planungsträger haben wird.

II. Ausarbeitung des Umweltberichts, Art. 5 SUP-RL

Die eigentliche Umweltprüfung beginnt mit der Erstellung eines Umweltberichts, Art. 5 Abs. 1 Halbs. 1 SUP-RL. Art. 2 lit. c SUP-RL definiert den Begriff des Umweltberichts schlicht als den Teil der Plan- oder Programmdokumentation, der die in Artikel 5 und in Anhang I vorgesehenen Informationen enthält. Diese Informationen umfassen nach Art. 5 Abs. 1 2. Halbs. SUP-RL die voraussichtlich erheblichen Auswirkungen, die die Durchführung des Plans oder Programms auf die Umwelt hat, sowie vernünftige Alternativen, die die Ziele und den geographischen Anwendungsbereich des Plans oder Programms berücksichtigen. Die Auswirkungen und Alternativen sollen im Umweltbericht ermittelt, beschrieben und bewertet werden. Konkretisiert werden diese Vorgaben nach Art. 5 Abs. 1 Satz 2 SUP-RL durch die Angaben des Anhangs I zur SUP-RL.

Während Art. 5 Abs. 2 SUP-RL der Prüfungsdichte innerhalb des Umweltberichts die notwendige Flexibilität verleiht, versucht Art. 5 Abs. 3 SUP-RL den Verwaltungsaufwand bei der Erstellung eines Umweltberichts durch die Einbeziehung bereits vorhandener Informationen zu minimieren. Art. 5 Abs. 4 SUP-

---

[366] Diese Bedenken äußert auch der Ausschuss der Regionen in seiner Stellungnahme zu dem „Vorschlag für eine Richtlinie des Rates über die Prüfung der Umweltauswirkungen bestimmter Pläne und Programme“ (Fn. 30), S.66; vgl. ebenso *Lindemann*, Die Richtlinie zur strategischen Umweltprüfung aus gliedstaatlicher Sicht, in: *Hendler / Marburger / Reinhardt / Schröder* (Hrsg.), Die strategische Umweltprüfung (UTR 76), S.61, 77.

[367] Darauf weist auch der SEA Guidance (Fn. 114), S.22, 4.6 hin.

RL schließlich sichert die Beteiligung behördlichen Sachverstandes bei der Festlegung des Untersuchungsrahmens.

1. Festlegung des Untersuchungsrahmens, Art. 5 Abs. 4 SUP-RL

Am Anfang der Ausarbeitung eines Umweltberichts steht die Festlegung des Untersuchungsrahmens, das sog. Scoping. An der Aufstellung beteiligt sind neben dem Planungsträger auch Behörden, die in ihrem umweltbezogenen Aufgabenbereich von den durch die Durchführung des Plans oder Programms verursachten Umweltauswirkungen betroffen sein könnten, Art. 5 Abs. 4 i.V.m. Art. 6 Abs. 3 SUP-RL.

Die Bedeutung des Scoping für die Umweltprüfung kann kaum überschätzt werden, da sich durch die Festlegung des Untersuchungsrahmen sowohl die Qualität des Umweltberichts wie auch das Ausmaß des Verwaltungsaufwands bestimmt[368]. Die Akzeptanz des Instrumentes SUP wird in großen Teilen davon abhängen, inwieweit sich in diesem Bereich maß- und sinnvolle Kompromisse finden lassen[369].

a) Rahmenbedingungen

Inhaltliche Vorgaben für die Festlegung des jeweiligen Untersuchungsrahmens ergeben sich für den Planungsträger lediglich aus Sinn und Zweck der SUP-RL. Im Vordergrund steht das Schutzziel der Richtlinie, ein hohes Umweltschutzniveau durch die Berücksichtigung von Umweltbelangen bereits im Planungsprozess sicherzustellen. Nicht zu verkennen ist aber, dass die SUP-RL sowohl aus ihrer Entstehungsgeschichte als auch anhand vieler Richtliniennormen[370] zugleich dem Prinzip des möglichst geringen Verwaltungsaufwands verbunden ist. Der Planungsträger hat in jedem Einzelfall eine Abwägung zwischen der Sicherung der Qualität des Umweltberichts durch eine möglichst umfassende Prüfung einerseits und der Vermeidung unnötigen Zeit- und Verwaltungsaufwands andererseits zu treffen, wobei es der Grundsatz des „effet utile" gebietet, dass sich der öffentlich-rechtliche Planungsträger trotz chronisch leerer Haushaltskassen nicht stets gegen eine intensivere Prüfung und für die Einengung des Untersuchungsrahmens entscheiden darf. Der Planungsträger ist insoweit in der Festlegung des Untersuchungsrahmens nicht völlig frei. Maßstab der praktischen Wirksamkeit der SUP-RL bleibt eine Umsetzung der Richtlinienvorgaben dergestalt, dass die für den Plan oder das Programm relevanten ökologischen Belange in der Entscheidungsfindung berücksichtigt werden können. Schließt

---

[368] Siehe zur Pflicht der Mitgliedstaaten, die Qualität der Umweltberichte sicherzustellen Gliederungspunkt E.III.2.

[369] Ebenso *Ginzky*, UPR 2002, S.47, 51.

[370] Erwägungsgründe 9, 11; Art. 3 Abs. 3, 4; Art. 4 Abs. 3; Art. 10 Abs. 2; Art. 11 Abs. 2 SUP-RL.

man derlei Belange durch eine zu restriktive Festlegung des Untersuchungsrahmens von vornherein aus, wird die Funktion der Umweltprüfung trotz formaler Durchführung des Verfahrens nach den Art. 4 ff. SUP-RL unterlaufen.

Um andererseits das Abschichtungspotential des Scoping voll auszuschöpfen, bietet sich eine möglichst frühzeitige Festlegung des Untersuchungsrahmens an, um die Gefahr unnötigen Verwaltungsaufwands zu minimieren. Dabei zwingt die SUP-RL nicht zu einem Einzeltermin, an dem sich der Planungsträger abschließend auf einen Untersuchungsrahmen festlegt, sondern eröffnet aufgrund ihrer geringen inhaltlichen Vorgaben auch ein planungsbegleitendes Scoping, bei dem sich die Beteiligten im Wege eines iterativen Prozesses einem möglichst effizienten Untersuchungsrahmen nähern können. Durch zusätzliche informelle Abstimmungen während dieses Prozesses könnte darüber hinaus unnötiger Verwaltungsaufwand vermieden und die Akzeptanz des Instruments SUP weiter gesteigert werden.

b) Beteiligung im Rahmen des Scoping

Als Quelle internen Sachverstands werden dem Planungsträger bei der Festlegung des Untersuchungsrahmens die in ihrem umweltbezogenen Aufgabenbereich betroffenen Behörden an die Seite gestellt, Art. 5 Abs. 4 i.V.m. Art. 6 Abs. 3 SUP-RL. Die SUP-RL spricht in diesem Zusammenhang von „Konsultationen“[371]. Tatsächlich wird der Planungsträger aufgrund mangelnder Sachkenntnis sowie geringer personeller und finanzieller Mittel maßgeblich auf die Informationen der spezialisierten Umweltbehörden angewiesen sein, weshalb die Qualität des Umweltberichts in nicht unerheblichem Maße von Menge und Qualität der zur Verfügung gestellten Informationen abhängen wird[372]. Vor dem Hintergrund der hinsichtlich des Umweltberichts statuierten Qualitätssicherungspflicht in Art. 12 Abs. 2 SUP-RL käme insoweit im Rahmen der nationalen Umsetzung eine Verpflichtung der beteiligten Behörden in Betracht, dem Planungsträger die für die Erstellung eines Umweltberichts notwendigen Informationen zur Verfügung zu stellen[373]. Letztlich wird jedoch die jeweilige Fachbehörde in einer Abwägung zwischen Sinn und Zweck des Umweltberichts sowie dem berechtigten Abschichtungsbedürfnis zu entscheiden haben, welche Informationen und in welchem Umfang weitergegeben werden.

Von der SUP-RL nicht geregelt ist die Möglichkeit einer grenzüberschreitenden Behördenbeteiligung im Rahmen des Scoping. Art. 7 SUP-RL sieht entsprechende Vorgaben lediglich für die Phase nach Erstellung des Umweltberichts

---

[371] Vgl. hierzu ausführlich Gliederungspunkt D.III.1.

[372] Insoweit könnte das Scoping auch als Gemeinschaftsaufgabe des Planungsträgers und der betroffenen Umweltbehörden angesehen werden, was seinen Niederschlag in der Kostenverteilung finden könnte.

[373] Zu Art. 12 Abs. 2 SUP-RL siehe Gliederungspunkt E.III.2.

vor[374]. Gleichwohl bietet es sich an, ausländische Behörden bereits bei der Festlegung des Untersuchungsrahmens deutschen Behörden gleichzustellen und sie in den Konsultationsprozess einzubeziehen, da das zugrundeliegende Informations- und Abschichtungsbedürfnis auch bei grenzüberschreitenden Plänen und Programmen in gleicher Weise vorliegt[375].

Von der Richtlinie ebenso wenig einbezogen wird die Öffentlichkeit i.S.d. 2 lit. d SUP-RL. Ein darauf gerichteter Vorschlag des Europäischen Parlaments[376], der sich auf eine frühe Beteiligung der Öffentlichkeit i.S.v. Art. 7 Satz 2 i.V.m. Art. 6 Abs. 4 Aarhus-Konvention berief, wurde im Vermittlungsausschuss nicht aufgegriffen. Zwar sieht auf völkerrechtlicher Ebene Art. 6 Abs. 3 des SUP-Protokolls[377] mittlerweile eine Beteiligungsmöglichkeit der betroffenen Öffentlichkeit bereits im Rahmen des Scoping vor, doch handelt es sich hierbei lediglich um einen rechtlich unverbindlichen Appell an die Vertragsparteien, der eine Anpassung des Art. 5 Abs. 4 SUP-RL nicht erfordert.

Den Mitgliedstaaten bleibt es indes unbenommen, über die Vorgaben der SUP-RL hinausgehende Beteiligungsmöglichkeiten zu schaffen[378]. In Betracht kommt insbesondere die Einbeziehung sachverständiger Verbände und Einzelpersonen[379]. Eine solch breite Öffentlichkeitsbeteiligung in der maßgeblichen Phase des Scoping würde die Qualität und die Akzeptanz der Umweltprüfung erheblich fördern, wobei die konkrete Entscheidung über den Umfang des Untersuchungsrahmens freilich allein dem jeweiligen Planungsträger überlassen bleibt.

---

[374] Vgl. zu Art. 7 SUP-RL Gliederungspunkt D.III.2.

[375] Eine Verpflichtung zur Weiterleitung der notwendigen Informationen, wie sie gegenüber nationalen Behörden eingeführt werden könnte, könnte gegenüber ausländischen Behörden freilich nur durch völkerrechtlichen Vertrag statuiert werden.

[376] Legislative Entschließung mit der Stellungnahme des Europäischen Parlaments zu dem "Vorschlag für eine Richtlinie des Rates über die Prüfung der Umweltauswirkungen bestimmter Pläne und Programme" (Fn. 33), S.24; sowie Empfehlung für die zweite Lesung betreffend den Gemeinsamen Standpunkt des Rates im Hinblick auf den Erlass der Richtlinie des Europäischen Parlaments und des Rates über die Prüfung der Umweltauswirkungen bestimmter Pläne und Programme (Fn. 121), S.14.

[377] Zum SUP-Protokoll zur Espoo-Konvention siehe B.IV.5.

[378] Siehe Art. 3 Nr. 5 der Aarhus-Konvention, (Fn. 87).

[379] Vgl. § 5 Satz 4 UVPG; hierfür plädieren *Ginzky*, UPR 2002, S.47, 51; *Sangenstedt*, Vorstellung und Bewertung der Richtlinie der EG zur Strategischen Umweltprüfung, in: *Reiter* (Hrsg.), Neue Wege in der UVP, S.235, 247; *Calliess*, Verfahrensrechtliche Anforderungen der Richtlinie zur strategischen Umweltprüfung (SUP-RL); in: *Hendler / Marburger / Reinhardt / Schröder* (Hrsg.), Die strategische Umweltprüfung (UTR 76), S.153, 168.

2. Voraussichtlich erhebliche Umweltauswirkungen nach Art. 5 Abs. 1 Satz 2 i.V.m. Anhang I SUP-RL

Nach Sinn und Zweck der Richtlinie soll die Durchführung der Umweltprüfung zu einer verbesserten Berücksichtigung von Umweltbelangen im Planungsprozess führen. Grundlage hierfür ist die Darstellung der voraussichtlich erheblichen Umweltauswirkungen im Umweltbericht, der nach Art. 8 SUP-RL bei der Ausarbeitung und vor der Fertigstellung des jeweiligen Plan oder Programms berücksichtigt wird. Maßgeblich für die Bestimmung dieser Informationen ist Anhang I SUP-RL.

Wie bereits im Rahmen des Art. 5 Abs. 1 der UVP-RL, dort in Verbindung mit Anhang IV der UVP-RL, widmet damit der Richtliniengeber den im Umweltbericht zu sammelnden Informationen mit Anhang I SUP-RL eine eigene Anlage. Die dort vorgenommene Aufzählung ist abschließend. Gleichwohl ist sie inhaltlich so breit angelegt, dass eine Ausschlussfunktion hinsichtlich bestimmter umweltbezogener Aspekte praktisch ausscheidet. Dabei beschränkt sich die Aufzählung der anzugebenden Informationen allerdings nicht auf die voraussichtlich erheblichen Umweltauswirkungen (lit. f Anhang I SUP-RL) und die vernünftigen Alternativen (lit. b 2. Var., lit. h Anhang I SUP-RL), wie der Wortlaut des Art. 5 Abs. 1 SUP-RL den Anschein erweckt. Die von den lit. a bis j des Anhangs I verlangten Informationen lassen sich vielmehr in drei wesentliche Gesichtspunkte unterteilen: Bestandsaufnahme, Ausblick und Informationsaufbereitung.

a) Bestandsaufnahme nach lit. a, b 1. Var., c, d, e Halbs. 1 Anhang I SUP-RL

Die Planungsträger haben sich zunächst ein Bild von der ökologischen Ausgangsituation der Planung zu machen. Nach lit. a Anhang I SUP-RL ist in den Umweltbericht daher eine Kurzdarstellung des Inhalts und der wichtigsten Ziele des Plans oder Programms sowie der Beziehung zu anderen relevanten Plänen und Programmen aufzunehmen. Hinzu kommen die relevanten Aspekte des derzeitigen Umweltzustands, lit. b Var. 1 Anhang I SUP-RL, sowie die Umweltmerkmale der Gebiete, die durch die Plan- oder Programmrealisierung voraussichtlich erheblich beeinflusst werden, lit. c Anhang I SUP-RL. Insoweit spielen bereits bei der Zusammenstellung des Ausgangsmaterials im Rahmen der Bestandsaufnahme Prognoseelemente ein Rolle. Daneben sind sämtliche zum Zeitpunkt der Prüfung für den Plan oder das Programm relevanten Umweltprobleme anzugeben, insbesondere solche Probleme, die sich auf Gebiete mit einer speziellen Umweltrelevanz beziehen, wie etwa nach der Vogelschutzrichtlinie oder der FFH-RL ausgewiesene Schutzgebiete des Natura 2000 Systems, lit. d Anhang I SUP-RL. Schließlich sind die für den Plan oder das Programm bedeutsamen Ziele des Umweltschutzes aufzunehmen, wobei dies gleichermaßen für international, auf gemeinschaftlicher Ebene oder auf Ebene der Mitgliedstaaten festgelegte Ziele gilt, lit. e Halbs. 1 Anhang I SUP-RL.

b) Ausblick, lit. b 2. Var., f, g, i Anhang I SUP-RL

Nach der Sammlung der Ausgangsinformationen hat der Umweltbericht die voraussichtlich erheblichen Umweltauswirkungen des Plans oder Programms abzuschätzen. Auf Grundlage dieser Prognose sind geplante Maßnahmen zur Verhinderung, Verringerung oder einem soweit wie möglich durchführbaren Ausgleich von erheblichen negativen Umweltauswirkungen anzugeben, lit. g Anhang I SUP-RL. Der Planungsträger hat daneben bereits im Rahmen des Umweltberichts eine Beschreibung der geplanten Maßnahmen zur Überwachung i.S.d. Art. 10 SUP-RL vorzunehmen, lit. i Anhang I SUP-RL[380].

Elementarer Bestandteil des Umweltberichts ist jedoch die Prognose der voraussichtlich erheblichen Umweltauswirkungen, lit. f Anhang I SUP-RL. Statt einer Legaldefinition präzisiert die SUP-RL dabei den Begriff aus methodischer und thematischer Sicht.

(1) Methodische Reichweite, Fn. 1 zu lit. f Anhang I SUP-RL

Nach Fn. 1 zu lit. f Anhang I SUP-RL schließt der Begriff der Umweltauswirkungen sekundäre, kumulative, synergetische, kurz-, mittel- und langfristige, ständige und vorübergehende, positive und negative Auswirkungen ein, womit es sich aus methodischer Sicht um eine lückenlose Prüfung der ökologischen Konsequenzen der Planrealisierung handelt. Insbesondere die Prüfung der kumulativen und synergetischen Umweltauswirkungen eines Plans oder Programms schließt eine Lücke, die von der Umweltverträglichkeitsprüfung nicht abgedeckt werden konnte[381]. Summations- und Synergieeffekte können oftmals nur auf übergeordneten Planungsebenen in ihrem Umfang und ihrer Bedeutung erfasst und berücksichtigt werden. Eine auf die Projektverwirklichung konzentrierte UVP vermochte dies in der Regel nicht mehr zu leisten.

Besondere Beachtung verdient zudem die Einbeziehung positiver Umweltauswirkungen. Der Planungsträger soll im Rahmen des Umweltberichts nicht nur über die Gefahren bestimmter Plan- oder Programmverwirklichungen unterrichtet werden, sondern auch in der Lage sein, umweltfördernde Gesichtspunkte von Plänen- und Programmen zu erkennen und sie in Relation zu anderen Planungsalternativen zu setzen[382].

Gegenstand der Prüfung ist dabei stets der Plan als Ganzes und nicht lediglich solche Planinhalte, die einen Rahmen für die künftige Genehmigung eines uvp-pflichtigen Projekts setzen. Die Kriterien der Umweltprüfungspflichtigkeit nach Art. 3 Abs. 2 lit. a SUP-RL beeinflussen insoweit lediglich die Frage nach dem

---

380 Vgl. hierzu Gliederungspunkt E.I.

381 Speziell zur Erfassung kumulativer Umweltbelastungen als Aufgabe der Umweltprüfung *Runge*, uvp-report 1995, S.174 ff.

382 Siehe bereits zu positiven Umweltauswirkungen im Rahmen des Anwendungsbereichs der SUP-RL Gliederungspunkt C.II.1.b).

„ob" einer Umweltprüfung, nicht jedoch den Prüfungsgegenstand des Umweltberichts. Dementsprechend sind auch im Plan oder Programm niedergelegte Leitgedanken oder programmatische Leitvorstellungen auf ihre voraussichtlich erheblichen Umweltauswirkungen hin zu überprüfen, wobei sich eine Prüfung aufgrund der Abstraktheit der entsprechenden Planaussage oftmals nur als geringe Belastung erweisen wird.

(2) Thematische Reichweite, lit. f Anhang I SUP-RL

Thematisch zählen zu den Umweltauswirkungen i.S.d. Umweltberichts Auswirkungen auf die biologische Vielfalt, die Bevölkerung, die Gesundheit des Menschen, Fauna, Flora, Boden, Wasser, Luft, klimatische Faktoren, Sachwerte, das kulturelle Erbe einschließlich der architektonischen Bauten und der archäologischen Schätze und die Landschaft. Zudem werden sämtliche Wechselwirkungen zwischen den genannten Faktoren einbezogen. Die SUP-RL folgt damit wie bereits zuvor die UVP-RL, die IVU-RL und die FFH-RL einem integrativen Ansatz, d.h. es handelt sich stets um eine medienübergreifende ökologische Prüfung des jeweiligen Plans oder Programms.

Im Vergleich zu den im Zusammenhang mit einer UVP vorzulegenden Informationen über erhebliche Umweltbeeinträchtigungen nach Nr. 2 Anhang IV UVP-RL wurde der Themenkatalog um die biologische Vielfalt und die Gesundheit des Menschen ergänzt. Ersteres dient der Umsetzung von Art. 14 Abs. 1 lit. b des Übereinkommen über die biologische Vielfalt[383], Letzteres entspricht den Absichtserklärungen der dritten Ministerkonferenz Umwelt und Gesundheit aus dem Jahre 1999[384] und ist Ausdruck der verstärkten Einbeziehung der Weltgesundheitsorganisation (WHO) in die internationale Diskussion zum SUP-Prozess[385]. Schließlich wurde der Begriff des „kulturellen Erbes" als Oberbegriff unter anderem für architektonisch wertvolle Bauten und archäologische Schätze neu eingeführt[386]. Ein lit. f Anhang I SUP-RL entsprechender Katalog findet sich nunmehr auch in Art. 2 Abs. 7 des SUP-Protokolls.

c) Informationsaufbereitung, lit. e Halbs. 2, h, j Anhang I SUP-RL

Neben der Darstellung der bloßen Faktenlage sieht die SUP-RL für den Umweltbericht Begründungspflichten im Zusammenhang mit der Berücksichtigung der identifizierten Ziele des Umweltschutzes und anderer Umwelterwägungen bei der Ausarbeitung des jeweiligen Plans oder Programms vor, lit. e Halbs. 2

---

[383] Vgl. zum Übereinkommen über die biologische Vielfalt Gliederungspunkt B.IV.2.

[384] Zur Dritten Ministerkonferenz Umwelt und Gesundheit 1999 in London siehe Fn. 105.

[385] Vgl. auch die verstärkte Einbeziehung des Gesundheitsaspektes im SUP-Protokoll zur Espoo-Konvention, Gliederungspunkt B.IV.5.b).

[386] Siehe zu diesen Schutzgütern *Ermert*, uvp-report 2001, S.156 ff.

Anhang I SUP-RL. Gleichfalls begründet werden muss die Auswahl der geprüften Alternativen, lit. h Anhang I SUP-RL.

Zudem verlangt der Richtliniengeber eine Beschreibung, wie die Umweltprüfung vorgenommen wurde, einschließlich etwaiger Schwierigkeiten bei der Zusammenstellung der erforderlichen Informationen wie etwa technische Lücken oder fehlende Kenntnisse. Insoweit unterlag der Richtliniengeber anscheinend einem Redaktionsversehen[387], da die Umwelt*prüfung* i.S.d. Art. 2 lit. b SUP-RL mit der Erstellung des Umwelt*berichts* noch nicht abgeschlossen ist. Einen Überblick über die gesamte Umweltprüfung liefert erst die zusammenfassende Erklärung nach Art. 9 Abs. 1 lit. b SUP-RL. Nach Sinn und Zweck der Vorschrift bezweckt der Richtliniengeber mit lit. h Anhang I SUP-RL vielmehr eine Einschätzung der Glaubwürdigkeit und Qualität des Umwelt*berichts*, indem auf Schwierigkeiten bei der Zusammenstellung der gesammelten Informationen hingewiesen wird.

Ergänzend zur Qualitätssteigerung des Umweltberichts ermöglichen die Begründungspflichten die Nachvollziehbarkeit des Entscheidungsprozesses und tragen zur Transparenz des Verfahrens bei, was insbesondere den Stellungnahmen der erst im Anschluss zu beteiligenden Öffentlichkeit, Art. 6 Abs. 2 SUP-RL, zugute kommt. Das Erfordernis einer nichttechnischen Zusammenfassung der im Umweltbericht enthaltenen Informationen, lit. j Anhang I SUP-RL dient schließlich sowohl dem Verständnis des Umweltberichts seitens der Öffentlichkeit als auch seitens des Planungsträgers selbst.

3. Vernünftige Alternativen, Art. 5 Abs. 1 Satz 1 Halbs. 2 SUP-RL

Der Begriff der „vernünftigen Alternative“ (engl. = *reasonable alternatives*) wird in der SUP-RL weder im Hauptteil noch in Anlage I näher ausgeführt. Anhaltspunkte zur Konkretisierung ergeben sich indes aus allgemeinen Erwägungen und dem Kontext der Richtlinie, insbesondere aus einem Vergleich zu verwandten ökologischen Alternativenprüfungen des europäischen Sekundärrechts und aus der Auslegung der Alternativenprüfung im Lichte des primärrechtlichen Grundsatzes der Verhältnismäßigkeit, Art. 5 Abs. 3 EGV.

a) Allgemeine Erwägungen zur Alternativenprüfung

(1) Arten von Alternativen

Alternativen treten im Planungsrecht in Form von Standortalternativen einerseits und Ausführungsalternativen andererseits auf. Während Standortalternativen eine geographische Verlagerung der Planung vornehmen, also das „Wo“ der

[387] Hierauf weist *Jacoby* hin, uvp-report, Sonderheft zum UVP-Kongress 2002, S.71, 72, der jedoch die Beschreibung nur auf die Alternativenprüfung und nicht auf den gesamten Umweltbericht bezieht.

Planung betreffen, nehmen Ausführungsalternativen Einfluss auf die Art und Weise, das „Wie“, der Planrealisierung.

Die Prüfung von Standortalternativen konnte bislang auf der Ebene der Umweltverträglichkeitsprüfung nicht hinreichend vorgenommen werden. War das Stadium des Zulassungsverfahrens eines Projektes erst einmal erreicht, stand die Standortwahl des Projektträgers in aller Regel bereits fest. Die Informationen, die aufgrund einer UVP ermittelt werden konnten, vermochten lediglich die konkrete Art und Weise der Projektrealisierung zu beeinflussen. Die Umweltprüfung ermöglicht es hingegen, durch die Vorverlagerung der Prüfung Standortalternativen in die Planungsentscheidung einzubeziehen.

Indem bereits auf höhergelegenen Planungsebenen Konzeptvergleiche ermöglicht werden, wird zudem der Anwendungsbereich der Ausführungsalternativen erweitert. Beispielsweise könnten im Rahmen der Verkehrsplanung der Ausbau von Wasserstraßen, des Schienen- oder des Straßennetzes verglichen werden.

(2) Abgrenzung der Alternative vom neuen Plan bzw. Programm

Gleichsam als äußere Grenze der vom Planungsträger vorzunehmenden Prüfungen ist die Realisierung einer Alternative i.S.d. Art. 5 Abs. 1 SUP-RL von der Realisierung eines völlig anderen Plans oder Programms zu unterscheiden. Anhaltspunkte für Abgrenzungskriterien liefert bereits der Wortlaut des Art. 5 Abs. 1 Satz 1 Halbs. 2 SUP-RL mit der Berücksichtigung der Ziele des Plans oder Programms sowie des geographischen Anwendungsbereichs[388].

Ein anderer Plan oder ein anderes Programm wird somit immer dann vorliegen, wenn die geprüfte Option nicht in der Lage ist, die vorgegebenen Ziele der Planung zu verwirklichen[389]. Beispielsweise lässt sich die Zielvorgabe: „Bau einer Ortsumgehung für die Stadt A“ nicht durch den Bau einer etliche Kilometer entfernten Bundesstraße verwirklichen. Wird als Ziel indes die „Verkehrsentlastung im Bereich der Stadt A“ vorgegeben, so kann sich der Bau einer Ausweichstrecke für den Verkehr durchaus als Alternative anbieten. Maßgeblich für die Abgrenzung zwischen Alternative und neuer Planung ist daher, wie eng bzw. wie konkret die Ziele der Planung im Vorfeld festgelegt werden.

Eine Grenze der Alternativenvielfalt bildet zudem der Einwirkungsbereich des jeweiligen öffentlich-rechtlichen Planungsträgers. Standortalternativen, die außerhalb des geographischen Zuständigkeitsbereichs des Planungsträgers liegen, sind für ihn nicht realisierbar und scheiden von vornherein als Alternative aus[390].

---

[388] Die wichtigsten Ziele des Plans oder Programms sind im Rahmen einer Kurzdarstellung selbst notwendiger Inhalt des Umweltberichts, lit. a Anhang I der SUP-RL.

[389] *Fisahn*, ZUR 2003, S.23, 26, im Ergebnis ebenso *Näckel*, Umweltprüfung, S.229.

[390] So auch der SEA Guidance (Fn. 114), S.26, 5.14.; ähnlich *Jacoby*, uvp-report, Sonderheft zum UVP-Kongress 2002, S.71, 73.

b) Der Kontext der Richtlinie

Das Instrument der Alternativenprüfung innerhalb eines ökologischen Prüfverfahrens ist dem europäischen Richtliniengeber darüber hinaus nicht fremd. Bereits im Rahmen der Verträglichkeitsprüfung nach Art. 6 Abs. 3, 4 FFH-RL bestehen ähnliche Anforderungen, ebenso kennt die UVP-RL eine Prüfung alternativer Lösungsmöglichkeiten. Einige der dort gewonnenen Erkenntnisse vermögen zum besseren Verständnis der Alternativenprüfung i.S.d. SUP-RL beizutragen.

(1) Alternativenprüfung nach der FFH-RL

Nach Art. 6 Abs. 3 FFH-RL sind Pläne oder Projekte, die ein besonderes Schutzgebiet i.S.d. FFH-RL erheblich beeinträchtigen, grundsätzlich unzulässig. Art. 6 Abs. 4 Satz 1 FFH-RL nennt eine Ausnahme für den Fall, dass aus zwingenden Gründen des überwiegenden öffentlichen Interesses, einschließlich solcher sozialer oder wirtschaftlicher Art, ein Plan oder Projekt durchzuführen ist und kumulativ hierzu eine Alternativlösung nicht vorhanden ist. Der negative Ausgang einer Alternativenprüfung ist somit notwendige Voraussetzung einer Ausnahme nach Art. 6 Abs. 4 Satz 1 FFH-RL.

(a) Abgrenzung von Alternative und neuem Projekt bzw. Plan

Zunächst stellt sich die Frage der Abgrenzung einer Alternative von anderen Projekten und Plänen i.S.d. FFH-RL. Das Bundesverwaltungsgericht entschied hierzu in seiner Entscheidung zum Autobahnbau A 44, Ausgangspunkt der Beurteilung seien die Zielvorgaben des Planungsträgers, wobei es sich auch um eine Bündelung von Zielen handeln dürfe[391]. Das Gericht sah eine Alternative in diesem Zusammenhang nicht bereits dann als ausgeschlossen an, wenn sich der Zweck der Zielsetzung mit der geprüften Option nur suboptimal verwirklichen lasse. Bliebe das Ziel(-Bündel) als solches erreichbar, so seien Abstriche am Grad der Zielvollkommenheit als typische Folge des Gebots, Alternativen zu nutzen, hinnehmbar. Ein anderes Projekt läge in diesem Fall noch nicht vor. Sähe man das Tatbestandsmerkmal der Alternativenlösung schon dann als nicht erfüllt an, wenn sich das Ziel(-Bündel) nicht in genau der gleichen Weise wie vom Vorhabenträger geplant erreichen ließe, liefe Art. 6 Abs. 4 FFH-RL insoweit weitgehend leer[392].

Der deutsche Gesetzgeber hat in seiner Umsetzung des Art. 6 Abs. 4 FFH-RL ebenfalls die Ziele des Projekts oder Plans als Anknüpfungspunkt aufgegriffen und fordert in § 34 Abs. 3 Nr. 2 BNatSchG das Fehlen zumutbarer „Alternativen, *den mit dem Projekt verfolgten Zweck* an anderer Stelle ohne oder mit geringeren Beeinträchtigungen zu erreichen".

---

[391] BVerwG, NVwZ 2002, S.1243, 1245.

[392] BVerwG, NVwZ 2002, S.1243, 1245.

(b) Anforderungen an eine Alternative i.S.d. FFH-RL

Hinsichtlich der konkreten Anforderungen an eine Alternative i.S.d. Art. 6 Abs. 4 FFH-RL äußerte sich das Bundesverwaltungsgericht ebenfalls in seiner A 44-Entscheidung.

Das Gericht führt diesbezüglich aus, dass die Alternativenprüfung des Art. 6 Abs. 4 FFH-RL eine andere Funktion erfülle als die Alternativenprüfung, die sich im deutschen Planungsrecht herkömmlicherweise nach den zum Abwägungsgebot entwickelten Grundsätzen richte. Lasse sich das Planungsziel an einem nach dem Schutzkonzept der FFH-RL günstigeren Standort oder mit geringerer Eingriffsintensität verwirklichen, so müsse der Projektträger von dieser Möglichkeit Gebrauch machen. Ein irgendwie gearteter Gestaltungsspielraum werde dem Projektträger nicht eingeräumt. Als Grund führt das Gericht den Ausnahmecharakter des Art. 6 Abs. 4 FFH-RL an, der ein strikt zu beachtendes Vermeidungsgebot begründe, welches zu Lasten des Integritätsinteresses des Natura 2000 Systems nicht bereits dann durchbrochen werden dürfe, wenn dies nach dem Muster der Abwägungsregeln des deutschen Planungsrechts vertretbar erscheine. Eine Ausnahme sei vielmehr nur möglich, soweit dies mit der Konzeption größtmöglicher Schonung der durch die FFH-RL geschützten Rechtsgüter vereinbar sei[393].

Lasse sich das Projekt im Einklang mit den rechtlichen Vorgaben anderswo verwirklichen, so habe der Vorhabenträger diese Möglichkeit grundsätzlich zu nutzen. Davon gibt es nach Ansicht des Bundesverwaltungsgerichts indes zwei Ausnahmen. Erstens brauche sich der Vorhabenträger auf eine technisch machbare Alternativlösung nicht verweisen zu lassen, wenn sich das Vorhaben auch am Alternativstandort nur unter Verstoß gegen eine Verbotsregelung ausführen ließe. Erforderlich sei jedoch, dass diese Vorschrift am Alternativstandort eine gleich wirksame rechtliche Hürde aufrichte wie an dem vom Vorhabenträger gewählten Standort. Als zweite Grenze der Alternativenprüfung diene der Grundsatz der Verhältnismäßigkeit nach Art. 5 Abs. 3 EGV. Eine dem Vorhabenträger abzuverlangende Vermeidungsanstrengung übersteige das zumutbare Maß, wenn sie außerhalb jedes vernünftigen Verhältnisses zu dem mit ihr erreichbaren Gewinn für Natur und Umwelt stehe. Zwar könnten dabei nach Ansicht des Bundesverwaltungsgerichts auch finanzielle Erwägungen ausschlaggebend sein, doch messe sich die Frage, ob ein zusätzlicher Kostenaufwand als unverhältnismäßig zu qualifizieren sei, stets an den Schutzgütern der FFH-RL. Die Kosten müssten außer Verhältnis zu dem mit Art. 6 Abs. 4 FFH-RL verfolgten Zweck stehen. Je größer der Gewinn einer Alternativenlösung für die Wahrung der Erhaltungsziele zu sein verspreche, desto umfassendere Ver-

---

[393] BVerwG, NVwZ 2002, S.1243, 1245.

meidungsanstrengungen habe der Vorhabenträger zu unternehmen bzw. umso höhere finanzielle Mittel habe er aufzuwenden[394].

(c) Prüfung der Null-Variante

Ein anderer Aspekt der Ausgestaltung der Alternativenprüfung ist stets, ob zu den zu prüfenden Alternativen auch die sog. Null-Variante zählt. Unter einer Null-Variante versteht man den völligen Verzicht auf die Verwirklichung des Projektes oder Plans bzw. die voraussichtliche Entwicklung des Umweltzustands bei Nichtdurchführung des Plans oder Programms[395].

Zwar schließt Art. 6 Abs. 4 FFH-RL eine Prüfung dieser Option innerhalb der Alternativenprüfung nicht explizit aus, doch ergibt sich aus systematischen Erwägungen, dass die Null-Variante in dieser Hinsicht keine zu prüfende Alternative darstellt[396]. Vielmehr ist das völlige Unterbleiben einer Projekt- oder Planrealisierung erst in der anschließenden Prüfung der „zwingenden Gründe des überwiegenden öffentlichen Interesses" relevant. Dort ist eine Abwägung vorzunehmen, in der das Für und Wieder einer Realisierung der Null-Variante, nämlich als Folge der Unzulässigkeit der Vorhaben- oder Planrealisierung, zu berücksichtigen ist. Nähme man bereits im Rahmen der Alternativenprüfung den Verzicht auf die Realisation des Projekts oder des Plans als mögliche Option an, so würde der Ausnahmetatbestand des Art. 6 Abs. 4 FFH-RL praktisch leer laufen. Die Prüfung der Null-Variante im Rahmen der Alternativenprüfung der FFH-RL scheidet somit aus.

(d) Prüfung der besten ökologischen Option

Schließlich stellt sich das Problem, ob eine Alternativenprüfung die Suche nach der besten ökologischen Planungsoption impliziert. Im Zusammenhang mit der FFH-RL gilt es dabei zu beachten, dass die negative Alternativenprüfung das Eingangstor zur Annahme einer Ausnahme vom Verträglichkeitsgrundsatz des Art. 6 Abs. 3 FFH-RL darstellt. Wie gesehen muss der Vorhaben- oder Planungsträger, sofern sich das Planungsziel an einem nach dem Schutzkonzept der FFH-RL günstigeren Standort oder mit geringerer Eingriffsintensität verwirklichen lässt, von dieser Alternative Gebrauch machen. Beschränkte man das Untersuchungsgebiet für mögliche Alternativen auf das jeweilige Schutzgebiet, so liefe die Alternativenprüfung in der Tat auf die Ermittlung der ökologisch

---

394 BVerwG, NVwZ 2002, S.1243, 1247.

395 *Sangenstedt*, Vorstellung und Bewertung der Richtlinie der EG zur Strategischen Umweltprüfung, in: *Reiter* (Hrsg.), Neue Wege in der UVP, S.235, 248; *Erbguth / Schink*, UVPG, § 2 Rn. 21.

396 *Berner*, Habitatschutz, S.121; *Kues*, Lebensraumschutz, S.144 f.; *Wirths*, Naturschutz, S.192; *Gellermann*, Natura 2000, S.89 f. jeweils m.w.N.; a.A. noch die *Europäische Kommission*, Natura 2000 – Gebietsmanagement, S.47 sowie *Ziese*, uvp-report 2001, S.71, 73.

besten Option für die Projekt- oder Planrealisierung innerhalb dieses Gebietes hinaus.

Nach Sinn und Zweck der FFH-RL, nämlich der Erhaltung der biologischen Vielfalt, insbesondere in den Natura 2000 Gebieten, sollen hingegen vor allem Alternativen außerhalb des betroffenen Schutzgebietes geprüft werden, da in diesen Gebieten eine geringere Beeinträchtigung der Erhaltungsziele zu erwarten ist. Zum Schutze der Natura 2000 Gebiete sind dabei bereits all jene Alternativen ausreichend, welche die Erhaltungsziele des betreffenden Schutzgebietes weniger beeinträchtigen als die Projekt- oder Planrealisierung innerhalb des Schutzgebietes[397]. Eine Suche nach der ökologisch besten Option ist für den Schutz des betroffenen Natura 2000 Gebietes folglich nicht erforderlich und wird von der Alternativenprüfung i.S.d. FFH-RL nicht verlangt.

(2) Alternativenprüfung nach der UVP-RL bzw. dem UVPG

Weder die UVP-RL noch das UVPG enthalten explizit das Erfordernis einer Alternativenprüfung. Die UVP-RL spricht allerdings nach Modifizierung durch die UVP-Änderungsrichtlinie in Art. 5 Abs. 3 4. Querstrich UVP-RL von einer Übersicht über die wichtigsten anderweitigen vom Projektträger geprüften Lösungsmöglichkeiten und der Angabe der wesentlichen Auswahlgründe im Hinblick auf die Umweltauswirkungen. Diese Übersicht ist Teil der Angaben, die vom Projektträger zu Beginn des Projektzulassungsverfahrens vorzulegen sind. Die Umsetzungsvorschrift des § 6 Abs. 3 Satz 1 Nr. 5 UVPG übernimmt die Vorgaben der UVP-RL insoweit wörtlich.

Im Schrifttum ist umstritten, ob sich aus diesen Vorschriften eine Rechtspflicht zur Vornahme einer Alternativenprüfung herleiten lässt[398]. So sehen einige Stimmen eine Alternativenprüfung im Rahmen der Umweltverträglichkeitsprüfung als verpflichtend an, da nur so die erforderlichen Bewertungsmaßstäbe ermittelt werden könnten, um im Hinblick auf den Schutz der Umwelt vor Schäden nachteilige Auswirkungen eines Projekts auf die Umwelt so gering wie möglich zu halten[399]. Diesem praxisbezogenen Argument wird entgegengehalten, der Wortlaut sehe lediglich eine Darstellungspflicht der geprüften Alternativen vor. Umfasst seien davon aber nur die freiwillig vom Projektträger vorgenommenen Alternativenprüfungen oder solche, die von sonstigem nationalen Recht vorgeschrieben werden[400]. Gestützt wird diese Ansicht durch die Entste-

---

[397] Zu beachten bleibt, dass eine erhebliche Beeinträchtigung der Erhaltungsziele eines Natura 2000 Gebietes auch durch Vorhaben außerhalb der Grenzen des ausgewiesenen Gebietes eintreten kann. Vgl. hierzu Gliederungspunkt C.II.3.c).

[398] Einen Überblick über den Streitstand gibt *Forschbach*, Standortalternativenprüfung, S.154 ff. m.w.N.

[399] Für eine verpflichtende Alternativenprüfung *Erbguth / Schink*, UVPG, § 2 Rn. 23 m.w.N.

[400] So *Jessel*, Ermittlung und Beschreibung von Umweltauswirkungen – Prognosen in der UVP, in: *Storm / Bunge* (Hrsg.), HdUVP, Band 1, Kennzahl 2105, S.5, Stand: April 2003;

hungsgeschichte von UVP-RL und UVP-Änderungsrichtlinie sowie durch Sinn und Zweck der Normen, die eine Doppelprüfung solcher Alternativen vermeiden möchten, die vom Projektträger bereits nachvollziehbar ausgeschlossen wurden[401].

Zu einer klaren Entscheidung kam das Bundesverwaltungsgericht. In einem Beschluss aus dem Jahr 1996 stellte es fest, weder aus dem UVPG (a.F.) noch aus der UVP-RL ergebe sich eine Verpflichtung zur Alternativenprüfung im Rahmen planerischer Zulassungsentscheidungen. Ob eine solche Prüfung geboten sei, bestimme sich allein nach den Umständen des Einzelfalls und den sich daraus ergebenden Anforderungen des Abwägungsgebots[402]. Konkret bestimme sich die Frage, ob und in welchem Umfang im Rahmen des Abwägungsvorgangs eine Alternativenprüfung zu erfolgen habe, allein nach den jeweiligen fachgesetzlichen Anforderungen[403]. Dem UVP-Recht selbst lasse sich dagegen keine Aussage über die Verpflichtung zu einer Alternativprüfung, schon gar nicht im Wege einer förmlichen UVP, entnehmen[404]. Die Begründung der Richter stützte sich maßgeblich auf die Charakterisierung der Umweltverträglichkeitsprüfung als reines Verfahrenselement ohne eigene materielle Zulassungsvoraussetzungen und lässt sich auf die aktuelle Fassung des Art. 5 Abs. 3 4. Querstrich UVP-RL sowie § 6 Abs. 3 Satz 1 Nr. 5 UVPG ohne weiteres übertragen. Die Erforderlichkeit und die konkrete Ausgestaltung einer Alternativenprüfung richten sich somit im Rahmen der UVP allein nach Maßgabe des jeweiligen Fachrechts[405].

(3) Alternativenprüfung nach deutschem Fachplanungsrecht

Zwar vermag ein Rückgriff auf nationales Recht die Auslegung eines unbestimmten Rechtsbegriffs auf Ebene des europäischen Sekundärrechts nicht unmittelbar zu beeinflussen. Dennoch lassen sich aus den allgemeinen Anforderungen, die das nationale Fachplanungsrecht im Rahmen eines Planfeststellungsverfahrens an die Alternativenprüfung stellt, Erkenntnisse für die mögliche Ausgestaltung einer Alternativenprüfung i.S.d. SUP-RL gewinnen.

Ziel der planerischen Abwägung im Fachplanungsrecht ist eine gerechte, umfassende und detaillierte Berücksichtigung aller nach Lage der Dinge erheblichen

---

Storm, Zum rechtlichen Entwicklungsstand der Umweltverträglichkeitsprüfung (UVP), in: *Storm / Bunge* (Hrsg.), HdUVP, Band 1, Kennzahl 0506, S.10, Stand: April 2003; *Peters*, UVPG, Handkommentar, Einleitung Rn. 11, m.w.N.

[401] *Forschbach*, Standortalternativenprüfung, S.155 f.

[402] BVerwGE 101, 166, 3. offizieller Leitsatz.

[403] BVerwGE 101, 166, 173.

[404] BVerwGE 101, 166, 174.

[405] Ebenso *Kühling / Herrmann*, Fachplanungsrecht, Rn. 370.

privaten und öffentlichen Belange[406]. Die Alternativenprüfung ist ein Instrument zur Ermittlung dieser relevanten Belange, wobei sie insbesondere dazu beiträgt, unzulängliche Planungsoptionen von vornherein aus dem Abwägungsvorgang auszuschließen und die Planungsentscheidung zu vereinfachen. Andererseits ist die Planungsbehörde verpflichtet, ernsthaft in Betracht kommende Alternativlösungen als Teil des Abwägungsmaterials mit der ihnen objektiv zukommenden Bedeutung in die Abwägungsentscheidung einzubeziehen[407]. Inbegriffen ist dabei stets auch die Null-Variante, da als Abwägungsentscheidung auch ein Verzicht auf die Planungsrealisierung in Frage kommt, falls unüberwindliche Belange der Planung entgegenstehen.

Das deutsche Fachplanungsrecht fordert dabei keine gleich intensive Prüfung aller Alternativen. Vielmehr kann gerade in gestuften Planungsverfahren eine schrittweise Reduzierung der Anzahl der Alternativen unter gleichzeitiger Steigerung der Prüfintensität vorgenommen werden[408]. Zudem ist nach den Grundsätzen der Abwägungsfehlerlehre das Abwägungsgebot erst dann verletzt, wenn eine Abwägung überhaupt nicht stattfindet, wenn in die Abwägung an Belangen nicht eingestellt wird, was nach Lage der Dinge in sie eingestellt werden muss, wenn die Bedeutung der betroffenen Belange verkannt wird oder wenn der Ausgleich zwischen den durch die Planung berührten Belangen in einer Weise vorgenommen wird, der zur objektiven Gewichtigkeit einzelner Belange außer Verhältnis steht[409]. Für die Alternativenprüfung bedeutet dies konkret, dass nicht bereits das Verwerfen einer ebenfalls mit guten Gründen vertretbaren Alternative einen Abwägungsmangel darstellt, sondern ein Abwägungsfehler erst dann vorliegt, wenn sich die Alternative als vorzugswürdig hätte aufdrängen müssen[410].

c) Konsequenzen für die Alternativenprüfung i.S.d. SUP-RL

Vor dem Hintergrund der vorangegangenen Erkenntnisse ergibt sich im Einklang mit den einschlägigen Regelungen der SUP-RL folgendes Bild der Alternativenprüfung:

---

[406] *Schlarmann*, DVBl. 1992, S.871; *Kühling / Herrmann*, Fachplanungsrecht, Rn. 240.

[407] BVerwGE 104, 144.

[408] *Kühling / Herrmann*, Fachplanungsrecht, Rn. 242 m.w.N. zur entsprechenden Rechtsprechung des Bundesverwaltungsgerichts.

[409] BVerwGE 100, 238, 251.

[410] BVerwG NVwZ 1993, S.572, 575; BVerwG NVwZ-RR 1998, S.297; *Kühling / Nikolaus Herrmann*, Fachplanungsrecht, Rn. 369 m.w.N.

(1) Rechtspflicht der Alternativenprüfung

Anders als bei der UVP-RL besteht bei der SUP-RL eine Rechtspflicht zur Alternativenprüfung[411]. Zwar handelt es sich bei der Umweltprüfung, wie bei der Umweltverträglichkeitsprüfung, um ein reines Verfahrensinstrument, jedoch verlangt der Wortlaut des Art. 5 Abs. 1 Satz 1 Halbs. 2 SUP-RL explizit die Ermittlung, Beschreibung und Bewertung von Alternativen. Dies entspricht der Entstehungsgeschichte der Richtlinie, in der die Alternativenprüfung stets ein Kernelement der SUP einnahm, sowie Sinn und Zweck der Richtlinie. Nach den Erfahrungen im Zusammenhang mit der UVP sollten gerade Standortalternativen einen Zugewinn für die Berücksichtigung von Umweltbelangen in den einem Projekt vorangehenden Planungsebenen darstellen.

(2) Grenze der Verhältnismäßigkeit, Art. 5 Abs. 3 EGV

Art. 5 Abs. 1 SUP-RL verlangt jedoch als Teil des Umweltberichts lediglich die Darstellung der *vernünftigen* Alternativen. Wie alle unbestimmten Rechtsbegriffe des europäischen Sekundärrechts ist das Kriterium „vernünftig" dabei im Lichte des europäischen Primärrechts auszulegen. Maßgeblich ist hier der Grundsatz der Verhältnismäßigkeit, wie er in Art. 5 Abs. 3 EGV zum Ausdruck kommt.

Zweck der SUP-RL und konkret des Umweltberichts i.S.d. Art. 5 Abs. 1 SUP-RL ist es, den Planungsträgern eine detaillierte und umfassende Informationsbasis zu den umwelterheblichen Auswirkungen ihrer Planung an die Hand zu geben. Wesentlicher Teil dieser Informationsgrundlage ist die Darstellung von Alternativen, die es dem Planungsträger ermöglichen, sowohl aufgezeigte Optionen weiter zu verfolgen als auch eine Relativierung der Ausgangsplanung aus ökologischer Sicht vorzunehmen.

Die Prüfung von Alternativen ist insoweit geeignet, die ökologische Informationsbasis der Planungsträger zu erweitern, wobei mildere, gleich effektive Instrumente nicht vorliegen. Die erhöhte Effektivität der Umweltprüfung im Unterschied zur Umweltverträglichkeitsprüfung liegt gerade darin, zur Vermeidung erheblicher Umweltauswirkungen mögliche Alternativen frühzeitig zu erkennen und in die Plan- oder Programmaufstellung einfließen zu lassen.

Im Rahmen der Verhältnismäßigkeit i.e.S. sind den Alternativen indes Grenzen zu ziehen, wenn der Aufwand der Prüfung außer Verhältnis zum möglichen ökologischen Nutzen steht. Einfluss hat dies sowohl auf den Umfang als auch auf die Intensität der Alternativenprüfung nach Art. 5 Abs. 1 Halbs. 2 SUP-RL.

---

[411] Ebenso *Pietzcker / Fiedler*, DVBl. 2002, S.929, 935; *Calliess*, Verfahrensrechtliche Anforderungen der Richtlinie zur strategischen Umweltprüfung (SUP-RL), in: *Hendler / Marburger / Reinhardt / Schröder* (Hrsg.), Die strategische Umweltprüfung (UTR 76), 153, 169.

(a) Umfang der Alternativenprüfung

Wie für alle Alternativenprüfungen gelten für die Prüfung i.S.d. Art. 5 Abs. 1 Halbs. 2 SUP-RL zunächst die allgemeingültigen Beschränkungen. So sind die öffentlich-rechtlichen Planungsträger nicht verpflichtet, Alternativenprüfungen außerhalb ihres jeweiligen Zuständigkeitsbereichs vorzunehmen[412]. Dabei wird der geographische Einflussbereich in der Regel mit steigendem Konkretisierungsgrad der Pläne oder Programme schrumpfen. Während für bundesweite Planungen auch bundesweit Alternativen in Betracht kommen, sind öffentlich-rechtliche Planungsträger auf Landesebene oder regionaler Ebene in ihrer Alternativensuche entsprechend eingeschränkt.

Innerhalb ihres Zuständigkeitsbereichs haben die Planungsträger alle Alternativen zu prüfen, die am Maßstab des Schutzziels der SUP-RL, also der Sicherstellung eines hohen Umweltschutzniveaus, ernsthaft als Planungsvarianten in Betracht kommen. Grundsätzlich zählen hierzu all jene Alternativen, die mit den Planungszielen in Einklang stehen bzw. nicht wesentlich davon abweichen[413]. Obwohl auf vorgelagerten Ebenen der Planung die Ziele oftmals abstrakter formuliert werden als in späteren Planungsstadien, stellen sie eine nicht zu überschreitende Grenze der Alternativenprüfungen dar. Geringe Abstriche am Grad der Zielvollkommenheit sind allerdings hinzunehmen.

Die Planungsträger sind dagegen nicht verpflichtet, alle dem Schutzzweck dienenden Alternativen durchzuprüfen. Anders als bei der FFH-RL, wo ein striktes Schutzregime durch die Ausnahmeregelung des Art. 6 Abs. 4 FFH-RL durchbrochen wird und die Alternativenprüfung vor diesem Hintergrund ohnehin restriktiv auszulegen ist, dienen die Alternativen im Rahmen der SUP-RL lediglich zur Verbreiterung der ökologischen Informationsbasis des Planungsträgers. Ob und wieweit ökologische Belange im Rahmen der Berücksichtigung nach Art. 8 SUP-RL tatsächlich ihren Niederschlag finden, ist stets offen. Letztlich sollen die Schutzziele der SUP-RL auf rein verfahrensrechtlicher Ebene allein durch die garantierte Möglichkeit einer Berücksichtigung von Umweltbelangen gefördert werden[414]. Da sich die Anforderungen an die Alternativenprüfungen sowohl am Schutzgut als auch an der konkreten Funktion der Prüfung orientieren, sind insoweit an die Anstrengungen des Planungsträgers im Rahmen der Alternativenprüfungen nach Art. 5 Abs. 1 Halbs. 2 SUP-RL geringere Anforderungen zu stellen als an die Bemühungen des Vorhaben- oder Planungsträgers im Rahmen des Art. 6 Abs. 4 FFH-RL. Zu hohe Belastungen der Planungsträger, sowohl finanzieller als auch personeller Art, stünden außer Verhältnis

---

[412] Vgl. Fn. 390.

[413] Die Planungsziele als Grundlage, nicht Gegenstand, der Alternativenprüfung ansehend ebenso *Porger*, Aktuelle Entwicklungen im Bereich der Plan-UVP, in: *Spannowsky / Mitschang* (Hrsg.), UVP in der Bauleitplanung, S.177, 187.

[414] Siehe zum verfahrensrechtlichen Charakter der SUP-RL Gliederungspunkt D.IV.2.c).

zum möglichen Qualitätsgewinn der ökologischen Informationsbasis. Dies gilt um so mehr, je abstrakter die Plan- oder Programmaussagen gehalten sind, da damit einhergehend um so weniger fundierte Aussagen über mögliche umwelterhebliche Auswirkungen getroffen werden können. Technisch mögliche Alternativen, die keine wesentlich neuen Erkenntnisse zur ökologischen Informationsbasis beitragen oder deren Erkenntnisgewinn außer Verhältnis zum notwendigen Aufwand der Prüfung steht, können daher von vornherein aus der Alternativenprüfung ausgenommen werden. Wie im Rahmen der UVP dürfen Planungsträger somit grobe Vorprüfungen vornehmen, um die Anzahl der in Frage kommenden Planungsvarianten weiter zu reduzieren[415].

Anzumerken ist, dass der Planungsträger im Umweltbericht nach lit. h Anhang I SUP-RL eine Kurzdarstellung der Gründe für die Wahl der geprüften Alternativen anzugeben hat. Implizit umfasst dies auch die Nennung der Gründe gegen die Prüfung anderer Alternativen.

(b) Intensität der Alternativenprüfung

Die Angemessenheit der Alternativenprüfung schlägt sich neben der Anzahl auch in der Intensität der Prüfungen nieder. Bereits aus der Ausschlussfunktion hinsichtlich abwegiger Planungen ergibt sich, dass Alternativenprüfungen nicht in allen Fällen gleich intensiv durchgeführt werden müssen. Zu beachten ist stets der Grad der Konkretisierung, die der Plan oder das Programm selbst inne hat. Gerade in Fällen einer Plan- oder Programm-Hierarchie wird der Prüfungsintensität einer Alternativenprüfung durch die Abstraktheit der Planung eine praktische Grenze gesetzt. Im Umkehrschluss ergibt sich, dass die Prüfungsintensität mit steigender Plankonkretisierung, bei abnehmender Zahl der Alternativen, stetig anwächst.

Eine zusätzliche Beschränkung der Prüfungsintensität findet sich schließlich in Art. 5 Abs. 3 SUP-RL[416]. Insoweit unterliegt die Alternativenprüfung den gleichen Vorgaben wie alle Angaben des Umweltberichts.

(3) Prüfung der Null-Variante

Zu den vernünftigen Alternativen i.S.d. SUP-RL zählt darüber hinaus stets die Null-Variante. Dies ergibt sich aus Art. 5 Abs. 1 Satz 2 i.V.m. lit. b Anhang I SUP-RL. Danach umfassen die Informationen, die im Umweltbericht vorzulegen sind, die relevanten Aspekte des derzeitigen Umweltzustands und dessen voraussichtliche Entwicklung bei Nichtdurchführung des Plans oder Programms. Obwohl nicht im Zusammenhang mit dem die Alternativenprüfungen betreffen-

---

[415] Vgl. die Rechtsprechung zur UVP in diesem Punkt, BVerwGE 100, 238, 250 m.w.N.

[416] Siehe dazu Gliederungspunkt D.II.4.

den lit. h Anhang I SUP-RL, entspricht diese Anforderung der Prüfung der Null-Variante[417].

Einen zusätzlichen Beleg liefern Sinn und Zweck der Richtlinie. Mit der Einbeziehung der Null-Variante sollte neben der fehlenden Prüfung von Standortalternativen ein weiterer Nachteil der UVP ausgeglichen werden. Während das für die Umweltverträglichkeitsprüfung maßgebliche Fachplanungsrecht die Prüfung der Null-Variante nur vereinzelt einschließt, beispielsweise in Planfeststellungsverfahren, sind Zulassungsentscheidungen uvp-pflichtiger Projekte zumeist als gebundene Entscheidungen ausgestaltet[418]. Hintergrund ist in der Regel ein grundrechtlich gestützter Anspruch auf Erteilung der Projektgenehmigung[419], so dass es der Genehmigungsbehörde in diesen Fällen im Rahmen des Genehmigungsverfahrens versagt ist, die Versagung der Genehmigung und damit die Nichtdurchführung der Projektrealisierung als mögliche Alternative anzusehen. Der Einfluss des UVP-Verfahrens schlägt sich insoweit lediglich in der Art und Weise der Projektrealisierung nieder, beispielsweise durch die Berücksichtigung von Umweltbelangen im Rahmen einer Auflage.

Die maßgebliche Entscheidung über das „Ob" der Realisierung, die eine Null-Variante als Option beinhalten könnte, trifft der private Vorhabenträger auf Projektebene selbst. Dagegen steht es dem öffentlich-rechtlichen Planungsträger auf vorgelagerten Planungsebenen seinerseits frei, von der Realisierung einer konkreten Planungsalternative abzusehen. Im Rahmen der Umweltprüfung ermöglicht die Null-Variante somit nicht nur eine methodisch verbesserte Einschätzung anderer Planungen aus ökologischer Sicht, sondern stellt selbst eine mögliche Planungsoption dar.

(4) Prüfung der besten ökologischen Option

Der Umweltausschuss des Europäischen Parlaments hatte im Rechtsetzungsverfahren der Richtlinie versucht, eine Klausel einzufügen, nach der die anhand der Alternativenprüfung ökologisch vorteilhafteste Planungsalternative im Umwelt-

---

[417] Ebenso *Sangenstedt*, Vorstellung und Bewertung der Richtlinie der EG zur Strategischen Umweltprüfung, in: *Reiter* (Hrsg.), Neue Wege in der UVP, S.235, 248; *Calliess*, Verfahrensrechtliche Anforderungen der Richtlinie zur strategischen Umweltprüfung (SUP-RL), in: *Hendler / Marburger / Reinhardt / Schröder* (Hrsg.), Die strategische Umweltprüfung (UTR 76), S.153, 169 f.; SEA Guidance (Fn. 114), S.28, 5.22; a.A. *Pietzcker / Fiedler*, DVBl. 2002, S.929, 935, sowie *Jacoby*, uvp-report 2001, S.28, 32, und *Krämer*, Die „Richtlinie über die Prüfung der Umweltauswirkungen bestimmter Pläne und Programme" und ihre Bedeutung für städtebauliche Planungen, in: *Spannowsky / Mitschang* (Hrsg.), Umweltprüfungen, S.147, 158, welche die Null-Variante nicht den Alternativenprüfungen zuordnen, sie aber gleichwohl als zu prüfenden „obligatorischen Informationshintergrund" ansehen; ähnlich *Porger*, Aktuelle Entwicklungen im Bereich der Plan-UVP, in: *Spannowsky / Mitschang* (Hrsg.), UVP in der Bauleitplanung, S.177, 187.

[418] *Erbguth / Schink*, UVPG, § 12 Rn. 15, 39 f. m.w.N.

[419] So z.B. § 6 Abs. 1 BImSchG vor dem Hintergrund des Art. 12 GG.

bericht festgehalten werden sollte[420]. Praktische Vorteile einer solchen Dokumentationspflicht lägen, insoweit ähnlich der Einbeziehung der Null-Variante, in der Relativierung der sonstigen Planungsalternativen im Vergleich zur ökologisch ambitioniertesten Planungsoption. Eine solche Klausel fand in den Verhandlungen des Vermittlungsausschusses jedoch keinen Eingang in den Richtlinientext. Somit ist der öffentlich-rechtliche Planungsträger bei Erstellung des Umweltberichts rechtlich nicht verpflichtet, sich auf die Suche nach der ökologisch vorteilhaftesten Alternative zu begeben. Aus methodischer Sicht bietet sich ein solches Vorgehen gleichwohl an, so dass praktisch die ökologisch günstigsten Alternativen auch ohne rechtlichen Zwang in die Prüfungen einfließen werden[421].

4. Prüfungsdichte im Umweltbericht, Art. 5 Abs. 2 SUP-RL

Art. 5 Abs. 2 SUP-RL beschränkt den potentiell möglichen Prüfungsumfang innerhalb des Umweltberichts auf solche Angaben, die vernünftigerweise verlangt werden können. Dabei sind der gegenwärtige Stand der Wissenschaft, aktuelle Prüfungsmethoden, Inhalt und Detaillierungsgrad des Plans oder Programms, dessen Stellung im Entscheidungsprozess sowie das Ausmaß, in dem bestimmte Aspekte zur Vermeidung von Mehrfachprüfungen auf den unterschiedlichen Ebenen dieses Prozesses am besten geprüft werden können, zu berücksichtigen.

a) Geschichte der Norm

Hintergrund der ausführlichen Regelung des Art. 5 Abs. 2 SUP-RL ist das Streben der Mitgliedstaaten, sich angesichts der drohenden Verwaltungsmehrbelastung Möglichkeiten der Vereinfachung und der Begrenzung des Umweltprüfungsverfahrens zu erhalten. Bereits seit dem ersten Kommissionsvorschlag aus dem Jahre 1997 sah der Richtlinientext eine Beschränkung des Umweltberichts auf realistischerweise zu verlangende Angaben vor. Kriterien waren schon damals der Detaillierungsgrad des Plans oder Programms und seine Stellung im Entscheidungsprozess. Rechnung getragen werden sollte auch der Frage, in welchem Ausmaß die einzelnen Aspekte in welchem Stadium des Entscheidungsprozesses vorteilhafter bewertet werden sollten. Seine endgültige Formulierung erhielt Art. 5 Abs. 2 SUP-RL schließlich durch den Gemeinsamen

---

[420] Empfehlung für die zweite Lesung betreffend den Gemeinsamen Standpunkt des Rates im Hinblick auf den Erlass der Richtlinie des Europäischen Parlaments und des Rates über die Prüfung der Umweltauswirkungen bestimmter Pläne und Programme (Fn. 121), S.13; *De Mulder*, elni review 2001, S.14, 17.

[421] Für eine Ermittlung der besten ökologischen Option im Rahmen der nationalen Umsetzung *Ginzky*, UPR 2002, S.47, 50; ebenso wohl *Calliess*, Verfahrensrechtliche Anforderungen der Richtlinie zur strategischen Umweltprüfung (SUP-RL), in: *Hendler / Marburger / Reinhardt / Schröder* (Hrsg.), Die strategische Umweltprüfung (UTR 76), S.153, 169 f.

Standpunkt des Rates aus dem Jahre 2000, der die Konkretisierung um den aktuellen Wissensstand und die aktuellen Prüfmethoden ergänzte.

b) Die Begrenzung der Angaben innerhalb des Umweltberichts

Das Abstellen auf „Angaben, die vernünftigerweise verlangt werden können“, Art. 5 Abs. 2 SUP-RL, stellt sich letztlich als Konkretisierung des allgemeinen Verhältnismäßigkeitsgrundsatzes nach Art. 5 Abs. 3 EGV dar.

Der Bezug auf den gegenwärtigen Wissensstand und die aktuellen Prüfmethoden stellt dabei sicher, dass die Mitgliedstaaten lediglich auf die bereits vorhandenen Erfahrungen zurückgreifen müssen und die SUP-RL die Mitgliedstaaten nicht verpflichtet, in fachlicher Hinsicht neue Methoden zur Qualitätssteigerung der Umweltberichte zu entwickeln[422]. Damit befindet sich die Umweltprüfung im Einklang mit der Einschätzung des Bundesverwaltungsgerichts hinsichtlich des Charakters der Umweltverträglichkeitsprüfung. Das Gericht hatte seinerzeit festgestellt, die UVP sei nicht als Suchverfahren konzipiert, das dem Zweck diene, Umweltauswirkungen aufzudecken, die sich der Erfassung mit den herkömmlichen Erkenntnismitteln entzögen. Was die Wissenschaft noch nicht hergebe, das vermöge auch die Durchführung einer Umweltverträglichkeitsprüfung nicht zu leisten. Die UVP fordere von der Behörde lediglich, Ermittlungen nicht ungenutzt zu lassen, die im konkreten Fall zur Erreichung des Untersuchungszwecks qualitativ und quantitativ geeignet erscheinen[423]. Dies ändert freilich nichts daran, dass mit zunehmendem Erfahrungsstand auf dem Gebiet der SUP auch methodische Fortschritte eintreten werden, welche die Qualität der Umweltberichte verbessern werden.

Die Berücksichtigung von Inhalt und Detaillierungsgrad des Plans oder Programms ergibt sich aus der Eigenart der Umweltprüfung, auf Pläne und Programme verschiedenster Konkretisierungsstufen Anwendung zu finden. Während sich die UVP stets mit dem endgültigen Konkretisierungsgrad befasst, der für die Verwirklichung des Projekts notwendig ist, beinhalten Pläne und Programme abstrakte Vorgaben, die der Projektebene gerade Spielräume zur Konkretisierung überlassen. Zur Wahrung dieser Spielräume sind Inhalt und Detaillierungsgrad zwangsläufig beschränkt. Eine Umweltprüfung hat sich demnach am jeweiligen Grad der Abstraktheit des Plans oder Programms zu orientieren, während in ihrer Detailschärfe darüber hinaus gehende Umweltinformationen erst in späteren Plänen oder Programmen bzw. in der Projektzulassung berück-

---

[422] Die SUP als Instrument der Umweltforschung ebenfalls ablehnend *Porger*, Aktuelle Entwicklungen im Bereich der Plan-UVP, in: *Spannowsky / Mitschang* (Hrsg.), UVP in der Bauleitplanung, S.177, 186 f.

[423] BVerwGE 100, 238, 248.

sichtigt werden können[424]. Tragen die Erkenntnisse dagegen nicht zur ökologischen Informationsbasis des konkreten Plans oder Programms bei, so sind sie im Rahmen der entsprechenden SUP noch nicht zu prüfen.

In die gleiche Richtung weist die Berücksichtigung der Stellung im Entscheidungsprozess sowie des Ausmaßes, in dem bestimmte Aspekte zur Vermeidung von Mehrfachprüfungen auf den unterschiedlichen Ebenen des Entscheidungsprozesses am besten geprüft werden können. Umweltprüfungspflichtige Pläne und Programme sind oftmals Teil einer Plan- oder Programmhierarchie. Sind mehrere Pläne oder Programme dieser Hierarchie einer Umweltprüfung zu unterziehen, so besteht grundsätzlich die Gefahr von Doppelprüfungen. Angesichts des ohnehin von den Mitgliedstaaten abgelehnten Mehraufwands durch die SUP ist es jedoch eines der Hauptanliegen des Richtliniengebers, diesen unnötigen Verwaltungsaufwand von vornherein zu vermeiden, wobei diese bereits in Art. 4 Abs. 3 SUP-RL zum Ausdruck kommende Intention durch eine Abschichtung der Anforderungen an die jeweiligen Umweltberichte verwirklicht werden soll. Umweltaspekte, die auf einer höheren Plan- oder Programmeben bereits in einem Umweltprüfungsverfahren untersucht wurden, bedürfen daher keiner nochmaligen Prüfung. Der Umweltbericht kann insoweit auf die bereits erlangten Informationen zurückgreifen, Art. 5 Abs. 3 SUP-RL[425]. Eine erneute Prüfung würde die ökologische Informationsbasis nicht erweitern und ist entbehrlich.

In der Praxis gilt es indes zu berücksichtigen, dass die Informationen vergangener Umweltprüfungen in Methodik und Wissensstand mitunter nicht mehr den aktuellen Erkenntnissen entsprechen. Sollten durch eine Doppelprüfung neue relevante Umweltinformationen gewonnen werden können, so darf der Planungsträger nicht unter Hinweis auf Art. 4 Abs. 3 i.V.m. Art. 5 Abs. 2, 3 SUP-RL pauschal auf eine erneute Untersuchung verzichten[426].

5. Nutzung bereits vorhandener Informationen, Art. 5 Abs. 3 SUP-RL

Nach Art. 5 Abs. 3 SUP-RL können zur Gewinnung der in Anhang I SUP-RL genannten Informationen alle verfügbaren relevanten Informationen über die Umweltauswirkungen der Pläne und Programme herangezogen werden, die auf anderen Ebenen des Entscheidungsprozesses oder aufgrund anderer Rechtsvorschriften der Gemeinschaft gesammelt wurden.

---

[424] *Sangenstedt* nennt dies die „ebenenspezifische“ Durchführung der SUP, Die Bedeutung einer europäischen Richtlinie über die Prüfung der Umweltauswirkungen von Plänen und Programmen für das Fachplanungsrecht, in: *Ziekow* (Hrsg.), Planung 2000, S.27, 39.

[425] Siehe dazu Gliederungspunkt D.II.5.

[426] Siehe zu Art. 4 Abs. 3 SUP-RL Gliederungspunkt D.I.3.

Vor dem Hintergrund der Minimierung des Verwaltungsaufwandes können mitgliedstaatliche Planungsträger demnach bei der Erstellung des Umweltberichts auf vorhandene Erkenntnisquellen zurückgreifen und so unnötige Doppel- oder Mehrfachprüfungen vermeiden. Als Informationsquellen kommen dabei insbesondere bereits durchgeführte Umweltprüfungen auf vorgelagerten Ebenen in Betracht. Daneben können Informationen aus Verträglichkeitsprüfungen nach Art. 6 Abs. 3, 4 FFH-RL und allgemein sämtliche umweltbezogenen Informationen aus Beobachtungs- und Überwachungselementen des Gemeinschaftsrechts herangezogen werden. Genannt seien hier die bei der Erstellung von Maßnahmenprogrammen und Bewirtschaftungsplänen nach Art. 11 bzw. 13 der Richtlinie 2000/60/EG[427] erlangten Informationen, Informationen aus den Programmen zur Überwachung des Gewässerzustands nach Art. 8 der Richtlinie 2000/60/EG, Informationen aus Maßnahmen zur Beurteilung der Luftqualität nach Art. 5, 6 der Richtlinie 96/62/EG[428], usw. Freilich stehen diese Informationen jeweils unter dem Vorbehalt der Aktualität gemessen am zum Zeitpunkt der Umweltprüfung vorliegenden Wissens- und Kenntnistand[429].

6. Fazit

Die Vorschriften zur Erstellung des Umweltberichts als Kernbestandteil der SUP sind geprägt durch den Versuch eines Ausgleichs von Qualitätssicherung und Verwaltungsaufwand. Während die potentielle Einbeziehung von Informationen möglichst weit gehalten wurde, war sich der Richtliniengeber bewusst, dass unnötiger Verwaltungsaufwand nur durch eine flexible Bestimmung von Umfang und Intensität der vorzunehmenden Prüfungen anhand des jeweils konkret vorliegenden Plans oder Programms vermieden werden kann. Starre Anforderungen an den Inhalt eines Umweltberichts hätten zwangsläufig zu kostenträchtigen Prüfungen ohne nennenswerten Zugewinn für die Qualität des Umweltberichts geführt, was die Akzeptanz des Instrumentes SUP erheblich erschwert hätte. Nicht zuletzt als Zugeständnis an die zunächst vorherrschende Skepsis seitens der Mitgliedstaaten hat der Richtliniengeber mit Art. 5 SUP-RL somit eine Vorschrift geschaffen, die den öffentlich-rechtlichen Planungsträgern im Einzelfall eine Minimierung ihres Verwaltungsaufwandes ermöglicht. Indes würde ein Missbrauch dieses Spielraums Funktion und Akzeptanz der SUP erheblich gefährden.

---

[427] Richtlinie 2000/60/EG des Europäischen Parlaments und des Rates vom 23. Oktober 2000 zur Schaffung eines Ordnungsrahmens für Maßnahmen der Gemeinschaft im Bereich der Wasserpolitik (Wasserrahmenrichtlinie = WRRL), ABlEG Nr. L 327 vom 22. Dezember 2000, S.1; geändert durch Entscheidung Nr. 2455/2001/EG, ABlEG Nr. L 331 vom 15. Dezember 2001, S.1.

[428] Richtlinie 96/62/EG des Rates über die Beurteilung und die Kontrolle der Luftqualität vom 27. September 1996, ABl.EG Nr. L 296 vom 21. November 1996, S.55.

[429] Siehe zum Problem der Verwertbarkeit dieser Erkenntnisse Gliederungspunkt D.I.3.c).

III. Durchführung von Konsultationen, Art. 6, 7 SUP-RL

Eines der Hauptanliegen des Umweltprüfungsverfahrens ist die obligatorische Einbeziehung der Öffentlichkeit in den Planungsprozess. Nicht zuletzt spiegelt sich darin die Funktion der SUP-RL als Teilumsetzung der Vorgaben der zweiten Säule der Aarhus-Konvention über die Öffentlichkeitsbeteiligung an den Entscheidungsverfahren in Umweltangelegenheiten wieder[430]. Daneben gilt es, das im Behördenapparat selbst vorhandenes umweltbezogenes Wissen für den Planungsprozess nutzbar zu machen. So trägt der bereits beim Scoping i.S.d. Art. 5 Abs. 4 SUP-RL beteiligte interne Sachverstand auch nach Erstellung des Umweltberichts zur qualitativen Förderung der Planungsentscheidung bei.

Die Systematik der Richtlinie vereint die Öffentlichkeits- und die Behördenbeteiligung unter dem gemeinsamen Begriff der Konsultationen. Während Art. 6 SUP-RL sich der Ausgestaltung des rein nationalen Konsultationsprozesses annimmt, regelt Art. 7 SUP-RL den mit höheren Planungsebenen zunehmend an Relevanz gewinnenden Bereich der grenzüberschreitenden Konsultationen. Ziel dieser Regelungen ist, zu einer transparenteren Entscheidungsfindung beizutragen und die Vollständigkeit und Zuverlässigkeit der für die Prüfung bereitgestellten Informationen zu gewährleisten[431].

1. Nationale Konsultationen, Art. 6 SUP-RL

Nach Art. 6 Abs. 1 SUP-RL werden den in Abs. 3 genannten Behörden sowie der Öffentlichkeit der Entwurf des Plans oder Programms und der nach Art. 5 SUP-RL erstellte Umweltbericht zugänglich gemacht. Art. 6 Abs. 2 SUP-RL sieht vor, dass den Behörden nach Abs. 3 und der Öffentlichkeit nach Abs. 4 innerhalb ausreichend bemessener Fristen frühzeitig und effektiv Gelegenheit gegeben wird, vor der Annahme des Plans oder Programms oder seiner Einbringung in das Gesetzgebungsverfahren zum Entwurf des Plans oder Programms sowie zum begleitenden Umweltbericht Stellung zu nehmen. Das nationale Konsultationsverfahren gliedert sich damit in eine Informationsphase, Art. 6 Abs. 1 SUP-RL, und eine Konsultationsphase i.e.S., Art. 6 Abs. 2 SUP-RL, wobei die Einzelheiten der Information und Konsultation der Behörden und der Öffentlichkeit i.S.d. Subsidiaritätsprinzips von den Mitgliedstaaten festgelegt werden, Art. 6 Abs. 5 SUP-RL. Insoweit ergibt sich für die konkrete Ausgestaltung des Konsultationsprozesses ein Spielraum der Mitgliedstaaten, der gleichwohl durch die Vorgaben der SUP-RL, insbesondere durch Art. 6 Abs. 3, 4 SUP-RL, eingeschränkt wird.

---

430 Vgl. hierzu bereits Gliederungspunkt B.IV.4.

431 So Erwägungsgrund 15 der SUP-RL.

a) Adressaten der Beteiligung

Während als Quelle der zur Verfügung gestellten Informationen der öffentlich-rechtliche Planungsträger feststeht, ist der angesprochene Adressat der Beteiligung klärungsbedürftig. Art. 6 Abs. 1 SUP-RL nennt mit den Behörden i.S.d. Art. 6 Abs. 3 SUP-RL und der Öffentlichkeit abschließend zwei Gruppen von Beteiligten.

(1) Behörden i.S.d. Art. 6 Abs. 3 SUP-RL

Nach Art. 6 Abs. 3 SUP-RL schließt der Kreis der vom Planungsträger zu konsultierenden Behörden solche ein, die in ihrem umweltbezogenen Aufgabenbereich von den durch die Durchführung des Plans oder Programms verursachten Umweltauswirkungen betroffen sein könnten.

(a) Begriff der „Behörde"

Der Begriff der Behörde wird in der SUP-RL sowie allgemein im einschlägigen Europarecht nicht definiert[432]. Auch lässt die Tatsache, dass Art. 6 SUP-RL der Umsetzung der zweiten Säule der Aarhus-Konvention dient, einen unmittelbaren Rückgriff auf die Definition der Behörde in Art. 2 Abs. 2 Aarhus-Konvention nicht zu, da sich Art. 7 Aarhus-Konvention mit der Öffentlichkeitsbeteiligung bei umweltbezogenen Entscheidungsprozessen befasst, jedoch nicht mit der hier relevanten Behördenbeteiligung.

Letztlich ist der Begriff der Behörde wie in Art. 2 lit. a 1. Querstrich SUP-RL teleologisch zu bestimmen. Dem Behördenbegriff des Art. 6 Abs. 3 SUP-RL kommt dabei die Funktion einer Abgrenzung zwischen internem und externem Sachverstand zu. Er umfasst jede Stelle, die Aufgaben der öffentlichen Verwaltung wahrnimmt, inklusive aller natürlichen und juristischen Personen gleicher Funktion. Ausgeschlossen sind dagegen Personen und Gruppen, die nicht hoheitlich tätig werden. Zum Begriff der Behörde i.S.d. Art. 6 Abs. 3 SUP-RL zählen demnach auch Beliehene und Verwaltungshelfer, während Umweltschutzverbände und andere Interessengruppen dem Bereich der Öffentlichkeit zuzuordnen sind.

Ein solch weiter Behördenbegriff entspricht der Grundintention des Art. 6 Abs. 3 SUP-RL, denn je mehr interner Sachverstand herangezogen wird, desto fundierter ist die ökologische Informationsbasis des öffentlich-rechtlichen Planungsträgers in der anschließenden Entscheidungsphase. Ein Ausufern der Konsultationen wird dabei durch das zusätzliche Merkmal des umweltbezogenen Aufgabenbereichs verhindert.

---

[432] Vgl. bereits zum Begriff der Behörde in Art. 2 lit. a 1. Querstrich SUP-RL Gliederungspunkt C.I.5.a).

(b) Umweltbezogenheit des Aufgabenbereichs

Maßgeblich für Art. 6 Abs. 3 SUP-RL ist die Möglichkeit, dass sich eine Behörde im Rahmen ihrer Aufgaben mit den voraussichtlichen Umweltauswirkungen eines Plans oder Programms wird befassen müssen. Nach dem Kriterium der Umweltbezogenheit hat dies nicht nur bei Gelegenheit zu erfolgen, sondern muss Teil einer der Behörde zum Schutze der Umwelt auferlegten Aufgabenstellung sein[433]. Die Formulierung des Art. 6 Abs. 3 SUP-RL entspricht insoweit der Ausgestaltung des UVP-Verfahrens in Art. 6 Abs. 1 S.1 UVP-RL, nach dem „Behörden, die in ihrem umweltbezogenen Aufgabenbereich von dem Projekt berührt sein könnten", die Möglichkeit zur Stellungnahme gegeben wird[434].

(c) Umweltauswirkungen

Obwohl im Wortlaut des Art. 6 Abs. 3 SUP-RL nicht ausdrücklich vermerkt, begründet nicht jede mögliche Umweltauswirkung eine Behördenbeteiligung. Zu fordern sind vielmehr, wie in der gesamten SUP-RL, voraussichtlich *erhebliche* Umweltauswirkungen oberhalb einer Bagatellschwelle.

Andererseits sind für die Behördenbeteiligung die voraussichtlichen Umweltauswirkungen sämtlicher vernünftiger Alternativen, wie sie im Rahmen des Umweltberichts geprüft wurden, ausschlaggebend. Dies ergibt sich aus der Stellung der Konsultationen nach Erstellung des Umweltberichts und vor dem endgültigen Ausschluss der verbliebenen Alternativen im Rahmen der Berücksichtigung der Ergebnisse i.S.d. Art. 8 SUP-RL[435].

(d) Bestimmen der Behörden durch den Mitgliedstaat

Nach Art. 6 Abs. 3 SUP-RL werden die zu konsultierenden Behörden jeweils durch die einzelnen Mitgliedstaaten bestimmt. Den Mitgliedstaaten steht insoweit ein Spielraum bei der Auswahl der zu beteiligenden Behörden zu.

Ob diese Zuordnung je nach Einzelfall zu erfolgen hat oder ob den Mitgliedstaaten auch generelle Regelungen, etwa in Form von Positivlisten, erlaubt sind, ergibt sich nicht explizit aus dem Wortlaut der SUP-RL. Die Wortwahl des Art. 6 Abs. 3 SUP-RL („Die Mitgliedstaaten bestimmen...") lässt jedoch darauf schließen, dass den Mitgliedstaaten kein beliebiges Ermessen bei der Auswahl der zu beteiligenden Behörden zugestanden wird. Könnte eine Behörde in ihrem umweltbezogenen Aufgabenkreis von den durch die Durchführung eines Plans

---

[433] Bestätigt wird dies durch die engl. Fassung der Richtlinie, die an dieser Stelle von „authorities, which, by reason of their specific environmental responsibilities, are likely to be concerned" spricht.

[434] Vgl. zur Umsetzung des Art. 6 Abs. 1 Satz 1 UVP-RL durch § 7 UVPG und der Notwendigkeit einer gemeinschaftsrechtskonformen Interpretation *Bunge*, in: *Storm / Bunge* (Hrsg.), HdUVP, Band 1, Kennzahl 0600, § 7, Rn. 3, Stand: April 2003.

[435] Vgl. hierzu Gliederungspunkt D.IV.

oder Programms verursachten Umweltauswirkungen betroffen werden, so besteht seitens der Mitgliedstaaten eine Verpflichtung, diese Behörde in den Konsultationsprozess aufzunehmen. Vor dem Hintergrund der praktischen Wirksamkeit der Richtlinie hat dies sogar für solche Fälle zu gelten, in denen der nationale Planungsträger irrtümlich nicht von einer voraussichtlich erheblichen Umweltauswirkung im umweltbezogenen Aufgabenbereich der Behörde ausging. Maßgeblich ist insoweit ein gerichtlich voll überprüfbarer objektiver Maßstab. Im Sinne einer gemeinschaftsrechtsfreundlichen Auslegung sollte daher in Zweifelsfällen eine Behördenbeteiligung vorgenommen werden[436].

Für das Bestimmen der zu konsultierenden Behörden bedeutet dies, dass die Verwendung abschließender Positivlisten die Gefahr birgt, im Einzelfall nicht sämtliche möglicherweise in ihrem umweltbezogenen Aufgabenbereich betroffenen Behörden zu beteiligen. Insofern muss der öffentlich-rechtliche Planungsträger den Kreis der Behörden i.S.d. Art. 6 Abs. 3 SUP-RL letztlich für jeden Plan bzw. jedes Programm individuell bestimmen. Während Positivlisten zu einer Verfahrenserleichterung beitragen können, muss stets die Möglichkeit einer darüber hinausgehenden Behördenbeteiligung im Einzelfall gewahrt bleiben bzw. darf sich der öffentlich-rechtliche Planungsträger einer individuellen Bestimmung der zu konsultierenden Behörden nicht durch einen pauschalen Verweis auf Positivlisten enthalten.

(2) Öffentlichkeit

Als zweite zu beteiligende Gruppe nennt Art. 6 SUP-RL die Öffentlichkeit. Dabei ist zu beachten, dass der Wortlaut der Vorschrift eine Differenzierung zwischen der Öffentlichkeit i.S.d. Art. 6 Abs. 1 SUP-RL und der Öffentlichkeit i.S.d. Art. 6 Abs. 2, 4 SUP-RL vornimmt[437].

(a) Öffentlichkeit i.S.d. Art. 6 Abs. 1 SUP-RL

Nach Art. 6 Abs. 1 SUP-RL werden der Entwurf des Plans oder Programms und der Umweltbericht der Öffentlichkeit zugänglich gemacht. Art. 2 lit. d SUP-RL sieht eine Legaldefinition vor, nach der die „Öffentlichkeit" eine oder mehrere natürliche oder juristische Personen und, in Übereinstimmung mit den innerstaatlichen Rechtsvorschriften oder der innerstaatlichen Praxis, deren Vereinigungen, Organisationen oder Gruppen umfasst.

Art. 2 lit. d SUP-RL wurde in seiner heutigen Fassung erst durch den Vermittlungsausschuss in den Richtlinientext eingefügt. Der Gemeinsame Standpunkt aus dem Jahr 2000 verstand unter „Öffentlichkeit" noch vereinfacht „natürliche

[436] Inwieweit die beteiligte Behörde tatsächlich von ihrem Recht zur Stellungnahme Gebrauch macht, ist nach der Systematik der SUP-RL unerheblich.

[437] Dies verkennt *Mathiesen*, European Environmental Law Review (EELR) 2003, S.37, 43; ungenau insoweit *Näckel*, Umweltprüfung, S.222; wie hier *Grotefels / Uebbing*, NuR 2003, S.460, 464.

oder juristische Personen und ihre Zusammenschlüsse, Organisationen oder Gruppen"[438], während in den vorherigen Richtlinienvorschlägen eine Legaldefinition des Begriffs der Öffentlichkeit völlig gefehlt hatte.

Die SUP-RL übernimmt nunmehr mit Art. 2 lit. d SUP-RL wörtlich die Legaldefinition des Art. 2 Abs. 4 Aarhus-Konvention und trägt damit zur Umsetzung der zweiten Säule der Aarhus-Konvention über die Beteiligung der Öffentlichkeit bei umweltbezogenen Entscheidungsprozessen, insbesondere des Art. 7 Satz 1 Aarhus-Konvention, bei[439]. Nach dem Verständnis des Art. 2 Abs. 4 Aarhus-Konvention handelt es sich dabei um einen weiten Öffentlichkeitsbegriff auf der Grundlage eines „Jedermann"-Prinzips[440]. Eine spezielle Betroffenheit oder ein besonderes Interesse im Zusammenhang mit dem geprüften Plan oder Programm ist nicht erforderlich. So zählen zu den Zusammenschlüssen, Organisationen oder Gruppen i.S.d. Vorschrift insbesondere auch solche, denen keine eigene juristische Rechtspersönlichkeit zufällt, freilich qualifiziert durch eine Anerkennung im jeweiligen nationalen Recht[441].

(b) Öffentlichkeit i.S.d. Art. 6 Abs. 2, 4 SUP-RL

Anders als der Wortlaut des Art. 6 Abs. 1 SUP-RL, greift der Richtliniengeber in Art. 6 Abs. 2 SUP-RL bei der Ausgestaltung der Konsultationsphase i.e.S. nicht auf den weiten Öffentlichkeitsbegriff des Art. 2 lit. d zurück, sondern bezieht sich auf die Konkretisierung des Art. 6 Abs. 4 SUP-RL. Danach bestimmen die Mitgliedstaaten, was unter „Öffentlichkeit" i.S.d. Art. 6 Abs. 2 SUP-RL zu verstehen ist, Art. 6 Abs. 4 Halbs. 1 SUP-RL. Der Richtliniengeber gibt in Art. 6 Abs. 4 Halbs. 2 SUP-RL insoweit lediglich einen Mindestrahmen vor. Dementsprechend schließt der Begriff der Öffentlichkeit i.S.d. Art. 6 Abs. 2 SUP-RL die Teile der Öffentlichkeit ein, die vom Entscheidungsprozess gemäß der SUP-RL betroffen sind oder voraussichtlich betroffen sein werden oder ein Interesse daran haben, darunter auch relevante Nichtregierungsorganisationen,

---

438 Gemeinsamer Standpunkt (Fn. 38), S.13; wobei bereits hier eine Anlehnung an die Vorgaben der Aarhus-Konvention stattfinden sollte, vgl. die Begründung des Gemeinsamen Standpunktes (Fn. 38), S.21.

439 Ein zweiter Schritt zur Umsetzung des Art. 7 der Aarhus-Konvention auf EU-Ebene ist der Erlass der Öffentlichkeitsbeteiligungs-RL (Fn. 95). Infolge dieser Richtlinie erlangt der Öffentlichkeitsbegriff des Art. 2 Abs. 4 der Aarhus-Konvention einheitliche Geltung für die gesamten Anwendungsbereiche der IVU-RL, der UVP-RL, der SUP-RL und der Öffentlichkeitsbeteiligungs-RL.

440 UNECE (Hrsg.), The Aarhus Convention: An Implementation Guide, (Fn. 99), S.39; z.T. wird dies auch als „Popularbeteiligung" bezeichnet, vgl. *Schmitt Glaeser*, Die Position der Bürger als Beteiligte im Entscheidungsverfahren gestaltender Verwaltung, in: *Lerche / Schmitt Glaeser / Schmidt-Aßmann*, Verfahren, S.35, 54; sowie *Ziekow*, NuR 2002, S.701.

441 UNECE (Hrsg.), The Aarhus Convention: An Implementation Guide, (Fn. 99), S.40; ebenso der SEA Guidance (Fn. 114), S.35, 7.6.

z.B. Organisationen zur Förderung des Umweltschutzes und andere betroffene Organisationen.

Der Wortlaut des Art. 6 Abs. 4 Halbs. 2 SUP-RL fand erst im Rahmen des Vermittlungsausschusses Eingang in den Richtlinientext und stellt einen Kompromiss zwischen der von den Mitgliedstaaten geforderten Fassung des Gemeinsamen Standpunktes des Rates und den Änderungsanträgen des Europäischen Parlaments nach zweiter Lesung dar. Die jeweiligen Formulierungsvorschläge von Rat und Parlament wurden im Rahmen des Vermittlungsausschusses einfach kumulativ übernommen[442].

Wie bei Art. 6 Abs. 3 SUP-RL ergibt sich aus dem Wortlaut der Norm zunächst eine Pflicht der Mitgliedstaaten, eine Person oder eine Gruppe zu beteiligen, sofern sie zum Kreis der Öffentlichkeit i.S.d. Art. 6 Abs. 4 SUP-RL zählt. Anders als in Art. 6 Abs. 3 SUP-RL eröffnet sich den Mitgliedstaaten jedoch ein Umsetzungsspielraum insofern, als dass der Begriff der Öffentlichkeit i.S.d. Art. 6 Abs. 4 SUP-RL selbst nicht klar vorgegeben ist, sondern bis zur Grenze des vorgegebenen Mindestrahmens zur Disposition der Mitgliedstaaten gestellt wird.

(aa) Mindestvorgaben nach Art. 6 Abs. 4 SUP-RL

Zunächst kann festgehalten werden, dass eine „Jedermann"-Beteiligung i.S.d. Öffentlichkeitsbegriffs des Art. 2 lit. d SUP-RL nicht intendiert ist[443], denn sonst erwiese sich Art. 6 Abs. 4 SUP-RL als überflüssig. Vielmehr entspricht die Konkretisierung dem Begriff der „betroffenen Öffentlichkeit" i.S.d. Art. 2 Abs. 5 Halbs. 1 Aarhus-Konvention, wonach hierunter die betroffene oder wahrscheinlich betroffene Öffentlichkeit oder die Öffentlichkeit mit einem Interesse am jeweiligen umweltbezogenen Entscheidungsprozess zu verstehen ist.

(a) Vorgaben des Art. 7 Aarhus-Konvention

Art. 6 SUP-RL ist vom Richtliniengeber als Umsetzung des Art. 7 Aarhus-Konvention konzipiert worden. Dabei gilt es zunächst zu beachten, dass der einschlägige Wortlaut der Aarhus-Konvention den Begriff der „Öffentlichkeit" (public) und gerade nicht den der „betroffenen Öffentlichkeit" (public concer-

---

442 Während der Rat Art. 6 Abs. 4 Halbs. 2 SUP-RL auf *relevante* Nichtregierungsorganisationen beschränken wollte, verwies das Parlament auf die Vorschriften der Aarhus-Konvention und schlug stattdessen die Ergänzung: „vom Entscheidungsprozess betroffenen oder voraussichtlich betroffenen oder diejenigen Teile der Öffentlichkeit, die ein Interesse an dem Entscheidungsprozess haben" vor. Vgl. die Empfehlung für die zweite Lesung betreffend den Gemeinsamen Standpunkt des Rates im Hinblick auf den Erlass der Richtlinie des Europäischen Parlaments und des Rates über die Prüfung der Umweltauswirkungen bestimmter Pläne und Programme (Fn. 121), S.15.

443 *Sangenstedt*, Die Bedeutung einer europäischen Richtlinie über die Prüfung der Umweltauswirkungen von Plänen und Programmen für das Fachplanungsrecht, in: *Ziekow* (Hrsg.), Planung 2000, S.27, 41; *De Mulder*, elni review 2001, S.14, 18, *Wagner*, RuR (Raumforschung und Raumordnung) 2000, S.477, 481.

ned) verwendet. In diesem Zusammenhang kommt Art. 7 Satz 2 Aarhus-Konvention besondere Bedeutung zu, der einen Verweis auf Art. 6 Abs. 5 Aarhus-Konvention bewusst nicht mit aufnimmt. Der Anwendungsbereich der „betroffenen Öffentlichkeit" findet damit grundsätzlich keine Anwendung im Rahmen des Art. 7 Aarhus-Konvention[444].

Indes ergibt sich aus dem Kontext der Vorschrift die Notwendigkeit einer Einschränkung der zu beteiligenden Öffentlichkeit. Zum einen entspricht dies der Systematik der gesamten zweiten Säule der Aarhus-Konvention[445], die, anders als beim Zugang zu Umweltinformationen im Rahmen der ersten Säule, die Beteiligung an umweltbezogenen Entscheidungsverfahren nicht für Jedermann öffnen möchte[446]. Zum anderen wird diese Schlussfolgerung durch Art. 7 Satz 3 Aarhus-Konvention bestätigt, nach dem die zuständigen Behörden der Mitgliedstaaten die zu beteiligende Öffentlichkeit zu identifizieren haben[447]. Diese gesonderte Bestimmung der zu beteiligenden Öffentlichkeit entspricht gerade nicht der Konzeption einer „Jedermann"-Beteiligung i.S.d. Öffentlichkeitsbegriffs des Art. 2 Abs. 4 Aarhus-Konvention, sondern setzt eine Ausschlussmöglichkeit seitens der Mitgliedstaaten durch eine Beschränkung auf Teile der Öffentlichkeit voraus.

Die beiden differierenden Öffentlichkeitsbegriffe des Art. 6 SUP-RL resultieren folglich aus der Funktion der Norm als Umsetzung der Aarhus-Konvention. Während der Zugang zu Umweltinformationen i.S.d. Informationsphase des Art. 6 Abs. 1 SUP-RL von einem weiten Öffentlichkeitsbegriff i.S.d. Art. 2 Abs. 4 Aarhus-Konvention geprägt ist, hat sich die konkrete Beteiligung am Entscheidungsprozess i.S.d. Konsultationsphase i.e.S. nach Art. 6 Abs. 2 SUP-RL an einem engeren Öffentlichkeitsbegriff zu orientieren. Die Verwendung zweier unterschiedlicher Öffentlichkeitsbegriffe innerhalb des Art. 6 SUP-RL ist damit sowohl zulässig als auch geboten.

(b) Rückgriff auf die „betroffene Öffentlichkeit"

Der Richtliniengeber hat sich in Art. 6 Abs. 4 SUP-RL dazu entschlossen, den engeren Öffentlichkeitsbegriff der Konsultationsphase i.e.S. an den Begriff der „betroffenen Öffentlichkeit" i.S.d. Art. 2 Abs. 5 Aarhus-Konvention anzulehnen. Wenngleich dies von der Konvention ursprünglich nicht intendiert war, liegt darin nicht zwingend ein Verstoß gegen die Umsetzungspflicht.

---

[444] UNECE (Hrsg.), The Aarhus Convention: An Implementation Guide, (Fn. 99), S.117; *Butt*, Recht auf Umweltinformationen, S.62; *Mathiesen*, European Environmental Law Review (EELR) 2003, S.37, 41.

[445] UNECE (Hrsg.), The Aarhus Convention: An Implementation Guide, (Fn. 99), S.40.

[446] Vgl. dazu auf Projektebene Art. 6 Abs. 2, 5, 6 der Aarhus-Konvention.

[447] Diese Selektionsmöglichkeit findet sich in Art. 6 Abs. 4 Halbs. 1 SUP-RL wieder.

Art. 7 Satz 3 Aarhus-Konvention lässt den Mitgliedstaaten einen eigenen Spielraum bei der Bestimmung der zu beteiligenden Öffentlichkeit, soweit dabei die Ziele der Konvention berücksichtigt werden. Die Transparenz des Planungsprozesses, die qualitative Förderung der Informationsgrundlage und die Sicherstellung der Berücksichtigung durch einen öffentlichen Diskurs sind bei einem Rückgriff auf den Öffentlichkeitsbegriff des Art. 2 Abs. 5 Aarhus-Konvention indes nicht beeinträchtigt. Den Vertragsparteien der Aarhus-Konvention stand es somit frei, im Rahmen der Umsetzung des Art. 7 einen beliebig engeren Öffentlichkeitsbegriff einzuführen, solange nur die Ziele der Konvention gewahrt blieben. Wenngleich durch die Systematik des Art. 7 Aarhus-Konvention nicht zwingend vorgeschrieben, stellt der Begriff der „betroffenen Öffentlichkeit" einen solchen engeren Öffentlichkeitsbegriff dar und ist eine von mehreren zulässigen Optionen der Umsetzung.

(c) Kriterien der Betroffenheit

Akzeptiert man die faktische Verwendung des Begriffs der betroffenen Öffentlichkeit im Rahmen der SUP-RL, so gilt es, dem Kriterium der Betroffenheit schärfere Konturen zu verleihen. Anhaltspunkte zu seiner Konkretisierung finden sich weder in der Aarhus-Konvention noch in der SUP-RL. Der „Implementation Guide" zur Aarhus-Konvention nennt als Anforderung lediglich eine spezielle Beziehung zum jeweiligen umweltbezogenen Entscheidungsverfahren[448]. Die Mitglieder der betroffenen Öffentlichkeit müssten voraussichtlich von der umweltbezogenen Entscheidung berührt werden. Inbegriffen seien jedenfalls solche Teile der Öffentlichkeit, deren durch Gesetz garantierte Rechte durch die vorgeschlagenen Aktivitäten möglicherweise beeinträchtigt werden. Zu diesen potentiell berührten Rechten zählten jedenfalls eigentums- sowie sozialbezogene Rechte, beispielsweise das Recht auf körperliche Unversehrtheit oder das Recht auf eine gesunde Umwelt[449]. Ansonsten seien diese Rechte abhängig von der jeweiligen Rechtsordnung des Mitgliedstaates.

Festzuhalten ist, dass zumindest ein rein geographischer Ansatz bei der Bestimmung des Kriteriums der Betroffenheit i.S.d. SUP-RL abzulehnen ist, da er insbesondere in Fällen bundesweiter Planungen im Ergebnis auf eine „Jedermann"-Beteiligung hinausläuft, die von der Systematik der Norm gerade nicht intendiert ist. Vielmehr ist nach Sinn und Zweck der Aarhus-Konvention sowie der SUP-RL derjenige Teil der Öffentlichkeit als betroffen anzusehen, dessen

---

[448] „A subset of the public at large with a special relationship to a particular environmental decision-making procedure", UNECE (Hrsg.), The Aarhus Convention: An Implementation Guide, (Fn. 99), S.40.

[449] UNECE (Hrsg.), The Aarhus Convention: An Implementation Guide, (Fn. 99), S.40.

Stellungnahmen entweder die Qualität des Entscheidungsprozesses oder die Akzeptanz der Planung steigern können[450].

Die Öffentlichkeitsbeteiligung ist insoweit nicht Selbstzweck, sondern soll zu einer umweltgerechten Beurteilung der Informationsbasis sowie zu einer auch im Hinblick auf Individualinteressen gerechteren Entscheidung im Einzelfall beitragen. Während das Kriterium der Qualitätssteigerung den Bereich des umweltbezogenen Sachverstandes sowie die Berücksichtigung der Individualinteressen solcher Teile der Öffentlichkeit abdeckt, die im Vergleich zu anderen Personen oder Gruppen von den Auswirkungen des Plans oder Programms besonders belastet oder begünstigt werden, schließt der Gesichtspunkt der Akzeptanz insbesondere den Teil der Öffentlichkeit ein, dem Rechtsschutzmöglichkeiten gegen den Plan bzw. das Programm selbst oder gegen Pläne, Programme und Projekte auf nachfolgenden Ebenen zustehen.

Aus diesem Ansatz ergibt sich zwingend, dass der Begriff der „betroffenen Öffentlichkeit" für jeden einzelnen Plan oder jedes Programm individuell festgelegt werden muss[451]. Dabei erweitert sich der Kreis der zu Beteiligenden mit steigender Konkretisierungsstufe, da sowohl die besonders belasteten oder begünstigten Teile der Öffentlichkeit als auch die potentiell Rechtsschutzsuchenden erst ab einem entsprechenden Detaillierungsgrad des Plans oder Programms identifiziert werden können. Eine fehlende Identifikationsmöglichkeit der Betroffenen erfordert indes nicht zwingend eine Popularbeteiligung, sondern verschiebt lediglich die Einbeziehung der Betroffenen in den Konsultationsprozess auf eine spätere Planungsebene.

Soweit sich ein Mitgliedstaat an diese Vorgaben hält, ist er in der Bestimmung der betroffenen Öffentlichkeit i.S.d. Art. 6 Abs. 4 SUP-RL frei[452].

(bb) Öffentlichkeit mit Interesse am Plan oder Programm

Art. 2 Abs. 5 Halbs. 2 Aarhus-Konvention spricht die unwiderlegliche Vermutung aus, dass Nichtregierungsorganisationen (NGOs), die sich für den Umweltschutz einsetzen und alle nach innerstaatlichem Recht geltenden Voraussetzungen erfüllen, ein Interesse i.S.d. Begriffsbestimmung der betroffenen Öffentlichkeit nach Halbs. 1 zukommt[453]. Diese Vorschrift findet sich in Teilen in Art. 6 Abs. 4 a.E. SUP-RL wieder, wenngleich sich die SUP-RL auf sog. „relevante"

---

450 Zum Gesichtspunkt der Akzeptanz als Funktion der Öffentlichkeitsbeteiligung siehe *Ziekow*, NuR 2002, S.701, 703 m.w.N.

451 Ebenso der SEA Guidance (Fn. 114), S.38, 7.16.

452 Siehe zu entsprechenden Abschichtungsmöglichkeiten der Mitgliedstaaten Gliederungspunkt D.III.1.a)(3).

453 Die Definition des Art. 2 Nr. 5, inklusive des Art. 2 Nr. 5 Halbs. 2, gelten nach Inkrafttreten der Öffentlichkeitsbeteiligungs-RL (Fn. 95) für sämtliche Anwendungsbereiche der IVU-RL, der UVP-RL, der SUP-RL und der Öffentlichkeitsbeteiligungs-RL.

Nichtregierungsorganisationen beschränkt und mit „Organisationen zur Förderung des Umweltschutzes und andere betroffene Organisationen" ein zumindest interpretationsoffenes Beispiel nennt.

Ein Verstoß gegen die völkerrechtlichen Vorgaben der Aarhus-Konvention liegt nur auf den ersten Blick vor. Zwar widerspricht das zusätzliche Kriterium der Relevanz der uneingeschränkten Vermutung des Art. 2 Abs. 5 Halbs. 2 Aarhus-Konvention, der maßgebliche Rahmen für die Umsetzung findet sich jedoch in Art. 7 Satz 3 Aarhus-Konvention. Völkerrechtlich zwingend ist nach dessen Wortlaut und Systematik lediglich ein im Vergleich zum Öffentlichkeitsbegriff des Art. 2 Abs. 4 Aarhus-Konvention engerer Öffentlichkeitsbegriff im Einklang mit den Zielen der Konvention. Trotz der freiwilligen Anlehnung an Art. 2 Abs. 5 Aarhus-Konvention stehen dem Richtliniengeber Abweichungen und Modifizierungen frei, solange diese die äußere Grenze des Art. 7 Satz 3 a. E. Aarhus-Konvention nicht überschreiten. Die Einschränkung auf relevante Nichtregierungsorganisationen lässt sich jedoch mit der Transparenz des Planungsprozesses, der qualitativen Förderung der Informationsgrundlage und der Sicherstellung der Berücksichtigung durch einen öffentlichen Diskurs vereinbaren, steht also im Einklang mit den Zielen der Konvention und entspricht den Vorgaben des Art. 7 Satz 3 Aarhus-Konvention.

(a) Relevante Nichtregierungsorganisationen

Das Kriterium der Relevanz findet wie gesehen keine Grundlage in den Vorschriften der Aarhus-Konvention. Eingang in den Richtlinientext fand diese Anforderung erst durch den Gemeinsamen Standpunkt des Rates, wobei das Europäische Parlament sich ausdrücklich gegen die Aufnahme des Wortes „relevant" ausgesprochen hatte, sich im Vermittlungsverfahren damit jedoch nicht durchsetzen konnte. Nach Ansicht des Parlaments im Rechtsetzungsverfahren stellte dies eine bedenkliche Einschränkung der Öffentlichkeitsbeteiligung dar, was in Schweden beispielsweise dazu führen könne, dass nur Organisationen mit 2000 zahlenden Mitgliedern über einen Zeitraum von drei Jahren als „relevante" Organisationen angesehen würden[454].

Das Relevanzkriterium bezweckt folglich, Gruppierungen, die nicht die Gewähr für ein Mindestmaß an Organisation und Dauer des Zusammenschlusses bieten, von der Öffentlichkeitsbeteiligung auszuschließen. Insbesondere die Mitgliederzahl und die Dauer des bisherigen Zusammenschlusses können dabei als An-

---

[454] Empfehlung für die zweite Lesung betreffend den Gemeinsamen Standpunkt des Rates im Hinblick auf den Erlass der Richtlinie des Europäischen Parlaments und des Rates über die Prüfung der Umweltauswirkungen bestimmter Pläne und Programme vom 13. Juli 2000, Sitzungsdokument PE 290.218, S.15.

haltspunkte zur Beurteilung dieses formalen Kriteriums dienen[455]. Maßgeblich ist insoweit das jeweilige nationale Recht der Mitgliedstaaten.

Inwieweit dem Kriterium der Relevanz darüber hinaus eine materielle Bedeutung zukommt, wird von der SUP-RL nicht vorgegeben und steht im Belieben der Mitgliedstaaten. Damit dürfen auch fachliche Kriterien wie der Wirkungsbereich einer Organisation oder ihr räumliches Einflussgebiet bei der Entscheidung über ihre Teilnahme an der Öffentlichkeitsbeteiligung berücksichtigt werden. Aufgrund des grundsätzlich weiten Spielraums der Mitgliedstaaten bei der Auswahl der zu beteiligenden Öffentlichkeit nach Art. 6 Abs. 4 Halbs. 1 SUP-RL wird den Behörden damit ein Instrument an die Hand gegeben, um den Kreis der Öffentlichkeit i.S.d. Art. 6 Abs. 4 SUP-RL nach ihrer Einschätzung flexibel zu handhaben. Gleichwohl hat die jeweilige Entscheidung im Lichte der Ziele der Öffentlichkeitsbeteiligung zu erfolgen und der Transparenz des Verfahrens sowie der Qualitätssteigerung der ökologischen Informationsgrundlage zu dienen.

(b) Organisationen i.S.d. Art. 6 Abs. 4 a.E. SUP-RL

Als Regelbeispiele umfasster Nichtregierungsorganisationen nennt Art. 6 Abs. 4 a.E. SUP-RL Organisationen zur Förderung des Umweltschutzes und andere betroffene Organisationen. Es stellt sich insoweit die Frage, ob neben Umweltschutzorganisationen auch Vertreter anderer gesellschaftlicher oder sozialer Gruppen ein Interesse am umweltprüfungspflichtigen Plan oder Programm aufweisen können, welches ihnen einen Zugang zur Konsultationsphase i.e.S. ermöglicht.

Dem Wortlaut nach dienen die „betroffenen Organisationen" als Sammelbegriff für eine Gruppe von Zusammenschlüssen, wobei die genannten Umweltschutzorganisationen nur einen, gleichwohl wichtigen, Teil repräsentieren[456]. Zu den „anderen betroffenen Organisationen" zählen demnach Gruppen mit nicht umweltbezogener Funktion, freilich nur soweit sie von den zuständigen Behörden als „relevant" eingestuft werden. In Betracht kommt daher auch eine Beteiligung von Interessenvertretungen wie Verbänden, Gewerkschaften und Arbeitgebervertretern oder auch Kirchen.

Demgegenüber könnte die Auffassung vertreten werden, die Formulierung „andere betroffene Organisationen" wolle lediglich die Möglichkeit eröffnen, auch Bürgerinitiativen in die Öffentlichkeitsbeteiligung einzubeziehen, ohne dabei das Erfordernis eines Umweltbezugs aufzugeben. Dem ist entgegenzuhalten, dass der Begriff der Organisation i.S.d. Art. 6 Abs. 4 SUP-RL weit auszule-

---

[455] So sehen auch *Grotefels / Uebbing*, NuR 2003, S.460, 465, eine Begrenzung auf solche Gruppen vor, die nach Zielsetzung, innerer Organisation oder Mitgliederzahl in der Lage sind, ihre Anliegen wirksam zu vertreten und dadurch sachlich zur Thematik beizutragen.

[456] In diesem Sinne auch *Grotefels / Uebbing*, NuR 2003, S.460, 465.

gen ist und Bürgerinitiativen bereits umfasst. Formale Anforderungen an die Struktur der Zusammenschlüsse können dagegen im Rahmen des Relevanzkriteriums flexibler berücksichtigt werden und bedürfen keiner Verankerung im Rahmen des Begriffs der „Organisation zur Förderung des Umweltschutzes“. Im übrigen entspricht die Einbeziehung relevanter nicht-umweltbezogener Gruppen auch Sinn und Zweck der Aarhus-Konvention, deren Vorgaben insoweit nur Mindestanforderungen darstellen, über welche die Vertragsparteien hinausgehen dürfen[457].

(cc) Qualität des Interesses

Abgesehen von der in Art. 2 Abs. 5 Halbs. 2 Aarhus-Konvention festgelegten Vermutung stellt sich die Frage, welcher Qualität das beschriebene Interesse sein muss, um in sonstigen Fällen eine Teilnahme an der Öffentlichkeitsbeteiligung zu veranlassen.

Als Ausgangspunkt mag der Implementation Guide der UN/ECE zur Aarhus-Konvention dienen, der sich dahingehend äußert, dass ein rechtliches Interesse i.S.d. deutschen Rechts jedenfalls keine notwendige Voraussetzung für ein Interesse i.S.d. Begriffsbestimmung des Art. 2 Abs. 5 Aarhus-Konvention sei[458]. Ob dagegen ein rein faktisches Interesse bereits ausreicht oder ob lediglich eine weite Interpretation des rechtlichen Interesses von der Konvention intendiert wird, lässt der Implementation Guide offen.

Calliess schlägt vor, sich zur Konkretisierung des in Art. 6 Abs. 4 Halbs. 2 SUP-RL verwendeten Begriffs des „Interesses“ an der Rechtsprechung des EuGH zur Bestimmung der individuellen Klagebefugnis im Rahmen der unmittelbaren Anwendbarkeit von Richtlinien zu orientieren[459]. Zu befürworten sei demzufolge eine weite Auslegung, die nicht auf eine subjektive Betroffenheit oder ein subjektives Recht verkürzt werden dürfe. Tatsächlich stellt der EuGH in seiner Rechtsprechung zur Klagebefugnis bei der Geltendmachung von Rechten aus unmittelbar anwendbaren Richtlinien auf ein unmittelbares Interesse der von der Richtlinie betroffenen Person ab[460], freilich ohne diesen Begriff weiter zu konkretisieren. Eine Übertragung dieser Rechtsprechung auf Art. 6 Abs. 4 Halbs. 2

---

[457] Im Englischen wird dies mit der Aussage: „The Aarhus Convention is only a floor, not a ceiling" anschaulich verdeutlicht, vgl. UNECE (Hrsg.), The Aarhus Convention: An Implementation Guide, (Fn. 99), S.5.

[458] UNECE (Hrsg.), The Aarhus Convention: An Implementation Guide, (Fn. 99), S.40.

[459] *Calliess*, Verfahrensrechtliche Anforderungen der Richtlinie zur strategischen Umweltprüfung (SUP-RL), in: *Hendler / Marburger / Reinhardt / Schröder* (Hrsg.), Die strategische Umweltprüfung (UTR 76), S.153, 171.

[460] EuGH vom 11. Juli 1991, Verb. Rs. C-87/90 u.a. (Verholen / Sociale Verzekeringsbank), Rn. 23; *Ruffert*, in: *Calliess / Ruffert*, EUV / EGV, Art. 249, Rn. 98 m.w.N.

SUP-RL erscheint indes aufgrund der verschiedenartigen Problemlage zweifelhaft.

Art. 6 Abs. 4 SUP-RL regelt nicht die Gewährung von Rechtsschutz, sondern die Reichweite der Öffentlichkeitsbeteiligung. Während beiden Instrumenten gemein ist, eine effektivere Umsetzung des Gemeinschaftsrechts zu fördern, bildet die Frage des Rechtsschutzes im Zusammenhang mit der SUP-RL einen vom Umfang der Öffentlichkeitsbeteiligung unabhängigen eigenen Gesichtspunkt[461], der erst auf Grundlage der inhaltlichen Bestimmungen der SUP-RL beurteilt werden kann. Zur Konkretisierung dieses Inhalts darf nicht wiederum auf teleologische Rechtsschutzgesichtspunkte zurückgegriffen werden. Maßgeblich für die inhaltliche Auslegung sind allein Wortlaut, Entstehungsgeschichte, Systematik sowie Sinn und Zweck der Richtlinie selbst.

Fehlt es, wie hier, an Anhaltspunkten für eine Konkretisierung, so ist systematisch auf die allgemeine Vorschrift des Art. 6 Abs. 5 SUP-RL zurückzugreifen, wonach Einzelheiten der Konsultation der Öffentlichkeit von den Mitgliedstaaten festgelegt werden. Trifft die SUP-RL keine nähere Bestimmung über die Qualität des Interesses i.S.d. Art. 6 Abs. 4 SUP-RL, so verbleibt den Mitgliedstaaten in dieser Hinsicht ein entsprechender Spielraum bei der nationalen Ausgestaltung. Begrenzt wird dieser Spielraum lediglich durch Sinn und Zweck der Öffentlichkeitsbeteiligung, d.h. die Mitgliedstaaten dürfen nicht derart hohe Anforderungen an die Qualität des Interesses stellen, dass praktisch eine Öffentlichkeitsbeteiligung außerhalb der Betroffenheit unmöglich wird.

(3) Abschichtungsmöglichkeiten

Seit Beginn des Rechtsetzungsverfahrens zur SUP-RL bestanden Befürchtungen, die Durchführung von Umweltprüfungsverfahren gefährde die Verfahrenseffizienz, wobei insbesondere das Ausmaß der Öffentlichkeitsbeteiligung als Problem empfunden wurde. Einem unverhältnismäßigen Aufwand stünde ein nur geringer Nutzen gegenüber, die Bemühungen um Planungsvereinfachung, Deregulierung und Standortsicherung würden ins Gegenteil verkehrt[462].

Tatsächlich basiert die SUP-RL in ihrer endgültigen Fassung gerade auch auf dem Prinzip der Minimierung des Verwaltungsaufwands. Der verfahrenstechnische Mehraufwand und die finanzielle Belastung der Planungsträger soll möglichst gering gehalten werden[463]. Diese Grundaussage beansprucht insbesondere bei der Auswahl der Adressaten der Beteiligung i.S.d. Art. 6 SUP-RL Geltung,

---

[461] Vgl. hierzu Gliederungspunkt F.I.

[462] Vgl. dazu BR-Drs. 277/97 (Beschluß) vom 6. Juni 1997, S.5; BR-Drs. 693/99 (Beschluß) vom 9. Dezember 1999, S.3 f.; sowie *Kumpfer*, uvp-report 2003, S.90, 91 m.w.N.

[463] Dieser Gedanke findet sich u.a. in Erwägungsgrund 9, Art. 4 Abs. 2, 3 SUP-RL und Art. 5 Abs. 2, 3 SUP-RL wieder. Vgl. insoweit die Gliederungspunkt D.I.3 sowie D.II.4 und D.II.5.

wobei dies sowohl für die Öffentlichkeits- als auch für die Behördenbeteiligung gilt.

Folglich stellt sich die Frage, inwieweit die nationale Umsetzung des Art. 6 SUP-RL dem Bedarf der öffentlich-rechtlichen Planungsträger an Verfahrensvereinfachung Rechnung tragen kann und Abschichtungspotentiale genutzt werden dürfen. Unter Abschichtung wird dabei die zulässige Begrenzung des Adressatenkreise der Beteiligung durch den öffentlich-rechtlichen Planungsträger verstanden. Den rechtlichen Rahmen hierfür bilden Art. 6 Abs. 3 SUP-RL für die Behördenbeteiligung sowie Art. 6 Abs. 4 SUP-RL für den Bereich der Öffentlichkeitsbeteiligung.

(a) Abschichtungen im Rahmen des Art. 6 Abs. 3 SUP-RL

Bereits der Wortlaut des Art. 6 Abs. 3 SUP-RL nimmt mit dem Kriterium des „umweltbezogenen Aufgabenbereichs" eine horizontale Abschichtung innerhalb des Behördenkreises vor. Im Rahmen des den Mitgliedstaaten verbleibenden Spielraums ermöglicht das Kriterium der voraussichtlichen Betroffenheit den Behörden zudem eine vertikale Abschichtung.

Voraussichtlich verursachte Umweltauswirkungen bei der Durchführung eines Plans oder Programms haben in der Regel nicht gleichzeitig Einfluss auf die Aufgabenbewältigung von Behörden auf kommunaler Ebene, Landes- und Bundesebene. Von einer Beteiligung sämtlicher Ebenen des Behördenapparates kann daher abgesehen werden, wenn niederstufige Pläne oder Programme mit ihren voraussichtlichen Umweltauswirkungen keinerlei Einfluss auf hochstufige Landes- oder Bundesplanungen aufweisen. Auf der anderen Seite geht eine Prognose von voraussichtlichen Umweltauswirkungen eines Plans oder Programms mitunter fehl, solange nicht ein gewisser Detaillierungsgrad erreicht ist. Erst dann können möglicherweise in ihrem umweltbezogenen Aufgabenkreis betroffene Behörden auf kommunaler Ebene identifiziert werden. Den Mitgliedstaaten werden insoweit Abschichtungsmöglichkeiten geboten, freilich unter der einschränkenden Prämisse, dass diejenigen Behörden, die nach einem objektiven Maßstab tatsächlich in ihrem Aufgabenbereich durch voraussichtliche Umweltauswirkungen des Plans oder Programms betroffen sind, stets beteiligt werden.

(b) Abschichtungen im Rahmen der Art. 6 Abs.1, 2 SUP-RL

Ein größerer Abschichtungsbedarf betrifft den Bereich der Öffentlichkeitsbeteiligung. Dabei ist zwischen der nach Art. 6 Abs. 1 SUP-RL und der nach Art. 6 Abs. 2 SUP-RL zu beteiligenden Öffentlichkeit zu differenzieren.

Eine Abschichtung innerhalb des weiten Öffentlichkeitsbegriffs des Art. 6 Abs. 1 SUP-RL ist nicht möglich, da die Einschränkung des Adressatenkreises im Rahmen der Informationsphase der Konzeption eines „Jedermann"-Prinzips i.S.d. Art. 7 Satz 1 Aarhus-Konvention widerspräche. Schließlich ist Ratio der Vorschrift, mit der Möglichkeit der Kenntnisnahme vom Plan- oder Programmentwurf sowie vom Inhalt des Umweltberichts nach Art. 5 Abs. 1 SUP-RL

Aufmerksamkeit auf die Planung zu lenken und ein transparentes Verfahren zu gewährleisten.

Etwas anderes gilt für den Begriff der Öffentlichkeit i.S.d. Art. 6 Abs. 2, 4 SUP-RL im Rahmen der Konsultationsphase i.e.S. Abschichtungsmöglichkeiten eröffnen sich hier aus den weiten Spielräumen der Mitgliedstaaten bei der Bestimmung der zu beteiligenden Öffentlichkeit, wie sie sich aus den Kriterien der Betroffenheit und des Interesses i.S.d. Art. 6 Abs. 4 Halbs. 2 SUP-RL ergeben. Zudem ermöglicht das Erfordernis der Relevanz der Nichtregierungsorganisationen eine weitere zulässige Begrenzung des Adressatenkreises[464].

Unter dem Stichwort „Bündelung der Öffentlichkeitsbeteiligung“ kommt darüber hinaus in Betracht, auf die Berücksichtigung von Einzelpersonen zugunsten einer Beteiligung repräsentativer Interessengruppen, insbesondere Umweltschutzverbände, zu verzichten[465]. Die Planungsträger könnten sich so auf wenige Ansprechpartner konzentrieren, ohne eine qualitative Einschränkung externen Sachverstands zu befürchten. Diese Abschichtung ist auf solchen Planungsebenen zulässig, auf denen sich die konkrete Betroffenheit von Einzelpersonen mangels Detaillierungsgrads der Planung noch nicht hinreichend identifizieren lässt. Lassen sich indes einzelne Betroffene konkret bestimmen, etwa anhand von Grundeigentum oder aufgrund ihrer Eigenschaft als unmittelbare Nachbarn eines zu realisierenden Projekts, für dessen künftige Genehmigung der Plan bzw. das Programm einen Rahmen setzt, so darf von einer Beteiligung dieser Personen nicht zugunsten einer stellvertretenden Einbeziehung von Interessenverbänden abgesehen werden[466]. Beispielsweise darf einer lokalen Bürgerinitiative kein Vertretungsmonopol im Rahmen des Konsultationsprozesses i.e.S. zukommen, soweit andere Personen oder Gruppen außerhalb der Bürgerinitiative vom Planungsträger als betroffen identifiziert werden können[467].

---

[464] Zweifelnd *Mathiesen*, European Environmental Law Review (EELR) 2003, S.37, 43, unter Hinweis auf das Ziel eines weiten Zugangs zu Gericht i.S.d. Art. 9 Abs. 3 der Aarhus-Konvention. Die genannte Vorschrift findet jedoch auf Pläne und Programme grundsätzlich keine Anwendung, vgl. Gliederungspunkt F.I.2.

[465] Siehe *Lindemann*, Die Richtlinie zur strategischen Umweltprüfung aus gliedstaatlicher Sicht, in: *Hendler / Marburger / Reinhardt / Schröder* (Hrsg.), Die strategische Umweltprüfung (UTR 76), S.61, 71; *Friedrich*, uvp-report, Sonderheft zum UVP-Kongress 2002, S.27, 29; *Aschemann*, uvp-report, Sonderheft zum UVP-Kongress 2002, S.97, 98; *Ginzky* schlägt entsprechende „planungsbegleitende Arbeitskreise vor“, UPR 2002, S.47, 51; ebenso *Calliess*, Verfahrensrechtliche Anforderungen der Richtlinie zur strategischen Umweltprüfung (SUP-RL), in: *Hendler / Marburger / Reinhardt / Schröder* (Hrsg.), Die strategische Umweltprüfung (UTR 76), S.153, 172; dagegen *Ziekow*, NuR 2002, S.701, 707.

[466] Aus diesem Grund gegen eine solche Abschichtung *Kumpfer*, uvp-report 2003, S.90, 91; *Heiland*, uvp-report, Sonderheft zum UVP-Kongress 2002, S.93, 96.

[467] *Ziekow* schlägt angesichts der vielfältigen Vorgaben der SUP-RL bei der Beteiligung der Öffentlichkeit i.S.d. Art. 6 Abs. 4 SUP den Weg einer freiwilligen Popularbeteiligung vor,

(4) Zwischenfazit

Die Informationsphase des Art. 6 Abs. 1 SUP-RL und die Konsultationsphase i.e.S. des Art. 6 Abs. 2 SUP-RL weisen zwei unterschiedliche Öffentlichkeitsbegriffe auf. Während in Art. 6 Abs. 1 SUP-RL ein weiter Begriff der Öffentlichkeit im Sinne eines „Jedermann"-Prinzips verwendet wird, gilt für Art. 6 Abs. 2 SUP-RL ein engerer Öffentlichkeitsbegriff. Hintergrund ist die beabsichtigte Umsetzung von Art. 7 Sätze 1 und 3 Aarhus-Konvention.

In Art. 6 Abs. 4 SUP-RL greift der Richtliniengeber nach einem Kompromiss im Vermittlungsausschuss weitgehend auf den Begriff der „betroffenen Öffentlichkeit" i.S.d. Art. 2 Abs. 5 Aarhus-Konvention zurück. Dies war völkerrechtlich weder geboten noch ursprünglich intendiert, hält sich jedoch im Rahmen des nach den Vorgaben der Aarhus-Konvention zulässigen und ist zu akzeptieren.

Trotz des Rückgriffs auf die Legaldefinition der Aarhus-Konvention belässt der Richtliniengeber mit den Begriffen der Betroffenheit und des Interesses sowie der auf Anregung des Rats aufgenommenen Formulierung der relevanten Nichtregierungsorganisationen den Mitgliedstaaten einen weiten Ausgestaltungsspielraum bei der Umsetzung des Art. 6 Abs. 4 SUP-RL. Abschichtungsmöglichkeiten ergeben sich für den öffentlich-rechtlichen Planungsträger im Bereich der Konsultationsphase i.e.S., während die Informationsphase nach Art. 6 Abs. 1 SUP-RL grundsätzlich Jedermann zu erreichen hat.

b) Ausgestaltung der Informationsphase

Nach Art. 6 Abs. 1 SUP-RL sind der Entwurf des Plans oder Programms und der nach Art. 5 Abs. 1 SUP-RL erstellte Umweltbericht den Adressaten der Beteiligung zugänglich zu machen.

Damit bezieht die Richtlinie erstmals explizit den Entwurf der Planung in das Verfahren der Umweltprüfung mit ein. Systematisch setzt die SUP-RL indes schon vorher die Verbreitung der Planentwürfe voraus. So ist ein Entwurf des Plans oder Programms in Form erster Planungsabsichten bereits Grundlage des Screening-Verfahrens und wird im Rahmen der Art. 3 Abs. 6, 7 SUP-RL sowohl den betroffenen Behörden nach Art. 6 Abs. 3 SUP-RL als auch der Öffentlichkeit zugänglich gemacht[468]. Liegt eine obligatorische Umweltprüfung vor, wird er im Rahmen des Scoping jedenfalls den Behörden nach Art. 6 Abs. 3 SUP-RL bekannt gegeben.

Art. 6 Abs. 1 SUP-RL sieht vor, den Entwurf des Plans oder Programms sowie den Umweltbericht den zu beteiligenden Behörden und der Öffentlichkeit „zu-

---

NuR 2002, S.701, 706; ebenso *Grotefels / Uebbing*, NuR 2003, S.460, 464 ff.; ob ein solcher Schritt den Regelungs- und Verwaltungsaufwand insgesamt steigern oder mindern würde, ist allerdings noch unklar.

[468] Vgl. hierzu Gliederungspunkt C.II.4.e).

gänglich“ zu machen. Obwohl elektronische Medien in dieser Hinsicht nutzbar gemacht werden können[469], liegt ein „zugänglich machen“ im Rahmen der Öffentlichkeitsbeteiligung noch nicht vor, wenn die Informationen ausschließlich durch das Medium Internet bekannt gemacht werden[470]. Erforderlich ist vielmehr eine grundsätzlich für Jedermann erreichbare Verbreitungsart, etwa eine ortsübliche Bekanntmachung oder eine Einsichtnahmemöglichkeit in Räumen des Planungsträgers.

c) Ausgestaltung der Konsultationsphase i.e.S.

Nach Art. 6 Abs. 2 SUP-RL wird den Behörden nach Absatz 3 und der Öffentlichkeit nach Absatz 4 innerhalb ausreichend bemessener Fristen frühzeitig und effektiv Gelegenheit gegeben, vor der Annahme des Plans oder Programms oder seiner Einbringung in das Gesetzgebungsverfahren zum Entwurf des Plans oder Programms sowie zum begleitenden Umweltbericht Stellung zu nehmen.

(1) Effektive Gelegenheit zur Stellungnahme der Behörden und der Öffentlichkeit

Ausführungen zu Art und Umfang der Stellungnahme sieht die SUP-RL nicht vor und überlässt die nähere Ausgestaltung somit nach Art. 6 Abs. 5 SUP-RL den Mitgliedstaaten. Nach Sinn und Zweck der Richtlinie ist für eine effektive Beteiligung aber zumindest die Möglichkeit der Abgabe einer schriftlichen Stellungnahme zu fordern[471], da die Teilnahme an einer Informations- und Anhörungsveranstaltung lediglich mit der Möglichkeit einer mündlichen Kommentierung, den Beteiligten keine hinreichende Untersuchung der vorgelegten Informationen erlaubt.

Daneben fordert die SUP-RL nicht die Einführung eines Erörterungstermins nach Eingang der Stellungnahmen. Den Mitgliedstaaten steht es jedoch frei, über die Vorgaben der SUP-RL hinausgehende Verfahrensschritte einzuführen, um die Transparenz und Akzeptanz des Verfahrens zu steigern. Ob der Abgabe der Stellungnahmen ein erläuternder Termin folgen soll steht damit im freien Ermessen der Mitgliedstaaten[472]. Ebenso ist der Planungsträger gemeinschaftsrechtlich nicht verpflichtet, jede einzelne Stellungnahme mit einer individuellen

---

[469] Art. 8 Abs. 2 SUP-Protokoll erwähnt die Einbeziehung elektronischer Medien bei der frühzeitigen Veröffentlichung von Plan- oder Programmentwurf und Umweltbericht sogar ausdrücklich.

[470] Siehe Gliederungspunkt C.II.4.e)(2).

[471] *Heiland*, uvp-report, Sonderheft zum UVP-Kongress 2002, S.93, 96; *Lindemann*, Die Richtlinie zur strategischen Umweltprüfung aus gliedstaatlicher Sicht, in: *Hendler / Marburger / Reinhardt / Schröder* (Hrsg.), Die strategische Umweltprüfung (UTR 76), S.61, 72.

[472] Für die Einführung eines Erörterungstermins *Sangenstedt*, Vorstellung und Bewertung der Richtlinie der EG zur Strategischen Umweltprüfung, in: *Reiter* (Hrsg.), Neue Wege in der UVP, S.235, 251.

Antwort zu versehen. Als Rechtfertigungsinstrument und zur Sicherstellung der Berücksichtigung der Stellungnahmen sieht die Systematik der SUP-RL lediglich die Erstellung einer zusammenfassenden Erklärung i.S.d. Art. 9 Abs. 1 lit. b SUP-RL vor, in der darzustellen ist, wie die eingegangenen Stellungnahmen bei der Entscheidungsfindung berücksichtigt wurden[473].

Einen Zwang zur Abgabe einer Stellungnahme statuiert Art. 6 Abs. 2 SUP-RL dabei nicht. Der Wortlaut spricht insoweit ausdrücklich nur von einer Gelegenheit zur Stellungnahme[474].

(2) Ausreichend bemessene Frist

Art. 6 Abs. 2 SUP-RL fordert von den Mitgliedstaaten die Einführung ausreichend bemessener Fristen zur Abgabe möglicher Stellungnahmen. Der Vorschrift kommt dabei eine Doppelfunktion zu.

Zum einen gewährleistet sie einen ausreichend lange bemessenen Zeitraum zur Information der Beteiligten sowie zur Vorbereitung qualitativ hinreichender Stellungnahmen und kommt damit den Anforderungen des Art. 7 Satz 2 i.V.m. Art. 6 Abs. 3 Aarhus-Konvention nach[475]. Als Teil der fairen Verfahrensgestaltung i.S.d. Art. 7 Satz 1 Aarhus-Konvention sind ausreichend bemessene Fristen notwendige Voraussetzung zur Sicherstellung einer effektiven Beteiligung[476], wobei die Länge der Frist nicht für alle Arten von Plänen und Programmen starr festgelegt werden sollte, sondern sich an der Komplexität der jeweiligen Planung zu orientieren hätte[477].

Zum anderen schaffen Fristen einen klaren Zeitrahmen und gewährleisten den zügigen Ablauf des Beteiligungsverfahrens. Die ohnehin schon langwierigen

---

473 Vgl. zur zusammenfassenden Erklärung Gliederungspunkt D.V.3.a).

474 Dies entspricht der englischen und französischen Richtlinienfassung, wo von „opportunity ... to express their opinion..." bzw. „Une possibilité réelle ... d' exprimer ... leur avis..." die Rede ist. Vgl. ebenso Gliederungspunkt Art. 3 Abs. 6 SUP-RL.

475 Art. 6 Abs. 3 der Aarhus-Konvention lautet: „The public participation procedures shall include reasonable time-frames for the different phases, allowing sufficient time for informing the public in accordance with paragraph 2 above and for the public to prepare and participate effectively during the environmental decision-making."

476 In diesem Sinne auch Erwägungsgrund 15 der SUP-RL, der die Festlegung angemessener Fristen nennt, um genügend Zeit für Konsultationen, einschließlich der Abgabe von Stellungnahmen, zu lassen; ähnlich die Begründung eines Änderungsantrags des Europäischen Parlaments zu Art. 6 Abs. 2, Änderungsantrag 14 der Empfehlung für die Zweite Lesung betreffend den Gemeinsamen Standpunkt des Rates im Hinblick auf den Erlass der Richtlinie des Europäischen Parlaments und des Rates über die Prüfung der Umweltauswirkungen bestimmter Pläne und Programme (Fn. 121).

477 So schlägt *Ziekow* die Einführung eines Fristrahmens vor, innerhalb dessen die Länge der Frist durch den Planungsträger je nach Einzelfall unter Berücksichtigung der Komplexität und des Konfliktpotentials der Planung festgelegt werden könnte, NuR 2002, S.703, 706.

Planungsverfahren sollen durch das Instrument der SUP nicht über Gebühr verzögert werden, wobei der Richtliniengeber jedoch von der Festlegung einer Höchstdauer der Konsultationen absah[478].

Die Möglichkeit von Stellungnahmen nach Ablauf der eingeräumten Fristen sieht die SUP-RL, wie auch die Aarhus-Konvention, nicht vor. Die Einführung von Präklusionsregelungen bleibt den Mitgliedstaaten damit unbenommen.

(3) Frühzeitigkeit der Konsultationen

Art. 7 Abs. 2 i.V.m. Art. 6 Abs. 4 Aarhus-Konvention verlangt von den Vertragsparteien bei der Erarbeitung umweltrelevanter Pläne und Programme die Sicherstellung einer frühzeitigen Öffentlichkeitsbeteiligung zu einem Zeitpunkt, an dem noch alle Optionen der Planung offen sind und eine effektive Öffentlichkeitsbeteiligung stattfinden kann[479]. Um alternative Entscheidungsmöglichkeiten vorzufinden und wenigstens die Möglichkeit einer Beeinflussung der Planungsentscheidung aufzuweisen, hat die Öffentlichkeitsbeteiligung im Verfahren der Umweltprüfung damit zwingend vor Annahme des Plans oder Programms bzw. vor Einbringen des Planungsentwurfs in ein Gesetzgebungsverfahren stattzufinden. Art. 6 Abs. 2 SUP-RL entspricht diesen Vorgaben, indem die Richtlinie den Zeitpunkt der Konsultationen nach Erstellung des Umweltberichts und vor der Annahme bzw. dem Einbringen der Planung in ein Gesetzgebungsverfahren legt.

Das Kriterium der Frühzeitigkeit wird dabei nicht dadurch verletzt, dass der Richtliniengeber sich gegen eine Öffentlichkeitsbeteiligung bereits zum Zeitpunkt der Erarbeitung des Umweltberichts entschieden hat[480]. Die Öffentlichkeitsbeteiligung ist ein Instrument, neben anderen, zur Förderung der ökologischen Informationsbasis des öffentlich-rechtlichen Planungsträgers und steht damit funktional auf gleicher Stufe wie der Umweltbericht und die Stellungnahmen der beteiligten Behörden. Auch die zweite Säule der Aarhus-Konvention bezieht sich in ihren Zielen auf die Öffentlichkeitsbeteiligung in umweltrelevanten *Entscheidungs*verfahren und stellt maßgeblich auf den Ein-

---

478 Der Ausschuss für Forschung, technologische Entwicklung und Energie des Europäischen Parlaments hatte eine solche Regelung im Entscheidungsprozess zur ersten Lesung durch das Parlament angeregt, indem er einen neuen Art. 6 Abs. 6 vorschlug, der die Verfahrensdauer der Konsultationen der Verwaltungsorgane untereinander und der Information der Öffentlichkeit auf drei Monate begrenzen sollte, Stellungnahme des Ausschusses für Forschung, technologische Entwicklung und Energie im Bericht des Ausschusses für Umweltfragen, Volksgesundheit und Verbraucherschutz über den Vorschlag für eine Richtlinie des Rates über die Prüfung der Umweltauswirkungen bestimmter Pläne und Programme (Fn. 176).

479 Art. 6 Abs. 4 der Aarhus-Konvention lautet: „Each Party shall provide for early public participation, when all options are open and effective public participation can take place."

480 Art. 5 Abs. 4 SUP-RL sieht insoweit lediglich eine Behördenbeteiligung bei der Festlegung des Untersuchungsrahmens vor.

fluss der Beteiligung auf das Planungsergebnis ab. Eine Beteiligung der Öffentlichkeit an anderen unselbständigen Teilen des Planungsverfahrens fordert die Aarhus-Konvention also nicht. Ob darüber hinaus eine Öffentlichkeitsbeteiligung im Rahmen der Erstellung des Umweltberichts als sinnvoll erachtet und eingeführt wird, bleibt den Mitgliedstaaten überlassen[481].

d) Fazit

Insgesamt zeigt sich, dass der Spielraum der Mitgliedstaaten zur Ausgestaltung der Information und Konsultation der Behörden und der Öffentlichkeit nach Art. 6 Abs. 5 SUP-RL zwar eingeschränkt wird, eine flexible Handhabung des Verfahrens aber dennoch gewährleistet bleibt. Insbesondere die Abschichtungsmöglichkeiten innerhalb der Öffentlichkeitsbeteiligung i.S.d. Art. 6 Abs. 2, 4.SUP-RL ermöglichen den Mitgliedstaaten die Schaffung kosteneffektiver und praxisnaher Verfahren bei gleichzeitiger Wahrung der völkerrechtlichen und sekundärrechtlichen Vorgaben.

2. Grenzüberschreitende Konsultationen, Art. 7 SUP-RL

Umweltauswirkungen enden nicht an politischen Grenzen. Die umweltrelevanten Konsequenzen eines Plans oder Programms beschränken sich nicht nur auf das jeweilige Hoheitsgebiet eines Mitgliedstaates, sondern können sich auch auf die Umwelt eines benachbarten Staates auswirken. Art. 7 SUP-RL sieht daher die Möglichkeit eines zusätzlichen Konsultationsverfahrens für solche Konstellationen vor, in denen grenzüberschreitende Umweltauswirkungen eines Plans oder Programms nicht ausgeschlossen sind[482].

a) Geschichte der Norm

Bereits Art. 2 Abs. 7 Satz 2 der Espoo-Konvention über die Umweltverträglichkeitsprüfung im grenzüberschreitenden Rahmen aus dem Jahre 1991 bekräftigte den Willen der Vertragsparteien, darunter auch die Europäische Union, die in ihr aufgenommenen Grundsätze der Umweltverträglichkeitsprüfung in angemessenem Umfang auch auf Pläne und Programme anzuwenden[483]. Folgerichtig sah bereits der erste Kommissionsvorschlag zu einer SUP-RL in Art. 7 die Möglichkeit eines grenzüberschreitenden Konsultationsverfahrens vor, das im Wesentli-

---

[481] Zu Vorteilen einer solchen Beteiligung siehe Gliederungspunkt D.II.1.b).

[482] Nach Erwägungsgrund 16 der SUP-RL sollte, falls die Durchführung eines in einem Mitgliedstaat ausgearbeiteten Plans oder Programms voraussichtlich erhebliche Auswirkungen auf die Umwelt anderer Mitgliedstaaten hat, dafür gesorgt werden, dass die betreffenden Mitgliedstaaten Konsultationen aufnehmen und dass die betroffenen Behörden und die Öffentlichkeit informiert werden, sowie die Möglichkeit erhalten, Stellung zu nehmen.

[483] Vgl. zur Espoo-Konvention Gliederungspunkt B.IV.3.

chen dem Charakter des heutigen Art. 7 SUP-RL entsprach[484]. Eine rechtliche Verpflichtung zur Einführung eines solchen Verfahrens statuierte Art. 2 Abs. 7 Satz 2 Espoo-Konvention freilich nicht[485]. Die Kommission nahm insoweit lediglich eine unverbindliche Handlungsempfehlung der Konvention auf.

Im Laufe des Rechtsetzungsverfahrens forderte das Europäische Parlament unter Berufung auf die Espoo-Konvention, die grenzüberschreitenden Konsultationen nicht nur auf Mitgliedstaaten, sondern auch auf Drittstaaten anzuwenden[486]. Tatsächlich gehören zu den Vertragsparteien der Espoo-Konvention neben den Staaten der Gemeinschaft beispielsweise auch Polen, die Slowakische Republik, die Tschechische Republik oder die Schweiz, die als (z.T. noch) Nichtmitgliedstaaten nicht zum Kreis der Konsultationspartner i.S.d. Art. 7 SUP-RL zählen. Der Wortlaut der Richtlinie blieb jedoch trotz dieser Änderungsanregung im Rahmen des geänderten Kommissionsvorschlags von 1999 unberührt.

Seine heutige Fassung erhielt Art. 7 SUP-RL schließlich durch den Gemeinsamen Standpunkt des Rates. Das Europäische Parlament versuchte daraufhin zwar erneut, eine Erweiterung des Anwendungsbereichs auf Drittstaaten zu bewirken, gestand jedoch zugleich ein, dass Espoo-Übereinkommen schreibe nur die Unterrichtung bei voraussichtlich grenzüberschreitenden Auswirkungen von Projekten, nicht jedoch von Plänen und Programmen, vor[487]. Im Vermittlungsausschuss konnte sich das Parlament letztlich nur teilweise durchsetzen. Zwar blieb der Wortlaut des Art. 7 SUP-RL unverändert, man einigte sich jedoch darauf, mit der Einführung von Erwägungsgrund 7 SUP-RL explizit auf die Verhandlungen auf internationaler Ebene im Rahmen des Espoo-Übereinkommens Bezug zu nehmen[488]. Darüber hinaus fordert Erwägungsgrund 7 Satz 4 SUP-RL die Mitgliedstaaten auf, Informationen über Pläne und Pro-

---

[484] Art. 7 des Vorschlags für eine Richtlinie des Rates über die Prüfung der Umweltauswirkungen bestimmter Pläne und Programme (Fn. 28).

[485] Ebenso *Schrage*, Die ECE-Konvention über die Umweltverträglichkeitsprüfung im grenzüberschreitenden Zusammenhang, in: *Storm / Bunge* (Hrsg.), HdUVP, Band 1, Kennzahl 1905, S.7, Stand: April 2003.

[486] Änderungsantrag 28 der legislativen Entschließung mit der Stellungnahme des Europäischen Parlaments zu dem "Vorschlag für eine Richtlinie des Rates über die Prüfung der Umweltauswirkungen bestimmter Pläne und Programme" (Fn. 33).

[487] Änderungsantrag 16 der Empfehlung für die Zweite Lesung betreffend den Gemeinsamen Standpunkt des Rates im Hinblick auf den Erlass der Richtlinie des Europäischen Parlaments und des Rates über die Prüfung der Umweltauswirkungen bestimmter Pläne und Programme (Fn. 121).

[488] Vgl. Bericht über den vom Vermittlungsausschuss gebilligten gemeinsamen Entwurf einer Richtlinie des Europäischen Parlaments und des Rates über die Prüfung der Umweltauswirkungen bestimmter Pläne und Programme (Fn. 46), S.8 f.

gramme, die erhebliche Auswirkungen auf die Umwelt in anderen Staaten[489] haben, auf Grundlage der Gegenseitigkeit und Gleichwertigkeit innerhalb eines angemessenen Rechtsrahmens zwischen den Mitgliedstaaten und diesen anderen Staaten zu übermitteln. Damit steht die Einbeziehung von Drittstaaten in die grenzüberschreitenden Konsultationen wie im Rahmen der Espoo-Konvention im freien Ermessen der einzelnen Mitgliedstaaten[490]. Gleichwohl wäre im Rahmen der nationalen Umsetzung der SUP-RL vor dem Hintergrund anderer völkerrechtlicher Vorgaben aus Art. 10 des SUP-Protokolls, der den Anwendungsbereich der grenzüberschreitenden Konsultationen nunmehr allgemein auf die Vertragsparteien des Protokolls ausdehnt, eine vorzeitige Einbeziehung von Drittstaaten ratsam.

b) Die einzelnen Verfahrensschritte

Die grenzüberschreitenden Konsultationen i.S.d. SUP-RL bestehen aus mehreren in Art. 7 SUP-RL vorgegebenen Schritten.

(1) Beginn der Konsultationen

Nach Art. 7 Abs. 1 SUP-RL bestehen zwei Möglichkeiten, ein grenzüberschreitendes Konsultationsverfahren zu beginnen. Im Regelfall wird das Verfahren von einem Mitgliedstaat angeregt, welcher der Auffassung ist, dass die Durchführung eines Plans oder Programms, der bzw. das für sein Hoheitsgebiet ausgearbeitet wird, voraussichtlich erhebliche Auswirkungen auf die Umwelt eines anderen Mitgliedstaats haben wird. Insoweit kommt dem Ausgangsstaat ein Entschließungsermessen zu. Beschränkt wird dieses Ermessen dadurch, dass der Mitgliedstaat bei der Beurteilung des Vorliegens voraussichtlich erheblicher Umweltauswirkungen in einem anderen Mitgliedstaat an die Kriterien des Anhang I lit. f sowie des Anhang II SUP-RL gebunden ist. Grundlage sind die Erkenntnisse, die bei der Erstellung des Umweltberichts gesammelt wurden. Einen besonderen Verfahrensansatz zur Bestimmung voraussichtlich erheblicher Umweltauswirkungen, ähnlich den Vorgaben des Art. 3 Abs. 5 Satz 1 SUP-RL, sieht Art. 7 Abs. 1 SUP-RL nicht vor. Praktisch dürfte sich eine überschlägige Einzelfallprüfung in solchen Konstellationen anbieten, in denen ein grenzüberschreitender Bezug ernsthaft in Betracht kommt.

---

[489] Der Richtliniengeber verwendet hier ausdrücklich den neutralen Begriff „Staat", bezieht also allgemein Drittstaaten in diese Vorschrift mit ein.

[490] Die Kommission hatte in einer Stellungnahme zur 2. Lesung des Europäischen Parlaments, das eine Ausdehnung der Konsultationen auf andere Staaten als Mitgliedstaaten vorgeschlagen hatte, unter dem Hinweis darauf, dass die Richtlinie die Beziehungen zwischen den Mitgliedstaaten betreffe, die Beziehungen zwischen Mitgliedstaaten und Drittstaaten aber dem internationalen Recht unterlägen, in diesem Punkt eine Ausweitung der Konsultationen abgelehnt und auf die Verhandlungen zum SUP-Protokoll verwiesen, KOM (2000) 636 endg., S.6; Art. 10 des SUP-Protokolls erweitert die grenzüberschreitenden Konsultationen nun auf alle Vertragsparteien des Protokolls.

Eine Sicherstellungspflicht vergleichbar derjenigen aus Art. 3 Abs. 5 Satz 2 SUP-RL, nachdem ein grenzüberschreitendes Konsultationsverfahren bei tatsächlichem Vorliegen voraussichtlich erheblicher Umweltauswirkungen in einem anderen Mitgliedstaat stets durchgeführt werden muss, wird nicht normiert. Im Ausgleich dafür gesteht Art. 7 Abs. 1 SUP-RL einem Mitgliedstaat, der von Umweltauswirkungen eines anderen Mitgliedstaates voraussichtlich erheblich betroffen sein wird, ein Antragsrecht auf Durchführung eines grenzüberschreitenden Konsultationsverfahrens zu. Damit steht sowohl dem Ausgangsstaat als auch dem betroffenen Staat ein Initiativrecht zu. Diesem Antrag ist stets nachzukommen, ein diesbezügliches Ermessen des Ausgangsstaates ist nicht vorgesehen.

Bemerkenswert ist, dass die Richtlinie in Art. 7 SUP-RL nicht von „Nachbarstaaten", sondern stets allgemein von „Mitgliedstaaten" spricht. Ein unmittelbares Angrenzen an den Ausgangsstaat ist damit nicht erforderlich. Ausschlaggebend für die Einbeziehung eines anderen Mitgliedstaates ist, Sinn und Zweck der SUP-RL entsprechend, allein das Vorliegen voraussichtlich erheblicher Umweltauswirkungen auf dessen Hoheitsgebiet.

(2) Information des betroffenen Mitgliedstaates

Wird ein grenzüberschreitendes Konsultationsverfahren eingeleitet, so übermittelt der Mitgliedstaat, in dessen Hoheitsgebiet der Plan oder das Programm ausgearbeitet wird, eine Kopie des Plan- oder Programmentwurfs und des entsprechenden Umweltberichts an den anderen Mitgliedstaat. Dies muss noch vor der Annahme des Plans oder Programms oder vor dessen Einbringung in das Gesetzgebungsverfahren geschehen, womit das Verfahren nach Art. 7 SUP-RL zeitlich parallel zu den nationalen Konsultationen des Art. 6 SUP-RL stattfindet. Systematisch ergibt sich dies zwingend aus der Funktion des Verfahrens, die ökologische Informationsbasis des Planungsträgers zu fördern und eine bestmögliche Entscheidungsfindung im Rahmen des Art. 8 SUP-RL zu gewährleisten.

Ob der Ausgangsstaat verpflichtet ist, zusätzlich eine Übersetzung des übermittelten Plans oder Programms bereit zu stellen, wird in der SUP-RL nicht angesprochen[491]. Verantwortlich für die effektive Durchführung des Umweltprüfungsverfahrens ist zunächst der planende öffentlich-rechtliche Planungsträger. Er hat sein Möglichstes zu tun, um die praktische Wirksamkeit der Richtlinie zu gewährleisten. Vor diesem Hintergrund ist es dem Planungsträger des Ausgangsstaates folglich zuzumuten, entsprechende Übersetzungen des Plan- oder Programmentwurfs sowie des Umweltberichts anzufertigen und sie dem betrof-

---

[491] Dieses Problem bestand bereits im Rahmen der Espoo-Konvention, vgl. *Siegel*, Espoo-Übereinkommen, S.39, 41.

fenen Mitgliedstaat zur Verfügung zu stellen[492]. Die Vornahme von Übersetzungen liegt somit stets im Aufgabenbereich des Ausgangsstaates.

(3) Entscheidung über die Durchführung von Konsultationen im engeren Sinne

Nachdem ein Mitgliedstaat die entsprechenden Kopien erhalten hat, teilt er dem Ausgangsstaat mit, ob er vor der Annahme des Plans oder Programms bzw. vor dessen Einbringung in das Gesetzgebungsverfahren Konsultationen wünscht, Art. 7 Abs. 2 UAbs. 1 Satz 1 SUP-RL, und offiziell in die Ausarbeitung des Plans oder Programms einbezogen werden möchte. Die tatsächliche Durchführung konkreter Konsultationen steht damit im Ermessen des betroffenen Mitgliedstaates.

Ob ein einklagbarer Anspruch eines potentiell zu Beteiligenden gegenüber dem betroffenen Mitgliedstaat auf Wahrnehmung dieser Konsultationsmöglichkeit besteht, bemisst sich jeweils nach nationalem Recht und wird in der SUP-RL nicht geregelt. Geht man jedoch davon aus, dass die effektive Behörden- und Öffentlichkeitsbeteiligung im Verantwortungsbereich eines betroffenen Mitgliedstaates einen notwendigen Bestandteil der praktischen Wirksamkeit der SUP-RL darstellt, so ergibt sich unabhängig vom Verhältnis des betroffenen Mitgliedstaats gegenüber den in seinem Hoheitsgebiet zu verständigenden Beteiligten aus der gemeinschaftsrechtlichen Treuepflicht des Art. 10 EGV eine Verpflichtung zur Wahrnehmung dieser Konsultationsmöglichkeit bei erheblichen Umweltauswirkungen im eigenen Hoheitsgebiet. Dies ergibt sich nicht nur aus der gegenüber dem Richtliniengeber bestehenden Pflicht zur Gewährleistung der vollen praktischen Wirksamkeit der SUP-RL selbst, sondern auch aus einer Kooperationspflicht gegenüber dem Ausgangsstaat, der hinsichtlich der praktischen Wirksamkeit denselben Verpflichtungen unterliegt, bei der Erfüllung der sich aus Art. 7 SUP-RL ergebenden Verpflichtungen aber auf den Beitrag des betroffenen Mitgliedstaats angewiesen ist[493].

(4) Konsultationen i.e.S.

Sofern eine Einbeziehung erwünscht wird, haben die betreffenden Mitgliedstaaten Konsultationen über die voraussichtlich grenzüberschreitenden Auswirkungen, welche die Durchführung des Plans oder Programms auf die Umwelt hat, und über die geplanten Maßnahmen, die der Verhinderung oder Vermeidung solcher Auswirkungen dienen sollen, zu führen, Art. 7 Abs. 2 UAbs. 1 a.E. SUP-RL. Auf die Einzelheiten dieser Konsultationen haben sich die betreffenden

---

[492] Ebenso unter Hinweis auf das Effektivitätsgebot aus Art. 10 EGV *Calliess*, Verfahrensrechtliche Anforderungen der Richtlinie zur strategischen Umweltprüfung (SUP-RL), in: *Hendler / Marburger / Reinhardt / Schröder* (Hrsg.), Die strategische Umweltprüfung (UTR 76), S.153, 174; a.A. *Spannowsky*, UPR 2000, S.201, 205.

[493] Zu den sich aus Art. 10 EGV ergebenden Kooperations- und Rücksichtnahmepflichten der Mitgliedstaaten untereinander siehe *Kahl*, in: *Ruffert / Calliess*, EUV / EGV, Art. 10, Rn. 53 ff.; *Hatje*, in: *Schwarze* (Hrsg.), EU-Kommentar, Art. 10, Rn. 54 ff.

Mitgliedstaaten zu verständigen, Art. 7 Abs. 2 UAbs. 2 SUP-RL, wobei die SUP-RL zwingend die Pflicht vorgibt, die Behörden nach Art. 6 Abs. 3 SUP-RL und die Öffentlichkeit nach Art. 6 Abs. 4 SUP-RL des jeweiligen betroffenen Mitgliedstaates zu unterrichten und ihnen Gelegenheit zu geben, innerhalb einer angemessenen Frist Stellung zu nehmen. Damit werden die Behörden und die betroffene Öffentlichkeit des betroffenen Mitgliedstaates den nationalen Beteiligten gleichgestellt. Eine „Jedermann"-Unterrichtung i.S.d. Informationsphase des Art. 6 Abs. 1 SUP-RL sieht Art. 7 Abs. 2 SUP-RL dagegen nicht vor, vielmehr werden die im Einzelfall am Konsultationsprozess Beteiligten entsprechend den Vorgaben der Art. 6 Abs. 3, 4 SUP-RL allein vom betroffenen Mitgliedstaat bestimmt. Für die nähere Ausgestaltung der Gelegenheit zur Stellungnahme sowie der Festsetzung einer angemessenen Frist gelten die Ausführungen zu Art. 6 Abs. 3, 4 SUP-RL entsprechend[494]. Zu beachten ist, dass die beteiligten Mitgliedstaaten nach Art. 7 Abs. 3 SUP-RL im Sinne eines zügigen Verfahrensablaufs zu Beginn der offiziellen Konsultationen, d.h. nach der Entscheidung des betroffenen Mitgliedstaates, sich an der Plan- bzw. Programmaufstellung zu beteiligen, einen angemessenen Zeitrahmen für die Dauer der Konsultationen vereinbaren müssen.

(5) Berücksichtigung der Konsultationen

Die Beendigung der Konsultationen durch die Ausarbeitung eines Abschlussdokuments über die durchgeführten Beratungen sieht die SUP-RL nicht vor. Anders als bei den nationalen Konsultationen berücksichtigt der öffentlich-rechtliche Planungsträger indes im Rahmen seiner Entscheidungsfindung nach Art. 8 SUP-RL nicht die von den Behörden und der betroffenen Öffentlichkeit des anderen Mitgliedstaates abgegebenen Stellungnahmen, sondern lediglich die Ergebnisse der Konsultationen i.S.d. Art. 7 SUP-RL insgesamt. Die SUP-RL schweigt darüber, wem die Formulierung dieser Ergebnisse obliegt. Es bietet sich jedoch an, die Auswertung und Zusammenfassung der grenzüberschreitenden Stellungnahmen durch den jeweiligen Planungsträger selbst vornehmen zu lassen[495]. Das insoweit im Vergleich zu den Stellungnahmen nationaler Beteiligter auftretende Kontrolldefizit wird von der Richtlinie augenscheinlich als zu vernachlässigen eingestuft[496].

---

494 Vgl. zu den Vorgaben dieser Vorschriften Gliederungspunkt D.III.1.c).

495 Dem Planungsträger wird auch hier zugemutet werden müssen, Übersetzungen der abgegebenen Stellungnahmen selbst anzufertigen. Insbesondere im Bereich der Beteiligung der betroffenen Öffentlichkeit widerspräche es dem Prinzip einer fairen und effektiven Öffentlichkeitsbeteiligung, von vornherein eine mit zusätzlichen und damit abschreckenden Kosten behaftete Übersetzung zu verlangen.

496 Das Defizit ergibt sich aus daraus, dass im Rahmen der Bekanntgabe der Entscheidung nach Art. 9 Abs. 1 SUP-RL der Öffentlichkeit lediglich die der Entscheidungsfindung i.S.d. Art. 8 SUP-RL zugrundliegenden Ergebnisse der Konsultationen nach Art. 7 SUP-RL bekannt gegeben werden, nicht auch die einzelnen grenzüberschreitenden Stellungnahmen.

c) Grenzüberschreitende Ermittlung von Umweltauswirkungen

Als problematisch erweist sich schließlich die Frage, ob die SUP-RL einen Mitgliedstaat verpflichtet, seine Ermittlungen hinsichtlich voraussichtlich erheblicher Umweltauswirkungen auch auf das Hoheitsgebiet eines anderen Staates auszudehnen oder ob sämtliche grenzüberschreitenden Zusammenhänge über Art. 7 SUP-RL abzuwickeln sind. Ausgangspunkt ist die Verpflichtung der Mitgliedstaaten in Art. 5 Abs. 1 i.V.m. Anhang I SUP-RL, die voraussichtlich erheblichen Auswirkungen der Durchführung eines Plans oder Programms zu ermitteln. Eine Beschränkung der Ermittlungen auf das Hoheitsgebiet des jeweiligen Mitgliedstaates sieht die SUP-RL nicht vor. Vielmehr fordert die Richtlinie implizit die Auseinandersetzung des öffentlich-rechtlichen Planungsträgers mit voraussichtlich erheblichen Umweltauswirkungen auf dem Hoheitsgebiet eines anderen Mitgliedstaates, wenn sie in Art. 7 Abs. 1 SUP-RL für diesen Fall eine Pflicht des Ausgangsstaates zur Anregung grenzüberschreitender Konsultationen vorsieht.

Art. 7 SUP-RL setzt eine bereits durchgeführte Untersuchung voraus. Der öffentlich-rechtliche Planungsträger ist indessen aufgrund des völkerrechtlichen Prinzips der Gebietshoheit grundsätzlich an der Vornahme von Hoheitsakten auf fremdem Staatsgebiet gehindert[497]. Eine behördliche Ermittlung voraussichtlich erheblicher Umweltauswirkungen ist daher nur mit Zustimmung des betroffenen Staates möglich, so dass praktisch bereits bei der Ausarbeitung des Umweltberichts nach Art. 5 SUP-RL seitens des öffentlich-rechtlichen Planungsträgers ein Bedarf an Zusammenarbeit mit möglicherweise betroffenen Mitgliedstaaten auftreten wird.

IV. Entscheidungsfindung, Art. 8 SUP-RL

Mitentscheidend für den Erfolg einer strategischen Umweltprüfung ist ihr rechtlicher Einfluss auf das abschließende Planungsergebnis. Art. 8 SUP-RL bestimmt, dass der nach Art. 5 SUP-RL erstellte Umweltbericht, die nach Art. 6 abgegebenen Stellungnahmen und die Ergebnisse von nach Art. 7 SUP-RL geführten grenzüberschreitenden Konsultationen bei der Ausarbeitung und vor der Annahme des Plans oder Programms oder vor dessen Einbringung in das Gesetzgebungsverfahren berücksichtigt werden.

Der Richtliniengeber entschied sich damit wie bei Art. 8 UVP-RL gegen ein strikt zu beachtendes Umweltprüfungsergebnis. Die gewonnenen Erkenntnisse finden lediglich Aufnahme in den Abwägungsprozess des öffentlich-rechtlichen Planungsträgers und stellen dort nur einen von vielen Gesichtspunkten dar, die

---

[497] Vgl. zur Gebietshoheit *Herdegen*, Völkerrecht, § 23, Rn. 2 f.; *K. Ipsen*, Völkerrecht, § 23, Rn. 3 ff.; dies gilt vorbehaltlich besonderer Verträge auch für das Verhältnis von Mitgliedstaaten untereinander.

der Planungsträger bei der Erarbeitung des Plans oder Programms in seine abschließende Entscheidung einfließen lassen muss.

1. Pflichten der Mitgliedstaaten

Mit der Pflicht zur Berücksichtigung der Öffentlichkeitsbeteiligung i.S.d. Art. 6 SUP-RL entspricht die Richtlinie den Vorgaben des Art. 7 Satz 2 i.V.m. Art. 6 Abs. 8 Aarhus-Konvention, wonach das Ergebnis der Öffentlichkeitsbeteiligung bei der Entscheidungsfindung angemessene Berücksichtigung zu erfahren hat. Eine darüber hinaus gehende Pflicht zur Beachtung der Stellungnahmen der Öffentlichkeit sieht die Aarhus-Konvention nicht vor. Andererseits verlangt eine „Berücksichtigung" i.S.d. Art. 8 SUP-RL nicht lediglich eine bloße Kenntnisnahme des durch die Umweltprüfung gewonnenen Informationsmaterials, sondern fordert eine inhaltliche Auseinandersetzung des Planungsträgers mit den gesammelten ökologischen Gesichtspunkten.

Eine Verpflichtung zur Anfertigung eines die Umweltprüfung abschließenden Dokumentes findet sich im Richtlinientext nicht. Im Rahmen der Entscheidungsfindung sind vom Planungsträger vielmehr alle gesammelten Beiträge zur Förderung der ökologischen Informationsbasis nebeneinander zu betrachten, wobei die SUP-RL qualitativ nicht zwischen den Erkenntnissen des Umweltberichts, der Behörden- und Öffentlichkeitsbeteiligung und etwaiger grenzüberschreitender Konsultationen unterscheidet.

Ebenso fremd ist der SUP-RL eine Pflicht zur Nachbesserung des Umweltberichts aufgrund der in den nationalen und grenzüberschreitenden Konsultationen zusätzlich erlangten Erkenntnisse[498]. Maßgeblich ist allein, dass diese Informationen dem Planungsträger bei der abschließenden Entscheidungsfindung über den Plan oder das Programm zur Verfügung stehen.

2. Materiell-rechtliche Vorgaben durch die SUP-RL ?

Im Rahmen der UVP-RL bestehen Zweifel, ob der Richtlinie tatsächlich nur eine formelle Wirkung zukommt oder ob nicht vielmehr die Pflicht zur Berücksichtigung der Ergebnisse der UVP auch materiell-rechtlichen Einfluss auf die Genehmigungsentscheidungen der mitgliedstaatlichen Behörden nimmt. Aufgrund der systematischen Parallelen zwischen UVP-RL und SUP-RL käme eine

---

[498] Auf das damit einhergehende Abstandnehmen von iterativen Prüfschritten im Sinne planungsoptimierender Rückkopplungsprozesse macht *Näckel*, Umweltprüfung, S.234 aufmerksam; auf den Charakter des Umweltberichts als reinen Eingangsbericht weist *Schmidt-Eichstaedt*, Die Richtlinie zur strategischen Umweltprüfung aus kommunaler Sicht, in: *Hendler / Marburger / Reinhardt / Schröder* (Hrsg.), Die strategische Umweltprüfung (UTR 76), S.81, 87, hin; dagegen im Sinne eventuell erforderlicher Nachbesserungen SEA Guidance (Fn. 114), S.34, 7.1

vergleichbare Wirkung auch im Falle der Berücksichtigungspflicht des Art. 8 SUP-RL in Betracht.

a) Problematik im Rahmen der UVP-RL

Die Befürworter einer materiell-rechtlichen Wirkung der UVP-RL verweisen insbesondere auf den Gesichtspunkt der „Richtigkeitsgewähr durch Verfahren“[499]. Die Konzeption der Richtlinie messe der Richtigkeit der Entscheidung nach Durchführung einer UVP derart starkes Gewicht bei, dass der Ausfall einer an sich erforderlichen UVP stets einen Abwägungsmangel indiziere, der nur dann nicht zur Aufhebung der Planungsentscheidung führe, wenn ausgeschlossen sei, dass das Abwägungsergebnis bei Durchführung einer UVP anders ausgefallen wäre[500].

Dieser Auffassung ist das Bundesverwaltungsgericht ausdrücklich entgegen getreten. Die UVP-RL enthalte sich jeglicher materiell-rechtlicher Vorgaben und beschränke sich auf verfahrensrechtliche Anforderungen im Vorfeld der Sachentscheidung[501]. Sie sei ergebnisneutral und verlange von den Mitgliedstaaten nicht, im Rahmen des Berücksichtigungsgebots des Art. 8 UVP-RL materiellen Einfluss auf die jeweils einschlägige Entscheidungsnorm zu nehmen.

b) Bewertung

Dem Bundesverwaltungsgericht ist zuzustimmen, wenn es eine materiell-rechtliche Wirkung der UVP-RL ablehnt[502]. Zu differenzieren ist zwischen der rechtlich zwingenden Verfahrensausgestaltung, wie sie die UVP-RL bzw. das UVPG vorschreiben, sowie ihrer tatsächlichen Wirkung. Unbestritten bezweckte der Richtliniengeber durch die Einführung des UVP-Verfahrens im Ergebnis eine Verbesserung der Umweltqualität. Er schlug indes bewusst nicht den Weg materiell-rechtlicher Vorgaben ein, sondern entschied sich für einen innovativen Ansatz, durch den zunächst die Voraussetzungen für eine bestmögliche Entscheidungsfindung auf Grundlage aller ökologisch relevanten Entscheidungsgründe geschaffen wurden. Kennzeichen der vom Richtliniengeber mit Art. 8 UVP-RL eingesetzten Berücksichtigungspflicht bleibt ihre Ergebnisoffenheit und die Möglichkeit, aufgrund einer ausgewogenen Abwägung einzelne Aspekte bzw. Interessen zu überwinden. Welche Anforderungen demgegenüber an die

---

[499] VGH München, DVBl. 1994, S.1198, 1200; OVG Koblenz, ZUR 1995, S.146, 149; zustimmend *Bunge*, in: *Storm / Bunge* (Hrsg.), HdUVP, Band 1, Kennzahl 0600, Einleitung, Rn. 61 ff., Stand: April 2003; *Steinberg*, DÖV 1996, S.221, 227.

[500] VGH München, NuR 1994, S.244, 245; VGH München, DVBl. 1994, S.1198, 1200; OVG Koblenz, ZUR 1995, S.146, 149.

[501] BVerwGE 100, 238, 243; siehe auch BVerwGE 100, 370, 376.

[502] Gegen materiell-rechtliche Anforderungen zudem *Louis*, Das Verhältnis von Umweltverträglichkeitsprüfung, Eingriffsregelung und Verträglichkeitsprüfung nach der FFH-Richtlinie, in: *Spannowsky / Mitschang* (Hrsg.), Umweltprüfungen, S.137.

materielle Rechtmäßigkeit des Abwägungsvorgangs zu stellen sind, richtet sich nach dem einschlägigen Fachrecht und fällt nicht in den Einflussbereich der Umweltverträglichkeitsprüfung als unselbständigem Element der Verfahrensausgestaltung[503]. Das Gemeinschaftsrecht findet sich mit einem ungewissen Ausgang der Genehmigungsentscheidung ab, soweit gewährleistet ist, dass Umweltgesichtspunkte auf dem Weg zu dieser Entscheidung nicht unbedacht bleiben[504].

c) Konsequenzen für die SUP-RL

Insofern kommt auch der Schwesternorm des Art. 8 SUP-RL keinerlei materiellrechtliche Bedeutung zu[505]. Die Durchführung einer Umweltprüfung dient lediglich der Förderung der ökologischen Informationsbasis des öffentlichrechtlichen Planungsträgers, ohne dabei materiell auf die Planungsentscheidung Einfluss zu nehmen. Vom Richtliniengeber intendiert ist wiederum lediglich eine faktische Verbesserung der Entscheidungsfindung durch die Gewährleistung hinreichender Informationen. Unabhängig von Inhalt und Ausgestaltung des Umweltberichts nach Art. 5 Abs. 1 SUP-RL sind sämtliche gewonnenen ökologischen Informationen damit nur Einzelaspekte innerhalb der abschließend vorzunehmenden Planungsentscheidung und können, unter Beachtung der Vorgaben des jeweiligen Fachrechts, hinter anderen Belangen zurücktreten[506].

---

503 *Schmidt-Preuß* spricht insoweit vom „Primat des Fachrechts", DVBl. 1995, S.487, 489.

504 Dies wird vom Bundesverwaltungsgericht richtig erkannt, wenn es darlegt, die UVP ermögliche es, die Umweltbelange in gebündelter Form herauszuarbeiten und trage dazu bei, eine solide Informationsbasis zuschaffen, indem verhindert werde, dass Umweltbelange in einer aufgespaltenen Betrachtungsweise nicht mit dem Gewicht zur Geltung kommen, welches ihnen in Wahrheit bei einer Gesamtschau gebühre, BVerwGE 100, 238, 246.

505 Ebenso *Sangenstedt*, Die Bedeutung einer europäischen Richtlinie über die Prüfung der Umweltauswirkungen von Plänen und Programmen für das Fachplanungsrecht, in: *Ziekow* (Hrsg.), Planung 2000, S.27, 42; *Porger*, Aktuelle Entwicklungen im Bereich der Plan-UVP, in: *Spannowsky / Mitschang* (Hrsg.), UVP in der Bauleitplanung, S.177, 188; *Ginzky*, UPR 2002, S.47, 52; *Näckel*, Umweltprüfung, S.235; *Demske*, Die mitgliedstaatliche Entscheidung über die voraussichtlich erheblichen Umweltauswirkungen bei der konditionalen Umweltprüfung, in: *Hendler / Marburger / Reinhardt / Schröder* (Hrsg.), Die strategische Umweltprüfung (UTR 76), S.141, 149; *Lambrecht*, NuR 2002, S.265, 276; *Calliess*, Verfahrensrechtliche Anforderungen der Richtlinie zur strategischen Umweltprüfung (SUP-RL), in: *Hendler / Marburger / Reinhardt / Schröder* (Hrsg.), Die strategische Umweltprüfung (UTR 76), S.153, 174 f.; *Krautzberger / Schliepkorte*, UPR 2003, S.92, 93; *Kläne*, SUP in der Bauleitplanung, S.236.

506 Kritisch gegenüber dieser Grundsatzentscheidung innerhalb der SUP-Richtlinie *Böhm-Amtmann*, WiVerw 1999, S.135, 152.

V. Unterrichtung der Beteiligten, Art. 9 SUP-RL

Art. 9 Abs. 1 SUP-RL verpflichtet die Mitgliedstaaten, sicherzustellen, dass nach der Annahme eines Plans oder Programms dies den beteiligten Behörden nach Art. 6 Abs. 3 SUP-RL, der Öffentlichkeit und jedem gemäß Art. 7 SUP-RL konsultierten Mitgliedstaat bekannt gegeben wird. Darüber hinaus sind den genannten Adressaten der angenommene Plan oder das angenommene Programm, eine zusammenfassende Erklärung über die Gründe der Planentscheidung im Zusammenhang mit der Berücksichtigung von Umwelterwägungen sowie Informationen über die Maßnahmen, die zur Überwachung gemäß Art. 10 SUP-RL beschlossen wurden, zugänglich zu machen. Einzelheiten der Unterrichtung werden dem Subsidiaritätsprinzip entsprechend nach Art. 9 Abs. 2 SUP-RL von den Mitgliedstaaten festgelegt.

1. Geschichte der Norm

Eine vergleichbare Vorschrift befand sich bereits im ersten Richtlinienvorschlag der Kommission aus dem Jahr 1997[507]. Im Gemeinsamen Standpunkt des Rates wurde entsprechend der dort vorgenommenen Erweiterung der Anforderungen des Umweltberichts eine Abwägung der geprüften Alternativen in die zusammenfassende Erklärung aufgenommen. Ansonsten erhielt der Wortlaut seine heutige Fassung. Im Vermittlungsausschuss wurde die Norm schließlich im Zuge der Einführung des Art. 10 SUP-RL um Art. 9 Abs. 1 lit. c SUP-RL ergänzt.

2. Adressaten der Bekanntgabe

Die SUP-RL sieht in Art. 9 Abs. 1 SUP-RL als Adressaten zunächst die im Laufe der Umweltprüfung mit eigenen Stellungnahmen teilnehmenden Beteiligten vor, wobei andere Mitgliedstaaten stellvertretend für ihre Behörden bzw. ihre betroffene Öffentlichkeit unterrichtet werden. Der Norm kommt damit eine Rechenschafts- und Kontrollfunktion zu, welche die Transparenz des Umweltprüfungsverfahrens gewährleisten soll[508]. Der Wortlaut des Art. 9 Abs. 1 SUP-RL nimmt jedoch mit der Verwendung des Begriffs „Öffentlichkeit" bewusst keinen Bezug auf die mit eigenen Stellungnahmen aktiv an der Umweltprüfung beteiligten Öffentlichkeit i.S.d. Art. 6 Abs. 4 SUP-RL, sondern bezieht sich mangels besonderer Kenntlichmachung auf den grundsätzlichen Öffentlichkeitsbegriff des Art. 2 lit. d SUP-RL[509]. Damit werden die

---

[507] Vgl. Art. 9 des Vorschlags für eine Richtlinie des Rates über die Prüfung der Umweltauswirkungen bestimmter Pläne und Programme (Fn. 28).

[508] *Sangenstedt* sieht hierin zugleich eine faktische Verbesserung des materiellen Umweltschutzes, indem die Behörde gezwungen wird, sich nachvollziehbar mit den Informationen der Umweltprüfung auseinander zu setzen, Vorstellung und Bewertung der Richtlinie der EG zur Strategischen Umweltprüfung, in: *Reiter* (Hrsg.), Neue Wege in der UVP, S.235, 252.

begriff des Art. 2 lit. d SUP-RL[509]. Damit werden die Mitgliedstaaten im Rahmen des Art. 9 Abs. 1 SUP-RL zu einer allgemein zugänglichen öffentlichen Bekanntgabe i.S.d. „Jedermann"-Prinzips verpflichtet, die über eine Benachrichtigung der zur Entscheidungsfindung i.S.d. Art. 8 SUP-RL beitragenden Kreise hinaus geht.

Die SUP-RL geht damit im Bereich der Unterrichtung über die Vorgaben der Aarhus-Konvention hinaus. Zwar hat nach Art. 6 Abs. 9 Aarhus-Konvention jede Vertragspartei sicherzustellen, dass nach der behördlichen Entscheidung die Öffentlichkeit unverzüglich im Rahmen angemessener Verfahren über diese Entscheidung informiert und ihr der Text der Entscheidung inklusive der Begründung und der Erwägungsgründe zugänglich gemacht wird. Diese Vorschrift wird jedoch von der für Pläne und Programme geltenden Verweisung des Art. 7 Satz 2 Aarhus-Konvention ausdrücklich nicht mit umfasst. Eine nach Entscheidung über den Plan oder das Programm stattfindende Unterrichtung lag somit im Belieben des Richtliniengebers.

Tatsächlich werden mit Art. 9 SUP-RL keine zwingenden völkerrechtlichen Vorgaben umgesetzt, sondern vielmehr die der SUP-RL immanenten Ziele gefördert. Der Richtliniengebers versprach sich neben der qualitativen Verbesserung von Planungsentscheidungen durch eine breitere ökologische Informationsbasis insbesondere eine Steigerung der Akzeptanz umweltrelevanter Planungen. Entscheidend für die Akzeptanz ist hingegen die Transparenz der Entscheidungsfindung. Diesen Aspekt befriedigt Art. 9 SUP-RL, indem er den Mitgliedstaaten gegenüber Jedermann eine umfassende Mitteilungspflicht über Art und Weise des Zustandekommens der Planungsentscheidung aus umweltrelevanter Sicht auferlegt.

3. Inhalt der Bekanntgabe

Neben der letztlich verabschiedeten Fassung des angenommenen Plans bzw. Programms sieht Art. 9 Abs. 1 SUP-RL insbesondere eine zusammenfassende Erklärung und Informationen über geplante Überwachungsmaßnahmen als Teil der Unterrichtung vor.

a) Die zusammenfassende Erklärung, Art. 9 Abs. 1 lit. b SUP-RL

Als Inhalt der zusammenfassenden Erklärung nennt Art. 9 Abs. 1 lit. b SUP-RL zunächst eine allgemeine Erläuterung über die Einbeziehung von Umwelterwägungen in den Plan oder das Programm. Daneben ist insbesondere darzustellen, wie der nach Art. 5 SUP-RL erstellte Umweltbericht, die nach Art. 6 SUP-RL abgegebenen Stellungnahmen und die Ergebnisse von nach Art. 7 SUP-RL geführten Konsultationen i.S.d. Art. 8 SUP-RL bei der Entscheidungsfindung berücksichtigt wurden. Schließlich hat die zusammenfassende Erklärung an-

---

[509] Vgl. ausführlich zu diesem Begriff Gliederungspunkt D.III.1.a)(2)(a).

zugeben, aus welchen Gründen der angenommene Plan oder das angenommene Programm, nach Abwägung mit den geprüften vernünftigen Alternativen, gewählt wurde.

Die zusammenfassende Erklärung stellt das Abschlussdokument der Umweltprüfung dar[510]. Obwohl sie nicht als Grundlage der behördlichen Entscheidung dient, sondern erst nach Abschluss der Planungen vom Planungsträger vorgestellt wird, kommt ihr maßgebliche Bedeutung für die Akzeptanz der Planung zu, indem Art. 9 Abs. 1 lit. b SUP-RL die Planungsträger zwingt, sich nachvollziehbar und detailliert mit den gesammelten Informationen auseinander zu setzen. Insbesondere eine ausführliche Begründung der Auswahl zwischen den geprüften vernünftigen Planungsalternativen kann in diesem Zusammenhang die Akzeptanz sowie den Rechtsfrieden im Zuge der Planrealisierung fördern.

Den öffentlich-rechtlichen Planungsträger treffen insoweit erhebliche Dokumentations- und Begründungspflichten[511], gleichwohl empfiehlt es sich nicht, an dieser Stelle Mühe und Sorgfalt einzusparen. Zum Ausgleich des erheblichen Mehraufwands bei Durchführung einer SUP wurde seit Beginn des Rechtsetzungsverfahrens auf die Vorteile einer umfassenden Prüfung hinsichtlich der Akzeptanz und der Realisierbarkeit künftiger Projekte hingewiesen. Ziel des Planungsträgers sollte insofern eine möglichst optimale Unterrichtung der Öffentlichkeit sein, um sich der eigenen Vorteile eines Umweltprüfungsverfahrens nicht zu begeben.

Schließlich bleibt anzumerken, dass die SUP-RL im Zusammenhang mit der Bekanntgabe der gewonnenen Erkenntnisse im Gegensatz zu Art. 10 UVP-RL auf eine Vorschrift zur Wahrung von Betriebs- und Geschäftsgeheimnissen verzichtet. Grund hierfür dürfte die Beschränkung der Umweltprüfungspflicht auf Behörden i.S.d. Art. 2 lit. a 1. Querstrich SUP-RL sein. Während Sinn und Zweck der SUP-RL neben der Vervollständigung der ökologischen Informationsbasis gerade auch in der Steigerung der Transparenz behördlicher Verfahrensabläufe liegt, ist eine Verletzung privater Geheimnisschutzinteressen im Gegensatz zur projektbezogenen UVP ausgeschlossen. Eine Vorschrift zur Wahrung etwaiger Betriebs- und Geschäftsgeheimnisse war daher entbehrlich.

b) Überwachungsmaßnahmen, Art. 9 Abs. 1 lit. c SUP-RL

Art. 9 Abs. 1 lit. c SUP-RL ist die konsequente Weiterentwicklung des Art. 5 Abs. 1 Satz 2 i.V.m. Anhang I lit. i SUP-RL[512]. Dieser fordert von den Mitgliedstaaten bereits bei Erstellung des Umweltberichts, die geplanten Überwa-

---

[510] *Ginzky*, UPR 2002, S.47, 52; *Calliess*, Verfahrensrechtliche Anforderungen der Richtlinie zur strategischen Umweltprüfung (SUP-RL), in: *Hendler / Marburger / Reinhardt / Schröder* (Hrsg.), Die strategische Umweltprüfung (UTR 76), S.153, 176.

[511] Ebenso *Ziekow*, NuR 2002, S.703, 704.

[512] Siehe hierzu Gliederungspunkt D.II.2.b).

chungsmaßnahmen i.S.d. Art. 10 SUP-RL zu beschreiben. Unmittelbar nach Annahme des Plans oder Programms verpflichtet Art. 9 Abs. 1 lit. c SUP-RL nun die Mitgliedstaaten implizit, diese begleitenden Überwachungsinstrumente verbindlich zu bestimmen[513]. Der Planungsträger muss sich bereits zu diesem Zeitpunkt bewusst Gedanken über die Durchführung des Monitoring machen, was eine verzögerte Umsetzung des Art. 10 SUP-RL oder gar ein Ausbleiben der begleitenden Überwachung verhindern soll[514].

4. Bekanntgabe im Zusammenhang mit Gesetzgebungsverfahren

Art. 9 SUP-RL beschränkt seinen Anwendungsbereich dem Wortlaut nach auf Pläne und Programme, die angenommen wurden. Eine Form der Unterrichtung für Pläne und Programme, die in ein Gesetzgebungsverfahren eingebracht wurden, regelt die Richtlinie nicht.

Die in der SUP-RL zu diesem Zeitpunkt erstmals vorgenommene Differenzierung zwischen Plänen und Programmen, die von einer Behörde ausgearbeitet und / oder angenommen werden, und solchen, die von einer Behörde für die Annahme durch das Parlament oder die Regierung im Wege eines Gesetzgebungsverfahrens ausgearbeitet werden, resultiert aus den unterschiedlichen Planungsstadien dieser Pläne und Programme. So haben vom öffentlich-rechtlichen Planungsträger angenommene Pläne und Programme das Ende des Planungsprozesses erreicht und sind nach der Entscheidungsfindung i.S.d. Art. 8 SUP-RL inhaltlich abschließend festgelegt. Die vom Richtliniengeber intendierten Rechenschafts-, Kontroll- und Akzeptanzfunktionen des Art. 9 SUP-RL setzen sowohl zu diesem Zeitpunkt als auch an dieser Fassung des Plans oder Programms an. Spätere Änderungen des Planinhalts unterliegen neuen Verwaltungsverfahren, deren Umweltprüfungspflichtigkeit sich unabhängig vom Ausgangsplan oder -programm nach den Art. 2 lit. a i.V.m. Art. 3 SUP-RL, insbesondere nach Art. 3 Abs. 3 Var. 2 SUP-RL, bestimmt.

Dagegen sind Pläne und Programme, die nach der Entscheidungsfindung des öffentlich-rechtlichen Planungsträgers in ein Gesetzgebungsverfahren eingebracht werden, inhaltlich keineswegs abschließend determiniert. Der Gesetzgeber ist vielmehr durch das Umweltprüfungsverfahrens bzw. die behördliche Ausarbeitung der Planung aus Gründen der Souveränität des Parlaments in keiner Weise inhaltlich gebunden[515]. Folglich besteht zum Zeitpunkt der Einbringung des Plans oder Programms in ein Gesetzgebungsverfahren keine Gewissheit über seinen endgültigen Inhalt. Eine Rechenschaft in Form einer zusammenfassenden Erklärung, die aufzeigt, wie sich die aus dem Umweltbericht

---

[513] Ebenso *Roder*, Monitoring nach Art. 10 der SUP-Richtlinie, in: *Hendler / Marburger / Reinhardt / Schröder* (Hrsg.), Die strategische Umweltprüfung (UTR 76), S.225, 237.

[514] Siehe ausführlich zur Überwachung Gliederungspunkt E.I.

[515] Vgl. bereits Gliederungspunkt C.I.6.c).

und aus den Stellungnahmen der Beteiligten ergebenden Umwelterwägungen auf den abschließenden Inhalt des Plans oder Programms ausgewirkt haben, oder die Festlegung von Überwachungsmaßnahmen gemäß Art. 10 SUP-RL für Pläne und Programme, deren Inhalt noch nicht abschließend feststeht, ist schlicht unmöglich. Selbst eine analoge Anwendung der Vorgaben des Art. 9 SUP-RL auf in Gesetzgebungsverfahren eingebrachte Pläne und Programme scheidet somit aus systematischen Gründen aus.

Bestätigt wird dies durch den Wortlaut des Art. 9 Abs. 1 SUP-RL. Während im Rahmen des Umweltberichts, also vor dem Zeitpunkt der Entscheidungsfindung, Art. 5 Abs. 1 Satz 2 i.V.m. Anhang I lit. i SUP-RL noch von „geplanten Maßnahmen zur Überwachung gemäß Artikel 10“ spricht, bezieht sich Art. 9 Abs. 1 lit. b SUP-RL auf „Maßnahmen, die zur Überwachung gemäß Artikel 10 beschlossen wurden“. Die Vorschrift setzt damit voraus, dass eine abschließende Entscheidung über den Inhalt des Plans oder Programms bereits stattgefunden hat. Eine erst im parlamentarischen Prozess befindliche Planung erfüllt diese Voraussetzung nicht.

In Betracht käme lediglich, den in Art. 9 Abs. 1 SUP-RL erwähnten Beteiligten die von den öffentlich-rechtlichen Planungsträgern für den Gesetzgeber ausgearbeiteten Plan- oder Programmentwürfe sowie eine Art. 9 Abs. 1 lit. b SUP-RL entsprechende Erklärung zum Inhalt des Planungsentwurfs zugänglich zu machen. Wenngleich dies der Transparenz- und Kontrollfunktion des Art. 9 SUP-RL entspräche, sieht die Richtlinie eine entsprechende Verpflichtung der Mitgliedstaaten zur Durchführung dieses verwaltungstechnischen Mehraufwands nicht vor. Angesichts einer möglichst geringen Zusatzbelastung der mitgliedstaatlichen Planungsträger, wie sie in der SUP-RL mehrfach zum Ausdruck kommt, sind indes nicht ausdrücklich vorgesehene zusätzliche Verfahrensanforderungen zu Lasten der mitgliedstaatlichen Behörden abzulehnen. Pläne und Programme, die in ein Gesetzgebungsverfahrens eingebracht werden, unterliegen daher nicht den Regelungen des Art. 9 SUP-RL.

E. Sonstige Regelungen der SUP-RL

Der Regelungsbereich der SUP-RL endet nicht mit Abschluss des Umweltprüfungsverfahrens. Die Richtlinie sieht in Art. 10 SUP-RL vielmehr ein System der Nachkontrolle vor, das auch nach Inkrafttreten der betroffenen Pläne und Programme ein hohes Umweltschutzniveau sicherstellen soll. Daneben enthält Art. 11 SUP-RL klarstellende Regelungen im Verhältnis zu anderen Gemeinschaftsvorschriften, bevor Art. 12 SUP-RL den Mitgliedstaaten richtlinienbegleitende Berichts-, Informations- und Qualitätssicherungspflichten auferlegt.

I. Überwachung, Art. 10 SUP-RL (Monitoring)

Im Gegensatz zur Konzeption der UVP-RL wurde im Rechtsetzungsverfahren der SUP-RL erstmals eine Bestimmung über die fortlaufende Überwachung der von der Richtlinie betroffenen Pläne und Programme aufgenommen. Danach überwachen die Mitgliedstaaten gemäß Art. 10 Abs. 1 SUP-RL die erheblichen Auswirkungen der Durchführung der Pläne und Programme auf die Umwelt, um unter anderem frühzeitig unvorhergesehene negative Auswirkungen zu ermitteln und um in der Lage zu sein, geeignete Abhilfemaßnahmen zu ergreifen[516].

1. Geschichte der Norm

Den Anstoß zur Einführung eines Überwachungsinstruments gab, soweit es das Rechsetzungsverfahren der SUP-RL betrifft, eine Anregung des Wirtschafts- und Sozialausschusses[517]. In seiner Stellungnahme zum ersten Kommissionsvorschlag von 1997 sah der Ausschuss es als notwendig an, von der Prüfungsphase an zu bestimmen, welche Überwachungsinstrumente und -methoden eingesetzt werden, um die Wirksamkeit der Maßnahmen zur Minderung der Umweltauswirkungen zu prüfen[518]. Angesichts des allseits zu beklagenden Vollzugsdefizits im Umweltrecht ging es dem Ausschuss um ein Instrument zur Kontrolle planerisch festgelegter Vermeidungsmaßnahmen.

Das Europäische Parlament schlug daraufhin in seiner Reaktion auf den Kommissionsvorschlag die Einführung eines Art. 10 a vor, nach dem die Mitglied-

---

[516] Siehe ausführlich zur Überwachung i.S.d. SUP-RL *Roder*, Monitoring nach Art. 10 der SUP-Richtlinie, in: *Hendler / Marburger / Reinhardt / Schröder* (Hrsg.), Die strategische Umweltprüfung (UTR 76), S.225 ff.; daneben aus methodischer Sicht *Giegrich*, uvp-report, Sonderheft zum UVP-Kongress 2002, S.75 ff.

[517] Zuvor hatte bereits Art. 7 i.V.m. Anhang V der Espoo-Konvention eine Nachkontrolle vorgesehen, die jedoch nur nach gesonderter Vereinbarung zwischen den Vertragsparteien zustande kam, vgl. *Siegel*, Espoo-Übereinkommen, S.44 f.; sowie „Guidance on the practical application of the Espoo Convention", S.17, einsehbar auf der Homepage der UNECE unter: www.unece.org/env/eia/guidance/espoo.pdf.

[518] Stellungnahme des Wirtschafts- und Sozialausschusses (Fn. 29), S.103.

staaten für die Überwachung der Durchführung der Umweltschutzmaßnahmen im Rahmen der umweltprüfungspflichtigen Pläne und Programme verantwortlich sein sollten. Gemäß dieser Vorschrift hätten die Mitgliedstaaten zudem geeignete Kontrollverfahren festlegen müssen, um die Wirksamkeit der Maßnahmen, mit denen die Umweltauswirkungen ausgeglichen werden sollen, zu überprüfen. Daneben sollte die damalige Umwelterklärung nach lit. ga des Anhangs Vorkehrungen über die Überwachung und Auswirkungen der Maßnahme auf die Umwelt, einschließlich der Wirksamkeit oder Unwirksamkeit von Ausgleichsmaßnahmen, sowie Vorkehrungen für gegebenenfalls notwendige Abhilfemaßnahmen vorsehen[519]. Die Ursprünge des Monitoring bezogen sich demnach primär auf die Überwachung der in den geprüften Plänen und Programmen vorgesehenen Ausgleichsmaßnahmen und nicht auf eine umfassende Kontrolle erheblicher Umweltauswirkungen[520].

Eine entsprechende Überwachungsnorm fand sich jedoch weder im geänderten Richtlinienvorschlag der Kommission noch im Gemeinsamen Standpunkt des Rates wieder, obwohl lit. i Anhang I SUP-RL des Standpunkts inkonsequenter Weise eine Beschreibung der geplanten Maßnahmen zur Überwachung der Durchführung des Plans oder Programms in den Umweltbericht aufnahm[521]. Losgelöst von der Kontrolle der Ausgleichsmaßnahmen implizierte der Richtlinientext damit erstmals, gleichwohl an versteckter Stelle, eine über den Abschluss der Planungen hinausgehende Prüfung von Umweltauswirkungen durch die Mitgliedstaaten.

In zweiter Lesung hielt das Parlament seine Forderung nach einer eigenständigen Überwachungsnorm im Rahmen der SUP-RL aufrecht und schlug die Einführung eines Art. 9 a vor, der unter der Überschrift „Überwachung“ den früheren Änderungsvorschlag wortgleich in die Richtlinie einfügen sollte. Daneben sollte lit. i Anhang I um die Überwachung der Wirksamkeit von Maßnahmen zur

[519] Legislative Entschließung mit der Stellungnahme des Europäischen Parlaments zu dem "Vorschlag für eine Richtlinie des Rates über die Prüfung der Umweltauswirkungen bestimmter Pläne und Programme" (Fn. 33), S.26, 28.

[520] Deutlich wird dies im Wortlaut des vom Parlament vorgeschlagenen neuen Erwägungsgrundes 15 d, nach dem Kontrollinstrumente und –verfahren geschaffen werden müssen, wie beispielsweise Programme zur begleitenden Überwachung, um zu prüfen, ob vorbeugende Umweltschutzmaßnahmen ergriffen wurden, ob diese Maßnahmen geeignet sind und welche Ergebnisse sie gebracht haben und um die Maßnahmen, mit denen die Umweltauswirkungen ausgeglichen werden sollen, auf ihre Wirksamkeit hin zu untersuchen, Legislative Entschließung mit der Stellungnahme des Europäischen Parlaments zu dem "Vorschlag für eine Richtlinie des Rates über die Prüfung der Umweltauswirkungen bestimmter Pläne und Programme" (Fn. 33), S.21.

[521] Gemeinsamer Standpunkt (Fn. 38), S.17.

Verhinderung, Minderung oder zum Ausgleich negativer Auswirkungen auf die Umwelt ergänzt werden[522].

Das Drängen des Europäischen Parlaments war schließlich von Erfolg gekrönt und die heutige Fassung des Art. 10 SUP-RL fand im Vermittlungsausschuss Eingang in den Richtlinientext. Während somit das Hauptanliegen des Parlaments ursprünglich darauf abzielte, die Überwachung der Umweltschutzmaßnahmen in den Plänen und Programmen sicherzustellen[523], geht der gefundene Kompromiss sogar einen Schritt weiter und umfasst die Überwachung sämtlicher erheblicher Umweltauswirkungen.

2. Inhalt der Norm

Der in der Überschrift verwendete Begriff der „Überwachung" wird in der Diskussion um die SUP unter Rückgriff auf die englische Terminologie vielfach auch als Monitoring bezeichnet. Seine genaue Bedeutung bleibt jedoch offen, da die SUP-RL im Rahmen ihrer Begriffsbestimmungen in Art. 2 SUP-RL von einer Konkretisierung abgesehen hat.

Roder definiert das Monitoring als eine dynamische Beobachtung von Veränderungen der Umwelt, die in Bezug zu bestimmten Prognosen (Umweltbericht) steht und deren Ergebnisse die Grundlage für die Ausrichtung künftigen Handelns bilden[524], und benennt damit die drei wesentlichen Komponenten des Art. 10 SUP-RL.

Die fortdauernde Beobachtung der Umwelt soll dem Mitgliedstaat eine ausreichende ökologische Informationsgrundlage an die Hand geben, um Entwicklungen und Tendenzen der Umwelt rechtzeitig zu erkennen und einschätzen zu können. Dynamisch ist die Umweltbeobachtung insofern, als der Gegenstand der Betrachtungen nicht im Vorfeld abschließend festgelegt wird, sondern sämtliche Umweltauswirkungen oberhalb einer gewissen Bagatellschwelle im Blickfeld der Überwachung stehen. Dadurch sollen insbesondere neue oder vormals unerhebliche Umweltauswirkungen, die in ihrer Bedeutung im Laufe der Zeit zunehmen, identifiziert werden. Das Monitoring fängt dabei nicht bei Null an, sondern stützt sich auf die Erkenntnisse der Umweltbeobachtung, die bereits im

---

522 Legislative Entscheidung des Europäischen Parlaments zu dem Gemeinsamen Standpunkt des Rates im Hinblick auf den Erlass der Richtlinie des Europäischen Parlaments und des Rates über die Prüfung der Umweltauswirkungen bestimmter Pläne und Programme (Fn. 43), S.157, 159.

523 Bericht über den vom Vermittlungsausschuss gebilligten gemeinsamen Entwurf einer Richtlinie des Europäischen Parlaments und des Rates über die Prüfung der Umweltauswirkungen bestimmter Pläne und Programme, 3. Lesung des Europäischen Parlaments (Fn. 46), S.8.

524 *Roder*, Monitoring nach Art. 10 der SUP-Richtlinie, in: *Hendler / Marburger / Reinhardt / Schröder* (Hrsg.), Die strategische Umweltprüfung (UTR 76), S.225, 229.

Rahmen der Erstellung des Umweltberichts durchgeführt wurde. Aufgabe der Überwachung ist insoweit, die Momentaufnahme zum Zeitpunkt des Umweltprüfungsverfahrens fortzuführen und die Aktualität des behördlichen Informationsstands zu gewährleisten. Schließlich ist das Monitoring nicht Selbstzweck, sondern dient als Grundlage künftigen behördlichen Handelns, indem erkannte erhebliche Umweltauswirkungen, denen in der geltenden Fassung des betreffenden Plans oder Programms nicht oder nicht mehr ausreichend Rechnung getragen wird, zu einer Anpassung der Planung führen können.

Der Richtliniengeber bezweckt mit Art. 10 SUP-RL somit primär die Einrichtung einer Art "Frühwarnsystem"[525], das planerische Fehlentwicklungen identifizieren und den Mitgliedstaaten rechtzeitig die Möglichkeit einer Korrektur geben soll. So ist es nach dem Wortlaut der Richtlinie „unter anderem" Zweck der Überwachung, frühzeitig unvorhergesehene negative Umweltauswirkungen zu ermitteln und die Mitgliedstaaten in die Lage zu versetzen, geeignete Abhilfemaßnahmen zu ergreifen. Welchen darüber hinausgehenden Zielen das Monitoring dienen soll, erwähnt die Richtlinie freilich nicht. In Betracht kommt hier eine Förderung der Qualität der Umweltberichte[526], indem die im Rahmen der Überwachung gewonnenen Erfahrungen und Erkenntnisse bei der Einschätzung von Umweltauswirkungen der Prognosegenauigkeit zukünftiger Umweltberichte zugute kommen könnten[527]. Hauptzweck der Norm bleibt jedoch die Möglichkeit einer flexiblen Reaktion auf unvorhergesehene erhebliche Umweltauswirkungen im Verlaufe der Durchführung umweltprüfungspflichtiger Pläne und Programme.

a) Gegenstand der Überwachung

Gegenstand des Monitoring sind nach Art. 10 Abs. 1 SUP-RL die erheblichen Umweltauswirkungen der Durchführung der Pläne und Programme. Es bietet sich an, hier zunächst die bereits im Rahmen der Umweltprüfung identifizierten erheblichen Umweltauswirkungen des Plans oder Programms im Auge zu behalten und ihre prognostizierten Entwicklungen zu verifizieren. Darüber hinaus dürfen die mitgliedstaatlichen Überwachungsmaßnahmen aber bislang unerfasste erhebliche Auswirkungen auf die Umwelt nicht außer Acht lassen. Die Entwicklung neuer Instrumente zum Aufspüren bislang unentdeckter Zusammenhänge und Umweltauswirkungen fordert die SUP-RL allerdings nicht. Insoweit

---

[525] Diese Formulierung verwendet *Ziekow*, NuR 2002, S.703, 704.

[526] Vgl. hierzu auch Gliederungspunkt E.III.2.

[527] *Roder*, Monitoring nach Art. 10 der SUP-Richtlinie, in: *Hendler / Marburger / Reinhardt / Schröder* (Hrsg.), Die strategische Umweltprüfung (UTR 76), S.225, 238; Abschlussbericht des IMPEL Projekts zur Umsetzung von Art. 10 SUP-RL 2001/42/EG, S.6 f., der Abschlussbericht ist einsehbar auf der Homepage der Europäischen Kommission unter http://europa.eu.int/comm/environment/impel/sea_directive.htm.; SEA Guidance (Fn. 114), S.46, 8.19.

ist das Monitoring ebenso wie die Umweltprüfung kein Instrument der Umweltforschung[528].

Dem gemeinschaftsrechtlichen Grundsatz der Verhältnismäßigkeit gemäß Art. 5 Abs. 3 EGV folgend und in Anlehnung an die Ausarbeitung des Umweltberichts gemäß Art. 5 Abs. 1, 2 SUP-RL haben die mitgliedstaatlichen Behörden darüber hinaus lediglich solche Anstrengungen vorzunehmen, die vernünftigerweise verlangt werden können. Freilich ist die Grenze des zumutbaren Verwaltungsaufwands im Lichte des „effet utile" der Richtlinie großzügig zu bemessen, so dass erforderliche Überwachungsmaßnahmen nicht pauschal unter Verweis auf zusätzliche finanzielle Belastungen abgelehnt werden dürfen. Insgesamt kann bei der Bestimmung der Prüfungstiefe auf die Grundsätze und Kriterien im Rahmen der Erstellung des Umweltberichts zurückgegriffen werden[529].

b) Ergreifen von Abhilfemaßnahmen

Nach Art. 10 Abs. 1 SUP-RL ermöglicht die Überwachung den Mitgliedstaaten insbesondere das frühzeitige Ergreifen geeigneter Abhilfemaßnahmen gegenüber unvorhergesehenen negativen Umweltauswirkungen. Eine rechtliche Pflicht zum Handeln statuiert der Wortlaut der Norm hingegen nicht[530]. Ebenso wenig lässt sich eine entsprechende Verpflichtung aus der Systematik der Richtlinie gewinnen, da die für die Umweltprüfung geltende Beschränkung auf Verfahrensaspekte ebenso für die Monitoring-Vorschrift des Art. 10 SUP-RL gilt[531]. Wie in Art. 8 SUP-RL enthält sich die Richtlinie somit materieller Vorgaben bezüglich konkreter Plan- oder Programminhalte. Es liegt vielmehr im Ermessen der Mitgliedstaaten, ob und wie sie ihre Planungen an die aktuellen ökologischen Erkenntnisse anpassen möchten[532]. Ihr Ermessen ist lediglich insoweit eingeschränkt, als dass die Erkenntnisse der Überwachung im Rahmen der Entscheidung über eine Anpassung des jeweiligen Plans oder Programms zu berücksichtigen sind und nicht ignoriert werden dürfen[533].

---

528 Ebenso der SEA Guidance (Fn. 114), S.43, 8.4; vgl. auch Gliederungspunkt D.II.4.b).

529 Abschlussbericht des IMPEL Projekts (Fn. 527), S.6 f.; SEA Guidance (Fn. 114), S.44, 8.6.

530 Abschlussbericht des IMPEL Projekts (Fn. 527), S.8; SEA Guidance (Fn. 114), S.45, 8.13 sowie S.61.

531 Der Wortlaut von Erwägungsgrund 9 SUP-RL bezieht sich insoweit explizit auf die gesamte Richtlinie, nicht nur auf das Verfahren der Umweltprüfung i.S.d. Art. 2 lit. b SUP-RL.

532 Dies entspricht der Überwachungsvorschrift in Art. 12 des SUP-Protokolls, in der die Formulierung des Art. 10 SUP-RL insoweit wörtlich übernommen wird, siehe zum SUP-Protokoll Gliederungspunkt B.IV.5.

533 In diesem Sinne im Hinblick auf den „effet utile" der Richtlinie auch *Roder*, Monitoring nach Art. 10 der SUP-Richtlinie, in: *Hendler / Marburger / Reinhardt / Schröder* (Hrsg.), Die strategische Umweltprüfung (UTR 76), S.225, 233; sowie Abschlussbericht des IMPEL Projekts (Fn. 527), S.8.

c) Umweltprüfungspflichtigkeit von Abhilfemaßnahmen

Entschließt sich ein Mitgliedstaat zur Vornahme einer Anpassung einer Planung, so stellt sich die Frage, ob die Änderung des Plans oder Programms aufgrund der Erkenntnisse des Monitoring ihrerseits einer Umweltprüfung bedarf.

Mangels einer gesonderten Ausnahmebestimmung in Art. 10 SUP-RL richtet sich die Umweltprüfungspflicht zunächst nach den allgemeinen Vorschriften der Art. 2 lit. a i.V.m. Art. 3 SUP-RL. Da es sich um die Änderung eines umweltprüfungspflichtigen Plans oder Programms handelt, ist in der Regel lediglich relevant, ob es sich bei der Anpassung um eine geringfügige Änderung i.S.d. Art. 3 Abs. 3 SUP-RL handelt, die lediglich einer konditionalen Umweltprüfungspflicht unterliegt, oder ob die Änderung dem Bereich der obligatorischen Umweltprüfungspflicht nach Art. 3 Abs. 2 SUP-RL zuzuordnen ist. Änderungen aufgrund eines Monitoring unterliegen insoweit denselben Vorgaben wie Änderungen aus sonstiger Motivation.

Dennoch wird in der Literatur ein Bedürfnis gesehen, in Folge der Überwachung vorgenommene Änderungen zu privilegieren[534]. Als Argument wird vorgebracht, der europäische Gesetzgeber habe diese Konstellation übersehen und hätte entsprechende Ausnahmevorschriften erlassen, sofern ihm das Problem bewusst gewesen wäre. Im übrigen seien die voraussichtlichen Umweltauswirkungen vor Änderung des Plans bereits zweimal geprüft worden, während der Umweltprüfung und während des Monitoring, so dass kein Bedarf an einer weiteren Prüfung bestünde. Schließlich sei der Anspruch der Öffentlichkeit auf Unterrichtung und Anhörung bereits durch das Verfahren der Umweltprüfung befriedigt worden. Eine weitere Öffentlichkeitsbeteiligung sei nicht mehr nötig.

Dieser Ansicht kann nach derzeitiger Rechtslage indes nicht gefolgt werden. Ausgehend vom Wortlaut der Richtlinie besteht keine Privilegierungsvorschrift für Änderungen in Folge des Art. 10 SUP-RL. Betrachtet man sich die detaillierte Ausdifferenzierung des Geltungsbereichs der Richtlinie gemäß Art. 3 SUP-RL, insbesondere die explizite Nennung der vom Anwendungsbereich der SUP-RL ausgeschlossenen Pläne und Programme in Art. 3 Abs. 8, 9 SUP-RL, so hätte es einer ausdrücklichen Erwähnung der Abhilfemaßnahmen i.S.d. Art. 10 SUP-RL bedurft, um sie dem allgemeinen Regime der Art. 2 lit. a i.V.m. Art. 3 Abs. 2 bis 4 SUP-RL zu entziehen. Daneben kann dem Argument der überflüssigen Mehrfachprüfung von Umweltauswirkungen entgegnet werden, dass bei der Erstellung des Umweltberichts nach Art. 5 Abs. 3 SUP-RL auf bereits verfügbare relevante Informationen zurückgegriffen werden kann. Soweit keine Anzeichen für weitere voraussichtlich erhebliche Umweltauswirkungen vorliegen, spricht insofern nichts gegen eine Übernahme der Erkenntnisse des Monitoring in den Umweltbericht, ohne dem Planungsträger weitere zusätzliche Prü-

---

[534] *Roder*, Monitoring nach Art. 10 der SUP-Richtlinie, in: *Hendler / Marburger / Reinhardt / Schröder* (Hrsg.), Die strategische Umweltprüfung (UTR 76), S.225, 234.

fungen aufzuerlegen. Schließlich entspricht es nicht Sinn und Zweck der SUP-RL, die für das Umweltprüfungsverfahren vorgesehene Öffentlichkeitsbeteiligung für spätere Abhilfemaßnahmen auszuschließen. Das Bedürfnis der Öffentlichkeit, an der Ausarbeitung von Plänen und Programmen durch eigene Stellungnahmen teilzuhaben und über das Verfahren der Erstellung in transparenter Weise informiert zu werden, endet nicht mit der erstmaligen Verabschiedung des Plans oder Programms. Die Einbeziehung von Plan- und Programmänderungen in die Begriffsbestimmung des Art. 2 lit. a SUP-RL lässt vielmehr erkennen, dass auch der Richtliniengeber nicht zwischen der Ersterstellung und der späteren Änderung unterscheidet und für beide Varianten eine Öffentlichkeitsbeteiligung als notwenig ansieht. Sachliche Differenzierungsgründe für eine Ungleichbehandlung von Änderungen aufgrund des Monitoring nach Art. 10 SUP-RL und sonstigen Änderungen sind hinsichtlich der Beteiligung der Öffentlichkeit somit nicht ersichtlich. Ein Umweltprüfungsverfahren mit Öffentlichkeitsbeteiligung trägt vielmehr auch bei Änderungen in Folge der Nachkontrolle zur Akzeptanz und Transparenz des Entscheidungsverfahrens bei.

Als Ansatzpunkt käme lediglich die Berücksichtigung der Änderung als Abhilfemaßnahme im Rahmen des Begriffs der „geringfügigen Änderung" gemäß Art. 3 Abs. 3 SUP-RL in Betracht[535]. Sähe man Änderungen in Folge des Art. 10 SUP-RL i.d.R. als geringfügig an, so läge die Umweltprüfungspflicht im Ermessen der Mitgliedstaaten, womit im Einzelfall eine Umweltprüfung vermieden werden könnte. Von einer geringfügigen Änderung i.S.d. Bagatellklausel des Art. 3 Abs. 3 SUP-RL ist jedoch nur dann auszugehen, wenn ausgeschlossen scheint, dass durch die Änderung bislang ungeprüfte erhebliche Umweltauswirkungen auftreten[536]. Dies ist bei Abhilfemaßnahmen gemäß Art. 10 SUP-RL jedoch gerade nicht der Fall, da sie die im Rahmen der Nachkontrolle ermittelten erheblichen negativen Umweltauswirkungen ausgleichen und im Vergleich zur bisherigen Planung erhebliche positive Umweltauswirkungen hervorrufen sollen. Der Anwendungsbereich der SUP-RL unterscheidet unterdessen nicht zwischen positiven und negativen Umweltauswirkungen, so dass bei voraussichtlich erheblichen Umweltauswirkungen stets eine Umweltprüfung durchzuführen ist[537]. Eine Privilegierung von Abhilfemaßnahmen im Rahmen des Art. 3 Abs. 3 SUP-RL scheidet somit ebenfalls aus. Für die Frage der Umweltprüfungspflichtigkeit i.S.d. SUP-RL bleibt allein maßgeblich, ob durch die Änderung, unabhängig von ihrem Zweck, voraussichtlich erhebliche Umweltauswirkungen hervorgerufen werden. Eine Privilegierung von Abhilfemaßnahmen nach Art. 10 Abs. 1 SUP-RL ist daher abzulehnen.

---

535 In diese Richtung tendiert wohl die Kommission, Abschlussbericht des IMPEL Projekts (Fn. 527), S.8.

536 Siehe zur geringfügigen Änderung i.S.d. Art. 3 Abs. 3 SUP-RL Gliederungspunkt C.II.4.a)(2).

537 Siehe hierzu Gliederungspunkt C.II.1.b).

d) Ausgestaltung des Überwachungsverfahrens

Hinweise zur konkreten Ausgestaltung der Überwachungsverfahren finden sich im Wortlaut des Art. 10 SUP-RL nicht. Den Mitgliedstaaten steht es somit frei, geeignete Verfahrensabläufe selbst festzulegen, solange sie die praktische Wirksamkeit der vom Richtliniengeber intendierten Nachkontrolle gewährleisten.

Aus zeitlicher Sicht stellt sich zunächst die Frage nach dem Beginn der Überwachungsmaßnahmen. Dem Wortlaut der Richtlinie lässt sich entnehmen, dass das Monitoring an die Durchführung des Plans oder Programms anknüpft, d.h. eine begleitende Nachkontrolle grundsätzlich ab Inkrafttreten des Plans oder Programms vorzunehmen ist. Abzulehnen ist, den Beginn der Überwachungsmaßnahmen erst nach vollständigem Abschluss der Realisierung des Plans oder Programms anzusetzen, da oftmals ungewiss sein wird, wann und ob überhaupt die Vorgaben einer Planung tatsächlich umgesetzt werden. Es widerspricht aber Sinn und Zweck des Art. 10 SUP-RL, Teilverwirklichungen oder zwischenzeitlich eintretende Veränderungen erheblicher Umweltauswirkungen dem Überwachungsregime der SUP-RL zu entziehen. Maßgeblicher Anfangszeitpunkt des Monitoring ist daher, unabhängig vom Grad der Planungsrealisierung, der frühe Zeitpunkt des Inkrafttretens des Plans oder Programms.

Eine konstante Überwachung im Sinne einer ständigen Aktualisierung fordert die SUP-RL indes nicht. Ausreichend ist eine in angemessenen Zeitabständen durchgeführte Aktualisierung der ökologischen Informationsbasis. Dabei bietet es sich an, das Monitoring mit Fortschreibungs- oder Revisionszeitpunkten der betreffenden Pläne und Programme zu verbinden, um unnötige Doppelprüfungen zu vermeiden. Fallen die Umweltprüfung einer Plan- oder Programmänderung sowie die Überwachungsmaßnahmen des ursprünglichen Plans oder Programms auf diese Weise zusammen, so tritt das Monitoring hinter dem in der SUP-RL explizit geregelten Verfahren der Umweltprüfung zurück.

Eine Dokumentation der Überwachungsergebnisse, etwa in Form eines Monitoring-Berichts, sieht Art. 10 SUP-RL nicht vor[538]. Gleichwohl bietet es sich an, nach der Aktualisierung der Informationen über erhebliche Umweltauswirkungen im Zusammenhang mit der Durchführung eines Plans oder Programms dies auch schriftlich festzuhalten, nicht zuletzt um bei künftigen möglicherweise erforderlichen Umweltprüfungsverfahren im Rahmen der Erstellung eines Umweltberichts auf die gewonnenen Erkenntnisse zurückgreifen zu können. Ob solche Aktualisierungen des ökologischen Informationsstandes dagegen auch der Öffentlichkeit zugänglich gemacht werden und als weitere Instrumente zur Förderung von Transparenz und Akzeptanz der Planungen dienen, steht wie die Dokumentation selbst im Belieben der Mitgliedstaaten. Die durch Behörden gewonnenen Umweltinformationen werden aber i.d.R. den Vorschriften der

[538] Dokumentationspflichten aus anderen Rechtsvorschriften, insbesondere im Zusammenhang mit der fachrechtlichen Überprüfung von Plänen und Programmen, bleiben unberührt.

Umweltinformationsrichtlinie[539] unterliegen und auf diesem Wege der Öffentlichkeit zumindest auf Anfrage zugänglich sein[540].

Die SUP-RL fordert im übrigen nicht, für jeden Plan oder jedes Programm ein eigenständiges Monitoringsystem zu schaffen[541]. Eine Bündelung von Überwachungsmaßnahmen, indem ein oder mehrere Kontrollinstrumente mehrere Pläne oder Programme gleichzeitig einer Nachkontrolle unterziehen, wird von der Richtlinie nicht ausgeschlossen. Anhaltspunkte für einen solchen Ansatz sieht *Roder* sogar im Wortlaut des Art. 10 Abs. 1 SUP-RL, der im Gegensatz zu anderen Vorschriften der SUP-RL den Begriff der „Pläne und Programme" im Plural benutzt und somit auf die Möglichkeit eines gemeinsamen Monitoring hinzudeuten scheint[542]. Für eine Bündelung spricht daneben insbesondere der in der SUP-RL verankerte Gedanke der Minimierung zusätzlichen Verwaltungsaufwands sowie der weite Gestaltungsspielraum, der den Mitgliedstaaten durch die spärliche Konkretisierung des Art. 10 SUP-RL belassen wurde.

Ungelöst lässt die Richtlinie das Problem der Überwachung grenzüberschreitender erheblicher Umweltauswirkungen. Wie bereits bei der Ermittlung solcher Umweltauswirkungen bei der Erstellung des Umweltberichts nimmt die SUP-RL keine Rücksicht auf mitgliedstaatliche Grenzen. Die zuständigen Behörden sind indes aufgrund des Prinzips der Gebietshoheit grundsätzlich an der eigenständigen Durchführung des Monitoring auf fremdem Hoheitsgebiet gehindert und auf eine entsprechende Zustimmung des betroffenen Staates angewiesen[543]. Praktisch bietet sich hier ein Informationsaustausch zwischen den Mitgliedstaaten sowie eine Koordinierung der nationalen Überwachungsmaßnahmen an.

Schließlich enthält sich die SUP-RL näherer Vorgaben bezüglich der für das Monitoring zuständigen Behörde, so dass deren Bestimmung im Belieben der Mitgliedstaaten liegt.

e) Nutzung bestehender Mechanismen

Um die Mehrbelastung der mitgliedstaatlichen Verwaltungen möglichst gering zu halten, sieht Art. 10 Abs. 2 SUP-RL vor, dass die Mitgliedstaaten zur Erfüllung ihrer Verpflichtungen aus Art. 10 Abs. 1 SUP-RL, soweit angebracht,

---

539 Richtlinie 2003/4/EG (Umweltinformations-RL, Fn. 93).

540 Hierauf weisen der Abschlussbericht des IMPEL Projekts (Fn. 527), S.10 sowie der SEA Guidance (Fn. 114), S.46, 8.17, hin.

541 Vgl. Abschlussbericht des IMPEL Projekts (Fn. 527), S.7; SEA Guidance (Fn. 114), S.46, 8.15.

542 *Roder*, Monitoring nach Art. 10 der SUP-Richtlinie, in: *Hendler / Marburger / Reinhardt / Schröder* (Hrsg.), Die strategische Umweltprüfung (UTR 76), S.225, 232.

543 Siehe hierzu Gliederungspunkt D.III.2.c).

bestehende Überwachungsmechanismen anwenden dürfen, um Doppelarbeit bei der Überwachung der Umweltauswirkungen zu vermeiden.

Ein Beispiel für ein nutzbares Monitoringsystem sieht der Richtliniengeber im Überwachungsprogramm nach Art. 8 i.V.m. Anhang V WRRL[544]. Diese Monitoringvorschrift verlangt von den Mitgliedstaaten, dafür Sorge zu tragen, dass Programme zur Überwachung des Zustands der Gewässer aufgestellt werden, damit ein zusammenhängender und umfassender Überblick über den Zustand der Gewässer jeder Flussgebietseinheit gewonnen wird. Die in diesem Zusammenhang gewonnenen Erkenntnisse können zur Ermittlung erheblicher Umweltauswirkungen im Rahmen des Monitoring nach Maßgabe der SUP-RL herangezogen werden, wenngleich sich Art. 8 WRRL auf die Überwachung von Gewässerzuständen beschränkt und damit einen im Vergleich zum Monitoring nach Art. 10 SUP-RL eingeschränkten Anwendungsbereich aufweist. Die Mitgliedstaaten bleiben verpflichtet, die Überwachung bezüglich anderer Aspekte gemäß Anhang I lit. f SUP-RL, beispielsweise der biologischen Vielfalt, der Luft oder des Bodens, durch weitere Instrumente der Nachkontrolle zu gewährleisten.

Das Monitoring nach Art. 10 SUP-RL kann zudem auf das bereits vorhandene Instrumentarium der Anlagenüberwachung gemäß Art. 13, 14 IVU-RL zurückgreifen. Gleichwohl ergeben sich hieraus jeweils nur Erkenntnisse über punktuelle, projektbezogene Umweltauswirkungen, so dass es im Rahmen des plan- und programmbezogenen Monitoring der Ergänzung durch andere Überwachungsinstrumente bedarf.

Vorgaben zur Koordinierung der vorhandenen Umweltdatensammlungen zum Zwecke eines übergreifenden Monitoring enthält die Richtlinie nicht und überlässt es damit den Mitgliedstaaten, ihre Verfahren möglichst effizient abzustimmen. Selbst bei umfassender Überwachung des Umweltzustands sind allerdings methodische Unzulänglichkeiten bei der Zurechnung konkreter erheblicher Umweltauswirkungen zu der Durchführung bestimmter Pläne und Programme nicht zu vermeiden[545], so dass abzuwarten bleibt, welche praktische Wirksamkeit dem Monitoringsystem nach Art. 10 SUP-RL zukommen wird.

3. Fazit

Art. 10 SUP-RL belässt den Mitgliedstaaten einen weiten Spielraum bei der Ausgestaltung ihrer nationalen Überwachungssysteme und beschränkt sich auf Minimalvorgaben. Einzelheiten wie die Festlegung der für das Monitoring

---

[544] Einen Überblick über weitere gemeinschaftsrechtliche Überwachungsvorschriften findet sich bei *Roder*, Monitoring nach Art. 10 der SUP-Richtlinie, in: *Hendler / Marburger / Reinhardt / Schröder* (Hrsg.), Die strategische Umweltprüfung (UTR 76), S.225, 236 f.

[545] Auf Kausalitätsprobleme weist neben *Roder*, Monitoring nach Art. 10 der SUP-Richtlinie, in: *Hendler / Marburger / Reinhardt / Schröder* (Hrsg.), Die strategische Umweltprüfung (UTR 76), S.225, 230 f., auch der Abschlussbericht des IMPEL Projekts (Fn. 527), S.2 hin.

zuständigen Behörden, der Bestimmung von Zeitpunkt und Häufigkeit der Überwachungsmaßnahmen, der methodischen Ansätze und schließlich sogar der Konsequenzen der Nachkontrolle bleiben den jeweiligen Mitgliedstaaten überlassen.

Kehrseite der gewonnenen Flexibilität ist, dass die komplexe Koordination der bereits vorhandenen Instrumente an die Mitgliedstaaten weitergegeben wurde, ohne bereits auf gemeinschaftsrechtlicher Ebene eine Harmonisierung vorzunehmen. Eine der Hauptaufgaben des Monitoring wird daher sein, eine möglichst effektive Bündelung der vorhandenen Umweltinformationsquellen vorzunehmen, um Doppel- oder Mehrfachprüfungen im Interesse aller Beteiligten möglichst gering zu halten.

II. Verhältnis zu anderen Gemeinschaftsvorschriften, Art. 11 SUP-RL

Besonderer Aufmerksamkeit bedarf im Rahmen der Umsetzung der SUP-RL das Verhältnis der Richtlinie gegenüber anderen Gemeinschaftsvorschriften.

1. Allgemeines Verhältnis zum Gemeinschaftsrecht

Laut Art. 11 Abs. 1 SUP-RL lassen Umweltprüfungen gemäß der SUP-RL die Anforderungen der UVP-RL sowie anderer Rechtsvorschriften der Gemeinschaft unberührt.

a) Ergänzende Funktion der SUP

Der SUP-RL kommt damit grundsätzlich subsidiäre Bedeutung zu. Soweit Gemeinschaftsrecht bereits eine der Richtlinie entsprechende Regelung für umweltprüfungspflichtige Pläne und Programme enthält, geht diese als lex specialis den allgemeinen Bestimmungen der Art. 4 ff. SUP-RL vor[546].

Darüber hinaus ersetzt die Durchführung einer SUP keine in sonstigem Gemeinschaftsrecht vorgeschriebenen Anforderungen an die Erstellung oder Ausarbeitung betroffener Pläne und Programme[547]. Dies gilt beispielsweise für die besonderen Anforderungen des Art. 12 der Seveso II-RL[548], nach denen die Mitgliedstaaten unter anderem sicherzustellen haben, dass in ihren Politiken der Flächenausweisung oder Flächennutzung und / oder anderen einschlägigen Politiken das Ziel, schwere Unfälle zu verhüten und ihre Folgen zu begrenzen, Be-

---

[546] Ebenso *Mathiesen*, European Environmental Law Review, 2003, S.37, 44.

[547] Art. 2 Abs. 5 der Öffentlichkeitsbeteiligungs-RL (Fn. 95) schließt umweltprüfungspflichtige Pläne und Programme i.S.d. SUP-RL von vornherein aus ihrem Anwendungsbereich aus. Insoweit kommt hier wiederum die Funktion der Richtlinie als Ergänzung der SUP-RL im Rahmen der Umsetzung der Aarhus-Konvention zum Ausdruck.

[548] Richtlinie 96/82/EG des Rates vom 9. Dezember 1996 zur Beherrschung der Gefahren bei schweren Unfällen mit gefährlichen Stoffen, ABlEG. Nr. L 10 vom 14. Januar 1997, S.13.

rücksichtigung findet. Diese Pflicht besteht auch dann, wenn entsprechende Gesundheitsaspekte bereits im Rahmen einer Umweltprüfung berücksichtigt werden. Die in Art. 12 Abs. 2 und Art. 13 Seveso II-RL vorgesehenen Formen der Behörden- und Öffentlichkeitsbeteiligung finden also kumulativ neben etwaigen Verpflichtungen aus Art. 6 SUP-RL Anwendung.

Art. 11 Abs. 1 SUP-RL lässt sich damit insbesondere entnehmen, dass der Umweltprüfung keine formelle Abschichtungsfunktion zukommt. Auf ähnliche Prüfungen außerhalb des Anwendungsbereichs der SUP-RL, insbesondere die Durchführung einer UVP[549], darf nicht unter Hinweis auf eine bereits durchgeführte SUP verzichtet werden[550]. Bei von der Europäischen Gemeinschaft mitfinanzierten Plänen und Programmen wird eine Umweltprüfung i.S.d. SUP-RL im Einklang mit den in den einschlägigen Gemeinschaftsvorschriften festgelegten besonderen Bestimmungen durchgeführt, Art. 11 Abs. 3 SUP-RL[551].

b) Verhältnis zwischen SUP-RL und UVP-RL

Nach Art. 11 Abs. 1 SUP-RL hat eine Umweltprüfung i.S.d. SUP-RL ausdrücklich keinen Einfluss auf die Anforderungen, die sich aus der UVP-RL ergeben.

(1) Anwendungsbereiche der Richtlinien

Diese deklaratorische Nennung der UVP-RL verdeutlicht ihr besonderes Verhältnis zur SUP-RL, die sich ihrerseits als komplementäre Maßnahme und thematische Ergänzung der Umweltverträglichkeitsprüfung für den Bereich der Pläne und Programme versteht[552]. Folgt man diesem Ansatz, so ergibt sich zwangsläufig, dass die Anwendungsbereiche von UVP-RL und SUP-RL zwar aneinander grenzen, sich jedoch nicht überschneiden. Abgrenzungsmerkmale sind die Begriffe des Projekts i.S.d. Art. 1 Abs. 2 UVP-RL einerseits bzw. der Pläne und Programme i.S.d. Art. 2 lit. a SUP-RL andererseits, wobei sich beide Begriffe gegenseitig ausschließen[553].

Zu beachten ist, dass sowohl UVP als auch SUP unselbständige Teile fachrechtlicher Verwaltungsverfahren sind. Maßgeblich für die Differenzierung ihrer Anwendungsbereiche ist, ob das jeweils einschlägige Fachverfahrensrecht eine Genehmigung i.S.d. Art. 1 Abs. 2 UVP-RL vorsieht, also eine behördliche

---

549 Siehe zu entsprechenden Befürchtungen *De Mulder*, elni review 2001, S.14, 19.

550 Vgl. bereits Gliederungspunkt D.I.3.a).

551 Siehe zur Einbeziehung der von der Europäischen Gemeinschaft mitfinanzierten Pläne und Programme in den Anwendungsbereich der SUP-RL Gliederungspunkt C.I.3.

552 Begründung des Gemeinsamen Standpunkts (Fn. 38), S.19; vgl. auch das Merkmal der rahmensetzenden Wirkung für die künftige Genehmigung uvp-pflichtiger Projekte, Gliederungspunkt C.II.2.b).

553 Dies verkennt *Porger*, Aktuelle Entwicklungen im Bereich der Plan-UVP, in: *Spannowsky / Mitschang* (Hrsg.), UVP in der Bauleitplanung, S.177, 183.

Entscheidung, aufgrund derer der Projektträger das Recht zur Durchführung eines Projekts erhält. Darf der Vorhabenträger unmittelbar nach Abschluss des Verfahrens mit der Realisierung des Vorhabens beginnen, so liegt ein solches Genehmigungsverfahren vor, das gegebenenfalls um ein UVP-Verfahren ergänzt wird. Muss der Vorhabenträger hingegen auch nach Abschluss des Verfahrens vorerst noch von der Realisierung des Vorhabens absehen, so liegt ein Verfahren im Vorfeld einer Genehmigung vor. Einschlägig sind hier eventuell Vorschriften des Umweltprüfungsverfahrens. Eine Überschneidung der Anwendungsbereiche ist ausgeschlossen[554].

(2) Abschichtungsbedarf

Während zwischen den Anwendungsbereichen von UVP und SUP keine Berührungspunkte auftreten, besteht ein Koordinationsbedarf bezüglich der innerhalb der Umweltverträglichkeitsprüfung vorzunehmenden Prüfungsinhalte. Die Ebene der UVP stellt die letzte Stufe behördlicher Prüfungen von Umweltauswirkungen dar. Insofern ist in der Umweltverträglichkeitsprüfung stets die unterste Stufe einer Umweltprüfungs-Hierarchie zu sehen, die derselben Abschichtungsproblematik gegenübersteht, wie sie bereits im Rahmen von Plan- oder Programmhierarchien zu beobachten ist[555]. Es gilt zu vermeiden, dass bereits auf höherer Ebene im Rahmen einer Umweltprüfung durchgeführte Untersuchungen auf Ebene der UVP nochmals vorgenommen werden und somit ökonomisch unwirtschaftliche und ökologisch überflüssige Doppel- oder Mehrfachprüfungen auftreten.

Ort der Abschichtung sollte zunächst das vor einer Umweltverträglichkeitsprüfung durchgeführte Scoping nach Art. 5 Abs. 2 UVP-RL bzw. § 5 UVPG sein. Besonderer Betrachtung bedarf dabei der Aspekt, dass die Zusammenstellung der erforderlichen Umweltinformationen im UVP-Verfahren nach Art. 5 Abs. 1 UVP-RL bzw. § 6 Abs. 1 Satz 1 UVPG durch den Projektträger, also i.d.R. durch einen Privaten erfolgt, während im Umweltprüfungsverfahren der Planungsträger aufgrund der Beschränkung des Art. 2 lit. a SUP-RL auf behördliche Pläne und Programme stets öffentlich-rechtlicher Art ist. Ein Rückgriff der für das UVP-Verfahren zuständigen Behörde auf die Erkenntnisse aus vorangegangenen Umweltprüfungsverfahren sollte es bei der Festlegung des Untersuchungsrahmens ermöglichen, relevante Umweltgesichtspunkte besser zu identifizieren und Untersuchungen entsprechend zu bündeln.

Die Hauptlast der Abschichtung wird jedoch den Projektträger treffen. Dieser kann Mehrfachprüfungen und damit unnötige Kosten verhindern, indem er auf die Ergebnisse von Umweltprüfungen auf höheren Ebenen, insbesondere auf die Umweltberichte, zurückgreift. Diese Umweltinformationen stehen dem Projekt-

---

554 Das Genehmigungsverfahren als Schnittstelle zwischen SUP und UVP sehen auch *Stüer*, UPR 2003, S.97, 102; *Pietzcker / Fiedler*, DVBl. 2002, S.929, 930 f.

555 Vgl. hierzu Gliederungspunkt D.I.3.

träger aufgrund der Veröffentlichung der Verfahrensergebnisse nach Art. 9 Abs. 1 SUP-RL in jedem Fall zur Verfügung. Umweltprüfungsverfahren tragen damit neben ihrem ökologischen Nutzen und der Akzeptanzsteigerung betroffener Pläne und Programme auch zu einer Entlastung der Projektträger im Rahmen nachfolgender UVP-Verfahren bei. Die Verwertbarkeit einer vorangegangenen Umweltprüfung für einen Vorhabenträger hängt freilich von Detailschärfe und Aktualität der gesammelten Informationen ab. Insoweit nimmt das Abschichtungspotential ebenso wie im Rahmen von Plan- oder Programmhierarchien mit abnehmender Detailliertheit und zunehmendem Zeitablauf tendenziell ab[556].

2. Verhältnis der SUP zu anderen gemeinschaftsrechtlichen Prüfungen von Umweltauswirkungen, Art. 11 Abs. 2 SUP-RL

Nach Art. 11 Abs. 2 SUP-RL können die Mitgliedstaaten bei Plänen und Programmen, bei denen sich eine Verpflichtung zur Durchführung einer Prüfung der Umweltauswirkungen sowohl aus der SUP-RL als auch aus anderen Rechtsvorschriften der Gemeinschaft ergibt, koordinierte oder gemeinsame Verfahren, welche die Anforderungen der einschlägigen Rechtsvorschriften der Gemeinschaft erfüllen, vorsehen. Motivation ist insbesondere das im Rahmen der SUP-RL durchweg verfolgte Ziel der Vermeidung von Mehrfachprüfungen.

Mit dieser im Rahmen des Gemeinsamen Standpunkts eingefügten Vorschrift bezweckte der Rat eine stärkere Rationalisierung jener Fälle, in denen sich aus verschiedenen Rechtsvorschriften mehrfach die Verpflichtung zur Durchführung einer Umweltprüfung ergibt[557]. Solche Umweltprüfungspflichten können sich insbesondere aus der Pflicht zur Durchführung einer Verträglichkeitsprüfung eines Plans nach Art. 6 Abs. 3, 4 FFH-RL bzw. Art. 7 i.V.m. Art. 6 Abs. 3, 4 FFH-RL ergeben. Ebenso sieht beispielsweise Art. 5 der Richtlinie 2000/60/EG des Europäischen Parlaments und des Rates vom 23. Oktober 2000 zur Schaffung eines Ordnungsrahmens für Maßnahmen der Gemeinschaft im Bereich der Wasserpolitik (WRRL)[558] eine umfassende Prüfung von Umweltgesichtspunkten bei der Erstellung von Maßnahmenprogrammen i.S.d. Art. 11 WRRL vor[559].

a) Verhältnis der SUP zur FFH-Verträglichkeitsprüfung

Nachdem Art. 3 Abs. 2 lit. b SUP-RL sogar bei der Bestimmung des Anwendungsbereichs auf die FFH-RL zurückgreift, stellt sich naturgemäß die Frage nach dem Verhältnis zwischen den Verfahren der Umweltprüfung und der Verträglichkeitsprüfung.

---

[556] Siehe hierzu bereits Gliederungspunkt D.I.3.

[557] Vgl. die Begründung des Gemeinsamen Standpunktes (Fn. 38), S.22.

[558] Richtlinie 2000/60/EG (WRRL, Fn. 427).

[559] Erwägungsgrund 19 der SUP-RL nimmt in diesem Zusammenhang ausdrücklich Bezug auf die Vogelschutzrichtlinie, die FFH-RL sowie die WRRL.

(1) Gemeinsamkeiten

Gemeinsamer Ausgangspunkt beider als unselbständige Teile eines Trägerverfahrens konzipierter Verfahren ist die Prüfung von Umweltgesichtpunkten bei der Durchführung bestimmter Maßnahmen vor dem Hintergrund eines integrativen Ansatzes. Besondere Berücksichtigung findet dabei jeweils die Betrachtung kumulativer Umweltauswirkungen. Sinn und Zweck beider Verfahren ist die Vermeidung späterer Umweltbeeinträchtigungen durch eine präventive Prüfung auf Planungsebene, die dem gemeinschaftsrechtlichen Vorsorgeprinzip im Bereich des Umweltschutzes, Art. 174 Abs. 2 Satz 2 EGV, entspricht.

Daneben erstreckt sich die FFH-RL zwar über den Geltungsbereich der SUP-RL hinaus sowohl auf Pläne als auch auf Projekte, der Plan-Begriff selbst entspricht jedoch demjenigen des Art. 2 lit. a SUP-RL, so dass insoweit ein einheitlicher Anwendungsbereich vorliegt[560]. Zudem nehmen beide Richtlinien den Bereich der Politiken aus ihren Anwendungsbereichen aus.

(2) Unterschiede

Trotz der aufgezeigten Gemeinsamkeiten unterscheidet sich die Verträglichkeitsprüfung in wesentlichen Punkten von einer Umweltprüfung.

Während das Verfahren gemäß Art. 4 ff. SUP-RL die erheblichen Umweltauswirkungen im gesamten Einwirkungsbereich eines betroffenen Plans oder Programms im Blick hat, beschränkt sich eine Verträglichkeitsprüfung nach Art. 6 Abs. 3 FFH-RL lediglich auf die mögliche Beeinträchtigung eines geschützten Gebietes. Sonstige Umweltauswirkungen des Plans, die keinerlei Gebietsbezug aufweisen, sind unabhängig von ihrer Erheblichkeit niemals Prüfungsgegenstand. Sinn und Zweck der FFH-RL ist insofern nicht die Förderung eines allgemein hohen Umweltschutzniveaus, sondern der konkrete Schutz von Gebieten des Natura 2000-Netzes, um einen effektiven Habitatschutz zu gewährleisten und den Lebensraum für bestimmte bedrohte Tier- und Pflanzenarten zu wahren.

Zudem umfasst der Untersuchungsrahmen der SUP-RL nach Anhang I lit. f SUP-RL neben den voraussichtlichen Umweltauswirkungen auf Fauna und Flora eine Vielzahl anderer beachtlicher Aspekte wie etwa Auswirkungen auf die menschlich Gesundheit, klimatische Faktoren und das kulturelle Erbe. Im Rahmen der FFH-RL sind dagegen Auswirkungen auf die biologische Vielfalt, den Boden, das Wasser oder die Luft, wie sie in der SUP-RL Berücksichtigung finden, jeweils nur im Hinblick auf ihren Einfluss auf das geschützte Habitat relevant[561].

---

[560] Siehe Gliederungspunkt C.II.3.b).

[561] Gleiches gilt für das Verhältnis zwischen Verträglichkeitsprüfung und Umweltverträglichkeitsprüfung, vgl. *Fillbrandt*, Das Verhältnis der Umweltverträglichkeitsprüfung zur FFH-Verträglichkeitsprüfung, in: *Reiter* (Hrsg.), Neue Wege in der UVP, S.357, 358.

Daneben enthält die SUP-RL differenzierte Angaben zur Verfahrensausgestaltung, während sich die FFH-RL prozessualer Vorgaben weitgehend enthält. So sieht das Verfahren der Verträglichkeitsprüfung in Art. 6 Abs. 3 Satz 2 a.E. FFH-RL eine Anhörung der Öffentlichkeit nur „gegebenenfalls“ vor. Kriterien, die für eine solche Öffentlichkeitsbeteiligung sprechen, nennt die Richtlinie nicht, ebenso fehlen Ansätze einer grenzüberschreitenden Verfahrensabstimmung. Daraus ergibt sich, dass den Mitgliedstaaten ein weiter Ermessensspielraum hinsichtlich der Einführung von Elementen der Öffentlichkeitsbeteiligung in das Verfahren der Verträglichkeitsprüfung gewährt wird. Demgegenüber sind die Art. 6 und 7 SUP-RL elementare Bestandteile des Umweltprüfungsverfahrens und von den Mitgliedstaaten nicht zuletzt als Umsetzung der einschlägigen Anforderungen der Aarhus-Konvention zwingend umzusetzen.

Maßgeblich für die praktische Anwendung sind schließlich die unterschiedlichen Rechtsfolgen, die sich aus der Umweltprüfung einerseits und der Verträglichkeitsprüfung andererseits ergeben. Während die Ergebnisse der Umweltprüfung nach Art. 8 SUP-RL lediglich bei der Entscheidungsfindung über den Plan oder das Programm zu berücksichtigen sind, resultiert die Beeinträchtigung von Schutzgebieten i.S.d. FFH-RL in einer grundsätzlich zwingenden Unzulässigkeit des Plans oder Projekts. Abweichungen sind lediglich im engen Rahmen der Ausnahmevorschrift des Art. 6 Abs. 4 FFH-RL möglich. Bei der Verträglichkeitsprüfung handelt es sich damit im Gegensatz zu den im Rahmen einer Abwägung überwindbaren Ergebnissen einer Umweltprüfung um ein scharfes Schwert zugunsten des gemeinschaftsrechtlichen Gebietsschutzes.

(3) Konsequenzen

Im Hinblick auf die Vermeidung unnötigen Verwaltungsaufwands besteht ein Bedürfnis, Verträglichkeitsprüfung und Umweltprüfung in einem gemeinsamen Verfahren zu bündeln. Dabei erscheint eine Koordinierung der Prüfungen aufgrund der vielen Parallelen grundsätzlich möglich, zwingende gemeinschaftsrechtliche Vorgaben dürfen jedoch nicht beschränkt, sondern müssen respektiert werden.

Nach der Systematik der SUP-RL enthält nicht jede Umweltprüfung zugleich eine Verträglichkeitsprüfung. Soweit es sich um einen Plan handelt, bedingt jedoch grundsätzlich jede Prüfung nach Art. 6 Abs. 3 FFH-RL gemäß Art. 3 Abs. 2 lit. b SUP-RL automatisch eine Umweltprüfung nach den Art. 4 ff. SUP-RL[562]. Davon ausgenommen sind lediglich solche Pläne, die zwar einer Verträglichkeitsprüfung i.S.d. FFH-RL unterliegen, welche aber einer der in Art. 3 Abs.

[562] Handelt es sich um ein Projekt, so besteht eventuell Koordinierungsbedarf zwischen den Vorgaben der FFH-RL und der UVP-RL. Eine Art. 3 Abs. 2 lit. b SUP-RL entsprechende Vorschrift, nach der jedes Projekt, dass einer Verträglichkeitsprüfung nach Art. 6 Abs. 3 FFH-RL unterliegt, zugleich einer Umweltverträglichkeitsprüfung unterworfen wird, sieht die UVP-RL indes nicht vor.

8, 9 SUP-RL ausdrücklich vom Anwendungsbereich der Richtlinie ausgenommenen Plan- oder Programmarten zuzuordnen sind[563]. Für diese Fälle bleibt es beim derzeitigen Verfahren der Verträglichkeitsprüfung allein nach Art. 6 Abs. 3, 4 FFH-RL[564]. Insgesamt bietet es sich daher an, ein um Elemente der Verträglichkeitsprüfung angereichertes Umweltprüfungsverfahren als Grundlage eines gemeinsamen Verfahrens auszuwählen[565].

Liegt ein Plan oder Programm gemäß Art. 2 lit. a SUP-RL vor, ist zunächst zu prüfen, ob eine obligatorische Umweltprüfungspflicht nach Art. 3 Abs. 2 SUP-RL vorliegt. Angesichts der Vorgaben des Art. 3 Abs. 2 lit. b SUP-RL ist in dieser Phase in der Regel ohnehin die Durchführung eines Screening hinsichtlich der Notwendigkeit einer Verträglichkeitsprüfung nach Art. 6 Abs. 3 FFH-RL geboten, so dass eine diesbezüglich verpflichtende Prüfung keinen erheblichen Mehraufwand bedeuten würde[566].

Falls ein Plan in der Folge sowohl umweltprüfungs- als auch verträglichkeitsprüfungspflichtig ist, so ist dem Umweltbericht neben den vorgeschriebenen Inhalten des Art. 5 Abs. 1 i.V.m. Anhang I SUP-RL ein zusätzlicher Abschnitt über die mögliche Beeinträchtigung eines Schutzgebietes i.S.d. FFH-RL beizufügen. Anhang I lit. d SUP-RL fordert in diesem Zusammenhang bereits die Darstellung sämtlicher relevanter Umweltprobleme, die sich auf Gebiete mit spezieller Umweltrelevanz beziehen, insbesondere solcher aufgrund der Vogel-

---

563 *Bunge*, Zur Harmonisierung von Umweltverträglichkeitsprüfung, strategischer Umweltprüfung, FFH-Verträglichkeitsprüfung und Raumverträglichkeitsprüfung, in: *Hendler / Marburger / Reinhardt / Schröder* (Hrsg.), Die strategische Umweltprüfung (UTR 76), S.191, 205, sieht in diesem Punkt Harmonisierungsbedarf, bescheinigt aber etwaigen Änderungsbestrebungen vor dem Hintergrund des zuvor höchst umstrittenen Anwendungsbereichs der SUP-RL zurecht nur wenig Erfolgsaussichten.

564 Die in der FFH-RL vorgenommene Aussparung von Plänen, die unmittelbar mit der Verwaltung der Schutzgebiete in Verbindung stehen, stellt keine Beeinträchtigung der SUP-RL dar, da Umweltprüfungspflichten nach Art. 3 Abs. 2 lit. a SUP-RL oder Art. 3 Abs. 3,4 SUP-RL hiervon unberührt bleiben und damit gewährleistet bleibt, dass Pläne oder Programme mit erheblichen Umweltauswirkungen stets einer Umweltprüfung unterzogen werden.

565 Im Ergebnis zustimmend *Bunge*, Zur Harmonisierung von Umweltverträglichkeitsprüfung, strategischer Umweltprüfung, FFH-Verträglichkeitsprüfung und Raumverträglichkeitsprüfung , in: *Hendler / Marburger / Reinhard / Schröder* (Hrsg.), Die strategische Umweltprüfung (UTR 76), S.191, 221 f.

566 Eine Differenzierung zwischen Plänen und Programmen mit obligatorischer oder konditionaler Umweltprüfung vor Durchführung dieses Screening, wie es *Bunge*, Zur Harmonisierung von Umweltverträglichkeitsprüfung, strategischer Umweltprüfung, FFH-Verträglichkeitsprüfung und Raumverträglichkeitsprüfung, in: *Hendler / Marburger / Reinhardt / Schröder* (Hrsg.), Die strategische Umweltprüfung (UTR 76), S.191, 208, vorschlägt, ist insoweit nicht zu empfehlen, da die obligatorische Umweltprüfung nach Art. 3 Abs. 2 lit. b SUP-RL ihrerseits vom Ergebnis des FFH-Screening abhängt, das Screening also bereits vor der Festlegung der Umweltprüfungspflichtigkeit stattfinden sollte.

schutzrichtlinie und der FFH-RL, so dass lediglich eine Ausweitung dieses Prüfungspunktes vorgenommen werden müsste. Zur Vermeidung von Mehrfachprüfungen kann dabei auf die Erkenntnisse über die voraussichtlich erheblichen Umweltauswirkungen gemäß Anhang I lit. f SUP-RL zurückgegriffen oder verwiesen werden, wobei jedoch die vorhandenen Informationen aus Sicht eines schutzgebietsbezogenen Ansatzes bewertet werden müssen. Maßgebliches Kriterium ist die Beeinträchtigung der Erhaltungsziele des jeweils geschützten Gebietes.

Als Bestandteil des Umweltberichts sind diese Informationen zudem in die Behörden- und Öffentlichkeitsbeteiligung nach Art. 6, 7 SUP-RL integriert. Insoweit stellt sich die SUP-RL als Ergänzung der FFH-RL dar, da im Gegensatz zum Wortlaut des Art. 6 Abs. 3 Satz 2 a. E. FFH-RL eine Verträglichkeitsprüfung von Plänen nun stets eine Öffentlichkeitsbeteiligung erfordert[567].

Beinhaltet die Umweltprüfung zugleich eine Verträglichkeitsprüfung, so bedarf es schließlich einer differenzierten Betrachtung der Rechtsfolgen des Verfahrens. Stellt die umweltprüfungspflichtige Planung eine Beeinträchtigung der Erhaltungsziele eines Schutzgebiets dar, so wird die Berücksichtigungspflicht des Art. 8 SUP-RL durch die grundsätzliche Unzulässigkeit der Planung nach Art. 6 Abs. 3 FFH-RL überlagert. Liegen Alternativlösungen vor, so hat sich der öffentlich-rechtliche Planungsträger gegen die beeinträchtigende Variante zu entscheiden. Art. 8 SUP-RL erlangt in dieser Konstellation erst dann wieder Geltung, wenn eine Ausnahme gemäß Art. 6 Abs. 4 FFH-RL anzunehmen ist. Zu prüfen ist hierbei, ob zwingende Gründe des überwiegenden öffentlichen Interesses einschließlich solcher sozialer oder wirtschaftlicher Art trotz ihrer beeinträchtigenden Wirkung für die Durchführung der Planung sprechen[568]. Noch strengere Anforderungen herrschen, falls es sich um die Beeinträchtigung eines Gebietes mit prioritären Lebensraumtypen bzw. Arten handelt.

Scheidet dagegen die Beeinträchtigung von Erhaltungszielen eines Schutzgebiets aus, findet die Berücksichtigungspflicht nach Art. 8 SUP-RL uneingeschränkte Anwendung.

Nach Inkrafttreten des Plans oder Programms unterliegt die Planung der Nachkontrolle i.S.d. Art. 10 SUP-RL. Die FFH-RL wird in dieser Hinsicht wiederum indirekt modifiziert und um ein Monitoring ergänzt, wobei inhaltliche Besonderheiten gegenüber sonstigen umweltprüfungspflichtigen Plänen und Programmen nicht entstehen.

---

[567] *Sangenstedt*, Die Bedeutung einer europäischen Richtlinie über die Prüfung der Umweltauswirkungen von Plänen und Programmen für das Fachplanungsrecht, in: *Ziekow* (Hrsg.), Planung 2000, S.27, 36, sieht darin u.a. Sinn und Zweck des Art. 3 Abs. 2 lit. b SUP-RL.

[568] Vgl. zur Ausnahmevorschrift des Art. 6 Abs. 4 FFH-RL *Europäische Kommission*, Natura 2000 - Gebietsmanagement, S.46 ff.; *Gellermann*, Natura 2000, S.88 ff. m.w.N.

b) Verhältnis der SUP zur Prüfung nach Art. 5 WRRL

Vor Festlegung eines Maßnahmenprogramms i.S.d. Art. 11 WRRL haben die Mitgliedstaaten eine Analyse der Flussgebietseinheiten gemäß Art. 5 i.V.m. Anhang II und III WRRL vorzunehmen. Diese Analyse beinhaltet eine Überprüfung der Auswirkungen menschlicher Tätigkeiten auf den Zustand der Oberflächengewässer und des Grundwassers sowie die Identifizierung signifikanter Beeinträchtigungen der genannten Gewässer, wobei die Ergebnisse der Analyse nach Art. 5 WRRL bei der Festlegung eines Maßnahmenprogramms zu berücksichtigen sind.

Art. 11 WRRL findet seine Umsetzung in § 36 WHG bzw. in den entsprechenden landesrechtlichen Vorschriften. Die Erstellung oder wesentliche Änderung eines Maßnahmenprogramms nach § 36 WHG fällt dabei unter die Voraussetzungen der Art. 2 lit. a i.V.m. Art. 3 Abs. 2 lit. a SUP-RL und unterliegt einer obligatorischen Umweltprüfung i.S.d. SUP-RL[569], so dass vor der Annahme entsprechender Programme sowohl eine Prüfung nach Art. 5 WRRL als auch eine Umweltprüfung i.S.d. Art. 4 ff. SUP-RL durchgeführt werden muss.

(1) Gemeinsamkeiten und Unterschiede

Beiden Verfahren ist gemein, dass sie Informationen über derzeit bestehende erhebliche Umweltauswirkungen sammeln und damit einen Überblick über den Umweltzustand eines bestimmten Gebietes liefern.

Unterschiedlich ist hingegen der Prüfungsumfang der beiden Instrumente. Während die SUP eine umfassende Prüfung erheblicher Umweltauswirkungen vorsieht, beschränkt sich die Analyse nach Art. 5 WRRL auf gewässerbezogene Umweltauswirkungen[570]. Daneben fordert Art. 5 Abs. 1 3. Spiegelstrich i.V.m. Anhang II WRRL eine wirtschaftliche Analyse der Wassernutzung, während ökonomische Aspekte bei der Erstellung des Umweltberichts keine Berücksichtigung finden. Der Hauptunterschied zwischen den Instrumenten liegt jedoch darin, dass Art. 5 WRRL nicht Teil eines konkreten Planerstellungsverfahrens ist, sondern ein vorgelagertes Instrument zur Bestimmung der allgemeinen Gewässersituation darstellt. Ein Planbezug wird erst im Nachhinein durch die Pflicht zur Berücksichtigung der Analyse im Rahmen des Verfahrens zur Erstellung der Maßnahmenprogramme gemäß Art. 11 Abs. 1 Satz 1 WRRL begründet. Ein Konflikt der Anwendungsbereiche von Art. 5 WRRL und Art. 4 ff. SUP-RL ist somit von vornherein ausgeschlossen.

---

569 Siehe *Hendler*, Gutachten, S.117 ff.; *Knopp*, NVwZ 2003, S.275, 279; *ders.* bereits in ZUR 2001, S.368, 379.

570 Vgl. hierzu den umfassenden Ansatz des Anhang I lit. f SUP-RL einerseits gegenüber den gewässerbezogenen Spezifizierungen des Anhangs II WRRL.

(2) Konsequenzen

Für die Erstellung oder wesentliche Änderung von Maßnahmenprogrammen nach Art. 11 WRRL bzw. § 36 WHG bedeutet dies, dass sowohl Analysen nach Art. 5 WRRL als auch Umweltprüfungen nach den Art. 4 ff. SUP-RL durchgeführt werden müssen.

Problematisch ist lediglich die Koordinierung der gesammelten Informationen. Insofern ist auf die allgemeinen Grundsätze der Abschichtung nach Art. 5 Abs. 3 SUP-RL zu verweisen, wonach der Planungsträger bei Erstellung des Umweltberichts auf verfügbare Umweltinformationen, die aufgrund anderer Rechtsvorschriften der Gemeinschaft gesammelt wurden, zurückgreifen kann. Auf diese Weise können Doppel- oder Mehrfachprüfungen gewässerbezogener erheblicher Umweltauswirkungen im Verhältnis zwischen Art. 5 WRRL und Art. 5 SUP-RL vermieden werden[571].

Hinsichtlich der Durchführung einer Öffentlichkeitsbeteiligung sieht Art. 14 WRRL zwar eine solche für Bewirtschaftungsprogramme vor, nicht jedoch für Maßnahmenprogramme gemäß Art. 11 WRRL. Letztere unterliegen demnach den allgemeinen Vorschriften der Art. 6, 7 SUP-RL[572]. Konsequenterweise nimmt daher Art. 2 Abs. 5 der Öffentlichkeitsbeteiligungs-RL[573] Pläne und Programme der WRRL ebenso wie die der SUP-RL von ihrem Anwendungsbereich aus.

3. Fazit

Obwohl die SUP-RL nach der Intention des Richtliniengebers als subsidiäres Instrument der Umweltfolgenabschätzung bereits bestehenden einschlägigen Gemeinschaftsvorschriften Vorrang einräumt, kommt ihr faktisch eine nicht unerhebliche Modifikationswirkung zu. Während im Verhältnis zur Umweltverträglichkeitsprüfung und zur Untersuchung nach Art. 5 WRRL lediglich ein inhaltliches Abschichtungsbedürfnis bestehen wird, das sich qualitativ nicht von der Abschichtungsproblematik innerhalb von Plan- und Programmhierarchien unterscheidet, bewirkt die SUP-RL eine erhebliche Veränderung des Verfahrens der Verträglichkeitsprüfung i.S.d. Art. 6 Abs. 3 FFH-RL. Letzteres wird durch Art. 3 Abs. 2 lit. b SUP-RL um Elemente der Öffentlichkeitsbeteiligung erweitert und einer Nachkontrolle i.S.d. Art. 10 SUP-RL unterworfen. Dadurch steigert sich das Bedürfnis nach einem einheitlichen Prüfungsverfahren, was vorzugswürdig in einem um Elemente der Verträglichkeitsprüfung angereichertem Umweltprüfungsverfahren umgesetzt werden sollte. Gemeinschaftsrechtlich

---

571 Der SEA Guidance (Fn. 114) schlägt beispielsweise zur Vermeidung von Doppelprüfungen die Bündelung der Behördenzuständigkeiten nach WRRL und SUP-RL vor, S.50, 9.16.

572 *Knopp*, ZUR 2001, S.368, 379.

573 Öffentlichkeitsbeteiligungs-RL (Fn. 95).

entscheidend ist dabei eine differenzierte Behandlung der Rechtsfolgen, um einerseits den strengen Vorgaben der FFH-RL Genüge zu tun, andererseits jedoch die Ergebnisoffenheit des rein verfahrensrechtlich ausgestalteten Umweltprüfungsverfahrens zu erhalten.

III. Begleitende Regelungen der SUP-RL, Art. 12 SUP-RL

Unter der Überschrift Informationen, Berichte und Überprüfung enthält Art. 12 SUP–RL begleitende Regelungen zur Umsetzung der SUP-RL.

1. Informationsaustausch, Art. 12 Abs. 1 SUP-RL

So findet nach Art. 12 Abs. 1 SUP-RL zwischen den Mitgliedstaaten untereinander sowie zwischen den Mitgliedstaaten und der Kommission ein Informationsaustausch über die Erfahrungen bei der Anwendung der SUP-RL statt.

Teil dieses Informationsaustausches ist neben einem wechselseitigen Erfahrungsaustausch im Zuge der nationalen Umsetzungsmaßnahmen die Erstellung eines Interpretationsleitfadens (SEA Guidance) durch die Kommission unter Mitarbeit der Mitgliedstaaten[574]. Dieses am 23. September 2003 veröffentlichte Dokument soll den Mitgliedstaaten bei der Umsetzung der Verpflichtungen aus der SUP-RL helfen und das Verständnis der sich aus der Richtlinie ergebenden Verpflichtungen fördern. Der Leitfaden enthält hierzu Konkretisierungen zum Anwendungsbereich, zum Verfahren der Umweltprüfung sowie zum Verhältnis der Richtlinie zu anderen Gemeinschaftsregelungen, während sich der mit dem Bereich des Monitoring befassende Abschnitt am Abschlussbericht des IMPEL Projekts zur Umsetzung von Art. 10 SUP-RL orientiert[575]. Zu beachten bleibt jedoch, dass dem Interpretationsleitfaden keine bindende Wirkung zukommt, da die rechtsverbindliche Auslegung des Gemeinschaftsrechts allein dem EuGH vorbehalten bleibt.

2. Qualitätssicherung des Umweltberichts, Art. 12 Abs. 2 SUP-RL

Art. 12 Abs. 2 SUP-RL gibt den Mitgliedstaaten auf, sicherzustellen, dass die Umweltberichte von ausreichender Qualität sind, um die Anforderungen der Richtlinie zu erfüllen. Eine korrespondierende Berichtspflicht an die Kommission impliziert dabei die Verpflichtung der Mitgliedstaaten, entsprechende Maßnahmen bezüglich der Qualität der Berichte zu ergreifen.

---

574 SEA Guidance (Fn. 114).

575 Abschlussbericht des IMPEL Projekts (Fn. 527).

a) Geschichte der Norm

Der Aspekt der Qualitätssicherung wurde erstmals durch den Gemeinsamen Standpunkt des Rates in die Richtlinie aufgenommen, wobei zunächst lediglich eine Berichtspflicht der Mitgliedstaaten eingeführt wurde. Die ausdrückliche Verpflichtung zur Sicherstellung der Qualität fand erst im Vermittlungsausschuss aufgrund eines entsprechenden Änderungsantrags des Europäischen Parlaments Eingang in den Wortlaut. Beweggrund hierfür war, dass eine Planungsentscheidung auf Grundlage eines mangelhaften Umweltberichts das Ziel der SUP-RL, die Entscheidungsfindung des Planungsträgers in Kenntnis sämtlicher relevanter Umweltabwägungen zu gewährleisten, verfehlt und daher zu vermeiden ist[576].

b) Qualitätssichernde Maßnahmen

Welcher Art solche qualitätssichernde Maßnahmen sein können, lässt die SUP-RL offen[577]. In Betracht käme etwa die mitgliedstaatliche Statuierung einer Informationsweiterleitungspflicht für im Rahmen des Scoping zu beteiligende Behörden i.S.d. Art. 6 Abs. 3 SUP-RL, da die Qualität des vom Planungsträger zu erstellenden Umweltberichts maßgeblich von der Bereitstellung hinreichender Informationen durch die Umweltbehörden abhängt.

Grundsätzlich obliegt es indes dem jeweiligen Planungsträger, je nach Einzelfall zu entscheiden, ob die ihm vorliegenden Informationen ausreichen, um ein Qualitätsniveau zu erreichen, das dem von der SUP-RL intendierten Sinn und Zweck des Umweltberichts genügt, oder ob zusätzliche Maßnahmen der Informationsgewinnung durchgeführt werden müssen. Anhaltspunkte sollen die allgemeinen Anforderungen an den Inhalt des Umweltberichts liefern, wie sie in Art. 5 Abs. 1 und Anhang I SUP-RL festgelegt sind[578], doch letztlich liegt es in der Hand des die Umweltprüfung durchführenden Planungsträgers, den im Einzelfall ausreichenden Qualitätsgrad festzulegen.

Die Mitgliedstaaten können im übrigen lediglich indirekt Einfluss auf die Qualität der Umweltberichte nehmen, indem sie beispielsweise den Qualitätsgrad des Umweltberichts als Gegenstand gerichtlicher Überprüfung im Wege des Rechtsschutzes zulassen, hilfestellende Leitlinien für den durchführenden Planungsträ-

---

[576] Siehe Änderungsantrag 20 der Empfehlung für die Zweite Lesung betreffend den Gemeinsamen Standpunkt des Rates im Hinblick auf den Erlass der Richtlinie des Europäischen Parlaments und des Rates über die Prüfung der Umweltauswirkungen bestimmter Pläne und Programme (Fn. 121).

[577] Zu qualitätssichernden Maßnahmen bei der UVP siehe *Hartlik*, Qualitätsmanagement in der Umweltverträglichkeitsprüfung, in: *Storm / Bunge* (Hrsg.), HdUVP, Band 2, Kennzahl 6500, Stand: April 2003.

[578] So der SEA Guidance (Fn. 114), S.32, 6.4.

ger anbieten oder unabhängige Überprüfungsinstanzen schaffen, welche die Qualität eines Umweltberichts im Einzelfall bewerten können[579].

Schließlich dürften mit zunehmenden Erfahrungswerten auch die Ergebnisse des in Art. 10 SUP-RL vorgeschriebenen Monitoring zu einer Qualitätssteigerung der Umweltberichte führen. Erkenntnisse über zuvor bei der Erstellung von Umweltberichten oftmals übersehene oder unterschätzte erhebliche Umweltauswirkungen können im Rahmen künftiger Umweltberichte berücksichtigt werden, so dass der Nachkontrolle aus dieser Perspektive auch ein ergänzender, qualitätssichernder Charakter zugesprochen werden kann[580].

Zu beachten gilt, dass sich der Wortlaut des Art. 12 Abs. 2 SUP-RL nur auf die Qualität der Umweltberichte bezieht. Die effektive Durchführung sonstiger Verfahrensanforderungen, insbesondere der Öffentlichkeitsbeteiligung, ist nicht Gegenstand der expliziten Qualitätssicherungspflicht[581]. Soweit dies allerdings nicht bereits durch die Pflicht zur Schaffung einer effektiven Gelegenheit zur Stellungnahme i.S.d. Art. 6 Abs. 2 SUP-RL statuiert wird, obliegt den Mitgliedstaaten aufgrund der allgemeinen gemeinschaftsrechtlichen Treuepflicht nach Art. 10 Abs. 2 EGV ohnehin die Aufgabe, eine effektive Umsetzung der SUP-RL zu gewährleisten. Defizite im Rahmen der Öffentlichkeitsbeteiligung unterlägen insoweit den allgemeinen Regeln über die mangelhafte Umsetzung gemeinschaftsrechtlicher Richtlinien und bedürfen keiner gesonderten Regelung innerhalb der SUP-RL. Die besonderen Vorkehrungen zur Sicherung der Qualität der Umweltberichte zeigen lediglich, welche maßgebliche Bedeutung der Richtliniengeber dem Umweltbericht im Rahmen der SUP zumisst.

3. Evaluierungsberichte, Art. 12 Abs. 3 SUP-RL

Art. 12 Abs. 3 UAbs. 1 SUP-RL verpflichtet die Kommission vor dem 21. Juli 2006, also innerhalb von zwei Jahren nach Ablauf der Umsetzungsfrist der Richtlinie, dem Europäischen Parlament und dem Rat einen ersten Bericht über die Anwendung und Wirksamkeit der SUP-RL vorzulegen. Im Anschluss daran sollen alle sieben Jahre neue Evaluierungsberichte erstellt werden.

a) Inhalt des Eröffnungsberichts

Den Inhalt des Eröffnungsberichts konkretisiert Art. 12 Abs. 3 UAbs. 2 SUP-RL. Die Norm gibt der Kommission auf, falls angebracht, dem Bericht unter Berücksichtigung der bei der Anwendung der SUP-RL in den Mitgliedstaaten gesammelten Erfahrungen Vorschläge zur Änderung der SUP-RL beizufügen, um die Erfordernisse des Umweltschutzes gemäß Art. 6 EGV stärker in andere

---

[579] Vgl. SEA Guidance (Fn. 114), S.33, 6.5.

[580] Ebenso SEA Guidance (Fn. 114), S.46, 8.19.

[581] Dies verkennt *De Mulder*, elni review 2001, S.14, 19.

Politiken einzubeziehen. Der Richtliniengeber hat dabei explizit in den Wortlaut aufgenommen, dass die Kommission insbesondere die Möglichkeit in Erwägung zu ziehen habe, den Geltungsbereich der SUP-RL auszudehnen, um auch andere Bereiche/Sektoren und andere Arten von Plänen und Programmen abzudecken[582].

Art. 12 Abs. 3 UAbs. 2 SUP-RL fand erst im Wege des Gemeinsamen Standpunktes des Rates Eingang in den Wortlaut der Richtlinie, wobei dem Rat insbesondere die Möglichkeit der Ausdehnung des Geltungsbereichs der Richtlinie am Herzen lag[583].

b) Beeinträchtigung des Initiativrechts der Kommission ?

Problematisch erscheint, ob die Norm durch die Vorgabe etwaiger Änderungen der SUP-RL mit dem gemeinschaftsrechtlichen Initiativrecht der Kommission in Konflikt gerät.

Ausgangspunkt ist nach Inkrafttreten des Vertrages von Nizza Art. 175 Abs. 2 lit. b EGV, der nunmehr als Rechtsgrundlage für etwaige Änderungen der SUP-RL anzusehen ist[584]. Art. 175 Abs. 2 Satz 1 EGV sieht indes ein alleiniges Initiativrecht der Kommission vor. Rat und Europäischem Parlament steht es nicht zu, eigenständig einen Vorschlag für einen Rechtsakt vorzulegen.

Eine rechtlich bindende Verpflichtung der Kommission zur Vorlage einer SUP-Änderungsrichtlinie statuiert Art. 12 Abs. 3 SUP-RL indes nicht. Der Wortlaut spricht insofern von der Beifügung von Vorschlägen zur Änderung der Richtlinie „falls angebracht" sowie einem „in Erwägung ziehen" der Ausdehnung des Geltungsbereichs. Der Kommission verbleibt damit ein eigener Ermessensspielraum bei der Entscheidung über die Anregung einer Änderung der SUP-RL. Eine unzulässige Beeinträchtigung des Initiativrechts der Kommission liegt nicht vor.

c) Erweiterung des Geltungsbereichs auf Politiken ?

Eine mögliche Erweiterung der SUP-RL auf den Bereich der Politiken sieht der Wortlaut des Art. 12 Abs. 3 SUP-RL nicht vor. Einem entsprechenden Änderungsantrag des Europäischen Parlaments, der die Prüfung einer Ausdehnung insbesondere mit Blick auf die Politiken im Richtlinientext verankern wollte, wurde im Vermittlungsausschuss nicht entsprochen[585]. Eine erneute Debatte um eine Umweltprüfung von Politiken wurde damit vorerst vermieden.

---

582 Siehe zudem den gleichlautenden Erwägungsgrund 20 SUP-RL.

583 Vgl. die Begründung des Gemeinsamen Standpunktes (Fn. 38), S.22.

584 Zur veränderten Rechtsgrundlage nach Inkrafttreten des Vertrages von Nizza vgl. Gliederungspunkt B.III.4.

585 In der Begründung des Änderungsantrags forderte das Europäische Parlament, die Einbeziehung der verschiedenen Politiken in den Geltungsbereich der Richtlinie müsse bei ihrer

4. Verhältnis der SUP-RL zu den gemeinschaftlichen Strukturfonds

Die gemeinschaftlichen Strukturfonds i.S.d. Verordnungen (EG) NR. 1260/1999 und (EG) Nr. 1257/1999 werden nach Art. 3 Abs. 9 SUP-RL vorerst ausdrücklich vom Anwendungsbereich der SUP-RL ausgenommen[586]. Langfristig sollen Umweltprüfungen jedoch auch auf mitfinanzierte Pläne und Programme dieser Verordnungen Anwendung finden, weshalb die Ausnahmevorschrift des Art. 3 Abs. 9 SUP-RL bewusst auf die Pläne und Programme der laufenden Programmplanungszeiträume beschränkt wurde[587]. Vor diesem Hintergrund hat die Kommission frühzeitig vor Ablauf der jeweiligen Programmplanungszeiträume einen Bericht über den Zusammenhang zwischen den genannten Verordnungen und der SUP-RL vorzulegen, der bei der Ausarbeitung eines künftigen Kommissionsvorschlags für neue Vorschriften über die Strukturfonds im Einklang mit den Bestimmungen der SUP-RL berücksichtigt werden soll. Ziel ist dabei die Gewährleistung einer kohärenten Vorgehensweise zwischen SUP-RL und den zukünftigen Verordnungen über die gemeinschaftsrechtlichen Strukturfonds[588]. Art. 12 Abs. 4 SUP-RL soll insoweit etwaigen Missverständnissen über die künftige Einbeziehung der auf den Strukturfondsverordnungen beruhenden Pläne und Programme vorbeugen[589].

Überprüfung höchste Priorität erhalten! Vgl. Änderungsantrag 21 der Empfehlung für die Zweite Lesung betreffend den Gemeinsamen Standpunkt des Rates im Hinblick auf den Erlass der Richtlinie des Europäischen Parlaments und des Rates über die Prüfung der Umweltauswirkungen bestimmter Pläne und Programme (Fn. 121).

586 Vgl. Gliederungspunkt C.II.5.a).

587 Für die Verordnung (EG) Nr. 1260/1999 des Rates ist dies der Programmplanungszeitraum 2000-2006, für die Verordnung (EG) Nr. 1257/1999 des Rates die Programmplanungszeiträume 2000-2006 bzw. 2000-2007.

588 Siehe *Sangenstedt*, Vorstellung und Bewertung der Richtlinie der EG zur Strategischen Umweltprüfung, in: *Reiter* (Hrsg.), Neue Wege in der UVP, S.235, 239 f.

589 Vgl. die Begründung des Gemeinsamen Standpunktes (Fn. 38), S.22.

F. Folgeprobleme der SUP-RL

Art. 13 Abs. 1 SUP-RL sieht eine Umsetzung der Richtlinie bis zum 20. Juli 2004 vor. Sollte dies nicht vollständig gelingen, stellt sich die Frage einer unmittelbaren Anwendbarkeit der Richtlinienbestimmungen. Zudem empfiehlt es sich, bereits jetzt einen ersten Ausblick auf mögliche Rechtsschutzaspekte des Umweltprüfungsverfahrens vorzunehmen, sowie die Möglichkeit einer Verlagerung der Umweltprüfungskosten auf Private zu betrachten.

I. Rechtsschutz im Rahmen der SUP-RL

Angesichts des Umsetzungsdefizits im Bereich des gemeinschaftsrechtlichen Umweltrechts richtet sich die Aufmerksamkeit regelmäßig auf die Ausgestaltung des Rechtsschutzes. Im Rahmen der SUP-RL stellt sich dabei neben allgemeinen Rechtsschutzerwägungen und ihrer Völkerrechtskonformität vor dem Hintergrund der dritten Säule der Aarhus-Konvention insbesondere die Frage, ob die bisherigen Erfahrungen bezüglich der Gewährung gerichtlichen Rechtsschutzes im Zusammenhang mit der Durchführung einer UVP auf die SUP zu übertragen sind.

1. Allgemeine Rechtsschutzerwägungen

Die Umweltprüfung ist, wie bereits die Umweltverträglichkeitsprüfung vor ihr, als unselbständiger Verfahrensteil konzipiert. Dementsprechend richtet sich der Rechtsschutz gegen eine fehlerhafte Umweltprüfung prozessual nach den Rechtsschutzmöglichkeiten gegen den jeweiligen Plan bzw. das jeweilige Programm.

Diese Rechtsschutzmöglichkeiten hängen ihrerseits von der Rechtsform des jeweiligen Plans oder Programms ab, wobei Pläne und Programme nach Art. 2 lit. a i.V.m. Art. 3 SUP-RL i.d.R. in Form von Rechtsverordnungen oder Satzungen ergehen, andere abstrakt-generelle Rechtsformen jedoch nicht ausgeschlossen sind. So wird beispielsweise der Bundesverkehrswegeplan als Verwaltungsvorschrift charakterisiert und unterliegt gerade aufgrund dieser Rechtsform einer Umweltprüfungspflicht i.S.d. SUP-RL[590].

---

[590] Aufgrund seiner Charakterisierung als Verwaltungsvorschrift handelt es sich bei der im Bundesverkehrswegeplan auftretenden Fortschreibungsklausel nicht lediglich um eine politische Absichtserklärung, sondern um eine verwaltungsinterne Rechtspflicht, siehe *Hendler*, Gutachten, S.71, 75; a.A. *Ronellenfitsch*, Kurzgutachten, S.28, 32, der eine Selbstbindung aufgrund einer jederzeit möglichen Aufhebungsmöglichkeit des Normgebers ablehnt; dem kann entgegnet werden, dass eine Selbstbindung eben bis zur Nutzung dieser Aufhebungsmöglichkeit dem Willen des Normgebers entspricht und nicht unter Hinweis auf eine ungewisse zukünftige Änderung ignoriert werden darf.

Einen lückenlosen Rechtsschutz gegenüber abstrakt-generellen Rechtsnormen gewährleistet das nationale Recht dabei nicht. So ist die verwaltungsgerichtliche Normenkontrolle nach § 47 VwGO in ihrem Anwendungsbereich beschränkt[591] und setzt zudem das Erfordernis der Verletzung einer subjektiven Rechtsposition voraus, die nicht alle umweltprüfungspflichtigen Pläne und Programme vermitteln[592]. Ebenso scheitert der Rechtsschutz gegen Verwaltungsvorschriften in der Regel an der mangelnden Außenwirkung der betreffenden Normen. Daneben existiert oftmals nur die Möglichkeit einer inzidenten Prüfung des Plans oder Programms aufgrund von Rechtsschutzmöglichkeiten gegen Pläne und Programme auf nachgeordneten Ebenen[593]. Diese Rechtslage steht freilich im Einklang mit dem verfassungsmäßigen Gebot effektiven Rechtsschutzes, da Art. 19 Abs. 4 GG die Einführung einer allgemeinen prinzipalen Normenkontrollklage nicht verlangt[594].

Besondere Rechtsschutzprobleme entstehen bei umweltprüfungspflichtigen Plänen und Programmen, die einem Gesetzgebungsverfahren zugeführt werden. Zu beachten ist dabei, dass die Erfolgsaussichten der Geltendmachung einer fehlerhaften Umweltprüfung nur gering sein werden, da der Gesetzgeber durch das Verfahren der Umweltprüfung in seiner parlamentarischen Entscheidungsfindung nicht gebunden wird. Eine vorgenommene Umweltprüfung vergrößert lediglich die Informationsbasis des Gesetzgebers, seine parlamentarische Entscheidungsfreiheit wird jedoch in keiner Weise beeinträchtigt[595]. Einfluss auf die Rechtmäßigkeit des jeweiligen Gesetzes kommt einer vor Einbringung des Plans oder Programms in das Gesetzgebungsverfahren durchgeführten fehlerhaften Umweltprüfung damit nicht zu. Es widerspräche vielmehr dem Grundsatz der Gewaltenteilung, wenn Gerichte die Rechtmäßigkeit formeller Gesetze von der Vollständigkeit der dem Gesetz zugrundeliegenden Informationsgrundlage abhängig machten.

2. Völkerrechtliche Vorgaben der Aarhus-Konvention

Eine Änderung der nationalen Rechtslage könnte indes durch völkerrechtliche Vorgaben der Aarhus-Konvention geboten sein. So intendiert die dritte Säule

---

[591] Nicht zum Gegenstand der verwaltungsgerichtlichen Normenkontrolle zählt Bundesrecht gleich welchen Ranges sowie untergesetzliche Rechtsvorschriften in Ländern, die nicht von der Ermächtigung des § 47 Abs. 1 Nr. 2 VwGO Gebrauch gemacht haben.

[592] Vgl. zur Außenwirkung der Vorschriften des Umweltprüfungsverfahrens Gliederungspunkt F.I.4.

[593] So etwa bei der Inzidentkontrolle eines Flächennutzungsplans im Rahmen der verwaltungsgerichtlichen Normenkontrolle eines Bebauungsplans.

[594] BVerfGE 31, 364, 367 ff., *Kopp / Schenke*, VwGO, § 47, Rn. 8 m.w.N.; a.A. *Hufen*, Verwaltungsprozessrecht, § 19, Rn. 5.

[595] Siehe Gliederungspunkt C.I.6.c).

der Aarhus-Konvention die Gewährung effektiven Rechtsschutzes in umweltrelevanten Entscheidungsverfahren und sieht in Art. 9 Aarhus-Konvention explizite Regelungen über den Zugang zu Gerichten vor. Als maßgebliche Norm für die Ausgestaltung der SUP-RL kommt dabei die Gewährung gerichtlichen Rechtsschutzes in Angelegenheiten der Öffentlichkeitsbeteiligung nach Art. 9 Abs. 2 Aarhus-Konvention in Betracht. Entsprechende Vorschriften finden sich in der SUP-RL indes nicht.

Tatsächlich beschränkt sich der Anwendungsbereich von Art. 9 Abs. 2 Aarhus-Konvention grundsätzlich nur auf Entscheidungen, Maßnahmen oder Unterlassungen, die zugleich unter Art. 6 Aarhus-Konvention fallen. Andere Vorschriften der Konvention werden nur einbezogen, soweit dies nach nationalem Recht vorgesehen wird[596]. Ob also Pläne und Programme i.S.d. Art. 7 Aarhus-Konvention unter das Regime des Art. 9 Abs. 2 Aarhus-Konvention fallen, liegt im freien Ermessen der Vertragsparteien[597]. Eine Pflicht zur Rechtsschutzgewährung bei Plänen und Programmen statuiert die Aarhus-Konvention somit nicht. Dementsprechend sieht auch die Öffentlichkeitsbeteiligungs-RL[598] innerhalb ihres Anwendungsbereichs keine Regelung über den Zugang zu Gericht vor, während die im gleichen Regelwerk enthaltenen Änderungen der UVP-RL (Art. 3 Abs. 7) sowie der IVU-RL (Art. 4 Abs. 4) mit Art. 10 a UVP-RL und Art. 15 a IVU-RL die Einführung entsprechender Vorschriften auf Projektebene vorsehen.

Darüber hinaus verzichtet das nach Inkrafttreten der SUP-RL verabschiedete SUP-Protokoll ebenso auf Regelungen über den Zugang zu Gerichten[599]. Vor dem Hintergrund der diesbezüglich weichen Vorgaben der Aarhus-Konvention konnten sich die Vertragsparteien des Protokolls nicht auf eine einheitliche Regelung einigen[600]. Eine völkerrechtliche Verpflichtung zur Aufnahme von Rechtsschutzvorschriften in die SUP-RL besteht somit nicht.

---

[596] Art. 9 Abs. 2 UAbs. 1 der Aarhus-Konvention lautet insoweit: „... to challenge the substantive and procedural legality of any decision, act or omission subject to the provisions of article 6 and, where so provided for under national law and without prejudice to paragraph 3 below, of other relevant provisions of this Convention."

[597] UNECE (Hrsg.), The Aarhus Convention: An Implementation Guide (Fn. 99), S.128; *Epiney*, ZUR Sonderheft 2003, S.176, 179.

[598] Öffentlichkeitsbeteiligungs-RL (Fn. 95).

[599] Siehe zum SUP Protokoll Gliederungspunkt B.IV.5.

[600] *Feldmann*, Die strategische Umweltprüfung im Völkerrecht, SEA Protokoll zur Espoo-Konvention, in: *Hendler / Marburger / Reinhardt / Schröder* (Hrsg.), Die strategische Umweltprüfung (UTR 76), S.27, 35.

3. Rechtsschutz im Rahmen der UVP

Aufgrund der systematischen Parallelen zwischen UVP und SUP liegt es nahe, einen Blick auf die Rechtsschutzmöglichkeiten im Zusammenhang mit der Durchführung von Umweltverträglichkeitsprüfungen zu werfen[601].

a) Beachtlichkeit von Mängeln und Drittwirkung

Unter Bezugnahme auf den reinen Verfahrenscharakter der Umweltverträglichkeitsprüfung behandelt das Bundesverwaltungsgericht das Unterlassen einer UVP bzw. Mängel innerhalb einer UVP als Verfahrensfehler, die nur dann die Rechtmäßigkeit der ergangenen Entscheidung beeinträchtigen, wenn sich der formelle Mangel auf die Entscheidung in der Sache ausgewirkt haben kann. Gefordert wird, dass nach den Umständen des Einzelfalls die konkrete Möglichkeit besteht, dass die Planungsbehörde ohne den Verfahrensfehler anders entschieden hätte[602]. In der Frage, ob den Bestimmungen der UVP-RL bzw. des UVPG drittschützende Wirkung zukommt, verneint das Bundesverwaltungsgericht zudem eine selbständig durchsetzbare Verfahrensposition[603]. Ein subjektiv-öffentliches Recht auf Durchführung einer Umweltverträglichkeitsprüfung wird abgelehnt. Maßgeblich ist, dass die Verfahrensanforderungen der UVP-RL lediglich dem öffentlichen Interesse an einer Förderung der ökologischen Informationsbasis dienen, so dass sich ein von der Allgemeinheit unterscheidbarer Personenkreis, dem die Durchführung einer UVP zugute kommen soll, grundsätzlich nicht bestimmen lässt[604].

Diese Auffassung geht konform mit der Einschätzung des EuGH, wenn der Gerichtshof in seiner *Großkrotzenburg*-Entscheidung darauf hinweist, dass die Pflicht der mitgliedstaatlichen Behörden zur unmittelbaren Anwendung der UVP-RL unabhängig davon zu bestimmen sei, ob die Richtlinie Rechte Einzelner begründe[605]. Hätte der EuGH der UVP-RL eine Drittwirkung zugeschrieben, so wäre diese Klarstellung überflüssig gewesen.

b) Sonderfall: Beteiligung der betroffenen Öffentlichkeit

Einer gesonderte Betrachtung bedürfen indes die Vorschriften der Art. 6 Abs. 2, 3 UVP-RL über die Beteiligung der „betroffenen Öffentlichkeit“ am Verfahren der UVP. Den individualrechtlichen Gehalt dieser Vorschrift ließ das Bundes-

---

601 Vgl. hierzu allgemein *Hien*, NVwZ 1997, S.422 ff.; *Bunge*, in: *Storm / Bunge* (Hrsg.), HdUVP, Band 1, Kennzahl 0600, § 12, Rn. 123, Stand: April 2003.

602 BVerwG, NVwZ 1994, 688, 689 f.; BVerwGE 100, 238, 252; sowie *Steinberg*, DÖV 1996, S.221, 228 jeweils m.w.N.

603 BVerwGE 98, 339, 361; *Hien*, NVwZ 1997, S.422, 425 m.w.N.

604 Vgl. *Schmidt-Preuß*, DVBl. 1995, S.487, 495.

605 EuGH vom 11. August 1995, Rs. C-431/92 (Großkrotzenburg), Rn. 26.

verwaltungsgericht ausdrücklich offen[606]. Tatsächlich legt die UVP-RL mit der Gruppe der betroffenen Öffentlichkeit einen von der Allgemeinheit abgrenzbaren Personenkreis fest, dem im Rahmen des UVP-Verfahrens spezielle Beteiligungsrechte zugesprochen werden. Der Geltendmachung dieser Rechte gegenüber einem Mitgliedstaat durch einen diesem Personenkreis zurechenbaren Betroffenen steht die Systematik der UVP-RL nicht entgegen.

c) Änderung der Rechtslage durch Art. 10 a UVP-RL ?

Daneben gilt es zu beachten, inwieweit die Änderung der UVP-RL in Umsetzung der Vorgaben der dritten Säule der Aarhus-Konvention die derzeitige Rechtslage beeinflussen wird. Die bis zum 25. Juni 2005 umzusetzende Öffentlichkeitsbeteiligungs-RL[607] ergänzt die UVP-RL um einen neuen Art. 10 a UVP-RL. Danach haben die Mitgliedstaaten im Rahmen ihrer innerstaatlichen Rechtsvorschriften sicherzustellen, dass Mitglieder der betroffenen Öffentlichkeit, die entweder ein ausreichendes Interesse haben oder, sofern das Verwaltungsverfahrensrecht bzw. Verwaltungsprozessrecht eines Mitgliedstaats dies als Voraussetzung erfordert, eine Rechtsverletzung geltend machen, Zugang zu einem Überprüfungsverfahren vor einem Gericht oder einer anderen auf gesetzlicher Grundlage geschaffenen unabhängigen und unparteiischen Stelle haben, um die materiellrechtliche und verfahrensrechtliche Rechtmäßigkeit von Entscheidungen, Handlungen oder Unterlassungen anzufechten, für welche die Bestimmungen der UVP-RL über die Öffentlichkeitsbeteiligung gelten. Der Anwendungsbereich des Art. 10 a UVP-RL beschränkt sich damit auf die Rechtsschutzmöglichkeiten der betroffenen Öffentlichkeit im Rahmen der Vorschriften zur Öffentlichkeitsbeteiligung, deren individualrechtlicher Gehalt auch bisher vom Bundesverwaltungsgericht nicht ausgeschlossen wurde. Außerhalb dieser Vorschriften bleibt die Systematik der UVP-RL unbeeinflusst, so dass von einer Änderung der bisherigen Rechtslage nicht auszugehen ist.

Ein originärer Einfluss des Art. 10 a UVP-RL auf die Auslegung der SUP-RL ist im übrigen abzulehnen, da er in seiner Funktion als Umsetzungsakt des Art. 9 Aarhus-Konvention gerade nicht dazu bestimmt ist, Einfluss auf die Rechtsschutzmöglichkeiten bei Plänen und Programmen zu nehmen. Die Einführung des Art. 10 a UVP-RL hat somit keine Auswirkungen auf die Interpretation der SUP-RL.

4. Übertragbarkeit auf die SUP-RL

Orientiert man sich an der Rechtsprechung des Bundesverwaltungsgerichts zur UVP-RL, so sind die entwickelten Grundsätze unmittelbar auf die Vorschriften zur Umsetzung der SUP-RL übertragbar.

---

606 BVerwGE 100, 238, 252.

607 Öffentlichkeitsbeteiligungs-RL (Fn. 95).

Ebenso wie der UVP-RL kommt der SUP-RL ein rein verfahrensrechtlicher Charakter zu[608]. Der Gemeinschaftsgesetzgeber hat darüber hinaus davon abgesehen, die SUP-RL um eigene Rechtsschutzvorschriften zu ergänzen, und verzichtete damit bewusst auf die Verwirklichung entsprechender Anregungen im Rahmen des Art. 9 Abs. 2 Aarhus-Konvention. Die Einführung weitergehender Rechtsschutzmöglichkeiten ist somit vom Richtliniengeber nicht intendiert.

Das Unterlassen einer gebotenen Umweltprüfung oder Mängel bei ihrer Durchführung werden nur dann die Rechtmäßigkeit des Plans oder Programms beeinflussen, wenn sich der formelle Mangel auf die Planungsentscheidung in der Sache ausgewirkt haben kann[609]. Diesbezüglich wird der Nachweis zu fordern sein, dass nach den Umständen des Einzelfalls die konkrete Möglichkeit bestand, dass der Planungsträger ohne den Mangel anders entschieden hätte.

Wie im Rahmen der Umweltverträglichkeitsprüfung ist dabei zu beachten, dass die Ergebnisse des Umweltprüfungsverfahrens nach Art. 8 SUP-RL bei der Planentscheidung lediglich zu berücksichtigen sind. Sofern Mängel innerhalb der Umweltprüfung nicht erheblichen Einfluss auf die Bewertung der Umweltgesichtspunkte innerhalb der Planungsentscheidung genommen haben, sie also nicht entscheidungserheblich waren, werden sie nicht zur Geltendmachung gerichtlichen Rechtsschutzes herangezogen werden können[610].

Soweit es um eine originäre drittschützende Position allein aus den Vorschriften des Umweltprüfungsverfahrens geht, wird eine selbständig durchsetzbare Verfahrensposition grundsätzlich zu verneinen sein, da die Verfahrensanforderungen der SUP mit der Schaffung einer möglichst optimalen ökologischen Informationsgrundlage grundsätzlich allein dem allgemeinen öffentlichen Interesse dienen. Ein von der Allgemeinheit differenzierter Personenkreis und damit die Möglichkeit der Gewährung subjektiv-öffentlicher Rechte findet sich lediglich im Bereich der Beteiligung der betroffenen Öffentlichkeit in Art. 6 Abs. 2, 4 SUP-RL. Außerhalb dieser Vorschrift scheidet ein individualrechtlicher Gehalt des Umweltprüfungsverfahrens aus.

5. Fazit

Die aufgezeigten Rechtsschutzdefizite sind letztlich Konsequenz des rein verfahrensrechtlichen Ansatzes der SUP-RL. Zwar bezweckt der Richtliniengeber durch die Umsetzung verschiedener Vorgaben der Aarhus-Konvention im Rah-

---

[608] So explizit Erwägungsgrund 9 SUP-RL.

[609] Kritisch *Otto*, Umweltverträglichkeitsprüfung von Plänen und Programmen, S.122 ff.

[610] Dagegen wohl im Sinne einer Vermutung der Beachtlichkeit aufgrund der SUP-Verfahrensausgestaltung, *Ginzky*, UPR 2002, S.47, 52. Somit wird sich der bereits im Rahmen der UVP begonnene Streit um die Relevanz von Verfahrensfehlern voraussichtlich mit identischer Argumentation auf der Ebene der SUP-RL wiederfinden.

men der SUP-RL eine stärkere Einbeziehung Privater in umweltrelevante Entscheidungsprozesse und trägt damit zu einer weiteren Instrumentalisierung der Gemeinschaftsbürger zum Schutze der Umwelt bei, der Schwerpunkt der Umweltprüfung liegt jedoch in der qualitativen Förderung behördlicher Planungsentscheidungen durch eine möglichst umfassende ökologische Informationsbasis. Insofern handelt es sich bei der SUP-RL weniger um ein Instrument zur Minderung des gemeinschaftlichen Vollzugsdefizits im Bereich des Umweltrechts, als vielmehr um ein Instrument zur indirekten Gewährleistung eines hohen Umweltschutzniveaus durch informierte Entscheidungen der mitgliedstaatlichen Entscheidungsträger.

Wie bei der Umweltverträglichkeitsprüfung stellt ein in allen Punkten effektiver Rechtsschutz somit nicht das Hauptinteresse des Richtliniengebers dar[611]. Es mag insoweit argumentiert werden, dass erst eine Verschärfung des Rechtsschutzes im Zusammenhang mit der Durchführung der Umweltprüfung zu einer nachweisbaren Verbesserung des Umweltschutzniveaus führen würde. Einer solchen Konzeption ist das Gemeinschaftsrecht indes nicht gefolgt, denn konkrete Verbesserungen des Umweltschutzniveaus im Einzelfall verlangt die SUP-RL nicht. Die Entscheidung des Richtliniengebers für eine Berücksichtigungspflicht gemäß Art. 8 SUP-RL und gegen eine besondere Gewichtung umweltrelevanter Planungsgesichtspunkte spricht vielmehr für eine bereits auf Gemeinschaftsebene angelegte eingeschränkte gerichtliche Kontrolldichte in Fragen fehlerhafter Umweltprüfungen. Soweit die relevanten Umweltgesichtspunkte im Rahmen der Planungsentscheidung hinreichend Berücksichtigung finden, spielen tatsächliche Mängel im Verfahren der Umweltprüfung eine zu vernachlässigende Rolle. Auch vor dem Hintergrund des „effet utile“-Grundsatzes wären eine eingeschränkte Beachtlichkeit von Verfahrensmängeln sowie eingeschränkte Rechtsschutzmöglichkeiten gegen fehlerhafte Umweltprüfungen daher nicht zu beanstanden.

II. Unmittelbare Anwendbarkeit der SUP-RL

Die Umsetzung der SUP-RL stellt sich für die nationalen Gesetzgeber sowohl auf Bundes- als auch auf Landesebene aufgrund der Vielzahl der betroffenen Normen und der Komplexität der gemeinschaftsrechtlichen Vorgaben als enorme Herausforderung dar. Trotz der frühzeitig begonnenen Anstrengungen seitens der zuständigen Bundes- und Landesministerien, insbesondere des Bundesumweltministeriums, ist vor dem Hintergrund des Ablaufs der Umsetzungsfrist am 21. Juli 2004 eine vollständige und nicht zu beanstandende Umsetzung der

---

[611] Auf die durch die UVP-RL vorgenommene Einbeziehung des Bürgers in Verwaltungsentscheidungen unabhängig von deren Individualschutz weist bereits *Masing*, Mobilisierung, S.23, 26, hin.

Richtlinie kaum zu erwarten[612]. Zu Verzögerungen führt insbesondere die föderale Struktur Deutschlands, in der viele umweltprüfungspflichtige Pläne und Programme in den Bereich der Gesetzgebungskompetenz der Länder fallen bzw. dem Bund lediglich eine Rahmengesetzgebungskompetenz zusteht. Verständlicherweise warten Landesgesetzgeber mit eigenen Umsetzungsaktivitäten grundsätzlich solange, bis sich die bundeseinheitlichen Vorgaben zur Umsetzung der Richtlinie hinreichend konkretisiert haben. Eine vollständige Umsetzung der Richtlinie wird jedoch erst vollzogen sein, wenn die Verfahren sämtlicher Pläne und Programme, die nach der SUP-RL einer Umweltprüfung zu unterziehen sind, unabhängig von der jeweiligen nationalen Regelungskompetenz den Anforderungen der Richtlinie entsprechen[613]. Insbesondere im Bereich der landesrechtlichen Umsetzung sind daher - durchaus unverschuldete - Verzögerungen über den Ablauf der Umsetzungsfrist hinaus zu erwarten.

Dabei ist Deutschland nicht der einzige Mitgliedstaat, der die SUP-RL nicht bis zum Ablauf der Umsetzungsfrist am 21.7.2004 umgesetzt haben wird. So werden voraussichtlich mit Zypern, der Tschechischen Republik, Dänemark, Irland, Lettland, Litauen, Malte, Slowenien und dem Vereinigten Königreich lediglich 9 von 25 Mitgliedstaaten die entsprechenden Umsetzungsakte rechtzeitig vollzogen haben.

Für den Fall einer nicht fristgerechten oder sonstigen mangelhaften Umsetzung der SUP-RL[614] stellt sich sodann zwangsläufig die Frage einer unmittelbaren Anwendbarkeit der Richtlinie.

---

612 Von Vertretern des Bundesumweltministeriums wurde zudem angeführt, dass der Start offizieller Gesetzgebungsarbeiten auf Bundesebene unter Berücksichtigung des Prinzips der Diskontinuität bewusst bis nach der Bundestagswahl vom 22. September 2002 verschoben wurde, um ihre Hinfälligkeit mit Beginn der neuen Legislaturperiode zu vermeiden, so *Lell*, uvp-report, Sonderheft zum UVP-Kongress 2002, S.11, 13.

613 Zweifel am Abschluss aller auf Bundes- und Landesebene erforderlichen Gesetzgebungsverfahren vor Ablauf der Umsetzungsfrist äußert auch *Sangenstedt*, Zum Stand der bundesrechtlichen Umsetzung der Richtlinie zur strategischen Umweltprüfung, in: *Hendler / Marburger / Reinhardt / Schröder* (Hrsg.), Die strategische Umweltprüfung (UTR 76), S.37, 41.

614 Eine möglicherweise mangelhafte Umsetzung könnte sich aus der bislang skeptischen Haltung einiger Bundesländer ergeben, die sich angesichts des befürchteten verwaltungstechnischen Mehraufwands einer Umweltprüfung im Rahmen der Umsetzung lediglich auf das Notwendigste beschränken wollen, vgl. *Lindemann*, Die Richtlinie zur strategischen Umweltprüfung aus gliedstaatlicher Sicht, in: *Hendler / Marburger / Reinhardt / Schröder* (Hrsg.), Die strategische Umweltprüfung (UTR 76), S.61, 63; demgegenüber strebt man auf Bundesebene eine gemeinschaftsrechtsfreundliche Umsetzung der Richtlinie an, vgl. *Sangenstedt*, Zum Stand der bundesrechtlichen Umsetzung der Richtlinie zur strategischen Umweltprüfung, in: *Hendler / Marburger / Reinhardt / Schröder* (Hrsg.), Die strategische Umweltprüfung (UTR 76), S.37, 44 f.

1. Unmittelbare Geltung vor Ablauf der Umsetzungsfrist

Eine unmittelbare Geltung vor Ablauf der Umsetzungsfrist, d.h. vor dem 21. Juli 2004, ist nach st. Rspr. des EuGH ausgeschlossen[615]. Sollten sich mitgliedstaatliche Planungsträger daher dazu entschlossen haben, unter Berücksichtigung des Art. 13 Abs. 3 Satz 2 SUP-RL Pläne und Programme, deren erster förmlicher Vorbereitungsakt vor dem 24. Juli 2004 erstellt wird, bereits vor diesem Datum einer Umweltprüfung zu unterziehen, so stellen die Vorschriften der SUP-RL hierfür keine geeignete Rechtsgrundlage dar[616].

2. Unmittelbare Geltung nach Ablauf der Umsetzungsfrist

Nach Ablauf der Umsetzungsfrist müsste die vom EuGH für die unmittelbare Anwendung von Richtlinien vorgesehene Voraussetzung der mangelhaften Umsetzung der Richtlinie sowie inhaltlich unbedingte und hinreichend genaue Richtlinienbestimmungen vorliegen[617]. Zu prüfen ist dabei nicht die Richtlinie als Ganzes, sondern die jeweilige Einzelbestimmung. Im Fall der SUP-RL müssten diese Voraussetzungen für den Anwendungsbereich, Art. 2 lit. a i.V.m. Art. 3 SUP-RL, sowie für die Bestimmungen über das Verfahren der Umweltprüfung, Art. 4 ff. SUP-RL gelten. Wie sich aus dem *Großkrotzenburg*-Urteil des EuGH zur unmittelbaren Anwendung der systematisch verwandten UVP-RL ergibt, unterlägen die zuständigen nationalen Behörden bei Vorliegen dieser Voraussetzungen den betreffenden Verfahrensregelungen der Richtlinie[618].

a) Inhaltliche Unbedingtheit

Inhaltlich unbedingt ist eine Richtlinienbestimmung, wenn sie vorbehaltlos und ohne Bedingung anwendbar ist und keiner weiteren Maßnahme der Organe der Mitgliedstaaten oder der Gemeinschaft bedarf[619]. Die genannten Bestimmungen

---

615 St. Rspr. des EuGH: EuGH vom 5. April 1979, Rs. 148/78 (Ratti), Rn. 43 f.; EuGH vom 3. März 1994, Rs. C-316/93 (Vaneetveld), Rn. 16 ff.; sowie u.a. *Ruffert*, in: *Ruffert / Calliess*, EUV / EGV, Art. 249, Rn. 73; *Biervert*, in: *Schwarze* (Hrsg.), EU-Kommentar, Art. 249, Rn. 29.

616 So auch *Storm*, Umweltrecht, S.217, Frage 323.

617 Ständige Rechtsprechung des EuGH, z.B. EuGH vom 5. April 1979, Rs. 148/78, Rn. 22; EuGH vom 27. Juni 1989, Rs. 50/88 (Kühne / Finanzamt München III), Rn. 23; EuGH vom 30. April 1996, Rs. C-194/94 (CIA Security International), Rn. 42; siehe *Ruffert*, in: *Calliess / Ruffert*, EUV / EGV, Art 249, Rn. 73 ff. m.w.N.; ebenso das Bundesverfassungsgericht in BVerfGE 75, 223, 237 f.

618 EuGH vom 11. August 1995, Rs. C-431/92 (Großkrotzenburg), Rn. 39 f.

619 EuGH vom 3. April 1968, Rs. 28/67 (Molkerei-Zentrale / Hauptzollamt Paderborn), Slg. 1968, S.215, 230 f.; EuGH vom 4. Dezember 1974, Rs. 41/74 (van Duyn / Home Office), Rn 13 f.; EuGH vom 12. Mai 1987, Verb. Rs. 372-374/85 (Traen), Rn. 25; EuGH vom 20. September 1988, Rs. 31/87 (Beentjes / Niederländischer Staat), Rn. 43; EuGH vom 19. Januar

der SUP-RL zur Durchführung einer Umweltprüfung bei bestimmten Plänen und Programmen bedürfen grundsätzlich keiner weiteren Tätigkeit eines Gemeinschaftsorgans. Der Inhalt der Richtlinie wird vielmehr mit Erlass des jeweiligen Umsetzungsaktes der Mitgliedstaaten ohne weitere zusätzliche Zwischenakte wirksam. Ausgenommen hiervon sind indes diejenigen Vorschriften zum Geltungsbereich der Richtlinie, in denen den Mitgliedstaaten ein Ermessen bezüglich der Einbeziehung von bestimmten Plänen und Programmen in den Anwendungsbereich der Richtlinie gewährt wird.

Umfasst sind davon einerseits im Rahmen des sachlichen Anwendungsbereichs die fakultativen Umweltprüfungen nach Art. 3 Abs. 3 und 4 SUP-RL, weshalb die Unbedingtheit des Anwendungsbereichs stets ausgeschlossen ist, wenn es sich um einen Plan oder um ein Programm handelt, bei dem lediglich die Nutzung kleiner Gebiete auf lokaler Ebene festlegt wird, bei dem lediglich eine geringfügige Änderung eines unter Art. 3 Abs. 2 SUP-RL fallenden Plans oder Programms auftritt oder bei dem Art. 3 Abs. 2 SUP-RL von vornherein nicht anwendbar ist. Sollte nämlich ein Plan oder Programm i.S.d. Art. 3 Abs. 3 oder 4 SUP-RL vorliegen, so bedürfte es eines weiteren Zwischenaktes des Mitgliedstaates, namentlich der Einteilung der betroffenen Pläne und Programme nach den in Art. 3 Abs. 5 SUP-RL aufgezählten Vorgaben, um den Anwendungsbereich der SUP-RL abschließend festzulegen. Erforderlich für die Unbedingtheit der Richtlinienbestimmungen ist damit eine obligatorische Umweltprüfung nach Art. 3 Abs. 2 SUP-RL.

Andererseits müssen die Voraussetzungen der inhaltlichen Unbedingtheit ebenso für den zeitlichen Anwendungsbereich der Richtlinie gelten. So kann aufgrund des Ermessens der Mitgliedstaaten im Rahmen der Ausnahmeklausel des Art. 13 Abs. 3 Satz 2 SUP-RL für die dort genannten Pläne und Programme nicht von einer unbedingten Richtlinienbestimmung gesprochen werden. Insoweit müssen die im Rahmen des Art. 13 Abs. 3 Satz 2 SUP-RL vorgesehenen Mitwirkungsrechte der Mitgliedstaaten gewahrt bleiben.

Einer Unanwendbarkeit des Art. 13 Abs. 3 Satz 2 SUP-RL mag entgegen gehalten werden, Sinn und Zweck der unmittelbaren Anwendung einer Richtlinie liege in ihrer praktischen Wirksamkeit. Ein Mitgliedstaat solle aus einer mangelhaften Umsetzung keine Vorteile für sich ziehen und daher die Verletzung der Umsetzungspflicht des Art. 249 Abs. 3 EGV nach Treu und Glauben nicht gegenüber Dritten geltend machen dürfen. Nach dem gefundenen Ergebnis könnte ein Mitgliedstaat indes durch eine verzögerte Umsetzung einer „nachträglichen" Umweltprüfungspflichtigkeit von Plänen und Programmen i.S.d. Art. 13 Abs. 3 Satz 2 SUP-RL vollständig entgehen. Sollten solche Planungen bis zum Zeitpunkt der korrekten Umsetzung einer endgültigen Entscheidungs-

1982, Rs. 8/81 (Becker), Rn. 25; EuGH vom 23. Februar 1994, Rs. C-236/92 (Comitato di coordinamento per la difesa della Cava / Regione Lombardia), Rn. 9.

findung zugeführt oder in ein Gesetzgebungsverfahren eingebracht worden sein, so entfiele eine Umweltprüfung gänzlich, da diese nach Art. 4 Abs. 1 SUP-RL während der Ausarbeitung und vor der Annahme eines Plans oder Programms oder dessen Einbringung in das Gesetzgebungsverfahren vorgenommen werden muss. Ebenso deutlich wird dies an der Berücksichtigungspflicht nach Art. 8 SUP-RL, die auf bereits abgeschlossene Planungen unanwendbar wäre. Der Mitgliedstaat hätte sich daher einer grundsätzlich umweltprüfungspflichtigen Gruppe von Plänen und Programmen durch die verspätete Umsetzung der Richtlinie entledigt. Sinn und Zweck der SUP-RL sei es dagegen, alle Pläne und Programme mit erheblichen Auswirkungen auf die Umwelt einer Umweltprüfung zu unterwerfen.

Sähe man dagegen Art. 13 Abs. 3 Satz 2 SUP-RL nur insoweit als unbedingt an, als dass ein Mitgliedstaat für eine Gruppe von Plänen und Programmen, die grundsätzlich dem Anwendungsbereich der SUP-RL unterliegen, Ausnahmen vorsehen kann, so entfiele bei unmittelbarer Anwendung dieser Norm lediglich diese Ausnahmemöglichkeit. Als Konsequenz unterfielen alle Pläne und Programme i.S.d. Art. 13 Abs. 3 SUP-RL ausnahmslos dem Anwendungsbereich der Richtlinie, der damit zu Lasten des Mitgliedstaates erweitert wäre. Den Sanktionscharakter einer solchen Auslegung hatte der EuGH im *Basses Corbière*-Urteil noch als zusätzliche Motivation zur korrekten Umsetzung einer Richtlinie gebilligt[620].

Einer solchen Argumentation ist indes nicht zu folgen. Die Ausnahmevorschrift des Art. 13 Abs. 3 Satz 2 SUP-RL ist als Einheit aufzufassen und darf nicht beliebig gespalten werden. Der erweiterte Anwendungsbereich und die Ausnahmeklausel sind untrennbar miteinander verbunden und wurden als einheitliche Regelung vom Europäischen Parlament in die Verhandlungen eingebracht. Die mögliche Erweiterung des Anwendungsbereichs auf Pläne und Programme i.S.d. Art. 13 Abs. 3 Satz 2 SUP-RL wurde als bewusste Kompromissregelung im Vermittlungsverfahren zwischen Rat und Europäischem Parlament dem Richtlinientext hinzugefügt. Diese Kompromisslösung im Rahmen einer unmittelbaren Anwendung der Richtlinie in Einzelregelungen aufzuspalten widerspräche damit den Intentionen des Richtliniengebers. Insoweit ist die Ausnahmeklausel zugunsten der Mitgliedstaaten in Art. 13 Abs. 3 Satz 2 a.E. SUP-RL nicht lediglich als Sonderausnahme innerhalb des zweiten Satzes zu verstehen, sondern vielmehr stellt der gesamte Satz eine Ausnahme zum grundsätzlichen zeitlichen Anwendungsbereich des Art. 13 Abs. 3 Satz 1 SUP-RL dar.

---

620 EuGH vom 7. Dezember 2000, Rs. C-374/98 (Basses Corbières), Rn. 50 ff., wo für sog. faktische Vogelschutzgebiete die Anwendung der Ausnahmemöglichkeiten nach Art. 7 i.V.m. Art. 6 Abs. 2 bis 4 der FFH-RL abgelehnt wurde und damit für diese Gebiete ein strengeres Schutzregime angenommen wird als für korrekt ausgewiesenen Vogelschutzgebiete, vgl. Gliederungspunkt C.II.3.a)(2)(a).

Anders als in der *Basses Corbières*-Entscheidung des EuGH, in der die Ausweisung eines Vogelschutzgebietes wesentliches Element der praktischen Wirksamkeit der Vogelschutzrichtlinie war, wird die Wirksamkeit der SUP-RL durch die Frage der Einbeziehung der in Art. 13 Abs. 3 Satz 2 SUP-RL genannten Pläne und Programme in den Anwendungsbereich auch nicht wesentlich beeinträchtigt. Dem Grundsatz des „effet utile" wäre bereits mit der unmittelbaren Anwendbarkeit der Art. 4 ff SUP-RL auf Pläne und Programme i.S.d. Art. 13 Abs. 3 Satz 1 SUP-RL Genüge getan. Ein vermeintlicher Rückfall auf den von der Richtlinie als grundsätzlichen zeitlichen Anwendungsbereich vorgesehenen Zeitraum ab dem 21. Juli 2004 rechtfertigt keine über die Intention des Richtliniengebers hinausgehende Ausweitung des zeitlichen Anwendungsbereichs in der Art, alle in Art. 13 Abs. 3 Satz 2 SUP-RL genannten Pläne und Programme einzubeziehen. Aus dem Grundsatz, dass ein Mitgliedstaat keine Vorteile aus pflichtwidriger verzögerter Umsetzung einer Richtlinie ziehen sollte, darf nicht im Umkehrschluss auf eine stets eintretende Verschärfung der Richtlinienanforderungen im Falle einer Umsetzungsverzögerung geschlossen werden.

Für die unmittelbare Anwendung der Bestimmungen der SUP-RL zur Umweltprüfung wird daher eine inhaltliche Unbedingtheit nur bei Plänen und Programmen mit obligatorischer Umweltprüfung nach Art. 3 Abs. 2 SUP-RL anzunehmen sein, deren erster förmlicher Vorbereitungsakt gem. Art. 13 Abs. 3 Satz 1 SUP-RL nach dem 21. Juli 2004 erstellt worden sein wird.

b) Hinreichende Genauigkeit

Hinreichend genau ist eine Richtlinienbestimmung, wenn sie unzweideutig eine Verpflichtung begründet, also rechtlich in sich abgeschlossen ist und als solche von jedem Gericht angewandt werden kann[621]. Bei der Beurteilung der Umweltprüfungsvorschriften bietet sich aufgrund der systematischen Ähnlichkeiten wiederum ein vergleichender Blick auf die Rechtsprechung des EuGH zur unmittelbaren Anwendbarkeit der UVP-RL an. In seinem *Großkrotzenburg*-Urteil stellte der EuGH insoweit fest, dass die Art. 2, 3 und 8 der UVP-RL hinreichend klar und bestimmt seien und unmissverständlich konkrete Verpflichtungen festlegen würden, die von der nationalen Verwaltung von Amts wegen anzuwenden seien[622].

---

[621] EuGH vom 26. Februar 1986, Rs. 152/84 (Marshall I), Rn. 52; EuGH vom 4. Dezember 1986, Rs. 71/85 (Federatie Nederlandse Vakbeweging), Rn. 18; EuGH vom 23. Februar 1994, Rs. C-236/92 (Comitato di coordinamento per la difesa della Cava / Regione Lombardia), Rn. 10; EuGH vom 27. Juni 1989, Rs. 50/88 (Kühne / Finanzamt München III), Rn. 26; EuGH vom 22. Mai 1980, Rs. 131/79 (Santillo), Rn. 13; sowie *Ruffert*, in: *Calliess / Ruffert*, EUV / EGV, Art. 249, Rn. 76 m.w.N.

[622] EuGH vom 11. August 1995, Rs. C-431/92 (Großkrotzenburg), Rn. 37 ff.

(1) Art. 2 UVP-RL und Art. 3 Abs. 2 SUP-RL

Art. 2 Abs. 1 UVP-RL verpflichtet die Mitgliedstaaten die erforderlichen Maßnahmen zu treffen, damit vor Erteilung einer Genehmigung Projekte, bei denen mit erheblichen Auswirkungen auf die Umwelt zu rechnen ist, einer Umweltverträglichkeitsprüfung unterzogen werden. Diese Projekte sind in Artikel 4 UVP-RL definiert. Nach der Komplementärvorschrift des Art. 3 Abs. 1 SUP-RL sind die unter die Absätze 2 bis 4 fallenden Pläne und Programme, die voraussichtlich erhebliche Umweltauswirkungen haben, einer Umweltprüfung nach den Artikeln 4 bis 9 zu unterziehen. Dieser Regelungsauftrag entspricht dem Ziel des Art. 1 SUP-RL, Pläne und Programme mit voraussichtlich erheblichen Umweltauswirkungen einer Umweltprüfung i.S.d. SUP-RL zu unterwerfen. Da Art. 3 Abs. 3 und 4 SUP-RL aufgrund ihrer Bedingtheit nicht für eine unmittelbare Anwendung geeignet sind, ist lediglich die hinreichende Genauigkeit des Art. 3 Abs. 2 SUP-RL zu prüfen.

Im Hinblick auf die bereits eingehend besprochenen Probleme bei der Auslegung des Anwendungsbereichs nach Art. 2 lit. a i.V.m. Art. 3 Abs. 2 SUP-RL[623] könnten Zweifel an der Unmissverständlichkeit der diesbezüglichen Richtlinienregelungen aufkommen, denen jedoch letztlich nicht gefolgt werden kann. Die bloße Auslegungsbedürftigkeit von Richtlinienvorschriften vermag eine hinreichende Genauigkeit nicht auszuschließen. Solange die betreffende Norm der Konkretisierung durch juristische Auslegungsmethoden, die von jedem Gericht angewandt werden können, zugänglich ist, muss sie als hinreichend genau charakterisiert werden. Eine Zweideutigkeit der Vorschrift tritt vielmehr erst dann auf, wenn auch nach Anwendung juristischer Auslegungsgrundsätze kein klarer Regelungsauftrag an den Adressaten der Richtlinie ergeht.

Dies ist bei Art. 2 lit. a SUP-RL i.V.m. Art. 3 Abs. 2 SUP-RL nicht der Fall. Die Bestimmungen der Vorschriften sind wie gesehen einer Konkretisierung zugänglich, die dem nationalen Gesetzgeber eine richtlinienkonforme Anwendung ermöglichen. Der nach Art. 2 lit. a SUP-RL i.V.m. Art. 3 Abs. 2 SUP-RL beschriebene Anwendungsbereich ist somit hinreichend genau und zur unmittelbaren Anwendung geeignet.

(2) Art. 3 UVP-RL und Art. 2 lit. b, Art. 4-7, Art. 9 SUP-RL

Im Rahmen des Art. 3 UVP-RL sah es der EuGH als hinreichend genaue Regelung an, dass der Inhalt der Prüfung festgelegt wird, die Faktoren, denen hierbei Rechnung getragen werden muss, aufgezählt werden und der zuständigen Behörde ein gewisses Ermessen hinsichtlich der geeigneten Art und Weise der Durchführung der Prüfung nach Maßgabe jedes Einzelfalls eingeräumt wird[624]. Eine vergleichbare Regelungsdichte findet sich in der SUP-RL. Der Inhalt der

---

[623] Siehe Gliederungspunkte C.I und C.II.

[624] EuGH vom 11. August 1995, Rs. C-431/92 (Großkrotzenburg), Rn. 39.

Prüfung wird durch die Definition der Umweltprüfung in Art. 2 lit. b SUP-RL vorgegeben und in den Art. 4 bis 9 SUP-RL sowie in Anhang I der SUP-RL konkretisiert. Insbesondere durch die Vorgabe des Inhalts des Umweltberichts durch Art. 5 Abs. 1 i.V.m. Anhang I der SUP-RL werden den nationalen Planungsträgern unmissverständliche Verpflichtungen auferlegt. Wenn dabei in Art. 5 Abs. 2 SUP-RL der Umweltbericht auf Angaben beschränkt wird, die vernünftigerweise verlangt werden können, führt dieses den Mitgliedstaaten eingeräumte Ermessen bezüglich des im Scoping festgelegten Prüfungsumfangs nicht zu zweideutigen Verpflichtungen der mitgliedstaatlichen Planungsträger. Vielmehr wird diese Berücksichtigung der Verhältnismäßigkeit im Rahmen der Erstellung eines Umweltberichts durch weitere Kriterien in Art. 5 Abs. 2 SUP-RL ausreichend konkretisiert, namentlich durch die Berücksichtigung des gegenwärtigen Wissensstandes und aktueller Prüfungsmethoden, durch Inhalt und Detaillierungsgrad des Plans oder Programms, durch dessen Stellung im Entscheidungsprozess und sowie durch das Ausmaß, in dem bestimmte Aspekte zur Vermeidung von Mehrfachprüfungen auf den unterschiedlichen Ebenen dieses Prozesses am besten geprüft werden können.

Dabei ist darauf hinzuweisen, dass der den nationalen Behörden eingeräumte Ermessensspielraum anders als bei Ermessensentscheidungen im Rahmen des Anwendungsbereichs nicht zu einer die unmittelbare Anwendbarkeit der Norm hindernden Bedingtheit der Vorschrift führt. Die Verpflichtung des mitgliedstaatlichen Planungsträgers zur Durchführung einer Umweltprüfung erfolgt durch den Geltungsbereich der Art. 2 lit. a i.V.m. Art. 3 Abs. 2 SUP-RL unbedingt. Der im Rahmen des Scoping eröffnete Spielraum der Mitgliedstaaten bezieht sich lediglich auf die Ausgestaltung der Prüfung im Einzelfall, sozusagen auf das "wie" der Umweltprüfung. Für die unmittelbare Anwendung einer Richtlinie ist jedoch das "ob" der Anwendung der jeweiligen Richtlinienbestimmungen entscheidend, da die Souveränität der Mitgliedstaaten diesbezüglich gewahrt bleiben soll.

Vergleichbar konkrete Anforderungen wie in Art. 5 SUP-RL finden sich ebenso für die Ausgestaltung der Verfahrensanforderungen im Rahmen der Konsultationen nach Art. 6 und 7 SUP-RL sowie für die Modalitäten der Bekanntgabe der Entscheidung nach Art. 9 SUP-RL. Dies gilt insbesondere für die Festlegung der Öffentlichkeit gemäß Art. 6 Abs. 4 SUP-RL, die zwar grundsätzlich erst durch die Mitgliedstaaten zu erfolgen hat, welche aber aufgrund des in Art. 6 Abs. 4 2. Halbs. SUP-RL von der Richtlinie vorgegebenen Mindeststandards einer juristische Auslegung ohne weiteres offen steht. Den genannten Vorschriften ist daher eine hinreichende Genauigkeit zum Zwecke der unmittelbaren Anwendung zu attestieren.

(3) Art. 8 UVP-RL und Art. 8 SUP-RL

Art. 8 der UVP-RL sieht die Berücksichtigung der durch das Verfahren der Umweltverträglichkeitsprüfung erlangten Angaben im Rahmen des Genehmigungsverfahrens vor. Eine entsprechende Regelung findet sich in Art. 8 SUP-RL, in dem die Berücksichtigung des Umweltberichts, der abgegebenen Stellungnahmen und der Ergebnisse eventueller grenzüberschreitender Konsultationen bei der Ausarbeitung und vor der Annahme eines Plans oder Programms oder vor dessen Einbringung in das Gesetzgebungsverfahren angeordnet wird. Insoweit ist auch hier von einer hinreichenden Genauigkeit nach den Kriterien des EuGH auszugehen.

3. Grenzen der unmittelbaren Anwendung der SUP-RL

Nach ständiger Rechtsprechung des EuGH wird die unmittelbare Anwendung einer Richtlinie dadurch begrenzt, dass unmittelbare Verpflichtungen gegenüber privaten Gemeinschaftsbürgern nicht begründet werden dürfen[625]. Die entsprechenden Richtlinienvorschriften wirken stets nur gegenüber dem jeweiligen Mitgliedstaat unmittelbar[626].

Die Regelungen der SUP-RL richten sich jedoch ausschließlich an den jeweiligen Planungsträger des umweltprüfungspflichtigen Plans oder Programms. Wie sich aus der Definition des Begriffs "Pläne und Programme" in Art. 2 lit. a SUP-RL ergibt, kommt als solcher lediglich eine Stelle der öffentlichen Verwaltung in Betracht, wobei das Kriterium der "Behörde" rein private Planungen aus dem Anwendungsbereich der Richtlinie ausschließt. Die Belastung eines privaten Gemeinschaftsbürgers ist daher bereits aufgrund des Anwendungsbereichs der Richtlinie ausgeschlossen und steht der grundsätzlich unmittelbaren Anwendbarkeit der Umweltprüfungsvorschriften nicht entgegen.

4. Fazit

Die Vorschriften der SUP-RL bezüglich der obligatorischen Umweltprüfung nach Art. 3 Abs. 2 SUP-RL von Plänen und Programmen, deren erster förmlicher Vorbereitungsakt nach dem 24. Juli 2004 vorgenommen wird, sind im Falle mangelhafter und nicht fristgerechter Umsetzung unmittelbar anwendbar[627].

---

[625] EuGH vom 26. Februar 1986, Rs. 152/84 (Marshall I), Rn. 48; EuGH vom 12. Mai 1987, Verb. Rs. 372 bis 374/85 (Traen), Rn. 24; EuGH vom 11. Juni 1987, Rs. 14/86 (Pretore di Salò / X), Rn. 19, EuGH vom 8. Oktober 1987, Rs. 80/86 (Kolpinghuis Nijmegen), Rn. 9, EuGH vom 22. Februar 1990, Rs. C-221/88 (Busseni), Rn. 23, EuGH vom 13. November 1990, Rs. C-106/89 (Marleasing), Rn. 6; EuGH vom 26. September 1996, Rs. C-168/95 (Arcaro), Rn. 36 ff.; EuGH vom 4. Dezember 1997, Rs. C-97/96 (Daihatsu Deutschland), Rn. 24.

[626] *Ruffert*, in: *Calliess / Ruffert*, EUV / EGV, Art. 249, Rn. 78.

[627] Pauschal eine unmittelbare Anwendbarkeit ablehnend *Storm*, Umweltrecht, S.217, Frage 323; skeptisch *Mathiesen*, European Environmental Law Review (EELR) 2003, S.37, 47.

III. Kostentragung bei Durchführung einer SUP

In Anbetracht des erheblichen Aufwands, den die Vornahme einer Umweltprüfung erfordern kann, stellt sich unweigerlich die Frage der Kostentragung[628].

Grundsätzlich hat der Planungsträger die Kosten der Plan- oder Programmerstellung zu tragen. Im Falle der SUP ist dies aufgrund Art. 2 lit. a 1. Spiegelstrich SUP-RL in Gestalt der Behörde stets ein öffentlich-rechtlicher Planungsträger, was mit ein Hauptgrund für den erbitterten Widerstand des Bundesrates im Rahmen des Rechtsetzungsverfahrens der Richtlinie war. Private Dritte werden zunächst nicht in Anspruch genommen.

Angesichts der leeren Kassen der öffentlichen Haushalte werden die nationalen Gesetzgeber indes nach Möglichkeiten suchen, zumindest einen Teil der durch eine Umweltprüfung anfallenden Kosten auf private Projektträger abzuwälzen.

1. Rechtliche Rahmenbedingungen

a) Allgemeine Grundsätze des Verwaltungsvollzugs

Das Primärrecht sieht für den Verwaltungsvollzug von Maßnahmen nach den Art. 174 ff. EGV keine eigenständigen Regelungen vor. Ebenso wenig findet sich in der SUP-RL eine explizite Regelung zur Kostenverteilung.

Ein vergleichender Blick auf die Regelungen der UVP-RL zeigt, dass dort mit Art. 5 Abs. 1 UVP-RL bereits der Wortlaut explizit dem Projektträger die Last auferlegt, die in Anhang IV UVP-RL genannten umweltrelevanten Informationen zusammenzutragen und vorzulegen. Folglich verlangt § 6 Abs. 1 Satz 1 UVPG vom Vorhabenträger die Vorlage der entscheidungserheblichen Unterlagen über die Umweltauswirkungen vor Beginn des Zulassungsverfahrens. Wer also ein Projekt mit möglichen erheblichen Umweltauswirkungen realisieren möchte, dem obliegt es auch, die zur Prüfung des Vorhabens notwendigen Informationen unter Aufwendung eigener Finanzmittel zu beschaffen[629]. Bei der UVP werden die Kosten somit dem privaten Projektträger als Teil seiner Projektrealisierungskosten angelastet.

Fehlt es dagegen wie im Falle der SUP-RL an einer einschlägigen gemeinschaftsrechtlichen Regelung, so richtet sich der Vollzug nach nationalem Recht,

---

[628] Eine optimistischere wirtschaftliche Perspektive zeichnete noch *Feldmann*, Die Strategische Umweltprüfung – SUP, in: *Hartje / Klaphake* (Hrsg.), Umweltplanung, S.103, 113, die bei Durchführung einer SUP auf eine effizientere Planung verwies und daraus eine positive und stabilisierende Wirkung für Kapitalentscheidungen herleitete.

[629] Das nationale Amtsermittlungsprinzip (§ 24 VwVfG) bleibt gewahrt, da die Durchführung der UVP in der Hand der zuständigen Behörde verbleibt, vgl. *Haneklaus*, in: Hoppe (Hrsg.), UVPG, § 6, Rn. 2; sowie *Schneider*, Amtsermittlung, S.126 ff.

insbesondere dem nationalen Verwaltungsverfahrensrecht[630]. Dies ergibt sich aus dem Prinzip der begrenzten Einzelermächtigung und aus Art. 10 Abs. 1 Satz 1 EGV, der den Mitgliedstaaten die Pflicht auferlegt, die gemeinschaftlichen Verpflichtungen durch geeignete Maßnahmen besonderer Art zu erfüllen[631], wobei der insoweit eröffnete Gestaltungsspielraum der Mitgliedstaaten durch zwei vom EuGH entwickelte Grundsätze begrenzt wird. So dürfen die im nationalen Recht vorgesehenen Modalitäten nicht darauf hinauslaufen, die Verwirklichung der Gemeinschaftsregelung praktisch unmöglich zu machen (Beeinträchtigungsverbot bzw. Effektivitätsgrundsatz). Daneben haben die Mitgliedstaaten dafür zu sorgen, dass im Vergleich zu Verfahren, in denen über gleichartige, rein nationale Streitigkeiten zu entscheiden ist, keine Diskriminierung auftritt (Diskriminierungsverbot bzw. Äquivalenzgrundsatz)[632]. Diese Grundsätze sind daher bei einer nationalen Umsetzung stets zu beachten.

b) Rückgriff auf umweltrechtliche Prinzipien

Aufgrund des Mangels expliziter gemeinschaftlicher Regelungen bietet sich in der Frage der Kostenverteilung ein Rückgriff auf die allgemeinen umweltrechtlichen Prinzipien an.

(1) Verursacherprinzip, Art. 174 Abs. 2 Satz 2 EGV

Als einer der Leitgedanken der europäischen Umweltpolitik und als Ausdruck eines allgemeinen Rechtsgrundsatzes des Gemeinschaftsrechts findet sich in Art. 174 Abs. 2 Satz 2 EGV das Verursacherprinzip[633]. Als Kostenzurechnungsprinzip verstanden soll es zur Internalisierung externer Kosten und zur Verwirklichung des Grundsatzes der Kostenwahrheit beitragen[634], indem der Verursacher von Umweltbelastungen auch die Kosten ihrer Vermeidung und Beseitigung zu tragen hat[635].

Das Verursacherprinzip lässt sich indes nicht ohne weiteres auf das Verfahren der Umweltprüfung übertragen. Problematisch ist zunächst, ob im Zusammenhang mit einer Plan- oder Programmerstellung überhaupt ein Verursacher von

---

[630] EuGH vom 21. September 1983, Verb. Rs. 205-215/82 (Deutsche Milchkontor), Rn. 17; *Kahl*, in: Calliess / *Ruffert*, EUV / EGV, Art. 10, Rn. 24.; *Streinz*, Europarecht, Rn. 482.

[631] *Oppermann*, Europarecht, Rn. 636; *Hatje*, in: *Schwarze* (Hrsg.), EU-Kommentar, Art. 10, Rn. 34, m.w.N.

[632] EuGH vom 21. September 1983, Verb. Rs. 205-215/82 (Deutsche Milchkontor), Rn. 19, 22 f.; *Streinz*, Europarecht, Rn. 482 ff.; *Kahl*, in: *Calliess / Ruffert*, EUV / EGV, Art. 10, Rn. 24, m.w.N.

[633] Engl.: „polluter – pays – principle".

[634] *Calliess*, in: *Calliess / Ruffert*, EUV / EGV, Art. 174, Rn. 35.

[635] *Jahns-Böhm*, in: *Schwarze* (Hrsg.), EU-Kommentar, Art. 174, Rn. 21, m.w.N.

Umweltbelastungen identifizierbar ist, der als Kostenschuldner in Betracht käme.

Die Funktion der vom Anwendungsbereich der SUP-RL umfassten Pläne und Programme beschränkt sich in der Regel gerade nicht auf die Vermeidung oder Beseitigung von Umweltbelastungen, sondern dient der Ordnung verschiedenster gesellschaftlicher Bedürfnisse[636]. Der Bedarf an einer umweltprüfungspflichtigen Planung kann völlig unabhängig vom Vorliegen erheblicher Umweltauswirkungen entstehen. Der Planung immanent ist vielmehr ein dem Vorsorgeprinzip entsprechendes vorausschauendes Element, welches zukünftige Konflikte vermeiden möchte. Liegen jedoch zum Zeitpunkt der Planung noch keine Umweltbelastungen vor, so existiert zunächst auch kein Verursacher, der an den Verfahrenskosten zu beteiligen wäre.

Dem Planungsträger bliebe die Möglichkeit der Prognose zukünftiger Umweltbelastungen. I.S.d. Verursacherprinzips könnten potentielle Verursacher dafür in Anspruch genommen werden, dass durch die Durchführung einer Umweltprüfung künftige Umweltbelastungen vermieden werden. Dieser Ansatz begegnet indes zweierlei Bedenken.

Zum einen garantiert die Durchführung einer Umweltprüfung keineswegs die Vermeidung erheblicher Umweltauswirkungen des betroffenen Plans oder Programms. Die Ergebnisse der Prüfung werden nach Art. 8 SUP-RL bei der Annahme des Plans oder Programms bzw. der Einbringung in ein Gesetzgebungsverfahren lediglich berücksichtigt, d.h. die Planungsentscheidung des öffentlich-rechtlichen Planungsträgers kann auch zum Nachteil konkreter Umweltbelange ausfallen. Eine Vermeidungsleistung, die dem Verursacher in Rechnung gestellt werden könnte, tritt somit nicht zwingend ein.

Zum anderen lässt sich der Kreis der zukünftigen Verursacher von Umweltbelastungen schlichtweg nicht voraussagen. Umweltbelastungen sind stets einzelnen Projekten zuzurechnen. Anders als bei der UVP hat sich die Projektrealisierung eines privaten Vorhabenträgers jedoch im Stadium einer vorangehenden Planung in der Regel noch nicht soweit verfestigt, dass der öffentlich-rechtliche Planungsträger sie als Anhaltspunkt für seine Planung heranziehen könnte. Auf vorgelagerten Planungsebenen setzt der Planungsträger vielmehr selbst abstrakte Rahmenbedingungen, die auf die privaten Planungen der Projektträger Einfluss nehmen. Zudem erlangt der öffentlich-rechtliche Planungsträger in der Regel erst bei Einleitung des Projektzulassungsverfahrens Kenntnis von der Identität des Projektträgers, dem Standort der Projektrealisierung und voraussichtlich erheblichen Umweltauswirkungen des geplanten Projekts[637]. Ob private Kosten-

---

636 Siehe beispielsweise die Pläne und Programme der Raumordnung und der Verkehrsplanung.

637 Auf Unterschiede bei der Identifizierbarkeit der Vorhabenträger zwischen UVP und SUP weist bereits *Schmidt-Eichstaedt* hin, UPR 2000, S.401, 404.

schuldner in Betracht kommen und wer diese sind, klärt sich demnach erst auf der Ebene der Projektrealisierung und kann zunächst nicht zur Finanzierung einer Umweltprüfung in vorgelagerten Planungsverfahren herangezogen werden.

Die unmittelbare Übertragung des umweltrechtlichen Verursacherprinzips auf die Kostentragung eines Umweltprüfungsverfahrens erweist sich somit als unpraktikabel[638].

(2) Gemeinlastprinzip

Ist ein Rückgriff auf das Verursacherprinzip nicht möglich, kommt eine Finanzierung der Kosten der Umweltprüfungsverfahren nach dem Gemeinlastprinzip in Betracht. Nach diesem Prinzip tritt die öffentlich Hand an die Stelle der Verursacher und finanziert die Kosten des Umweltschutzes durch allgemeine Steuern[639].

Für eine solche Finanzierung durch den Staatshaushalt spricht der Grundsatz, dass der Planungsträger die Kosten der Planung selbst zu tragen hat. Die Umweltprüfung ist als unselbständiger Teil des Plan- oder Programmerstellungsverfahrens insoweit nicht anders zu behandeln als sonstige Verfahrensanforderungen, denen ein öffentlich-rechtlicher Planungsträger bei der Erstellung eines Plans oder Programms nachzukommen hat. Gleichwohl hat der öffentlich-rechtliche Planungsträger nach diesem Modell seine zusätzlichen Kosten selbst zu tragen, was seitens der nationalen Gesetzgeber voraussichtlich vermieden werden soll.

(3) Nutznießerprinzip

Möchte man auf das Gemeinlastprinzip verzichten, so kommt schließlich die Anwendung des sog. „Nutznießerprinzips" in Betracht. Das Nutznießerprinzip kehrt das Verursacherprinzip um und lässt die Begünstigten die Kosten der Umweltverbesserungen tragen[640]. Gegenüber dem Gemeinlastprinzip wird nicht die Allgemeinheit, sondern lediglich eine spezielle Gruppe von Nutznießern in Anspruch genommen.

Nutznießer einer SUP sind neben dem Planungsträger selbst, dem eine verbreiterte ökologische Informationsbasis zu Verfügung steht, alle Projektträger, die in nachfolgenden Zulassungsverfahren bei der Erstellung der für die Durchführung einer UVP benötigten Informationen auf die bereits erlangten Erkenntnisse der

---

638 Anders im Rahmen der UVP, wo die Regelung des § 6 Abs. 1 Satz 1 UVPG als Ausdruck des umweltrechtlichen Verursacherprinzips anerkannt ist; vgl. *Haneklaus*, in: *Hoppe* (Hrsg.), UVPG, § 6, Rn. 2; *Bunge*, in: *Storm / Bunge* (Hrsg.), HdUVP, Band 1, Kennzahl 0600, § 6, Rn. 7, Stand: April 2003; zu § 6 Abs. 1 Satz 1 UVPG siehe F.III.1.a)

639 *Cansier*, Umweltökonomie, S.137 ff.; *Wicke*, Umweltökonomie, S.157 f.; *Hartkopf / Bohne*, Umweltpolitik 1, S.112 f.; *Kloepfer*, Umweltrecht, § 4, Rn. 40.

640 *Cansier*, Umweltökonomie, S.148 ff.; *Wicke*, Umweltökonomie, S.159 ff. m.w.N.

vorgelagerten Umweltprüfung zurückgreifen können[641]. Die dadurch auch finanziell eintretende Entlastungswirkung würde eine Beteiligung dieser Projektträger an den Kosten der SUP rechtfertigen[642].

Indes ergeben sich auch bei einem solchen Ansatz Einwände. So darf nicht pauschal von der umfassenden Entlastungswirkung einer Umweltprüfung für eine folgende UVP ausgegangen werden. Wie bereits im Rahmen des Art. 4 Abs. 3 SUP-RL dargestellt, nimmt der Grad der Verwertbarkeit bereits gesammelter Informationen über den ökologischen Zustand eines Gebietes mit zunehmender Zeit ab[643]. Möchte man die Informationen für die Durchführung einer UVP nutzen, so kommt erschwerend hinzu, dass Umweltprüfungen auf höheren Planungsebenen aufgrund des abstrakteren Inhalts und Detaillierungsgrads der Pläne und Programme nur eingeschränkt für die Projektzulassung verwertbare Informationen aufweisen werden. Insofern bleibt abzuwarten, in welchem Maße und ob überhaupt eine spürbare Entlastungswirkung für private Projektträger eintritt.

Gleichwohl bietet sich die Inanspruchnahme uvp-pflichtiger Projektträger aus umweltpolitischer Sicht an. Im Gegensatz zu anderen Konstellationen, in denen durch die Anwendung des Nutznießerprinzips die von Umweltbelastungen Beeinträchtigten bzw. Geschädigten auch noch selbst für die Reduzierung dieser Belastungen zahlen müssen[644], fallen Nutznießer und Verursacher der Umweltbelastungen im Falle der Umweltprüfung zusammen. Scheiterte die unmittelbare Umsetzung des primärrechtlich verankerten Verursacherprinzips noch am nicht identifizierbaren Verursacherkreis zum Zeitpunkt des Umweltprüfungsverfahrens, so liefert die Durchführung einer UVP auf Projektebene hierfür einen hinreichenden Ansatzpunkt. Verantwortlich für erhebliche Umweltauswirkungen ist stets der Vorhabenträger des entsprechenden Projekts, der gleichzeitig von vorhandenen Informationen einer vorangegangenen Umweltprüfung profitiert. Eine solche Verbindung von Nutznießer- und Verursacherprinzip i.S.d. Art. 174 Abs. 2 Satz 2 EGV wäre umweltpolitisch wünschenswert und entspräche im übrigen dem Interesse der öffentlich-rechtlichen Planungsträger an einer Kostenreduzierung.

Als Ausnahme vom Grundsatz, dass die Planungsträger die Kosten ihrer Planung selbst zu tragen haben, bedarf es jedoch zur Realisierung dieses Ansatzes vor dem Hintergrund des Prinzips des Vorbehalts des Gesetzes einer expliziten Rechtsgrundlage. Die Umweltprinzipien selbst stellen dabei keine hinreichende

---

641 Nach Art. 6 Abs. 1 SUP-RL ist der Öffentlichkeit und damit insbesondere auch nachfolgenden Projektträgern der Umweltbericht zugänglich gemacht.

642 So bereits *Rühl*, UPR 2002, S.129, 132.

643 Siehe hierzu Gliederungspunkt D.I.3.

644 Das Nutznießerprinzip wird daher mitunter auch als „Geschädigtenprinzip" bezeichnet, vgl. *Wicke*, Umweltökonomie, S.159; *Kloepfer*, Umweltrecht, § 4, Rn. 43.

Rechtsgrundlage dar, da ihnen ohne eine gesetzliche Konkretisierung lediglich die Bedeutung von umwelt- und rechtspolitischen Handlungsmaximen zukommt[645].

2. Möglichkeiten einer Kostenverlagerung

Möchte man also eine steuerliche Finanzierung nach dem Gemeinlastprinzip soweit wie möglich vermeiden und private Projektträger an den Kosten des Umweltprüfungsverfahrens beteiligen, so bietet das nationale Recht im Rahmen der Bauleitplanung bei der Aufstellung eines vorhabenbezogenen Bebauungsplans gemäß § 12 Abs. 1 Satz 1 BauGB sowie auf Ebene der Raumordnungspläne in Form raumordnerischer Verträge nach § 13 Satz 5 ROG Ansätze einer Kostenverteilung nach Maßgabe des Nutznießerprinzips.

a) Kostenverlagerung nach § 12 Abs. 1 Satz 1 BauGB

Der vorhabenbezogene Bebauungsplan bietet im Bereich des Städtebaurechts die Möglichkeit einer Kooperation zwischen Gemeinden als öffentlich-rechtlichen Planungsträgern und privaten Projektträgern[646].

Nach § 12 Abs. 1 Satz 1 BauGB können Gemeinden einen vorhabenbezogenen Bebauungsplan erlassen, sofern ein Vorhabenträger auf Grundlage eines von ihm vorgelegten und mit der Gemeinde abgestimmten Vorhaben- und Erschließungsplans zur Durchführung der darin aufgeführten Maßnahmen bereit und in der Lage ist und sich kumulativ im Wege eines Durchführungsvertrags zur Durchführung innerhalb einer bestimmten Frist und zur vollen oder teilweisen Tragung der Planungs- und Erschließungskosten verpflichtet. Dabei unterliegt der vorhabenbezogene Bebauungsplan, soweit nicht ausnahmsweise Art. 3 Abs. 3 SUP-RL Anwendung findet, einer obligatorischen Umweltprüfungspflicht nach Art. 3 Abs. 2 lit. a SUP-RL[647].

Mit Hilfe des Durchführungsvertrags, der als öffentlich-rechtlicher Vertrag und Sonderfall eines städtebaulichen Vertrags i.S.d. § 11 Abs. 4 BauGB zu charakterisieren ist[648], wird es dem Planungsträger jedoch ermöglicht, seine Planungsko-

---

645 *Bender / Sparwasser / Engel*, Umweltrecht, Kapitel 1, Rn. 78; *Hoppe / Beckmann / Kauch*, Umweltrecht, § 1, Rn. 109; krit. *Kloepfer*, Umweltrecht, § 4, Rn. 2 ff.

646 Siehe allgemein zum vorhabenbezogenen Bebauungsplan auch die weiterführenden Literaturhinweise bei *Peine*, Baurecht, Rn. 531 ff.

647 Siehe *Hendler*, Gutachten, S.56; der Entwurf eines EAG Bau sieht eine pauschale Umweltprüfungspflichtigkeit von Bauleitplänen vor, von der auch der vorhabenbezogene Bebauungsplan umfasst wäre, vgl. Gliederungspunkt G.II.2.a)(1).

648 *Peine*, Baurecht, Rn. 534; *Krautzberger*, in: *Ernst / Zinkhahn / Bielenberg / Krautzberger*, Baugesetzbuch, Band 1, § 12, Rn. 23, 91, 97, Stand: Januar 2003; *ders.* in: *Battis / Krautzberger / Löhr*, Baugesetzbuch, § 12, Rn. 13; *Quaas*, in: *Schrödter* (Hrsg.), Baugesetzbuch, § 12, Rn. 25.

sten ganz oder zumindest teilweise auf den Vorhabenträger abzuwälzen. Während der private Vorhabenträger nach § 12 Abs. 1 Satz 1 BauGB schon für die Ausarbeitung und damit einhergehend für die Kosten des Vorhaben- und Erschließungsplans, der später Bestandteil des vorhabenbezogenen Bebauungsplans wird[649], verantwortlich ist, kann er sich zusätzlich zur Übernahme weiterer Planungskosten verpflichten[650]. Zu diesen Kosten kann auch der Aufwand für ein Umweltprüfungsverfahren nach den Vorgaben der SUP-RL zählen.

Eine einseitige Verpflichtung des privaten Projektträgers zur Übernahme solcher Planungskosten ist freilich nicht möglich. Die Erstellung eines vorhabenbezogenen Bebauungsplans kann nach § 12 Abs. 2 Satz 1 BauGB nur auf Antrag eines Vorhabenträgers erfolgen. Zudem bedarf der Durchführungsvertrag übereinstimmender Willenserklärungen, so dass eine Zwangsverpflichtung Privater zur Deckung der Umweltprüfungskosten durch den Planungsträger ausgeschlossen ist.

b) Kostenverlagerung nach § 13 Satz 5 ROG

Auf der dem Städtebaurecht vorgelagerten Ebene der Raumordnung bietet daneben § 13 Satz 5 ROG[651] die Möglichkeit, zur Vorbereitung und Verwirklichung von Raumordnungsplänen, d.h. sowohl für Raumordnungspläne i.S.d. § 8 ROG als auch für Regionalpläne i.S.d. § 9 ROG, vertragliche Vereinbarungen zu treffen[652].

Diese Raumordnungspläne sind grundsätzlich als umweltprüfungspflichtige Pläne und Programme gemäß Art. 3 Abs. 2 lit. a SUP-RL einzuordnen[653], womit

---

649 Der Vorhaben- und Erschließungsplan selbst unterliegt mangels einer rechtlichen Aufstellungspflicht keiner Umweltprüfung nach Art. 3 Abs. 2 lit. a SUP-RL, vgl. *Hendler*, Gutachten, S.56; sonstige Umweltprüfungspflichten scheitern jedenfalls an der fehlenden Rechtswirkung des Plans, da eine solche erst vom späteren vorhabenbezogenen Bebauungsplan ausgeht, vgl. *Quaas*, in: *Schrödter* (Hrsg.), Baugesetzbuch, § 12, Rn. 22, m.w.N.; *Porger* schlägt indes eine Umweltprüfung bereits auf Ebene des Vorhaben- und Erschließungsplans vor, selbst wenn lediglich der vorhabenbezogene Bebauungsplan einer SUP zu unterziehen ist, Aktuelle Entwicklungen im Bereich der Plan-UVP, in: *Spannowsky / Mitschang* (Hrsg.), UVP in der Bauleitplanung, S.177, 181.

650 *Krautzberger*, in: *Battis / Krautzberger / Löhr*, Baugesetzbuch, § 12, Rn. 20; *ders.*, in: *Ernst / Zinkhahn / Bielenberg / Krautzberger*, Baugesetzbuch, Band 1, § 12, Rn. 101, Stand: Januar 2003.

651 Jeweils i.V.m. den einschlägigen landesgesetzlichen Vorschriften.

652 Siehe ausführlich zum Instrument des raumordnerischen Vertrags nach § 13 Satz 5 ROG *Spannowsky*, Verwirklichung von Raumordnungsplänen; sowie *Grotefels / Lorenz*, UPR 2001, S.328 ff.

653 Siehe *Hendler*, Gutachten, S.52; wiederum eine fehlende Zugehörigkeit zu Art. 3 Abs. 2 lit. b SUP-RL bzw. Art. 3 Abs. 3 SUP-RL vorausgesetzt; Regionalpläne i.S.d. § 9 ROG unterliegen nur dann einer Umweltprüfungspflicht, soweit ihr Gebiet die Verflechtungsberei-

das Umweltprüfungsverfahren Bestandteil der Vorbereitung dieser Pläne und Programme wird. Da der Regelungsgegenstand eines raumordnerischen Vertrags auch Kooperationsverträge mit Privaten zur Vorbereitung und Übernahme bestimmter Teilaufgaben im Vorfeld der Raumordnungsplanung umfasst[654], steht es privaten Vorhabenträgern frei, die Finanzierung des Umweltprüfungsverfahrens auf diesem Wege zu übernehmen[655]. Einseitige Finanzierungsverpflichtungen durch den Planungsträger scheitern indes auch im Rahmen des raumordnerischen Vertrags nach § 13 Satz 5 ROG am notwendigen Einverständnis des privaten Vertragspartners.

3. Fazit

Den Mitgliedstaaten steht die Finanzierung der zusätzlichen Kosten eines Umweltprüfungsverfahrens durch das allgemeine Steueraufkommen i.S.d. Gemeinlastprinzips offen. Eine Vorsorge- und Nutznießerprinzip entsprechende Kostenverlagerung auf private Projektträger ist daneben nur in wenigen Fällen möglich, in denen sich private Investoren freiwillig zum Abschluss einer vertraglichen Vereinbarung mit öffentlich-rechtlichen Planungsträgern entschließen. Das nationale Recht bietet bisher solche Möglichkeiten im Rahmen des vorhabenbezogenen Bebauungsplans nach § 12 Abs. 1 Satz 1 BauGB und durch einen raumordnerischen Vertrag gemäß § 13 Satz 5 ROG. Ähnliche Finanzierungsmöglichkeiten in anderen Planungsbereichen könnten folgen. Ob allerdings die durch vertragliche Vereinbarungen eröffneten Anreize einer privaten Einflussnahme auf die planerische Tätigkeiten der öffentlich-rechtlichen Planungsträger sowie die Einsparpotentiale im Hinblick auf die von den Vorhabenträgern auf Projektebene zu leistenden Beiträge im Rahmen des UVP-Verfahrens ausreichen, um private Investoren zur Übernahme der entstehenden Kosten zu bewegen, bleibt abzuwarten. Voraussichtlich wird die Hauptlast der Kosten notwendiger Umweltprüfungsverfahren bei den öffentlich-rechtlichen Planungsträgern verbleiben.

---

che mehrerer Zentraler Orte oberster Stufe umfasst, da es ansonsten an einer rechtlichen Aufstellungspflicht mangelt; vgl. *Hendler*, Gutachten, S.48.

654 Vgl. *Spannowsky*, Verwirklichung von Raumordnungsplänen, S.3.

655 Zu Personen des Privatrechts als Vertragspartner eines raumordnerischen Vertrags siehe *Grotefels / Lorenz*, UPR 2001, S.328, 331

G. Konzeption einer bundesrechtlichen Umsetzung

Nach Art. 13 Abs. 1 Satz 1 SUP-RL ist die Richtlinie bis zum 20. Juli 2004 in nationales Recht umzusetzen. Maßgebliche Signalwirkung wird dabei der Einführung eines SUP-Stammgesetzes auf Bundesebene zukommen, während eine Novellierung des Baugesetzbuchs (BauGB) und des Raumordnungsgesetzes (ROG) die Vorgaben der SUP-RL für den Bereich der räumlichen Gesamtplanung umsetzen soll.

I. Kompetenzrechtlicher Rahmen

Zunächst gilt es, die Kompetenzlage zu klären und die nationale Umsetzung der SUP-RL dem jeweils zuständigen Bundes- oder Landesgesetzgeber zuzuordnen, da die Bundesrepublik Deutschland ihren aus Art. 249 Abs. 3 EGV ergebenden Umsetzungsverpflichtungen mit kompetenzwidrig erlassenen Umsetzungsakten nicht nachzukommen vermag.

Die SUP-RL geht, wie UVP-RL und IVU-RL zuvor[656], von einem integrierten Ansatz aus[657]. Das europäische Umweltrecht sieht insoweit eine medienübergreifende Betrachtung von Umweltauswirkungen vor, die mögliche Belastungsverlagerungen innerhalb der Umweltmedien in die Betrachtung der Umwelt aufnimmt und einen ganzheitlichen Überblick ermöglicht.

Diesem integrativen Ansatz steht keine einheitliche Gesetzgebungskompetenz im Bereich des Umweltschutzes gegenüber[658]. Vielmehr spiegeln die umweltrelevanten Gesetzgebungskompetenzen des Grundgesetzes den ehemals medienbezogenen Ansatz des nationalen Umweltrechts wieder und sehen je nach Umweltmedium unterschiedliche Kompetenzzuweisungen vor. So besteht etwa für die Bereiche der Abfallbeseitigung, der Luftreinhaltung und der Lärmbekämpfung nach Art. 74 Abs. 1 Nr. 24 GG eine konkurrierende Gesetzgebungskompetenz des Bundes, während für die Bereiche des Naturschutzes, der Landschaftspflege und des Wasserhaushalts lediglich eine Rahmengesetzgebungskompetenz nach Art. 75 Abs. 1 Nr. 3 und 4 GG vorgesehen ist, die durch ergänzende Gesetzgebungsmaßnahmen der Länder ausgefüllt werden muss[659].

---

[656] Vgl. zu den integrierten Ansätzen von UVP-RL und IVU-RL u.a. *Röckinghausen*, Integrierter Umweltschutz im EG-Recht (UTR 44), S.37 ff., 61 ff., 95 ff.; *Di Fabio*, NVwZ 1998, S.329, 333 ff.; *Schröder*, NuR 2000, S.481, 483 ff.

[657] Siehe insbesondere die Einbeziehung von Wechselwirkungen in Art. 5 Abs. 1 i.V.m. Anhang I lit. f SUP-RL.

[658] Ausführlich zur Gesetzgebungskompetenz von Bund und Ländern bei der Umsetzung von EG-Umweltrecht *Groß*, NWVBl. 2002, S.289 ff.

[659] *Sangenstedt* merkt hierzu an: „Was das EG-Recht mit medienübergreifenden Umweltschutzkonzepten zusammenführt, muss im deutschen Recht regelungstechnisch wieder sepa-

Neben dieser bei der Umsetzung europäischen Umweltrechts oftmals zu beobachtenden Problematik verschärfen sich die Schwierigkeiten im Zusammenhang mit der SUP-RL durch die Tatsache, dass der Richtlinie neben ihrem integrativen Ansatz bewusst eine politikübergreifende Wirkung im Sinne des Art. 6 EGV zukommen soll[660]. So beschränkt sich der Anwendungsbereich der SUP-RL in Art. 3 Abs. 2 lit. a SUP-RL nicht auf Pläne und Programme der Umweltplanung, sondern erstreckt sich darüber hinaus auch auf originär nicht umweltbezogene Bereiche wie Industrie, Telekommunikation, Fischerei, Fremdenverkehr und insbesondere den Verkehrsbereich. Eine Aufteilung der Gesetzgebungskompetenzen innerhalb des nationalen föderalen Systems wäre aufgrund der Konzeption der SUP-RL als themenübergreifender Querschnittsregelung daher selbst bei Vorliegen einer einheitlichen Umweltgesetzgebungskompetenz nicht zu verhindern gewesen.

Dabei gilt es zu beachten, dass die Systematik des Grundgesetzes mit der Verteilung der Gesetzgebungskompetenzen zwischen Bund und Ländern zugleich eine Aussage über die Intensität der möglichen Regelungen trifft. So dürfen Rahmenvorschriften des Bundes nach Art. 75 Abs. 2 GG nur in Ausnahmefällen in Einzelheiten gehende oder unmittelbar geltende Regelungen enthalten, während der Bund bei Vorliegen einer konkurrierenden Gesetzgebungskompetenz den Regelungsbereich abschließend ausfüllen darf.

Für die Umsetzung gemeinschaftsrechtlicher Richtlinien bedeutet dies, dass der Bundesgesetzgeber selbst nicht in allen Bereichen dazu in der Lage ist, den Umsetzungsverpflichtungen nach Art. 249 Abs. 3 EGV abschließend nachzukommen. Vielmehr ist er in Fällen einer Rahmengesetzgebungskompetenz des Bundes oder sogar einer ausschließlichen Gesetzgebungskompetenz der Länder auf ergänzende Umsetzungsaktivitäten auf Landesebene angewiesen.

---

riert und auf unterschiedlichen Ebenen geregelt werden", Zum Stand der bundesrechtlichen Umsetzung der Richtlinie zur strategischen Umweltprüfung, in: *Hendler / Marburger / Reinhardt / Schröder* (Hrsg.), Die strategische Umweltprüfung (UTR 76), S.37, 38 f.

660 So bereits eine Erklärung des Umwelt-Rats vom 4. März 2002 zur „Strategie für eine nachhaltige Entwicklung", Pressemitteilung 6592/02 zur 2413. Tagung des Rates – Umwelt, S.9; einsehbar auf der Homepage des Rates: http://ue.eu.int/Newsroom; ebenso *Calliess*, Verfahrensrechtliche Anforderungen der Richtlinie zur strategischen Umweltprüfung (SUP-RL), in: *Hendler / Marburger / Reinhardt / Schröder* (Hrsg.), Die strategische Umweltprüfung (UTR 76), S.153, 157 f.

II. Konsequenzen für die Umsetzung der SUP-RL

Die dargelegte verfassungsrechtliche Ausgangssituation hindert den Bundesgesetzgeber somit, sämtliche Vorgaben der SUP-RL im Rahmen einer abschließenden Voll- und Detailregelung umzusetzen. Der Gesetzgeber hat sich daher entschlossen, neben der Einführung eines grundlegenden SUP-Stammgesetzes auf Bundesebene der Umsetzung weitergehender Richtlinienvorgaben durch individuell erfolgende Novellierungen des jeweiligen Fachrechts auf Bundes- oder Landesebene nachzukommen.

1. Einführung eines SUP-Stammgesetzes

Nach Entstehungsgeschichte und Systematik der SUP-RL stellt die Umweltprüfung eine Ergänzung der Umweltverträglichkeitsprüfung für die vorgezogene Ebene der Pläne und Programme dar. Dementsprechend bestehen zwischen SUP-RL und UVP-RL eine Vielzahl von Parallelen, die den Bundesgesetzgeber letztlich dazu bewogen haben, bei der Umsetzung der SUP-RL auf das bewährte Regelungsmodell der Umweltverträglichkeitsprüfung zurückzugreifen[661].

Einem ausgegliederten „Allgemeinen Teil" gleichend sollen die Mindestanforderungen einer gemeinschaftsrechtskonformen Richtlinienumsetzung durch ein SUP-Stammgesetz festgelegt werden[662]. Aufgrund der inhaltlichen Nähe zwischen Umweltprüfung und Umweltverträglichkeitsprüfung ist dabei die Aufstockung des UVPG um ergänzende SUP-Vorschriften beabsichtigt, womit sich der Gesetzgeber zugleich gegen andere Möglichkeiten der Umsetzung, wie etwa die Schaffung eines eigenständigen SUP-Gesetzes, die Aufnahme der Umweltprüfung innerhalb der Verwaltungsverfahrensgesetze des Bundes und der Länder oder eine rein auf Ebene des Fachrechts stattfindende Umsetzung, entschieden hat[663]. Konkret werden sich die allgemeinen Vorschriften des Teil 1 des UVPG n.F. auf sämtliche Umweltprüfungen, d.h. die Umweltverträglichkeitsprüfung und die strategische Umweltprüfung beziehen, Teil 2 und Teil 3 werden jeweils Spezialvorschriften für UVP und SUP beinhalten. Teil 4 des UVPG n.F. sieht gesonderte Verfahrensvorschriften für einige spezielle prüfungspflichtige Berei-

---

[661] *Sangenstedt*, Zum Stand der bundesrechtlichen Umsetzung der Richtlinie zur strategischen Umweltprüfung, in: *Hendler / Marburger / Reinhardt / Schröder* (Hrsg.), Die strategische Umweltprüfung (UTR 76), S.37, 41 f.

[662] Vgl. hierzu den Entwurf eines Gesetzes zur Einführung einer Strategischen Umweltprüfung und zur Umsetzung der Richtlinie 2001/42/EG (SUPG), Stand 17.5.2004, einsehbar auf der Homepage des Umweltbundesministeriums unter www.bmu.de.

[663] Vgl. zu diesen anderen Umsetzungsansätzen *Schmidt / Rütz / Bier*, DVBl. 2002, S.357, 360 ff.; siehe daneben zur Umsetzung der SUP-RL im Rahmen eines Umweltgesetzbuchs (UGB) *Näckel*, Umweltprüfung, S.276 ff.; sowie *Näckel*, uvp-report 2001, S.130 ff.

che wie etwa das Raumordnungsverfahren, Flurbereinigungsverfahren oder die Strategische Umweltprüfung bei Verkehrswegeplanungen auf Bundesebene vor.

a) Begriffsbestimmungen

§ 2 Abs. 4 bis 6 UVPG n.F. beinhaltet künftig Legaldefinitionen der Begriffe Strategische Umweltprüfung, Pläne und Programme sowie der Öffentlichkeit und der betroffenen Öffentlichkeit.

Danach ist eine Strategische Umweltprüfung ein unselbständiger Teil behördlicher Verfahren zur Aufstellung oder Änderung von Plänen und Programmen, die von einer Behörde, einer Regierung oder im Wege eines Gesetzgebungsverfahrens angenommen werden. Die Begriffsbestimmung vermischt damit Elemente der Legaldefinition der Pläne und Programme i.S.d. § 2 lit. a 1. Spiegelstrich SUP-RL mit dem gemeinschaftsrechtlichen Begriff der Umweltprüfung, der nach Art. 2 lit. b SUP-RL lediglich die Verfahrensschritte gemäß Art. 4 bis 9 SUP-RL beinhalten soll.

Pläne und Programme i.S.d. UVPG sind bundesrechtlich vorgesehene Pläne und Programme, zu deren Ausarbeitung, Annahme oder Änderung eine Behörde durch Rechts- oder Verwaltungsvorschriften verpflichtet ist (§ 2 Abs. 5 Satz 1 UVPG n.F.). Die rechtliche Aufstellungspflicht, welche die Pläne und Programme von den Politiken abgrenzt, kommt im nationalen Recht damit sprachlich sehr viel genauer zum Ausdruck als in der gemeinschaftsrechtlichen Formulierung des Art. 2 lit. a 2. Spiegelstrich SUP-RL. Ausgenommen sind Pläne und Programme, die ausschließlich den Zielen der Verteidigung oder des Katastrophenschutzes dienen, sowie Finanz- und Haushaltspläne und –programme (§ 2 Abs. 5 Satz 2 UVPG n.F.), was dem Wortlaut des Art. 3 Abs. 8 SUP-RL entspricht. Eine Differenzierung zwischen den Begriffen „Plan" und „Programm" wird wie bereits im Rahmen der SUP-RL nicht vorgenommen.

Öffentlichkeit i.S.d. UVPG sind einzelne oder mehrere natürliche oder juristische Personen sowie sonstige Vereinigungen (§ 2 Abs. 6 Satz 1 UVPG n.F.). Der Öffentlichkeitsbegriff ist damit denkbar weit gefasst und wird somit dem „Jedermann-Ansatz" des Art. 2 lit. d SUP-RL bzw. des Art. 6 Abs. 1 SUP-RL gerecht. Betroffene Öffentlichkeit i.S.d. UVPG ist für die Beteiligung in den Verfahren der Umweltverträglichkeitsprüfung und der Strategischen Umweltprüfung jede Person, deren Belange durch eine Entscheidung oder einen Plan oder ein Programm berührt werden. Der Begriff der Belange soll sich ausweislich der Gesetzesbegründung an den schon bisher geltenden Grundsätzen der Öffentlichkeitsbeteiligung im deutschen Recht orientieren und demzufolge weiter zu verstehen sein als der Begriff des „subjektiven öffentlichen Rechts"[664]. Inbegriffen seien alle öffentlich-rechtlich oder zivilrechtlich begründeten eigenen Rechte sowie wirtschaftliche, ökologische, soziale, kulturelle, ideelle oder

---

[664] Entwurf eines SUPG (Fn. 662), Begründung Besonderer Teil, S.6.

sonstige nicht unredlich erworben und deshalb anerkennenswerte eigene Interessen des jeweiligen Beteiligten. Da eine Interessenwahrnehmung zum Schutz der Allgemeinheit oder des Gemeinwohls damit grundsätzlich nicht unter diesen Begriff fällt, stellt § 2 Abs. 6 Satz 2 Halbs. 2 UVPG n.F. klar, dass auch Vereinigungen inbegriffen sind, deren satzungsmäßiger Aufgabenbereich durch eine Entscheidung oder einen Plan oder ein Programm berührt wird. Gemeint sind insbesondere Vereinigungen zur Förderung des Umweltschutzes, zu denen in erster Linie anerkannte Vereine i.S.d. §§ 58 ff. BNatSchG zählen werden. Berührt sein soll ein Belang bereits dann, wenn eine Betroffenheit zumindest möglich erscheint. Insoweit werden die Vorgaben des Art. 6 Abs. 4 SUP-RL erfüllt, wonach alle Teile der Öffentlichkeit beteiligt werden müssen, die vom Entscheidungsprozess gemäß der SUP-RL betroffen sind oder voraussichtlich betroffen sein werden oder ein Interesse daran haben.

b) Umweltprüfungspflichtige Pläne und Programme

Der Anwendungsbereich des neuen UVPG wird durch § 3 Abs. 1a UVPG n.F. um Pläne und Programme aus den Bereichen Landwirtschaft, Forstwirtschaft, Fischerei, Energie, Industrie einschließlich des Bergbaus, Verkehr, Abfallwirtschaft, Wasserwirtschaft, Telekommunikation, Fremdenverkehr, Raumordnung oder Bodennutzung, die in der Anlage 3 aufgeführt sind, sowie um sonstige Pläne und Programme im Sinne des § 2 Abs. 5 Satz 1 UVPG n.F. erweitert. Die genannten Sachbereiche entsprechen denen des Art. 3 Abs. 2 lit. a SUP-RL. Die Einbeziehung „sonstiger Pläne und Programme“ war notwendig, um umweltprüfungspflichtige Pläne und Programme nach Art. 3 Abs. 4 SUP-RL, d.h. rahmensetzende aber nicht unter Art. 3 Abs. 2 SUP-RL fallende Pläne und Programme mit dennoch voraussichtlich erheblichen Umweltauswirkungen, erfassen zu können.

Der Gesetzgeber zieht damit eine Parallele zur bewährten Regelungsstruktur des UVPG a.F. und der Feststellung einer UVP-Pflicht unter Hinzuziehung von Anlage 1 des UVPG. Anlage 3 UVPG n.F. wird künftig eine Anzahl betroffener Pläne und Programme aufführen, bei denen eine Strategische Umweltprüfung obligatorisch oder konditional nach Durchführung eines Screening durchgeführt werden muss. § 3 Abs. 1 a Satz 2 UVPG n.F. sieht eine Verordnungsermächtigung zur Ergänzung der Anlage vor, während im Umkehrschluss eine Reduzierung nicht vorgesehen ist.

Der eigentliche SUP-Teil des UVPG n.F. beginnt mit der Bestimmung der Umweltprüfungspflichtigkeit. Dieses „Ob“ der Umweltprüfung wird künftig in den §§ 14 a – 14 d UVPG n.F. geregelt sein.

Zunächst bestimmt § 14 a Abs. 1 UVPG n.F., dass eine Umweltprüfungspflicht möglichst frühzeitig festgestellt werden soll.

§ 14 b UVPG n.F. differenziert zwischen obligatorischer Umweltprüfung und einer konditionalen Umweltprüfung nach Durchführung eines Screening. Nach § 14 b Abs. 1 Nr. 1 UVPG n.F. ist eine Strategische Umweltprüfung zwingend durchzuführen bei Plänen und Programmen der Anlage 3 Nr. 1. Insoweit greift der Gesetzgeber wie bereits bei der UVP soweit wie möglich auf eine praxisfreundliche Positivliste zurück. Ein Prüfungsspielraum für die Behörden besteht hier nicht.

Eine obligatorische Umweltprüfung ist nach § 14 b Abs. 1 Nr. 2 UVPG n.F. auch für solche Pläne und Programme vorgesehen, die in der Anlage 3 Nr. 2 aufgeführt sind und kumulativ hierzu für Entscheidungen über die Zulässigkeit von in der Anlage 1 aufgeführten Vorhaben oder von Vorhaben, die nach Landesrecht einer UVP oder Vorprüfung des Einzelfalls bedürfen, einen Rahmen setzen. Eine rahmensetzende Wirkung wird nach § 14 b Abs. 3 UVPG n.F. angenommen, wenn die Pläne und Programme Festlegungen, insbesondere zum Bedarf, zur Größe, zum Standort, zur Beschaffenheit, zu Betriebsbedingungen von Vorhaben oder zur Inanspruchnahme von Ressourcen enthalten, die bei der späteren Zulassungsentscheidung zu berücksichtigen sind. Anders als der Richtliniengeber gibt der nationale Gesetzgeber den Behörden damit eine Konkretisierung an die Hand, die den praktischen Vollzug der Vorschriften vereinfachen dürfte. Im Ergebnis bleibt es bei der gebotenen weiten Auslegung des Begriffs der rahmensetzenden Wirkung[665].

§ 14 c UVPG n.F. setzt Art. 3 Abs. 2 lit. b SUP-RL um und sieht eine obligatorische Umweltprüfung für solche Pläne und Programme vor, die einer Verträglichkeitsprüfung nach § 35 BNatSchG unterliegen. Es fehlt freilich eine gesetzliche Regelung hinsichtlich der in der Praxis vorherrschenden potentiellen FFH-Gebiete bzw. faktischen Vogelschutzgebiete[666]. Eine empfehlenswerte Gleichsetzung der Pläne i.S.d. § 35 BNatSchG sowie der Pläne und Programme i.S.d. § 2 Abs. 5 UVPG n.F. wurde nicht vorgenommen[667].

Die konditionale Umweltprüfungspflicht findet sich in § 14b Abs. 2 Satz 1 UVPG n.F. wieder. Danach ist eine Strategische Umweltprüfung bei nicht unter Abs. 1 fallenden Plänen und Programmen nur dann durchzuführen, wenn sie für die Entscheidung über die Zulässigkeit von in der Anlage 1 aufgeführten oder anderen Vorhaben einen Rahmen setzen und nach einer Vorprüfung im Einzelfall i.S.d. Abs. 4 voraussichtlich erhebliche Umweltauswirkungen haben. Hinsichtlich dieser Vorprüfung, dem Screening, sieht § 14 b Abs. 4 Satz 1 vor, dass die zuständige Behörde aufgrund einer überschlägigen Prüfung unter Berücksichtigung der in Anlage 4 aufgeführten Kriterien einzuschätzen hat, ob der Plan oder das Programm erhebliche Umweltauswirkungen haben kann, die im weiteren Aufstellungsverfahren nach § 14 k Abs. 2 UVPG n.F. zu berücksichtigen

---

665 Vgl. hierzu Gliederungspunkt C.II.2.b)(3).

666 Vgl. hierzu Gliederungspunkt C.II.3.

667 Vgl. hierzu Gliederungspunkt C.II.3.b). In der Begründung des Entwurfs (Fn. 662), Besonderer Teil, S.21 f., wird von einem Unterschied ausgegangen. So heißt es insoweit:“ Zu beachten ist allerdings, dass die SUP-Pflicht nach § 14c nicht für alle Pläne nach dem Bundesnaturschutzgesetz, sondern nur für Pläne und Programme im Sinne des § 2 Abs. 5 gilt.“

wären. Bei der Vorprüfung ist nach § 14 b Abs. 4 Satz 2 auch zu berücksichtigen, inwieweit Umweltauswirkungen durch Vermeidungs- und Verminderungsmaßnahmen offensichtlich ausgeschlossen werden.

§ 14 a Abs. 2 UVPG n.F. setzt die in Art. 3 Abs. 7 SUP-RL vorgesehene Öffentlichkeitsbeteiligung nach der Durchführung eines Screenings um.

§ 14 d Abs. 1 Satz 1 UVPG n.F schließlich setzt Art. 3 Abs. 5 SUP-RL um und sieht für grundsätzlich einer obligatorischen Umweltprüfung unterliegende Pläne und Programme ein Screening vor, soweit nur geringfügige Änderungen vorgenommen werden oder lediglich die Nutzung kleiner Gebiete auf lokaler Ebene festlegen. Dies gilt indes nicht für Bauleitpläne, die künftig nach § 13 BauGB n.F. stets einer Umweltprüfung unterliegen sollen[668]. Aufgrund der Rahmengesetzgebungskompetenz des Bundes sieht § 14 d Abs. 2 UVPG n.F. für manche Pläne und Programme einen Regelungsspielraum der Länder vor, wobei jedoch sichergestellt werden muss, dass Pläne und Programme mit tatsächlich erheblichen Auswirkungen auf die Umwelt stets einer Umweltprüfung unterzogen werden. Dieser zu begrüßende Zusatz berücksichtigt den eingeschränkten Ermessensspielraum der Mitgliedstaaten und gewährleistet auch im Rahmen der Umsetzung auf Landesebene eine richtlinienkonforme Transformation.

c) Das Verfahren der Strategischen Umweltprüfung

Der neue SUP-Teil des UVPG gibt neben der Bestimmung der Umweltprüfungspflicht zugleich die wesentlichen Verfahrensanforderungen vor, welche die Planungsträger bei der Durchführung eines Umweltprüfungsverfahrens zu beachten haben. Diese umfassen das Scoping (§ 14 f UVPG n.F.), die nähere Ausgestaltung des Umweltberichts (§ 14 g UVPG n.F.), Vorgaben für die Durchführung der Behörden- und Öffentlichkeitsbeteiligung (§§ 14 h bis 14j UVPG n.F.), die Berücksichtigung bei der Entscheidungsfindung (§ 14 k UVPG n.F.) sowie die Bekanntgabe der Entscheidung i.S.d. Art. 9 SUP-RL (§ 14 l UVPG n.F.) und das Monitoring (§ 14 m UVPG n.F.). Detailliertere Regelungen bleiben dem jeweiligen Fachrecht überlassen.

Als Kernelement der Umweltprüfung erkennt der Gesetzgeber mit § 14 f UVPG n.F. die Festlegung des Untersuchungsrahmens, das sog. Scoping. Die Begründung des Gesetzentwurfs nennt diesen Schritt zurecht „das zentrale Verfahrensinstrument zur sachgerechten und effizienten Steuerung des nachfolgenden Prüfungsprozesses“[669]. § 14 f Abs. 1 UVPG n.F. weist der zuständigen Behörde die Aufgabe zu, den Untersuchungsumfang und die Untersuchungstiefe festzulegen. Maßgebend sind dabei nach § 14 f Abs. 2 Satz 1 UVPG n.F. die jeweiligen planungsrechtlichen Anforderungen des einschlägigen Fachrechts. Hinsichtlich des Inhalts des Umweltberichts sieht § 14 f Abs. 2 Satz 2 UVPG n.F. vor,

---

[668] Vgl. hierzu die Regelungen des EAG Bau, Gliederungspunkt G.II.2.a)(1).

[669] Entwurf eines SUPG (Fn. 662), Begründung Besonderer Teil, S.24.

dass lediglich die Angaben aufzunehmen sind, die mit zumutbarem Aufwand ermittelt werden können unter Berücksichtigung des gegenwärtigen Wissensstandes sowie der Behörde bekannte Äußerungen der Öffentlichkeit. Der Gesetzgeber übernimmt hiermit die bereits in Art. 5 Abs. 2 SUP-RL enthaltene Konkretisierung des Verhältnismäßigkeitsprinzips und integriert bereits zu diesem Zeitpunkt durch die Öffentlichkeitsbeteiligung erlangte Zusatzinformationen in das Verfahren. Dem Problem der Doppel- und Mehrfachprüfungen nimmt sich § 14 f Abs. 3 UVPG n.F. an. Entsprechend Art. 4 Abs. 3 SUP-RL soll für den Fall mehrstufiger Planungs- und Zulassungsprozesse beim Scoping bereits festgelegt werden, auf welcher Stufe bestimmte Umweltauswirkungen schwerpunktmäßig geprüft werden sollen. Insbesondere soll sich die Umweltprüfung auf unteren Ebenen auf zusätzliche oder andere erhebliche Umweltauswirkungen sowie auf erforderliche Aktualisierungen und Vertiefungen beschränken. Es bleibt insoweit abzuwarten, wie das Problem der Aktualisierung sowie die tatsächliche Verwendbarkeit von Informationen abstrakterer Art aus vorangegangenen Umweltprüfungen den Verwaltungsaufwand in der Praxis beeinflussen wird[670]. § 14 f Abs. 4 UVPG n.F. beinhaltet die Behördenbeteiligung nach Art. 5 Abs. 4 SUP-RL, sieht darüber hinaus aber auch eine Beteiligung externen Sachverstandes vor, § 14 f Abs. 4 Satz 3 UVPG n.F. Der deutsche Gesetzgeber nimmt damit eine im Richtlinientext nicht berücksichtigte Anregung des Europäischen Parlaments auf und nutzt den Sachverstand Dritter, insbesondere von qualifizierten Verbänden und sachverständigen Einzelpersonen, um die Transparenz und die Qualität des Scoping zu verbessern[671].

Im konkreten Umweltbericht, geregelt in § 14 g UVPG n.F., werden die voraussichtlichen Umweltauswirkungen der Durchführung des Plans oder des Programms ermittelt, beschrieben und bewertet. Entsprechend dem systematischen Ansatz der SUP-RL werden sowohl positive als auch negative Umweltauswirkungen erfasst[672]. § 14 g Abs. 2 Satz 1 UVPG n.F. nennt in Anlehnung an Anhang I der SUP-RL exemplarisch anzugebende Inhalte des Umweltberichts, freilich nur unter Maßgabe des § 14 f UVPG n.F., d.h. in ihrem Umfang entsprechend den Vorgaben des Scoping abgeschichtet. Zum Zwecke der effektiven Öffentlichkeitsbeteiligung soll der Umweltbericht nach § 14 g Abs. 2 Satz 2 UVPG n.F. so strukturiert und aufbereitet sein, dass Dritten die Beurteilung ermöglicht wird, ob und in welchem Umfang sie von den Umweltauswirkungen

---

670 Vgl. zu den angesprochen Problemen Gliederungspunkt D.I.3.c). Die Begründung des Entwurfs (Fn. 662), Besonderer Teil, S.26, führt insoweit zutreffend aus: „Soweit allerdings die Ergebnisse vorangegangener Prüfungen für die anstehende Plan-, Programm- oder Zulassungsentscheidung nicht hinreichend aktuell oder detailliert sind, liegt ein Ausnahmefall vor, der ergänzende Untersuchungen notwendig macht."

671 Vgl. hierzu bereits Gliederungspunkt D.II.1.b).

672 Entwurf eines SUPG (Fn. 662), Begründung Besonderer Teil, S.27; vgl. ebenfalls Gliederungspunkt C.II.1.b).

des Plans oder Programms betroffen werden können. Entsprechend ist dem Umweltbericht eine allgemein verständliche, nichttechnische Zusammenfassung beizufügen, § 14 g Abs. 2 Satz 3 UVPG n.F. Nach § 14 g Abs. 3 UVPG n.F. soll die zuständige Behörde die im Umweltbericht erfassten Umweltauswirkungen bewerten. Diese Bewertung ist indes rein umweltbezogen, da die Berücksichtigung aller Belange erst in der abschließenden Planungsentscheidung nach § 14 k UVPG n.F. stattfinden darf. Schließlich können nach § 14 g Abs. 4 UVPG n.F. Angaben aus anderen Verfahren oder Tätigkeiten der Behörde verwertet werden. Die Nutzbarkeit steht auch hier unter dem Vorbehalt der Aktualität.

Die in Art. 6 Abs. 1 und 3 SUP-RL vorgesehene Behördenbeteiligung soll durch § 14 h UVPG n.F. umgesetzt werden, wobei der Bundesgesetzgeber für die Abgabe der Stellungnahme eine angemessenen Frist von mindestens einem Monat vorsieht.

Der im Rahmen der Umweltprüfung wesentliche Verfahrensschritt der Öffentlichkeitsbeteiligung findet sich in § 14 i UVPG n.F. wieder. In diesem Bereich wird auf nationaler Ebene voraussichtlich der größte Umsetzungsbedarf bestehen. Der Umweltbericht und weitere zweckdienliche Unterlagen sind nach § 14 i Abs. 2 UVPG n.F.öffentlich auszulegen. Vorgesehen ist eine angemessene Auslegungsdauer von mindestens einem Monat, wobei die konkreten Auslegungsorte so festzulegen sind, dass eine wirksame Beteiligung der betroffenen Öffentlichkeit gewährleistet ist. Die betroffene Öffentlichkeit kann sich dann zum Entwurf des Plans oder Programms innerhalb einer festzulegenden Frist von mindestens einem Monat äußern. Ein im jeweiligen Fachrecht vorgesehener Erörterungstermin bleibt weiterhin durchzuführen.

Der Umsetzung der grenzüberschreitenden Behörden- und Öffentlichkeitsbeteiligung des Art. 7 SUP-RL dient § 14 j UVPG n.F., wobei im Wesentlichen auf die entsprechende Anwendung der Regelungen im Rahmen der UVP, §§ 8, 9a und 9b UVPG, verwiesen wird.

§ 14 k UVPG n.F. regelt die Bewertung und Berücksichtigung der gesammelten Informationen im Verfahren zur Aufstellung oder Änderung des Plans oder Programms. Ausweislich der Begründung sind die Ergebnisse des Umweltberichts gegebenenfalls zu aktualisieren, zu korrigieren oder zu ergänzen. Diese neuen Informationen treten jedoch nur ergänzend neben den Umweltbericht und erfordern keine Überarbeitung desselben[673]. Der Gesetzgeber folgt damit der Systematik der SUP-RL, die im Umweltbericht ebenfalls keinen Endbericht sieht[674]. Im Rahmen der abschließenden Abwägung können, wie bei der UVP, die Umweltbelange durch gewichtigere andere Belange verdrängt werden. Bei der Annahme eines Plans oder Programms ist daher nicht stets diejenige Alter-

[673] Entwurf eines SUPG (Fn. 662), Begründung Besonderer Teil, S.32.

[674] Vgl. hierzu Gliederungspunkt D.IV.1.

native zu wählen, die nach dem Ergebnis der abschließenden Umweltbewertung mit den geringsten Umweltauswirkungen verbunden ist[675].

Die Bekanntgabe der Planungsentscheidung nach Art. 9 SUP-RL wird in § 14 l UVPG n.F. umgesetzt. Die Bekanntmachung richtet sich hierbei an die allgemeine Öffentlichkeit und entspricht damit dem weiten Öffentlichkeitsbegriff des Art. 9 Abs. 1 SUP-RL[676]. Bei Annahme des Plans oder Programms sind nach § 14 l Abs. 2 UVPG n.F. neben dem Plan oder Programm eine zusammenfassende Erklärung über die Einbeziehung der gesammelten Umweltinformationen sowie eine Aufstellung der Überwachungsmaßnahmen nach § 14 m UVPG n.F. auszulegen, was dem Katalog des Art. 9 Abs. 1 SUP-RL entspricht.

Hinsichtlich des Monitoring i.S.d. Art. 10 SUP-RL enthält sich der Gesetzgeber in § 14 m Abs. 1 UVPG n.F. bewusst einer Regelung darüber, auf welche Art und Weise die Überwachung durchzuführen ist[677]. Als Gründe werden die Neuartigkeit der Materie, die beschränkte Gesetzgebungskompetenz des Bundes sowie die Eröffnung eines Spielraums der Behörden zur Erprobung geeigneter Überwachungslösungen. Wie bereits die SUP-RL überlässt der Bundesgesetzgeber die konkrete Umsetzung des Überwachungsgedankens der Vollzugsebene[678]. Zuständige Behörde ist nach § 14 m Abs. 2 UVPG n.F. vorbehaltlich spezieller Zuweisungen diejenige Behörde, die bereits die Umweltprüfung durchgeführt hat. Andere Behörden haben ihr dabei auf Verlangen alle Umweltinformationen zur Verfügung zu stellen, die zur Wahrnehmung der Überwachung nach § 14 m Abs. 1 UVPG n.F. erforderlich sind, was die praktische Wirksamkeit des Monitoring fördern soll. Die Ergebnisse der Überwachung sind nach den Vorschriften über den Zugang zu Umweltinformationen sowie den beteiligten Behörden zugänglich zu machen. § 14 m Abs. 5 UVPG n.F. weist die zuständige Behörde auf die Verwendung bestehender Überwachungsmechanismen, Daten- und Informationsquellen hin, um unnötige Mehrfachprüfungen und zusätzlichen Veraltungsaufwand zu vermeiden. Der praktische Nutzen dieser vorhandenen Informationen hängt indes wiederum von Aktualität und Detailliertheit der Angaben ab. Wie eine konkrete Koordinierung der vorhandenen Überwachungsmechanismen aussehen kann, lässt der Bundesgesetzgeber ebenso wie der Richtliniengeber offen[679].

---

[675] Entwurf eines SUPG (Fn. 662), Begründung Besonderer Teil, S.33; vgl. bereits Gliederungspunkt D.IV.2.

[676] Siehe hierzu Gliederungspunkt D.V.2.

[677] Entwurf eines SUPG (Fn. 662), Begründung Besonderer Teil, S.35.

[678] Vgl. zum Monitoring i.S.d. Art. 10 SUP-RL Gliederungspunkt E.I.

[679] Siehe bzgl. der SUP-RL Gliederungspunkt E.I.2.e).

d) Begleitvorschriften

Das Verhältnis zwischen SUP-Stammgesetz und einschlägigem Fachrecht, geregelt in § 14 e UVPG n.F., wird den Prinzipien folgen, die bereits jetzt für das Verhältnis zwischen UVPG und den jeweiligen fachrechtlichen Regelungen gelten[680]. So wird den bundesrechtlichen Vorgaben des SUP-Stammgesetzes grundsätzlich nur subsidiärer Charakter gegenüber den Regelungen des Fachrechts zukommen. Dabei gilt es jedoch zu beachten, dass die Vorgaben des Stammgesetzes verbindliche Mindestanforderungen festlegen, die von den fachrechtlichen Bestimmungen nicht unterschritten werden dürfen, während andererseits über die Vorgaben der SUP-RL bzw. des SUP-Stammgesetzes hinausgehende Anforderungen unberührt bleiben. Aus Sicht des Bundesgesetzgebers soll auf diese Art eine richtlinienkonforme Umsetzung gewährleistet werden[681], wobei in Kauf genommen wird, dass die Notwendigkeit eines vollständigen oder partiellen Rückgriffs auf das Stammgesetz und damit die konkrete Bestimmung der Rechtsgrundlagen einer Umweltprüfung erst nach einer Untersuchung des zugrundeliegenden Fachrechts bestimmt werden kann.

Art. 11 Abs. 2 SUP-RL entsprechend legt § 14 n UVPG n.F. fest, dass die Strategische Umweltprüfung mit anderen Prüfungen zur Ermittlung oder Bewertung von Umweltauswirkungen verbunden werden kann. Auf welche Art und Weise dies erfolgen soll, bleibt allerdings offen.

Für den Bereich der Rahmengesetzgebungskompetenz des Bundes sieht § 14 o UVPG n.F. einen Regelungsauftrag an die Länder vor, das Verfahren für die Feststellung der SUP-Pflicht und für die Durchführung der Strategischen Umweltprüfung zu normieren.

Bemerkenswert ist insoweit die Übergangsregelung des § 25 Abs. 7 Satz 1 UVPG n.F. Danach haben die Länder unverzüglich, spätestens aber bis zum 31. Dezember 2006 die nach § 14 d Abs. 2 sowie den §§ 14 o und 19 a Abs. 1 erforderlichen Vorschriften zu erlassen. Da diese Frist bis Ende 2006 die Umsetzungsfrist der SUP-RL bis zum 21.7.2004 überschreitet, sieht § 25 Abs. 7 Satz 2 UVPG n.F. vor, dass bis zur Umsetzung in Landesrecht anstelle der erforderlichen Regelungen die bundesrechtlichen Vorschriften des UVPG n.F. gelten sollen. So soll beispielsweise anstelle der landesrechtlichen Umsetzung i.S.d. § 14 o UVPG n.F. die Regelungen des § 14 a (z.B. Öffentlichkeitsbeteiligung nach Durchführung eines Screening), der §§ 14 f bis 14 i Abs. 1 (Scoping, Erstellung des Umweltberichts, Behörden- und Öffentlichkeitsbeteiligung),

---

680 Siehe zur entsprechenden Regelung in § 4 UVPG *Bunge*, in: *Storm / Bunge* (Hrsg.), HdUVP, Band 1, Kennzahl 0600, § 4; Stand: April 2003; *Peters*, UVPG, Handkommentar, § 4; *Erbguth / Schink*, UVPG, § 4; *Appold*, in: *Hoppe* (Hrsg.), UVPG, § 4.

681 *Sangenstedt*, Zum Stand der bundesrechtlichen Umsetzung der Richtlinie zur strategischen Umweltprüfung, in: *Hendler / Marburger / Reinhardt / Schröder* (Hrsg.), Die strategische Umweltprüfung (UTR 76), S.37, 42.

§§ 14 k bis 14 m Abs.1 (Berücksichtigung bei der Entscheidung, Bekanntgabe der Entscheidung, Monitoring) sowie § 14 n UVPG n.F. (Gemeinsame Verfahren) unmittelbar Anwendung finden. Ausweislich der Begründung des Gesetzentwurfs sieht der Bundesgesetzgeber aufgrund des Ablaufs der Umsetzungsfrist am 21.7.2004 eine nach Art. 75 Abs. 1 i.V.m. Art. 72 Abs. 2 GG erforderliche Ausnahmeregelung für geboten. Es sei „unumgänglich, dass der Bund vorübergehend Vorschriften erlässt, um die Einhaltung der EG-rechtlichen Anforderungen zu gewährleisten“[682].

Ob diese Durchbrechung der grundsätzlichen Kompetenzverteilung des Grundgesetzes tatsächlich zur einstweiligen Sicherstellung einer geordneten gemeinschaftsrechtskonformen Planung erforderlich war, scheint zweifelhaft. Zurecht weist der Gesetzgeber darauf hin, dass ohne die getroffenen Übergangsregelungen eine unmittelbare Anwendbarkeit der SUP-RL durch die Länder erfolgen müsste[683]. Allein die Notwendigkeit der unmittelbaren Anwendbarkeit einer Richtlinie nach den vom EuGH festgelegten Grundsätzen vermag jedoch nicht die grundgesetzliche Kompetenzverteilung aus den Angeln zu heben. Dies gilt umso mehr, als der Bundesgesetzgeber vorliegend nahezu die volle Umsetzungsfrist von drei Jahren ausgeschöpft hat, um einen entsprechenden Gesetzentwurf vorzulegen[684]. Auch eine Bezugnahme auf das Prinzip der Bundestreue vermag insoweit kein alleiniges Zurücktreten der Länder zu rechtfertigen, da dem Bund aus demselben Prinzip ebenso eine Rücksichtnahmepflicht gegenüber den Ländern entgegen gehalten werden kann. Gerade im Hinblick darauf, dass den Normen des SUPG Leitcharakter zukommen soll und sie als Stammvorschriften die Mindeststandards auch für solche Bereiche vorgeben sollen, die nicht in der alleinigen Kompetenz des Bundes liegen, war den Ländern kaum zuzumuten, nahezu zeitgleich vollendete Umsetzungskonzepte vorzulegen[685]. Die eigenen Probleme einer zeitgerechten Umsetzung, seien sie aufgrund der Komplexität der Materie und der Kompetenzverteilung in Deutschland noch so nachvollziehbar, nun als Argument zur Begründung einer eigenen Gesetzgebungskompetenz zu Lasten der Länder anzuführen, widerspricht der Systematik der grundgesetzlichen Kompetenzverteilung und ist abzulehnen. Findet eine Transformation der SUP-RL innerhalb des Rahmens, den die nationale Kompetenzordnung vorgibt, nicht statt, so ist soweit erforderlich auf das gemeinschaftsrechtliche Institut der unmittelbaren Anwendbarkeit einer Richtlinie zurückzugreifen.

---

682 Entwurf eines SUPG (Fn. 662), Begründung Besonderer Teil, S.49.

683 Vgl. hierzu Gliederungspunkt F.II.

684 Daran ändert auch die „punktgenaue“ Umsetzung des EAG-Bau zum Ablauf der Umsetzungsfrist nichts.

685 So allgemein auch *Haslach*, DÖV 2004, S.12, 15.

Auffällig ist schließlich, dass die Regelung des Art. 13 Abs. 3 a.E. SUP-RL, wonach die Mitgliedstaaten einzelne Pläne und Programme, die nach dem 20 Juli 2006 angenommen werden, nach einer Entscheidung im Einzelfall aufgrund einer Undurchführbarkeit von einer Umweltprüfungspflicht ausnehmen können, in der nationalen Umsetzung keinen Niederschlag findet. Der Gesetzgeber hat hier im Hinblick auf den Gedanken der Rechtssicherheit bewusst auf mögliche Ausnahmebestimmungen verzichtet.

2. Fachrechtliche Umsetzung am Beispiel des EAG Bau

Nach der Systematik der Umsetzung soll das SUP-Stammgesetz durch Neuregelungen des jeweiligen Fachrechts ergänzt werden. So stellte das für die Bereiche „Bauleitplanung" und „Raumordnung" zuständige Bundesministerium für Verkehr, Bau- und Wohnungswesen (BMVBW) am 3. Juni 2003 einen ersten Entwurf eines Gesetzes zur Anpassung des Baugesetzbuchs an EU-Richtlinien (Europarechtsanpassungsgesetz Bau – EAG Bau) vor[686]. Das Gesetzgebungsverfahren konnte am 24.6.2004 abgeschlossen werden[687], so dass das Gesetz noch einen Tag vor Ablauf der Umsetzungsfrist der SUP-RL zum 20.7.3004 in Kraft treten wird, Art. 7 EAG-Bau. Mit diesem Gesetz sollen die Vorgaben der SUP-RL in die räumliche Gesamtplanung integriert werden[688].

a) Umsetzung im Rahmen des BauGB

Bei der Umsetzung der SUP-RL im Rahmen des BauGB stützt sich der Bundesgesetzgeber auf seine konkurrierende Gesetzgebungskompetenz für das Bodenrecht (Art. 74 Abs. 1 Nr. 18 GG), wobei eine bundeseinheitliche Regelung aufgrund der Wahrung der Rechts- und Wirtschaftseinheit im gesamtstaatlichen Interesse erforderlich sei[689]. Der Bundesgesetzgeber sei danach in der Lage, abschließende und detaillierte Regelungen zur Umsetzung der SUP-RL innerhalb des BauGB zu erlassen.

---

[686] Der Entwurf ist samt seiner Begründung (Allgemeiner Teil + Besonderer Teil) einsehbar auf der Homepage des Bundesministeriums für Verkehr, Bau- und Wohnungswesen unter www.bmvbw.de.

[687] Gesetz zur Anpassung des Baugesetzbuchs an EU-Richtlinien (Europarechtsanpassungsgesetz Bau – EAG Bau), BGBl. I vom 30.6.2004, S.1359.

[688] Einen ersten Überblick geben *Krautzberger*, UPR 2004, S.41, sowie aus Sicht der Umweltverträglichkeitsprüfung *Schink*, UPR 2004, S.81.

[689] Begründung des EAG Bau (Fn. 686), Allgemeiner Teil, Stand: 3. Juni 2003, S.4 ff.

(1) Erfasste Pläne und Programme

Im Anwendungsbereich des BauGB sind grundsätzlich Flächennutzungspläne sowie Bebauungspläne, einschließlich vorhabenbezogener Bebauungspläne nach § 12 BauGB, von der Pflicht einer obligatorischen Umweltprüfung nach Art. 2 lit. a i.V.m. Art. 3 Abs. 2 lit. a SUP-RL, betroffen[690]. Dabei kommt jedoch im Einzelfall stets die Möglichkeit einer konditionalen Umweltprüfung nach Art. 3 Abs. 3 SUP-RL aufgrund einer Planung, die lediglich die Nutzung eines kleinen Gebietes auf lokaler Ebene betrifft, in Betracht. Das EAG Bau bedient sich dieser Ausnahmemöglichkeit indes nicht und sieht eine generelle Umweltprüfungspflicht für sämtliche Bauleitpläne vor (§ 2 Abs. 4 Satz 1 BauGB n.F.). Der Gesetzgeber verzichtet damit auf die nach Art. 3 Abs. 3 Var. 1 i.V.m. Art. 3 Abs. 5 SUP-RL zulässige Einführung eines Screening zur Feststellung der Umweltprüfungspflicht und möchte so komplizierte und aufwändige Vorprüfungen generell vermeiden[691], was gemeinschaftsrechtlich als freiwillige Verschärfung des von der Richtlinie geforderten Umweltschutzstandards i.S.d. Schutzverstärkungsklausel des Art. 176 EGV nicht zu beanstanden ist. Gleichwohl sieht das Gesetz die Möglichkeit eines vereinfachten Verfahrens für die Änderung oder Ergänzung eines Bauleitplans vor und nutzt damit die lediglich konditionale Umweltprüfungspflicht nach Art. 3 Abs. 3 Var. 2 i.V.m. Art. 3 Abs. 5 SUP-RL (§ 13 BauGB n.F.).

Bebauungspläne, die bislang einer Umweltverträglichkeitsprüfung unterzogen wurden, sollen künftig einem Verfahren unterliegen, das sowohl den Anforderungen der UVP-RL als auch der SUP-RL entsprechen soll. Ein solches Vorgehen widerspricht dabei nicht der Erkenntnis, dass sich UVP-RL und SUP-RL in ihren Anwendungsbereichen nicht überschneiden[692]. Vielmehr obliegt es den Mitgliedstaaten, über die aufgestellten Anforderungen hinauszugehen, solange die gemeinschaftsrechtlichen Mindestanforderungen an die Prüfung der Projekte, Pläne und Programme, wie sie in den Richtlinien zum Ausdruck kommen, erfüllt bleiben.

Hinsichtlich des zeitlichen Geltungsbereichs sieht das EAG Bau eine Umweltprüfung nur für solche Bauleitverfahren vor, die nach dem 20. Juli 2004 eingeleitet wurden oder vor dem 20. Juni 2006 abgeschlossen sein werden, womit die

---

[690] Vgl. *Hendler*, Gutachten, S.53 ff.; ebenso *Kläne*, SUP in der Bauleitplanung, S.152 ff., 155, 164.

[691] *Krautzberger / Schliepkorte*, UPR 2003, S.92, 94; angeführt wird, dass sich aus der Erfahrung der Praxis gezeigt habe, dass Probleme bei der Durchführung von Umweltverträglichkeitsprüfungen für Bebauungspläne weniger bei der Erstellung der Umweltverträglichkeitsprüfung auftraten, als in der rechtssicheren Beantwortung der Frage, ob eine Vorprüfung oder eine Umweltverträglichkeitsprüfung durchgeführt werden müsse; ebenso *Kläne*, SUP in der Bauleitplanung, S.180 ff.

[692] Siehe zum Verhältnis von UVP-RL und SUP-RL Gliederungspunkt E.II.1.b).

allgemeine Übergangsfrist des Art. 13 Abs. 3 Satz 1 SUP-RL umgesetzt wird (§ 244 Abs. 1 BauGB n.F.). Der Bundesgesetzgeber verzichtet hingegen aus Gründen der Rechtssicherheit ausdrücklich auf die nach Art. 13 Abs. 3 Satz 2 SUP-RL mögliche Ausnahme für Pläne und Programme, deren erster förmlicher Vorbereitungsakt vor dem 21. Juli 2004 liegt, die jedoch erst nach dem 20. Juli 2006 angenommen werden[693].

(2) Umsetzung des Umweltprüfungsverfahrens

Nach der Konzeption des EAG Bau sollen die wesentlichen Verfahrensanforderungen für die Aufstellung von Bauleitplänen in den §§ 2 bis 4 b BauGB n.F. festgelegt werden. Entscheidend für die Umsetzung der SUP-RL ist dabei die in § 2 Abs. 4 BauGB n.F. vorgesehene Umweltprüfung, in der die voraussichtlich erheblichen Umweltauswirkungen ermittelt, beschrieben und bewertet werden. Systematisch stellt die Umweltprüfung insoweit eine Konkretisierung des allgemeinen Abwägungsgebots des § 2 Abs. 3 BauGB n.F. für die in § 1 Abs. 6 Nr. 7 und § 1 a BauGB n.F. genannten Belange des Umweltschutzes dar, was nach Maßgabe des Bundesgesetzgebers verdeutlichen soll, dass es sich nicht um ein selbständiges Zusatzverfahren handele, sondern um einen integrierten Bestandteil des Aufstellungsverfahrens eines Bauleitplans[694]. Hinsichtlich der konkreten methodischen Ausgestaltung der Umweltprüfung verweist § 2 Abs. 4 Halbs. 2 BauGB n.F. parallel zur Regelungstechnik in Art. 5 Abs. 1 i.V.m. Anhang I SUP-RL auf eine gesonderte Anlage zum BauGB, wobei sich die näheren Angaben zu Ermittlungsumfang und –tiefe der Umweltprüfung innerhalb dieser Anlage eng am Wortlaut des Anhangs I SUP-RL orientieren.

Verantwortlich für die Festlegung des Umfangs und Detaillierungsgrads der Untersuchung (Scoping) ist nach § 2 Abs. 4 Satz 2 BauGB n.F. die planende Gemeinde. Entsprechend den Vorgaben des Art. 5 Abs. 4 SUP-RL werden Behörden, deren Aufgabenbereich durch die Planung berührt werden können, in das Scoping einbezogen (§ 4 Abs. 1 BauGB n.F.). Ein ursprünglicher Entwurf sah zudem eine über die Vorgaben der SUP-RL hinausgehende Beteiligung der Öffentlichkeit vor, die neben dem behördeninternen Fachwissen auch externen Sachverstand in die maßgeblich Entscheidung über Umfang und Tiefe des Untersuchungsrahmens integriert hätte. In das letztlich verabschiedete Gesetz fand diese Regelung jedoch keinen Eingang[695]. Der von der SUP-RL anvisierten Vermeidung von Doppelprüfungen entspricht eine mögliche Beschränkung des Umweltprüfungsverfahrens in zeitlich nachfolgenden Bauleitverfahren auf andere oder zusätzliche Umweltauswirkungen (§ 2 Abs. 4 Satz 5 BauGB n.F.), wobei sich der Gesetzgeber der Beeinträchtigung der Abschichtungswirkung

---

693 Begründung des EAG Bau (Fn. 686), Besonderer Teil, Stand: 3. Juni 2003, S.78.

694 Begründung des EAG Bau (Fn. 686), Besonderer Teil, Stand: 3. Juni 2003, S.15.

695 Gegen eine Öffentlichkeitsbeteiligung in diesem Stadium bereits *Kläne*, SUP in der Bauleitplanung, S.231 f.

durch erheblichen Zeitablauf zwischen den jeweiligen Prüfungsverfahren bereits im Rahmen der Gesetzesbegründung bewusst ist[696].

Der Umweltbericht i.S.d. Art. 5 Abs. 1 SUP-RL findet sich in § 2 a BauGB n.F. als gesonderter Teil der Begründung des Bauleitplanentwurfs wieder, wobei inhaltliche Details der Anlage zum BauGB zu entnehmen sind. Durch die Verortung als Teil der Begründung des Planentwurfs ist der Umweltbericht damit bis zum Beschluss über den Bauleitplan fortzuschreiben, was über die Anforderungen der SUP-RL hinausgeht, da die Richtlinie im Rahmen der Planungsentscheidung lediglich die Einbeziehung des Umweltberichts in seiner ursprünglichen Form fordert.

Hinsichtlich des Art. 6 SUP-RL übernimmt das EAG Bau zunächst die völker- und gemeinschaftsrechtliche Terminologie und ersetzt den Begriff der Bürgerbeteiligung durch den der Öffentlichkeitsbeteiligung (§ 3 BauGB n.F.). Inhaltlich verzichtet der Entwurf indes auf die Möglichkeit, den Kreis der zu Stellungnahmen berechtigten Öffentlichkeit i.S.d. Art. 6 Abs. 4 SUP-RL im Vergleich zur „Jedermann"-Öffentlichkeit des Art. 6 Abs. 1 SUP-RL enger zu fassen, und behält die bereits zuvor im BauGB vorgesehene umfassende Beteiligung aller Teile der Bevölkerung bei, was als freiwillige Verschärfung der im Rahmen der Aarhus-Konvention und in ihrer Umsetzung im Rahmen des in Art. 6 SUP-RL geforderten Regimes der Öffentlichkeitsbeteiligung wiederum rechtlich nicht zu beanstanden ist. Das Beteiligungsverfahren selbst wird durch die öffentliche Auslegung der Entwürfe der Bauleitpläne inklusive ihrer Begründung sowie bereits vorhandener umweltbezogener Stellungnahmen für die Dauer eines Monats eröffnet.

Parallel zur Öffentlichkeitsbeteiligung findet eine Beteiligung von Behörden statt, deren Aufgabenbereich durch die Planung berührt werden kann. Diese haben die Möglichkeit, grundsätzlich innerhalb eines Monats schriftlich Stellungnahmen zum Planentwurf und der Begründung abzugeben, wobei sie nach § 4 Abs. 2 Satz 4 BauGB n.F. sogar verpflichtet werden, der Gemeinde die für die Ermittlung und Bewertung des Abwägungsmaterials zweckdienlichen Informationen zur Verfügung zu stellen.

Sowohl für die Behörden- als auch für die Öffentlichkeitsbeteiligung gilt nach § 4 a Abs. 6 BauGB n.F, dass nicht rechtzeitig abgegebene Stellungnahmen bei der Beschlussfassung über den Bauleitplan unberücksichtigt bleiben können. Ein entsprechender Hinweis ist den öffentlich ausgelegten Planungsunterlagen im Rahmen der Öffentlichkeitsbeteiligung beizufügen. Eine solche Präklusionsvorschrift widerspricht nicht den Vorgaben des Art. 6 Abs. 2 bis 5 SUP-RL[697] und ist gemeinschaftsrechtlich zulässig, solange die praktische Wirksamkeit der

[696] Begründung des EAG Bau (Fn. 686), Besonderer Teil, Stand: 3. Juni 2003, S.16. Vgl. bereits Gliederungspunkt D.I.3.c).

[697] Vgl. Gliederungspunkt D.III.1.c)(2).

Richtlinie durch eine geeignete Verfahrensausgestaltung sowie ausreichend bemessene Fristen gewahrt bleibt. Diesen Voraussetzungen wird im EAG Bau insbesondere durch die vorherige Ankündigung einer möglichen Präklusion sowie durch eine frühzeitige Beteiligung der Öffentlichkeit in Verbindung mit einer eine Woche zuvor angekündigten Auslagedauer von einem Monat Rechnung getragen Die Einführung einer Präklusionsregelung im EAG Bau würde daher voraussichtlich keinen Verstoß gegen den „effet utile“ der SUP-RL darstellen.

Bezüglich der grenzüberschreitenden Beteiligung i.S.d. Art. 7 SUP-RL verweist das EAG Bau auf die einschlägigen Grundvorschriften des UVPG (§ 4 a Abs. 5 BauGB n.F.), wo in Zukunft eine generelle Verfahrensregelung für grenzüberschreitende Auswirkungen von Plänen fachrechtliche Einzelregelungen ersetzen soll[698]. Der Entwurf verwendet dabei in seiner Verweisung ausdrücklich den Begriff der anderen „Staaten“ und geht damit über die naturgemäß auf Mitgliedstaaten der Europäischen Gemeinschaft beschränkte Richtlinienvorgabe des Art. 7 SUP-RL hinaus. Damit entspricht der Bundesgesetzgeber neben den Anforderungen der SUP-RL bereits heute den künftigen Erfordernissen einer Umsetzung des SUP-Protokolls[699].

In unmittelbarer Umsetzung von Art. 8 SUP-RL sieht das Umweltprüfungsverfahren nach EAG BAu vor, dass das Ergebnis der Umweltprüfung in der Abwägungsentscheidung über den Bauleitplan zu berücksichtigen ist (§ 2 Abs. 4 Satz 4 BauGB n.F.). Schließlich wird den Anforderungen an die Bekanntgabe der Planungsentscheidung nach Art. 9 Abs. 1 SUP-RL durch § 5 Abs. 5 BauGB n.F. Rechnung getragen. Veröffentlicht wird dabei insbesondere neben dem Umweltbericht eine Erklärung, wie die Umweltbelange und die Ergebnisse der Beteiligungen im Bauleitplan berücksichtigt worden sind und aus welchen Gründen der beschlossene Plan nach Abwägung mit den geprüften, vernünftigen anderweitigen Planungsmöglichkeiten gewählt worden ist (§ 5 Abs. 5 Satz 2, 9 Abs. 8 Satz 2 BauGB n.F.).

(3) Monitoring

Die in Art. 10 SUP-RL vorgesehene Überwachung der Durchführung von umweltprüfungspflichtigen Plänen und Programmen (Monitoring) soll für die Bauleitplanung durch § 4 c BauGB n.F. umgesetzt werden. Zuständig für die Überwachung sollen die Gemeinden als Träger der Bauleitverfahren und der kommunalen Planungshoheit sein[700]. Inhaltlich beschränkt sich der Entwurf auf eine im Wortlaut eng an den Richtlinientext angelehnte Formulierung. Dieser

---

698 Kritisch *Schreiber*, UPR 2004. S.50, 51, nach dem die Ausgestaltung der nachbarstaatlichen Beteiligung den Ländern überlassen bleiben sollte.

699 Vgl. zur insoweit unterschiedlichen Regelung Fn. 110.

700 Begründung des EAG Bau (Fn. 686), Besonderer Teil, Stand: 3. Juni 2003, S.28.

lassen sich außer pauschalen Hinweisen auf die Nutzung vorhandener Überwachungsmaßnahmen und der nach § 4 Abs. 3 BauGB n.F. von den einschlägigen Behörden auch nach Abschluss der Planung verpflichtend zur Verfügung zu stellenden Informationen keine weiteren Konkretisierungen hinsichtlich der Ausgestaltung des Überwachungsregimes entnehmen. Der Gesetzgeber möchte auch hier den von der Richtlinie eröffneten weiten Gestaltungsspielraum erhalten und an die Gemeinden weitergeben[701], enthält sich damit aber zugleich ergänzender Hilfestellungen. Einzelheiten der Ausgestaltung einer Nachkontrolle bleiben damit den Gemeinden überlassen.

b) Umsetzung im Rahmen des ROG

Bei der Umsetzung der SUP-RL im Rahmen des ROG kann sich der Bundesgesetzgeber im Gegensatz zur Änderung des BauGB lediglich auf eine Rahmengesetzgebungskompetenz im Bereich der Raumordnung aus Art. 75 Abs. 1 Nr. 4, 72 Abs. 2 GG stützen, wobei er sich in diesem Fall auf die Herstellung gleichwertiger Lebensverhältnisse im Bundesgebiet sowie auf die Wahrung der Rechtseinheit beruft[702]. Das EAG Bau beschränkt sich daher im Bereich des ROG auf ausfüllungsfähige und ausfüllungsbedürftige Vorgaben für die Umsetzung der SUP-RL auf Landesebene, gleichwohl ergänzt um einige wenige grundsätzliche Regelungen, die zur Vermeidung gravierender Differenzen zwischen den jeweiligen Länderumsetzungen einer bundeseinheitlichen Regelung bedürfen. Zu letzteren Vorschriften zählen die Ausnahmemöglichkeiten vom Erfordernis der Umweltprüfung, die Integrations- und Abschichtungsmöglichkeiten im Rahmen der Umweltprüfung, die Bekanntgabe der die Umweltprüfung betreffenden Begründung sowie die Öffentlichkeitsbeteiligung[703].

(1) Erfasste Pläne und Programme

Im Geltungsbereich des ROG unterliegen grundsätzlich die hochstufigen Raumordnungspläne (§ 8 ROG) sowie die Regionalpläne derjenigen Länder, deren Gebiet die Verflechtungsbereiche mehrerer Zentraler Orte oberster Stufe umfasst (§ 9 ROG), einer Umweltprüfungspflicht nach Art. 2 lit. a i.V.m. Art. 3 Abs. 2 lit. a SUP-RL[704]. Das EAG Bau stellt dementsprechend eine generelle Umweltprüfungspflicht für die Aufstellung und Änderung von Raumordnungsplänen fest (§ 7 Abs. 5 Satz 1 ROG n.F.). Für den Fall einer geringfügigen Änderung darf jedoch entsprechend der Vorgaben des Art. 3 Abs. 3 Var. 1 i.V.m. Art. 3 Abs. 5 SUP-RL vorgesehen werden, dass es nur dann einer Um-

---

[701] Begründung des EAG Bau (Fn. 686), Besonderer Teil, Stand: 3. Juni 2003, S.28.

[702] Begründung des EAG Bau (Fn. 686), Allgemeiner Teil, Stand: 3. Juni 2003, S.6 f.

[703] Einen Überblick über die Änderungen des Raumordnungsrechts durch das EAG Bau geben *Erbguth*, NuR 2004, S.91 sowie *Schreiber*, UPR 2004, S.50; vgl. auch *Uebbing*, SUP in der Raumordnung.

[704] Vgl. *Hendler*, Gutachten, S.47 ff.

weltprüfung bedarf, wenn nach den Kriterien des Anhang II SUP-RL voraussichtlich erhebliche Umweltauswirkungen auftreten (§ 7 Abs. 5 Sätze 5 bis 7 ROG n.F.).

Hinsichtlich des zeitlichen Geltungsbereichs sollen die geänderten Vorschriften entsprechend der allgemeinen Übergangsregelung des Art. 13 Abs. 3 Satz 1 SUP-RL auf Raumordnungspläne Anwendung finden, deren Aufstellung nach dem 20. Juli 2004 förmlich eingeleitet wird. Auf Raumordnungspläne, deren Aufstellung bis zum 20. Juli 2004 förmlich eingeleitet und erst nach dem 20. Juli 2006 abgeschlossen werden, finden die Vorschriften über das Umweltprüfungsverfahren Anwendung, solange die Länder nicht im Einzelfall entscheiden, dass dies nicht durchführbar ist, und die Öffentlichkeit über diese Entscheidung unterrichten (§ 23 Abs. 3 ROG n.F.). Der Bundesgesetzgeber gibt damit die Möglichkeit der Ausnahme vom zeitlichen Geltungsbereich nach Art. 13 Abs. 3 Satz 2 SUP-RL uneingeschränkt an die Länder weiter.

Bemerkenswert ist wiederum die parallel zur Änderung des BauGB verfasste Übergangsvorschrift des § 22 Satz 2 und 3 ROG n.F. Danach sollen die Länder ihren Umsetzungsbedarf bis zum 31.12.2006 beendet haben. Bis dahin sollen jedoch die im ROG n.F. geregelten Vorschriften unmittelbare Geltung erlangen[705].

(2) Umsetzung des Umweltprüfungsverfahrens

Zur Umsetzung der Art. 4 bis 9 SUP-RL sollen nach dem EAG Bau die allgemeinen Vorschriften über Raumordnungspläne nach § 7 ROG um die zusätzlichen Anforderungen des Umweltprüfungsverfahrens ergänzt werden.

Neben dem Erfordernis der Aufstellung eines Umweltberichts mit den in Art. 5 Abs. 1 i.V.m. Anhang I SUP-RL geforderten Inhalten (§ 7 Abs. 5 Satz 2 ROG n.F.) sieht das Gesetz vor, dass der Umweltbericht je nach Wahl der Länder sowohl als eigenständiger Teil der Umweltprüfung als auch als Teil der Begründung des Raumordnungsplans erstellt werden darf (§ 7 Abs. 5 Satz 3 i.V.m. Satz 8 ROG n.F.). Letztere Option entspräche der angestrebten Regelung im Rahmen der Bauleitplanung.

Zudem soll die Behördenbeteiligung im Rahmen der Festlegung des Umfangs und Detaillierungsgrads des Umweltberichts i.S.d. Art. 5 Abs. 4 SUP-RL (Scoping) durch die Beteiligung der in ihrem Aufgabenbereich von den Umweltauswirkungen des Raumordnungsplans betroffenen öffentlichen Stellen umgesetzt werden (§ 7 Abs. 5 Satz 4 ROG n.F.). Daneben eröffnet das Gesetz die Option, der Abschichtungsmöglichkeit des Art. 4 Abs. 3 SUP-RL entsprechend bei den auf tieferer Ebene folgenden Regionalplänen die Umweltprüfung auf zusätzliche oder andere erhebliche Umweltauswirkungen zu beschränken, wenn der Raum-

---

[705] Vgl. bereits die diesbezüglichen Anmerkungen zum SUPG, Gliederungspunkt G.II.1.d); kritisch ebenfalls *Erbguth*, NuR 2004, S.91, 93.

ordnungsplan für das Landesgebiet, aus dem die Regionalpläne entwickelt werden, bereits eine Umweltprüfung enthält (§ 7 Abs. 5 Satz 8 ROG n.F.).

Die Behörden- und Öffentlichkeitsbeteiligung des Art. 6 SUP-RL wird durch eine Pflicht zur Gewährleistung einer frühzeitigen und effektiven Gelegenheit zur Stellungnahme seitens der öffentlichen Stellen und der Öffentlichkeit zum Entwurf des Raumordnungsplans und seiner Begründung sowie zum Umweltbericht umgesetzt (§ 7 Abs. 6 ROG n.F.). Mit der Verwendung des Begriffs der „Stellungnahme" soll dabei nach Ansicht des Bundesgesetzgebers explizit die gemeinschaftsrechtskonforme Möglichkeit einer aktiven Beteiligung und nicht lediglich die Einführung einer passiven Teilhabe sichergestellt werden[706]. Zur Ausgestaltung der gegebenenfalls notwendigen grenzüberschreitenden Behörden- und Öffentlichkeitsbeteiligung ist im Gesetz parallel zur Systematik im BauGB eine Verweisung auf die einschlägigen Grundvorschriften des UVPG vorgesehen, wobei die grenzüberschreitenden Konsultationen wiederum bewusst über den Wortlaut des Art. 7 SUP-RL hinaus auf sämtliche betroffene Staaten ausgeweitet wird, um insbesondere auch die Schweiz in die Beteiligungspflicht einzubeziehen[707].

In der Abwägung bei Aufstellung der Raumordnungspläne sind nunmehr der Umweltbericht sowie die im Umweltprüfungsverfahren eingereichten Stellungnahmen in Umsetzung von Art. 8 SUP-RL zu berücksichtigen (§ 7 Abs. 7 Satz 2 ROG n.F.). Die Begründung des Raumordnungsplans ist dabei der Öffentlichkeit bekannt zu machen und hat entsprechend Art. 9 SUP-RL Angaben darüber zu enthalten, wie Umwelterwägungen, der Umweltbericht sowie die abgegebenen Stellungnahmen im Plan berücksichtigt wurden und welche Gründe nach Abwägung mit den geprüften anderweitigen Planungsmöglichkeiten für die Festlegung des Plans entscheidungserheblich waren (§ 7 Abs. 8, 9 ROG n.F.).

(3) Monitoring

Nach dem EAG Bau wird die Monitoringvorschrift des Art. 10 SUP-RL schlicht durch eine Verpflichtung der Länder zur Überwachung der erheblichen Auswirkungen der Durchführung der Raumordnungspläne auf die Umwelt umgesetzt (§ 7 Abs. 10 ROG n.F.). Einzelheiten der Ausgestaltung einer Nachkontrolle bleiben den Ländern überlassen.

---

[706] Begründung des EAG-Bau (Fn. 686), Besonderer Teil, Stand 3. Juni 2003, S.85.

[707] Begründung des EAG-Bau (Fn. 686), Besonderer Teil, Stand 3. Juni 2003, S.86.

3. Fazit

Die derzeitigen Umsetzungsansätze nehmen sich den Vorgaben an und versuchen in richtlinienkonformer Art und Weise der Umsetzungsverpflichtung nachzukommen. Zu begrüßen ist insbesondere die Aufteilung der Umsetzungsverpflichtungen und die Schaffung eines im Bereich der Umweltverträglichkeitsprüfung angesiedelten allgemeinen Stammgesetzes unter Anlehnung an bereits vertraute Regelungsmechanismen. Auffällig ist, dass im Sinne einer gemeinschaftsrechtsfreundlichen Umsetzung von der SUP-RL gewährte Spielräume nicht in allen Fällen konsequent genutzt werden, sondern vielmehr zugunsten einfacher und klarer Regelungen über die Mindestanforderungen der Richtlinie hinausgegangen werden soll. Dies gilt insbesondere für den teilweisen Verzicht auf eine Einzelfallprüfung zugunsten einer automatischen Umweltprüfung im Bereich originär konditionaler Umweltprüfungen sowie für den teilweisen Verzicht auf eine Beschränkung der zur Stellungnahme zugelassenen Öffentlichkeit. Demgegenüber entzieht sich der Gesetzgeber bei der Ausgestaltung des Monitoring weitergehenden Regelungen und gibt den von der SUP-RL eröffneten Gestaltungsspielraum unberührt an die Länder bzw. die Gemeinden weiter.

H. Zusammenfassung und Ergebnisse in Thesen

1. Nach jahrelangen Debatten über die Einführung eines Instruments der Umweltfolgenabschätzung auf Planungsebene wurde schließlich die Richtlinie 2001/42/EG über die Prüfung der Umweltauswirkungen bestimmter Pläne und Programme erlassen. Umsetzung und Vollzug der Richtlinie sehen sich indes aufgrund ihres Kompromisscharakters einer Vielzahl juristischer Probleme gegenüber.

2. Im Zusammenhang mit der Richtlinie 2001/42/EG sollten die Begriffe „Strategische Umweltprüfung (SUP)“ und „SUP-RL“ Verwendung finden, da der national ebenfalls verwandte Begriff der „Plan-UVP“ inhaltlich missverständlich und sprachlich ungenau ist.

3. Die Entstehungsgeschichte zeigt den Richtlinientext als Kompromiss zwischen den Interessen von Rat und Europäischem Parlament, der erst im Verfahren des Vermittlungsausschusses seine endgültige Fassung erlangte. Konzeption und Systematik der SUP-RL orientieren sich dabei im Wesentlichen am Gemeinsamen Standpunkt des Rates aus dem Jahre 2000. Gestärkt durch eine Änderung des Rechtsetzungsverfahrens gelang es dem Europäischen Parlament jedoch, im Vermittlungsausschuss wesentliche Modifikationen zu seinen Gunsten einzubringen, insbesondere die Einführung eines Monitoring.

4. Korrekte Rechtsgrundlage der SUP-RL war zum Zeitpunkt ihres Erlasses Art. 175 Abs. 1 EGV (Amsterdam). Die Anwendung von Art. 175 Abs. 2 EGV (Amsterdam) war mangels schwerpunktmäßiger Betroffenheit der Bereiche Raumordnung und Bodennutzung abzulehnen. Dagegen wäre nach Inkrafttreten des Vertrags von Nizza eine Änderung der Richtlinie nunmehr auf Art. 175 Abs. 2 lit. b EGV zu stützen.

5. Die SUP-RL ist eingebettet in völker- und gemeinschaftsrechtliche Entwicklungen und wurde maßgeblich beeinflusst durch Vorgaben der Espoo-Konvention sowie der Aarhus-Konvention. Diese Abkommen sind infolgedessen bei der Auslegung der SUP-RL stets zu berücksichtigen. Daneben hatte die Richtlinie ihrerseits wesentlichen Einfluss auf den Wortlaut des SUP-Protokolls, das nunmehr die völkerrechtliche Grundlage der strategischen Umweltprüfung darstellt.

6. Der Anwendungsbereich der SUP-RL ergibt sich aus den kumulativen Anforderungen der Begriffsbestimmung von Plänen und Programmen i.S.d. Art. 2 lit. a SUP-RL einerseits sowie des Geltungsbereichs nach Art. 3 SUP-RL andererseits.

7. Eine Differenzierung zwischen Plänen und Programmen ist nicht möglich und im Bereich der SUP-RL unnötig. Innerhalb der Begriffsdefinition des Art. 2 lit. a SUP-RL kommen dem Erfordernis einer behördlichen Ausarbeitung als Abgrenzung zu privaten Planungen sowie insbesondere der Erstellung aufgrund von Rechts- oder Verwaltungsvorschriften entscheidende Bedeutung zu. Letztere fordert eine rechtliche Aufstellungspflicht des Plans oder Programms, die den Bereich der Politiken aus dem Anwendungsbereich der Richtlinie ausschließt.

8. Die Einbeziehung von Gesetzentwürfen integriert die planerischen Arbeiten von Ministerialverwaltungen im Vorfeld eines Gesetzgebungsverfahrens in den Anwendungsbereich der Richtlinie. Eine Verletzung der Souveränität des Parlaments ist hierin nicht zu sehen.

9. Der Geltungsbereich der SUP-RL differenziert zwischen Plänen und Programmen mit obligatorischer, Art. 3 Abs. 2 SUP-RL, oder konditionaler Umweltprüfungspflicht, Art. 3 Abs. 3 und 4 SUP-RL. Bestimmte Pläne und Programme werden von vornherein aus dem Anwendungsbereich der Richtlinie ausgenommen, Art. 3 Abs. 8 und 9 SUP-RL.

10. Das Vorliegen erheblicher Umweltauswirkungen als Auslöser der Umweltprüfungspflicht wird im Falle einer obligatorischen Umweltprüfungspflicht vom Richtliniengeber unwiderleglich vermutet. Der Begriff der erheblichen Umweltauswirkungen umfasst daneben sowohl negative als auch positive Umweltauswirkungen.

11. Die obligatorische Umweltprüfungspflicht nach Art. 3 Abs. 2 lit. a SUP-RL setzt sich aus der Zugehörigkeit zu einer Gruppe abschließend aufgezählter Sektoren sowie aus einer rahmensetzenden Wirkung für die künftige Genehmigung von in den Anhängen der UVP-RL genannten Projekten zusammen. Die Sektoren bestehen aus zwölf Sachbereichen, wobei sich die Bodennutzung durch ihre Konkretisierungsstufe und die Raumordnung durch ihre Überfachlichkeit von den übrigen Bereichen der Fachplanung unterscheiden.

12. Die Begriffe Genehmigung und Projekt i.S.d. Art. 3 Abs. 2 lit. a SUP-RL entsprechen den Begriffsdefinitionen aus Art. 1 Abs. 2 der UVP-RL. Daneben ist der Verweis auf die Anhänge I und II UVP-RL so zu verstehen, dass lediglich die künftige Genehmigung eines tatsächlich uvp-pflichtigen Projekts inbegriffen ist. Die bloße Nennung eines Projekts in Anhang II der UVP-RL reicht für die Begründung einer obligatorischen Umweltprüfungspflicht nicht aus.

13. Die rahmensetzende Wirkung i.S.d. Art. 3 Abs. 2 lit. a SUP-RL erfordert eine Rechtspflicht zur Einbeziehung der Plan- bzw. Programminhalte in die Genehmigungsentscheidung. Dazu zählt neben einer strikten Beachtungspflicht auch bereits eine Pflicht zur Berücksichtigung. Eines tatsächlichen Niederschlags innerhalb der konkreten Genehmigung bedarf es nicht.

14. An einer rahmensetzenden Wirkung fehlt es in Ausnahmefällen, wenn bei mehreren Planungsebenen eine obere Planebene von der unteren Planebene zu berücksichtigen ist, jedoch keinerlei direkte Verbindung zwischen der oberen Planebene und der Projektgenehmigung besteht. In diesen Fällen scheidet eine Umweltprüfung auf höheren Planungsebenen aus, soweit die für die Projektebene maßgeblichen Standortentscheidungen sowie die Beurteilung von Summationseffekten auf unteren Planungsebenen stattfinden können.

15. Art. 3 Abs. 2 lit. b SUP-RL knüpft eine obligatorische Umweltprüfungspflicht an die Vornahme einer Verträglichkeitsprüfung nach Art. 6 Abs. 3 FFH-RL. Der Verweis umfasst damit Verträglichkeitsprüfungen angesichts voraussichtlicher Auswirkungen auf FFH-Gebiete i.S.d. FFH-RL oder Vogelschutzgebiete i.S.d. Vogelschutzrichtlinie. Dagegen vermögen sogenannte potentielle FFH-Gebiete sowie faktische Vogelschutzgebiete mangels Anwendbarkeit des Art. 6 Abs. 3 FFH-RL nicht, eine obligatorische Umweltprüfungspflicht nach Art. 3 Abs. 2 lit. b SUP-RL auszulösen.

16. Der Begriff der Pläne i.S.d. FFH-RL entspricht dem Begriff der Pläne und Programme i.S.d. Art. 2 lit. a SUP-RL. Eine Differenzierung zwischen den Anwendungsbereichen von Art. 3 Abs. 2 lit. b SUP-RL und Art. 6 Abs. 3 FFH-RL ist nicht notwendig.

17. Im Rahmen der konditionalen Umweltprüfungen nach Art. 3 Abs. 3 und 4 SUP-RL obliegt es den Mitgliedstaaten, die Umweltprüfungspflicht eines Plans oder Programms festzustellen. Ihr Ermessen ist insoweit eingeschränkt, als dass Pläne und Programme mit voraussichtlich erheblichen Umweltauswirkungen stets einer Umweltprüfung i.S.d. SUP-RL zugeführt werden müssen. Die Mitgliedstaaten haben ihr Festsetzungsverfahren dementsprechend auszugestalten. Öffentlichkeits- und Behördenbeteiligung sorgen für die Nutzung vorhandenen Sachverstands und die Transparenz des Verfahrens.

18. Der zeitliche Geltungsbereich der SUP-RL erstreckt sich auf Pläne und Programme, deren erster förmlicher Vorbereitungsakt nach dem 21. Juli 2004 erstellt wird. Daneben sieht Art. 13 Abs. 3 Satz 2 SUP-RL eine Umweltprüfungspflicht auch für solche Pläne und Programme vor, deren erster förmlicher Vorbereitungsakt zwar vor dem 21. Juli 2004 liegt, die jedoch erst nach dem 20. Juli 2006 angenommen oder in das Gesetzgebungsverfahren eingebracht werden. Die den Mitgliedstaaten insoweit gewährte Ausnahmemöglichkeit aufgrund einer Undurchführbarkeit der Umweltprüfung ist eng auszulegen.

19. Dem eigentlichen Umweltprüfungsverfahren stellt die Richtlinie in Art. 4 SUP-RL allgemeingültige Rahmenvorschriften voran. Während aus systematischen Gründen die Umweltprüfung stets vor der abschließenden Festlegung des Planungsinhalts stattzufinden hat, sieht die SUP-RL insbesondere Ansatzpunkte zur Vermeidung von Doppel- und Mehrfachprüfungen vor. Die Abschichtungsmöglichkeiten werden jedoch durch die mit Zeitablauf sinkende Verwertbarkeit der vorhandenen Informationen beeinträchtigt.

20. Das Verfahren der Umweltprüfung beginnt mit der Festlegung des Untersuchungsrahmens für die Ausarbeitung des Umweltberichts (sog. Scoping). Dieser Verfahrensschritt beinhaltet großes Abschichtungspotenzial, jedoch wird durch einen zu restriktiven Untersuchungsrahmen die praktische Wirksamkeit der SUP-RL unterlaufen.

21. Der Inhalt des Umweltberichts bestimmt sich nach Art. 5 Abs. 1 i.V.m. Anhang I SUP-RL. Kernbestandteile des Berichts sind die Prognose der voraussichtlich erheblichen Umweltauswirkungen sowie die vernünftigen Alternativen des Plans oder Programms. Dabei sieht die Richtlinie eine Rechtspflicht zur Alternativenprüfung vor, wobei die Prüfung durch den geographischen Einflussbereich des Planungsträgers sowie durch die konkreten Ziele der Planung begrenzt werden. Während die Null-Variante Teil der Alternativenprüfung ist, erfordert die SUP-RL nicht die Prüfung der ökologisch besten Option.

22. Der Grundsatz der Verhältnismäßigkeit bewahrt den Planungsträger vor unzumutbaren Belastungen. Dies gilt sowohl für die Alternativenprüfung als auch für die Prüfungsdichte innerhalb des Umweltberichts. Durch einen Rückgriff auf vorhandene Informationen wird der Verwaltungsaufwand zusätzlich verringert. Letztlich ist der Umweltbericht geprägt durch einen Kompromiss zwischen Qualitätssicherung und Minimierung des Verwaltungsaufwands.

23. Die nationalen Konsultationen nach Art. 6 SUP-RL gliedern sich in eine Informationsphase nach dem „Jedermann"-Prinzip sowie eine Konsultationsphase i.e.S., in der die SUP-RL lediglich Stellungnahmen der betroffenen Behörden sowie eines eingeschränkten Kreises der Öffentlichkeit vorschreibt. Im Gegensatz zur Informationsphase verbleibt den Mitgliedstaaten im Bereich der Konsultationsphase i.e.S. ein weiter Gestaltungsspielraum, den sie zu Abschichtungen nutzen dürfen, solange ein effektives Beteiligungsverfahren gewährleistet bleibt.

24. Im Rahmen der grenzüberschreitenden Konsultationen nach Art. 7 SUP-RL wird sowohl dem Ausgangsstaat als auch dem betroffenen Mitgliedstaat ein Initiativrecht zugestanden. Konsultationen ohne Zustimmung des betroffenen Mitgliedstaates finden nicht statt.

25. Die Ergebnisse des Umweltberichts sowie der Konsultationen werden nach Art. 8 SUP-RL bei der Festlegung der Plan- oder Programminhalte bzw. vor Einbringung eines Plans oder Programms in ein Gesetzgebungsverfahren berücksichtigt. Parallel zum Verfahren der UVP können die ökologischen Belange damit im Rahmen einer Abwägung überwunden werden. Ein materiellrechtlicher Einfluss der Umweltprüfung ist ebenso wie bei der UVP abzulehnen.

26. Der Unterrichtung der Öffentlichkeit und der Beteiligten nach Art. 9 SUP-RL kommt Rechenschafts-, Kontroll- und Transparenzfunktion zu, wobei die zusammenfassende Erklärung das Abschlussdokument des Umweltprüfungsverfahrens darstellt. Eine Unterrichtung im Zusammenhang mit Plänen und Programmen vor Einbringung in ein Gesetzgebungsverfahren scheidet aus systematischen Gründen aus.

27. Bezüglich der erstmals eingeführten Nachkontrolle i.S.d. Art. 10 SUP-RL (sog. Monitoring) enthält sich die Richtlinie detaillierter Vorgaben. Nachteil dieser mitgliedstaatlichen Flexibilität ist das Fehlen einer Koordination der bereits vorhandenen Überwachungsinstrumente auf gemeinschaftsrechtlicher Ebene. Eine rechtliche Pflicht zur Vornahme von Abhilfemaßnahmen statuiert die SUP-RL nicht.

28. Im Verhältnis zu anderen Gemeinschaftsrechtsvorschriften kommt der SUP-RL lediglich eine ergänzende Funktion zu, wenngleich durch sie ein verpflichtender Mindeststandard gesetzt wird. Zwar grenzen sich die Anwendungsbereiche von UVP-RL und SUP-RL durch die Begriffe „Projekt" einerseits und „Pläne und Programme" andererseits ab, jedoch besteht ein Abschichtungsbedarf ähnlich dem innerhalb von Plan- oder Programmhierarchien.

29. FFH-Verträglichkeitsprüfung und Umweltprüfung können in einem gemeinsamen Verfahren kombiniert werden, solange die gemeinschaftsrechtlich zwingenden Verfahrensvoraussetzungen beider Prüfungen eingehalten werden. Vorzugswürdig wäre ein um Elemente der Verträglichkeitsprüfung angereichertes Umweltprüfungsverfahren. Das Verfahren der FFH-RL ist um Elemente der Öffentlichkeitsbeteiligung und der Nachkontrolle zu ergänzen, gleichwohl unter Wahrung seiner strikten Rechtsfolge. Ein Konflikt zwischen den Anwendungsbereichen einer Umweltprüfung und einer Prüfung nach Art. 5 WRRL scheidet dagegen von vornherein aus.

30. Im Rahmen der begleitenden Regelungen kommt insbesondere der Pflicht zur Sicherstellung der Qualität des Umweltberichts nach Art. 12 Abs. 2 SUP-RL wesentliche Bedeutung zu. Daneben lässt sich den Inhalten der nach Art. 12 Abs. 3 SUP-RL vorgeschriebenen Evaluierungsberichte entnehmen, dass der Richtliniengeber mittelfristig eine Ausweitung des Anwendungsbereichs der SUP-RL anstrebt.

31. Der Rechtsschutz im Zusammenhang mit Umweltprüfungsverfahren wird voraussichtlich ähnliche Defizite aufweisen wie der bisherige Rechtsschutz im Rahmen der bestehenden Regelungen zur UVP. Auch die neuerdings verbesserten Rechtsschutzpositionen des Art. 10 a UVP-RL vermögen dies nicht zu ändern. Der Grund für diese Rechtschutzdefizite liegt in der vom Richtliniengeber bewusst getroffenen Entscheidung zugunsten eines reinen Verfahrensansatzes. Ein Konflikt mit den Vorgaben der Aarhus-Konvention liegt nicht vor.

32. Sollten die Mitgliedstaaten ihren Transformationsverpflichtungen nicht bis zum Ablauf der Umsetzungsfrist nachkommen, so ist von einer unmittelbaren Anwendbarkeit der SUP-RL auf die einer obligatorischen Umweltprüfung nach Art. 3 Abs. 2 SUP-RL unterliegenden Pläne und Programme auszugehen. Zusätzliches Kriterium ist jedoch die Vornahme des ersten förmlichen Vorbereitungsakts nach dem 24. Juli 2004. Hinsichtlich anderer Pläne und Programme i.S.d. Art. 2 lit. a SUP-RL fehlt es an einer inhaltlichen Unbedingtheit der Richtlinienanforderungen.

33. Die Kostentragung im Zusammenhang mit der Durchführung von Umweltprüfungen wird aufgrund der Systematik der SUP-RL größtenteils i.S.d. Gemeinlastprinzips durch die öffentliche Hand erfolgen. Eine Übertragung der Kosten auf Private kommt lediglich auf freiwilliger Basis im Wege einer vertraglichen Vereinbarung in Betracht. Grundlage hierfür könnten vorhabenbezogene Bebauungspläne nach § 12 Abs. 1 Satz 1 BauGB oder raumordnerische Verträge gemäß § 13 Satz 5 ROG sein.

34. Die nationale Umsetzung der SUP-RL begegnet kompetenzrechtlichen Schwierigkeiten, die eine vollständige Umsetzung der Richtlinienvorgaben auf Bundesebene verhindern. Die geplante Umsetzungskonzeption sieht daher ein mit Mindestanforderungen ausgestattetes SUP-Stammgesetz auf Bundesebene vor, das durch Modifizierungen des jeweiligen Fachrechts auf Bundes- und Landesebene ergänzt werden soll.

35. Derzeit liegt der Entwurf eines SUPG als allgemeinem Stammgesetz sowie das EAG Bau zur fachrechtlichen Anpassung der räumlichen Gesamtplanung auf Bundesebene vor. Diese Vorschriften setzen die Vorgaben der SUP-RL gemeinschaftsrechtsfreundlich um. Begrüßenswert ist insbesondere, dass der Gesetzgeber teilweise explizit auf die Wahrnehmung von Ausnahmetatbeständen im sachlichen und zeitlichen Anwendungsbereich der SUP-RL zugunsten pragmatischer Lösungen verzichtet.

I. Literaturverzeichnis

Arbeitsgemeinschaft FFH-Verträglichkeitsprüfung	Handlungsrahmen für die FFH-Verträglichkeitsprüfung in der Praxis, NuL (Natur und Landschaft) 1999, S.65
Aristoteles	Topik (Organon V)
Aschemann, Ralf	Öffentlichkeitsbeteiligung in der SUP – Erfahrungen aus Österreich, uvp-report, Sonderheft zum UVP-Kongress 2002, S.97
Battis, Ulrich; Krautzberger, Michael; Löhr, Rolf-Peter	Baugesetzbuch – BauGB –, 8. Auflage, München 2002; zit.: Baugesetzbuch
Beckmann, Martin; Hünnekens, Georg	Zur Erforderlichkeit einer FFH-Verträglichkeitsprüfung bei der Bundesverkehrswegeplanung, DVBl. 2002, S.1508
Bender, Bernd; Sparwasser, Reinhard; Engel, Rüdiger	Umweltrecht, Grundzüge des öffentlichen Umweltschutzrechts, 4. Auflage, Heidelberg 2000; zit.: Umweltrecht
Berner, Klaus	Der Habitatschutz im europäischen und deutschen Recht - Die FFH-Richtlinie der EG und ihre Umsetzung in der Bundesrepublik Deutschland, Baden-Baden 2000; zit.: Habitatschutz
Beuermann, Jasmin	Intendiertes Ermessen, Frankfurt am Main 2002; zit.: Intendiertes Ermessen
Bleckmann, Albert	Europarecht, Das Recht der Europäischen Union und der Europäischen Gemeinschaften, 6. Auflage, Köln 1997
Böhm-Amtmann, Edeltraud	Perspektiven des EU-Umweltrechts, WiVerw 1999, S.135
Borowski, Martin	Intendiertes Ermessen, DVBl. 2000, S.149
Breuer, Rüdiger	Die hoheitliche raumgestaltende Planung, Wirkungsbereich und Zusammentreffen von Planfeststellungen, fachlichen Nutzungsregelungen, Bauleitplänen und Plänen der Raumordnung, Bonn 1968; zit.: Hoheitliche raumgestaltende Planung

Bülter, Gerhard — Raumordnungspläne als hoheitliche Handlungsformen, Eine Studie zum Begriff, zur Bindungswirkung und zur Rechtsnatur der Programme und Pläne nach den Landesplanungsgesetzen, Münster 1987; zit.: Raumordnungspläne

Bunge, Thomas — Internationale und europäische Regeln über die Umweltverträglichkeitsprüfung - die Arbeiten der OECD, der EG, des UNEP und der ECE, ZAU 1990, S.356

Butt, Mark Eric — Die Ausweitung des Rechts auf Umweltinformation durch die Aarhus-Konvention, Stuttgart 2001; zit.: Recht auf Umweltinformationen

Calliess, Christian — Die Umweltkompetenzen der EG nach dem Vertrag von Nizza – Zum Handlungsrahmen der europäischen Umweltgesetzgebung, ZUR Sonderheft 2003, S.129

Calliess, Christian; Ruffert, Matthias (Hrsg.) — Kommentar des Vertrages über die Europäische Union und des Vertrages zur Gründung der Europäischen Gemeinschaft: EUV / EGV, 2. Auflage, Neuwied 2002; zit.: *Bearbeiter*, in: *Calliess / Ruffert*, EUV / EGV

Cansier, Dieter — Umweltökonomie, 2. Auflage, Stuttgart 1996; zit.: Umweltökonomie

Cosack, Tilman — Erheblichkeitsschwelle und Ausnahmeregelungen nach § 34 BNatSchG - Garanten für eine ausgewogene FFH-Verträglichkeitsprüfung ?, UPR 2002, S.250

Cupei, Jürgen — Umweltverträglichkeitsprüfung (UVP) - Ein Beitrag zur Strukturierung der Diskussion, zugleich eine Erläuterung der EG-Richtlinie, Köln 1986; zit. Umweltverträglichkeitsprüfung

De Mulder, Jan — The New Directive on Strategic Environmental Assessment, Environmental Law Network International, elni review 2001, S.14

Deketelaere, Kurt — Environmental Planning and Spatial Planning from a European Community Perspective, European Environmental Law Review (EELR) 1997, S.307

Di Fabio, Udo — Integratives Umweltrecht, NVwZ 1998, S.329

Dolde, Klaus-Peter — Umweltprüfung in der Bauleitplanung – Novellierung des Baugesetzbuchs, NVwZ 2003, S.297

Dreier, Horst (Hrsg.) — Grundgesetz-Kommentar, Bd. 2, Art. 20-82, Tübingen 1998; zit.: *Bearbeiter*, in: *Dreier* (Hrsg.), GG-Kommentar, Bd. 2

Enders, Rainald; Krings, Michael — Zur Änderung des Gesetzes über die Umweltverträglichkeitsprüfung durch das Artikelgesetz zur Umsetzung der UVP-Änderungsrichtlinie, DVBl. 2001, S.1242

Epiney, Astrid — Zu den Anforderungen der Aarhus-Konvention an das europäische Gemeinschaftsrecht, ZUR Sonderheft 2003, S.176

Umweltrecht in der Europäischen Union, Köln 1997; zit.: Umweltrecht in der EU

Erbguth, Wilfried — EAG BauE: Änderungen des Raumordnungsrechts, NuR 2004, S.91

Erbguth, Wilfried; Oebbecke, Janbernd; Rengeling, Hans-Peter; Schulte, Martin (Hrsg.) — Planung, Festschrift für Werner Hoppe zum 70. Geburtstag, München 2000, S.493; zit.: Planung

Erbguth, Wilfried; Schink, Alexander — Gesetz über die Umweltverträglichkeitsprüfung, Kommentar, 2. Auflage, München 1996; zit.: UVPG

Erbguth, Wilfried; Stollmann, Frank — Die Bindung der Verwaltung an die FFH-Richtlinie, DVBl. 1997, S.453

Ermert, Susanne — Das archäologische Kulturgut in der Umweltverträglichkeitsprüfung, uvp-report 2001, S.156

Ernst, Werner; Zinkhahn, Willy; Bielenberg, Walter; Krautzberger, Michael — Baugesetzbuch, Kommentar, Loseblattsammlung, Band 1, München, Stand: Januar 2003; zit.: Baugesetzbuch

Ernst, Werner; Hoppe, Werner — Das öffentliche Bau- und Bodenrecht, Raumplanungsrecht, 2. Auflage, München 1981; zit.: Bau-, Boden- und Raumplanungsrecht

Europäische Kommission	Natura 2000 - Gebietsmanagement, Die Vorgaben des Artikels 6 der Habitat-Richtlinie 92/43/EWG, hrsg. vom Amt für amtliche Veröffentlichungen der Europäischen Gemeinschaften, Luxemburg 2000; zit.: Natura 2000 - Gebietsmanagement
Feldmann, Lieselotte	Aktueller Stand des Richtlinienentwurfs für eine Strategische UVP, uvp-report 1998, S.63
	Strategische Umweltprüfung (SUP) - Zwei Drittel des Weges zur EG-Richtlinie geschafft, uvp-report 2000, S.109
Feldmann, Lieselotte; Vanderhaegen, Marc	The SEA Directive and its content, uvp-report 2001, S.119
Fisahn, Andreas	Anmerkung zum Urteil des BVerwG v. 17. Mai 2002 – 4 A 28.01, ZUR 2003, S.26
Fischer, Thomas B.	Die Strategische UVP, uvp-report 1998, S.69
Fischer, Wolfgang; Koggel, Claus Dieter	Die Europakammer des Bundesrates – Erfahrungen und Probleme anlässlich der Beratung der Plan-UVP-Richtlinie, DVBl. 2000, S.1742
Fischer-Hüftle, Peter	Zur Umsetzung der FFH-Richtlinie in das Bundes- und Landesnaturschutzrecht, ZUR 1999, S.66
Forschbach, Gregor	Die Pflicht zur Standortalternativenprüfung in der Planfeststellung und in vorgelagerten Verfahren, Frankfurt am Main 1998; zit.: Standortalternativenprüfung
Forsthoff, Ernst; Blümel, Willi	Raumordnungsrecht und Fachplanungsrecht, Frankfurt a. M. 1970; Raumordnungsrecht und Fachplanungsrecht
Frenz, Walter	Europäisches Umweltrecht, München 1997; zit.: Europäisches Umweltrecht
Freytag, Christoph; Iven, Klaus	Gemeinschaftliche Vorgaben für den nationalen Habitatschutz, NuR 1995, S.109
Friedrich, Christiane	„Spürt NRW den Aufwind aus Brüssel ? – Bedeutung der Folgeprüfungen aus Landessicht", uvp-report, Sonderheft zum UVP-Kongress 2002, S.27

Gatawis, Siegbert	Legislative Kompetenzen der Europäischen Gemeinschaft im Bereich der Raumordnung, DÖV 2002, S.858
	Grundfragen eines europäischen Raumordnungsrechts, Münster 2000; zit. Grundfragen
Geiger, Rudolf	EUV, EGV: Vertrag über die Europäische Union und Vertrag zur Gründung der Europäischen Gemeinschaft, Kommentar, 3. Auflage, München 2000
Gellermann, Martin	FFH-Verträglichkeitsprüfung auf unsicherem Boden ?, uvp-report, Sonderheft zum UVP-Kongress 2002, S.101
	Natura 2000, Europäisches Habitatschutzrecht und seine Durchführung in der Bundesrepublik Deutschland, 2. Auflage, Berlin 2001; zit.: Natura 2000
Georgi, Birgit	Berücksichtigung der Biodiversität in UVP und SUP, uvp-report 2002, S.99
Gesellschaft für Umweltrecht e.V. (Hrsg.)	Dokumentation zur 24. wissenschaftlichen Fachtagung der Gesellschaft für Umweltrecht e.V., Berlin 2000; zit.: 24. wissenschaftliche Fachtagung
Giegrich, Jürgen	Monitoring als wirksame Kontrolle ?, uvp-report, Sonderheft zum UVP-Kongress 2002, S.75
Ginzky, Harald	Die Richtlinie über die Prüfung der Umweltauswirkungen bestimmter Pläne und Programme, UPR 2002, S.47
Glasson, John; Therivel, Riki; Chadwick, Andrew	Introduction to Environmental Impact Assessment, Principles and procedures, process, practice and prospects, 2nd edition, London 1994; zit.: Introduction to EIA
Groß, Helene	Die Gesetzgebungskompetenz des Bundes zur Umsetzung von EG-Umweltrecht, NWVBl. 2002, S.289

Grotefels, Susan; Uebbing, Christiane — Öffentlichkeitsbeteiligung in der Raumordnung – Anforderungen der Richtlinie über die Prüfung der Umweltauswirkungen bestimmter Pläne und Programme vom 27.6.2001 (Plan-UP-RL) an die Aufstellung von Raumordnungsplänen, NuR 2003, S.460

Grotefels, Susan; Lorenz, Jana — Der landesplanerische Vertrag nach § 13 S. 5 ROG, UPR 2001, S.328

Hartje, Volkmar; Klaphake, Axel (Hrsg.) — Die Rolle der Europäischen Union in der Umweltplanung, Marburg, 1998; zit.: Umweltplanung

Hartkopf, Günter; Bohne, Eberhard — Umweltpolitik 1 - Grundlagen, Analysen, Perspektiven, Opladen 1983; zit.: Umweltpolitik 1

Haslach, Christian — Zuständigkeitskonflikte bei der Umsetzung von EG-Richtlinien, DÖV 2004, S.12

Heiland, Stefan — Die Öffentlichkeits- und Behördenbeteiligung in der Strategischen Umweltprüfung – Chancen, Nutzen, Erfordernisse, uvp-report, Sonderheft zum UVP-Kongress 2002, S.93

Hendler, Reinhard — Das rechtliche Verhältnis von überörtlicher Landschaftsplanung und Raumordnungsplanung, NuR 1981, S.2

„Umsetzung der EG-Richtlinie für die UVP bei Plänen und Programmen: Bestimmung der von der Richtlinie erfassten Pläne und Programme des deutschen Rechts“, Rechtsgutachten im Auftrag des Bundesministeriums für Umwelt, Naturschutz und Reaktorsicherheit, März 2002; zit.: Gutachten

Zum Begriff der Pläne und Programme in der EG-Richtlinie zur strategischen Umweltprüfung, DVBl. 2003, S.227

Der Geltungsbereich der EG-Richtlinie zur strategischen Umweltprüfung, NuR 2003, S.2

Allgemeines Verwaltungsrecht, 3. Auflage, Stuttgart 2001; zit. Allgemeines Verwaltungsrecht

Hendler, Reinhard; Marburger, Peter; Reinhardt, Michael; Schröder, Meinhard (Hrsg.) — Jahrbuch des Umwelt- und Technikrechts 2001 (UTR 58), Berlin 2001

Jahrbuch des Umwelt- und Technikrechts 2002 (UTR 62), Berlin 2002

Die strategische Umweltprüfung (sog. Plan-UVP) als neues Instrument des Umweltrechts (UTR 76), Berlin 2003; zit. Die strategische Umweltprüfung (UTR 76)

Herdegen, Matthias — Völkerrecht, München 2000; zit.: Völkerrecht

Hien, Eckart — Die Umweltverträglichkeitsprüfung in der gerichtlichen Praxis, NVwZ 1997, S.422

Hoppe, Werner (Hrsg.) — Gesetz über die Umweltverträglichkeitsprüfung (UVPG), Kommentar, 2. Auflage, Köln 2002; zit.: UVPG

Hoppe, Werner; Beckmann, Martin; Kauch, Petra — Umweltrecht, 2. Auflage, München 2000; zit.: Umweltrecht

Hübler, Karl-Hermann — Ist die Plan- und Programm-UVP der Königsweg der Umweltpolitik im Jahre 2002?, uvp-report 1998, S.65

UVP von Plänen und Programmen, Bonn 1992; zit.: UVP von Plänen und Programmen

Hufen, Friedhelm — Verwaltungsprozessrecht, 5. Auflage, München 2003; zit.: Verwaltungsprozessrecht

Ipsen, Jörn — Allgemeines Verwaltungsrecht, Köln 2000; zit.: Allgemeines Verwaltungsrecht

Ipsen, Knut — Völkerrecht, 4. Auflage, München 1999; zit.: Völkerrecht

Isensee, Josef; Kirchhof, Paul (Hrsg.) — Handbuch des Staatsrecht der Bundesrepublik Deutschland, Band III, Das Handeln des Staates, 2. Auflage, Heidelberg 1996; zit.: HStR III

Iven, Klaus — Schutz natürlicher Lebensräume und Gemeinschaftsrecht, NuR 1996, S.373

Jacoby, Christian | Strategische Umweltprüfung (SUP) – Gemeinsamer Standpunkt des EU-Umweltministerrates zum SUP-Richtlinienvorschlag vom Dezember 1999 und erste Anmerkungen zu seiner Bedeutung für die Raumplanung, uvp-report 2000, S.37

Strategische Umweltprüfung (SUP) – Aktueller Stand der Diskussion in Bezug auf die vorgesehene SUP-Richtlinie, uvp-report 2001, S.28

Die Strategische Umweltprüfung in der Raumordnung, uvp-report 2001, S.134

Die Alternativenprüfung in der räumlichen Planung mit integrierter Umweltprüfung, uvp-report, Sonderheft zum UVP-Kongress 2002, S.71

Die strategische Umweltprüfung (SUP) in der Raumplanung, Berlin 2000; zit.: SUP in der Raumplanung

Janich, Peter; Gutmann, Mathias; Prieß, Kathrin (Hrsg.) | Biodiversität, Wissenschaftliche Grundlagen und gesetzliche Relevanz, Wissenschaftsethik und Technikfolgenabschätzung, Band 10, Berlin 2001; zit.: Biodiversität

Jans, Jan H. | European Environmental Law, 2. Auflage, Groningen 2000; zit.: European Environmental Law

Jarass, Hans D. (Hrsg.) | EG-Naturschutzrecht und räumliche Gesamtplanung, Zum Verhältnis von FFH-Richtlinie und Vogelschutz-Richtlinie zur Raumordnungs- und Bauleitplanung, Kolloquium des Zentralinstituts für Raumplanung am 10. November 1999 in Münster, Münster 2000; zit.: EG-Naturschutzrecht

Kirchhof, Florian | Welches Schutzregime gilt in potentiellen FFH-Gebieten ? - Zugleich eine Anmerkung zum Urteil des BVerwG vom 27.10.2000, NuR 2001, S.666

Kistenmacher, Hans; Mitschang, Stephan; Spannowsky, Willy (Projektleitung)	Praxisuntersuchung und Expertise zu einer Umsetzung der europarechtlichen Umweltverträglichkeitsrichtlinien in das Raumordnungsrecht, Forschungsprojekt im Auftrag des Bundesministeriums für Verkehr, Bau- und Wohnungswesen (BMVBW), Endbericht, maschinenschriftliches Manuskript, August 2000; zit.: Forschungsprojekt
Kläne, Christian	Strategische Umweltprüfung (SUP) in der Bauleitplanung, Hamburg 2003; zit.: SUP in der Bauleitplanung
Kloepfer, Michael	Umweltrecht, 2. Auflage, München 1998; zit.: Umweltrecht
Knieps, Elmar; Stein, Wolfgang	Umweltfolgenabschätzung für Pläne und Programme, uvp-report 1998, S.77
Knopp, Günter-Michael	Die Umsetzung der Wasserrahmenrichtlinie im deutschen Wasserrecht, ZUR 2001, S.368
	Umsetzung der Wasserrahmenrichtlinie – Neue Verwaltungsstrukturen und Planungsinstrumente im Gewässerschutzrecht, NVwZ 2003, S.275
Koch, Hans-Joachim; Hendler, Reinhard	Baurecht, Raumordnungs- und Landesplanungsrecht, 3. Auflage, Stuttgart 2001; zit.: Bau-, Raumordnungs- und Landesplanungsrecht
Kopp, Ferdinand; Schenke, Rüdiger	Verwaltungsgerichtsordnung, 13. Auflage, München 2003; zit.: VwGO
Kraetzschmer, Dietrich	Umweltschutzziele und Abschichtung im Rahmen der Strategischen Umweltprüfung, uvp-report, Sonderheft zum UVP-Kongress 2002, S.62
Kraetzschmer, Dietrich; Ginzky, Harald	Vorschläge für rechtliche Grundlagen und methodische Hilfen für die Umweltverträglichkeitsprüfung von Plänen und Entwicklung von Vorschlägen zur rechtlichen Verzahnung von UVP in vorgelagerten Verfahren mit UVP in nachgelagerten Verfahren, Forschungsvorhaben i.A. des Umweltbundesamtes, Endbericht, Mai 2001; zit.: Forschungsvorhaben
Krautzberger, Michael	Zur Novellierung des Baugesetzbuchs 2004, UPR 2004, S.41

Krautzberger, Michael; Schliepkorte, Jörg — Vorarbeiten für ein Gesetz zur Anpassung des Baugesetzbuchs an EU-Richtlinien (Europarechtsanpassungsgesetz Bau – EAG Bau), UPR 2003, S.92

Kues, Dirk — Lebensraumschutz nach der Fauna-Flora-Habitat-Richtlinie, Aachen 2001; zit.: Lebensraumschutz

Kühling, Jürgen; Herrmann, Nikolaus — Fachplanungsrecht, 2. Auflage, Düsseldorf 2000; zit.: Fachplanungsrecht

Kumpfer, Wolfgang — Anforderungen an die Öffentlichkeitsbeteiligung in der Strategischen Umweltprüfung – Europäische Zielsetzung und Umsetzung in Deutschland, uvp-report 2003, S.90

Lambrecht, Heiner — Die Erforderlichkeit einer FFH-Verträglichkeitsprüfung für den Bundesverkehrswegeplan und die Bedarfspläne, NuR 2002, S.265

Leist, Thorsten — Lebensraumschutz nach Europäischem Gemeinschaftsrecht und seine Verwirklichung im deutschen Rechtskreis, Hamburg 1998; zit.: Lebensraumschutz

Lell, Otmar — Strategische Umweltprüfung – Initialstatement, uvp-report, Sonderheft zum UVP-Kongress 2002, S.11

Lell, Otmar; Sangenstedt, Christof — Bezüge zwischen der Plan-UVP und der Projekt-UVP, uvp-report 2001, S.123

Lenz, Carl Otto (Hrsg.) — EG-Vertrag, Kommentar zu dem Vertrag zur Gründung der Europäischen Gemeinschaften, in der durch den Amsterdamer Vertrag geänderten Fassung, 2. Auflage, Köln 1999; zit.: *Bearbeiter*, in: *Lenz* (Hrsg), EG-Vertrag

Lerche, Peter; Schmitt Glaeser, Walter; Schmidt-Aßmann, Eberhard — Verfahren als staats- und verwaltungsrechtliche Kategorie, Heidelberg 1984; zit.: Verfahren

Louis, Hans Walter — Die Anforderungen an die Verträglichkeitsprüfung nach der Fauna-Flora-Habitat-Richtlinie in der Umsetzung durch die §§ 19 a ff. BNatSchG, uvp-report 2001, S.61

Marsden, Simon — SEA and International Law: An Analysis of the Effectiveness of the SEA Protocol to the Espoo Convention, and of the influence of the SEA Directive and Aarhus Convention on its Development, Environmental Law Network International, elni review 2002, S.1

Masing, Johannes — Die Mobilisierung des Bürgers für die Durchsetzung des Rechts, Berlin 1997; zit.: Mobilisierung

Mathiesen, Anders S. — Public Participation in Decision-making and Access to Justice in EC Environmental Law: the Case of certain Plans and Programmes, European Environmental Law Review (EELR) 2003, S.37

Matuschak, Holger — Die Bedeutung des neuen Art. 130 s Abs. 2 EGV im Rahmen des EG-vertraglichen Umweltrechts, DVBl. 1995, S.81

Maurer, Hartmut — Allgemeines Verwaltungsrecht, 14. Auflage, München 2002; zit.: Allgemeines Verwaltungsrecht

Mecklenburg, Wilhelm — Anmerkungen zur Rechtsfigur des potentiellen FFH-Gebietes, UPR 2002, S.124

Meyer, Peter — Die Grundsätze der Auslegung im Europäischen Gemeinschaftsrecht, Jura 1994, S.455

Möstl, Markus — Fauna-Flora-Habitat-Schutzgebiete in der kommunalen Bauleitplanung, DVBl. 2002, S.726

Näckel, Antje — Umweltprüfung für Pläne und Programme, Die Richtlinie 2001/42/EG des Europäischen Parlaments und des Rates über die Prüfung der Umweltauswirkungen bestimmter Pläne und Programme und ihre Umsetzung in das deutsche Recht, Baden-Baden 2003; zit.: Umweltprüfung

Nebelsieck, Rüdiger — FFH-Verträglichkeitsprüfung: Rechtliche Rahmenbedingungen und Konsequenzen, uvp-report, Sonderheft zum UVP-Kongress 2002, S.120

Oppermann, Thomas — Europarecht, Ein Studienbuch, 2. Auflage, München 1999; zit.: Europarecht

Otto, Sandra — Umweltverträglichkeitsprüfung von Plänen und Programmen, Vorschlag der Kommission für eine EU-Richtlinie des Rates über die Prüfung der Umweltauswirkungen bestimmter Pläne und Programme - Umsetzung in nationales Recht, Sinzheim 1999; zit.: Umweltverträglichkeitsprüfung von Plänen und Programmen

Peine, Franz-Joseph — Öffentliches Baurecht, 4. Auflage, Tübingen 2003; zit.: Baurecht

Allgemeines Verwaltungsrecht, 5. Auflage, Heidelberg 2000; zit.: Allgemeines Verwaltungsrecht

Peters, Heinz-Joachim — UVPG, Gesetz über die Umweltverträglichkeitsprüfung, Handkommentar, 2. Auflage, Baden-Baden 2002; zit.: UVPG, Handkommentar

Pietzcker, Jost; Fiedler, Christoph — Die Umsetzung der Plan-UP-Richtlinie im Bauplanungsrecht, DVBl. 2002, S.929

Rabe, Klaus; Heintz, Detlef — Bau- und Planungsrecht, Raumordnungs- und Landesplanungsrecht, Allgemeines Städtebaurecht, Städtebauliche Sanierung und Entwicklung, Bauordnungsrecht, Bauaufsichtliche Maßnahmen, Baurechtlicher Nachbarschutz, 5. Auflage, Stuttgart 2002; zit.: Baurecht

Rat von Sachverständigen für Umweltfragen — Stellungnahme des Rates von Sachverständigen für Umweltfragen zur Umsetzung der EG-Richtlinie über die Umweltverträglichkeitsprüfung in das nationale Recht, DVBl. 1988, S.21

Reiß, Alexander — Der Lebensraumschutz nach der Fauna-Flora-Habitat-Richtlinie, hrsg. vom Informationsdienst Umweltrecht e.V. (IDUR), Frankfurt 1999; zit.: Lebensraumschutz

Reiter, Sven (Hrsg.) — Neue Wege in der UVP - Novelliertes UVP-Gesetz und innovative Methodik, Material zur Angewandten Geographie (MAG), Band 38, Bonn 2001; zit.: Neue Wege in der UVP

Röckinghausen, Marc — Integrierter Umweltschutz im EG-Recht – Der Begriff des integrierten Umweltschutzes in der Rechtsordnung der Europäischen Gemeinschaft (UTR 44), Berlin 1998

Rödiger-Vorwerk, Tania — Die Fauna-Flora-Habitat-Richtlinie der Europäischen Union und ihre Umsetzung in nationales Recht, Analyse der Richtlinie und Anleitung zu ihrer Anwendung, Berlin 1998; zit.: Fauna-Flora-Habitat-Richtlinie

Ronellenfitsch, Michael — Auswirkungen der RL 2001/42/EG auf die Bundesverkehrswegeplanung, die Ausbauplanung und die Raumordnung, Gutachterliche Stellungnahme im Auftrag des Bundesministeriums für Verkehr, Bau- und Wohnungswesen, November 2002; zit.: Kurzgutachten

Rühl, Christiane — Das Verhältnis von Umweltverträglichkeitsprüfung bei Bauleitplänen und nachfolgender Umweltverträglichkeitsprüfung in Vorhabenzulassungsverfahren, UPR 2002, S.129

Runge, Karsten — Kumulative Umweltbelastungen – eine Aufgabe der UVP von Plänen und Programmen, uvp-report 1995, S.174

Schink, Alexander — Umweltverträglichkeitsprüfung in der Bauleitplanung, UPR 2004, S.81

Die Verträglichkeitsprüfung nach der Fauna-Flora-Habitat-Richtlinie der EG, DÖV 2002, S.45

Die Verträglichkeitsprüfung nach der FFH-Richtlinie, UPR 1999, S.417

Die Auswirkungen der Fauna-Flora-Habitat-Richtlinie (EG) auf die Bauleitplanung, GewArch 1998, S.41

Schlarmann, Lilo — Die Rechtsprechung zur Alternativenprüfung im Planungsrecht, DVBl. 1992, S.871

Schliesky, Utz — Die Vorwirkung von gemeinschaftsrechtlichen Richtlinien, DVBl. 2003, S.631

Schmidt, Michael; Rütz, Nicole; Bier, Sascha — Umsetzungsfragen bei der strategischen Umweltprüfung (SUP) in nationales Recht, DVBl. 2002, S.357

Schmidt-Eichstaedt, Gerd — Die Umweltverträglichkeitsprüfung vor der Reform: die Folgen für das Bau- und Planungsrecht, UPR 2000, S.401

Schmidt-Preuß, Matthias — Der verfahrensrechtliche Charakter der Umweltverträglichkeitsprüfung, DVBl. 1995, S.487

Schmitz, Stefan — Habitatschutz für Vögel ? - Zur unmittelbaren Wirkung der FFH-RL der EU, ZUR 1996, S.12

Schneider, Egon — Logik für Juristen, Die Grundlagen der Denklehre und der Rechtsanwendung; 5. Auflage, München 1999; zit.: Logik

Schneider, Jens Peter — Nachvollziehende Amtsermittlung bei der Umweltverträglichkeitsprüfung: zum Verhältnis zwischen dem privaten Träger des Vorhabens und der zuständigen Behörde bei der Sachverhaltsermittlung nach dem UVPG, Berlin 1991; zit.: Amtsermittlung

Scholles, Frank — Szenarien zur Umsetzung der SUP-Richtlinie in Deutschland, uvp-report 2001, S.127

Schreiber, Robert — Die Umsetzung der Plan-UP-Richtlinie im Raumordnungsrecht – eine Zwischenbilanz, UPR 2004, S.50

Schröder, Meinhard — Europarecht und integriertes Umweltrecht, NuR 2000, S.481

Schrödter, Hans (Hrsg.) — Baugesetzbuch, Kommentar, 6. Auflage, München 1998; zit.: Baugesetzbuch

Schwarze, Jürgen — Der Rechtsschutz Privater vor dem Europäischen Gerichtshof: Grundlagen, Entwicklungen und Perspektiven des Individualrechtsschutzes im Gemeinschaftsrecht; DVBl. 2002, S.1297

Schwarze, Jürgen (Hrsg.) — EU-Kommentar; 1. Auflage, Baden-Baden 2000; zit.: *Bearbeiter*, in: *Scharze* (Hrsg.), EU-Kommentar

Siegel, Ute — Das Übereinkommen über die Umweltverträglichkeitsprüfung im grenzüberschreitenden Rahmen (Espoo-Übereinkommen), Frankfurt am Main 2001; zit.: Espoo-Übereinkommen

Spannowsky, Willy — Verwirklichung von Raumordnungsplänen durch vertragliche Vereinbarungen, Bonn 1999; zit.: Verwirklichung von Raumordnungsplänen

Rechts- und Verfahrensfragen einer „Plan-UVP“ im deutschen Raumplanungssystem, UPR 2000, S.201

Spannowsky, Willy; Mitschang, Stephan (Hrsg.) — Umweltverträglichkeitsprüfung in der Bauleitplanung - Die Änderungen des BauGB und des UVPG, Köln 2002; zit: UVP in der Bauleitplanung

Umweltprüfungen bei städtebaulichen Planungen und Projekten, Köln 2001; zit.: Umweltprüfungen

Starck, Christian (Hrsg.) — Das Bonner Grundgesetz, Kommentar, begr. von Hermann v. Mangoldt, fortgef. von Friedrich Klein, 4. Auflage, Band 2: Artikel 20 bis 78, München 2000; zit.: *Bearbeiter*, in: *Starck* (Hrsg.), Bonner GG, Bd. 2

Steinberg, Rudolf — Chancen der Effektuierung der Umweltverträglichkeitsprüfung durch die Gerichte, DÖV 1996, S.221

Stern, Klaus — Das Staatsrecht der Bundesrepublik Deutschland, Band II, Staatsorgane, Staatsfunktionen, Finanz- und Haushaltsverfassung, Notstandsverfassung, München 1980; zit.: Staatsrecht, Band II

Stober, Rolf — Besonderes Wirtschaftsverwaltungsrecht, Gewerberecht und andere Wirtschaftszweige, Subventionsrecht, 12. Auflage, Stuttgart 2001; zit.: Wirtschaftsverwaltungsrecht

Stollmann, Frank — Rechtsfragen der FFH-Verträglichkeitsprüfung, NuL (Natur und Landschaft) 1999, S.473

Storm, Peter-Christoph — Umweltrecht, Prüfe dein Wissen, Rechtsfälle in Frage und Antwort, Band 29, München 2002; zit.: Umweltrecht

Storm, Peter-Christoph; Bunge, Thomas (Hrsg.) — Handbuch der Umweltverträglichkeitsprüfung (HdUVP), Loseblattsammlung, Berlin, Stand: April 2003; zit.: HdUVP

Streinz, Rudolf — Europarecht, 5. Auflage, Heidelberg 2001; zit.: Europarecht

Stüer, Bernhard — Strategische Umweltprüfung in der Verkehrswege-, Landes- und Regionalplanung, UPR 2003, S.97

Habitatschutz auch in der Bundesverkehrswegeplanung ?, NVwZ 2002, S.1164

Stüer, Bernhard — Habitat- und Vogelschutz, DVBl. 2002, S.940

Uebbing, Christiane — Umweltprüfung bei Raumordnungsplänen: eine Untersuchung zur Umsetzung der Plan-UP-Richtlinie in das Raumordnungsrecht, Münster 2004; zit.: SUP in der Raumordnung

v. Danwitz, Thomas — Aarhus-Konvention: Umweltinformation, Öffentlichkeitsbeteiligung, Zugang zu den Gerichten, NVwZ 2004, S.272

Wagner, Dieter — Ansätze für die Umweltverträglichkeitsprüfung (UVP) für Programme und Pläne in der Bundesrepublik Deutschland, RuR (Raumforschung und Raumordnung) 2000, S.477

Wagner, Peter D. — Strategische Umweltprüfung (SUP), uvp-report 2001, S.118

Weber-Lejeune, Stefanie — Legaldefinitionen unter besonderer Berücksichtigung des Umweltrechts, Berlin 1997; zit.: Legaldefinitionen

Weinberger, Ota — Rechtslogik, 2. Auflage, Berlin 1989; zit.: Rechtslogik

Wichert, Friedrich — Natura 2000, Kooperatives Vorgehen von Gemeinschaft und Mitgliedstaaten bei der Errichtung eines Netzes von Schutzgebieten zum Zwecke des Artenschutzes, Berlin 2001; zit.: Natura 2000

Wicke, Lutz — Umweltökonomie, 4. Auflage, München 1993; zit.: Umweltökonomie

Winter, Gerd — Die Dogmatik der Direktwirkung von EG-Richtlinien und ihre Bedeutung für das EG-Naturschutzrecht, ZUR 2002, S.313

Wirths, Volker — Defizite bei der Umsetzung der FFH-Verträglichkeitsprüfung im neuen BNatSchG und ihre Konsequenzen, NuR 2003, S.150

Naturschutz durch europäisches Gemeinschaftsrecht, Die Fauna-Flora-Habitat-Richtlinie und ihre Durchführung in der Bundesrepublik Deutschland, Baden-Baden 2001, zit.: Naturschutz

Ziekow, Jan — Strategische Umweltverträglichkeitsprüfung – ein neuer Anlauf, UPR 1999, S.287

Ziekow, Jan — Perspektiven von Öffentlichkeitsbeteiligung und Verbandsbeteiligung in der Raumordnung, NuR 2002, S.701

Ziekow, Jan (Hrsg.) — Planung 2000 - Herausforderung für das Fachplanungsrecht, 2001; zit.: Planung 2000

Ziese, Annegret — Die Auffassung der EU-Kommission zum Vollzug der Verträglichkeitsprüfung gemäß Artikel 6 der FFH-Richtlinie, uvp-report 2001, S.71

FSC
www.fsc.org
MIX
Papier | Fördert
gute Waldnutzung
FSC® C083411

Kolibri 360 GmbH
Ferdinand-Jühlke-Straße 7
99095 Erfurt, Deutschland
produktsicherheit@kolibri360.de

Druck:
CPI Druckdienstleistungen GmbH
im Auftrag der
Kolibri 360 GmbH
Ferdinand-Jühlke-Str. 7
99095 Erfurt